周立波评传

周谷城题

胡光凡 著

湖南文艺出版社

谨以此书（修订版）

敬献给杰出文学家周立波

诞辰 110 周年

我真挚地期望爱好文学的青年读一下《周立波评传》这本书。

这是一部革命文学家的评传，也是一个普通革命者的传记；它向人们展示的既是一个大写的人、真正的作家的生命历程，也是青年作家应该作为学习榜样的奋斗精神。

——陈荒煤：《一个大写的人真正的作家》

（载《理论与创作》1988 年第 3 期）

〔陈荒煤(1913—1996)：时任中国文联党组第一副书记、中国作协副主席。〕

周立波青年时期(1931 年秋)

周立波的父亲周仙梯先生

周立波和母亲刘昭珍（1951 年 9 月，北京）

王安娜（前左一）、卡尔逊（前左二）、叶剑英（前左三）、董必武（后左一）、李克农（后左三）、周立波（前左四）等合影（1938 年，武汉）

周立波与夫人林蓝在北京（1950年）

1950 年 5 月，周立波因参与拍摄中苏合拍彩色纪录片《解放了的中国》而回到延安，在枣园毛泽东同志旧居前留影

周立波应邀参加北京市图书馆举办的《暴风骤雨》读者座谈会（1952 年 6 月 29 日）

劳动后的欢愉。周立波在湖南益阳桃花仑和乡亲们在一起(1958 年春)

1961 年 1 月，周立波和夫人林蓝携幼子小仪在广东从化温泉休假

1973 年 10 月“文化大革命”中，周立波被解除“监护审查”后，在长沙市烈士公园与长子健明夫妇及孙儿、孙女合影

粉碎“四人帮”后，重新焕发了创作的青春活力(1977年)

1977 年 10 月，出席人民文学编辑部召开的短篇小说创作座谈会(前排右起第一人为周立波)

周立波追悼会1979年11月8日上午在北京八宝山革命公墓礼堂举行。巴金主持追悼会，周扬致悼词。胡耀邦、王震、王首道、宋任穷、胡愈之、夏衍及文艺界500多人参加

湖南省益阳市会龙山的周立波铜像(1989年，朱惟精雕塑)

27.

去？

老田头……，走到老孙头跟前，问他道：

"你要哪个马？"

老孙头说：

"还没定弦。"

其实，他早打定了主意，相中了拴在老榆树底下的栗色小儿马。听到叫他名，他大步流星地跑过去，把它牵上。

周立波著《暴风骤雨》手稿（影印件，1948 年）

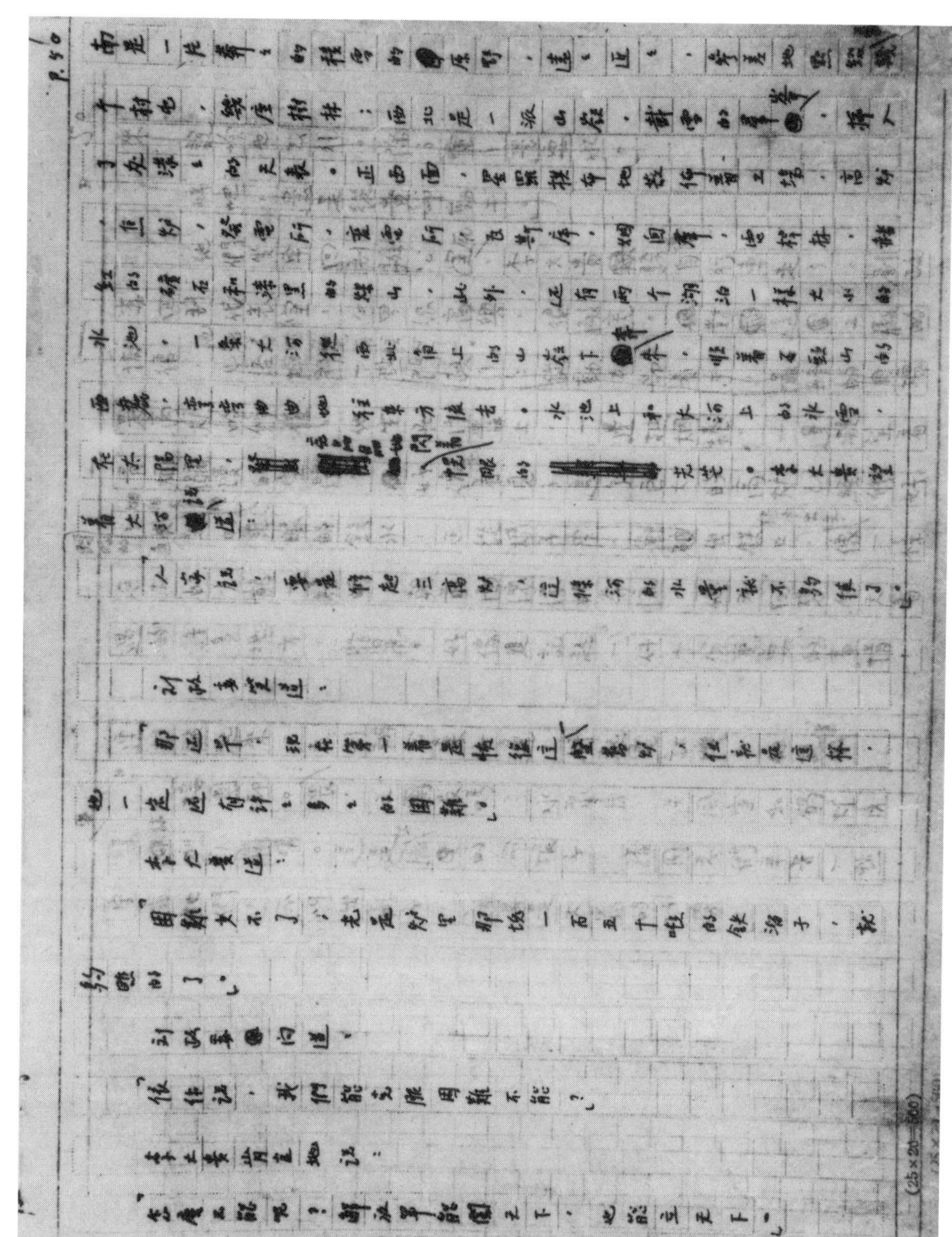

周立波著《铁水奔流》手稿(影印件，1954年)

《周立波文集》(上海版)和《周立波选集》(湖南版)

《暴风骤雨》《山乡巨变》《山那面人家》《晋察冀边区印象记》等主要著作初版、再版本(部分)

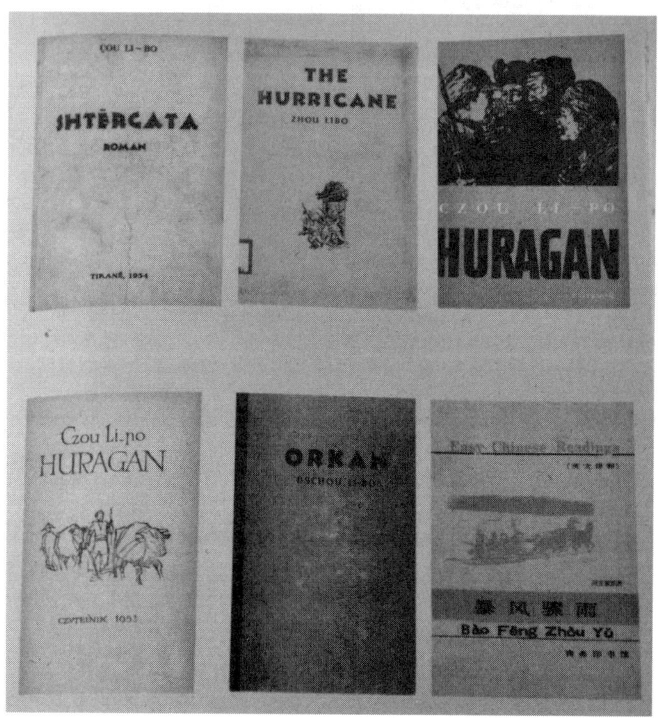

周立波著作外文版(部分)

目 录

毕生扎根人民中——怀念周立波同志(代序)(王首道) …………………… 1

第一章 动荡的童年和学生时代(1908—1927)

一、洞庭湖滨的农家少年 ………………………………………… 7

二、在县城和省城求学 …………………………………………… 14

三、投入大革命的洪流 …………………………………………… 17

四、青春的脚步,前进的起点 …………………………………… 21

第二章 "备尝艰苦和欢喜"的上海十年(1928—1937)

一、从亭子间到劳动大学 ………………………………………… 24

二、校对生涯和囚徒生活 ………………………………………… 29

三、登上左翼文坛 ………………………………………………… 34

新现实主义理论的探索者 ………………………………………… 37

富于生气的文学评论 ……………………………………………… 43

崭露头角的"青年翻译家" ……………………………………… 48

初放的山茶——早期的散文和诗歌 ……………………………… 54

四、在"两个口号"论争中 ………………………………………… 60

五、早期文艺思想的形成 ………………………………………… 64

第三章　在抗日的烽火中（1938—1939）

一、山西前线的随军记者 …… 70
二、访问晋察冀边区 …… 74
三、孕育在炮火硝烟中的报告文学——《晋察冀边区印象记》和《战地日记》 …… 81
在汉口写作 …… 81
为“战斗与自由的中国”而讴歌 …… 84
四、访问江南前线 …… 92
五、从“雾里的湘西”到漓水之畔 …… 95

第四章　宝塔山下的峥嵘岁月（1940—1944）

一、与边区人民同甘苦 …… 102
二、享有盛誉的鲁艺教员 …… 106
三、弥足珍贵的美学探索——《“名著选读”讲授提纲》 …… 108
四、在小说创作上初露才华 …… 116
五、文艺思想的重要转折点——参加延安文艺座谈会 …… 124
六、南征前夕：在解放日报编辑部 …… 130

第五章　跟随三五九旅南征（1944—1945）

一、征程万里下华南 …… 133
八面山突围 …… 140
重返中原 …… 142
二、报告文学的新收获——《南下记》和《万里征尘》 …… 144

第六章　投身土地改革的“暴风骤雨”（1946—1949）

一、元宝镇的日日夜夜 …… 150
二、《暴风骤雨》是这样诞生的 …… 156

三、小说创作道路上的里程碑——《暴风骤雨》的思想艺术成就 …… 161
鲜明的历史主题，耀目的新人形象 …… 161
博采中外文学的长处，创造自己的新形式、新风格 …… 170
《暴风骤雨》在我国现代文学史上的地位 …… 178
四、从手稿到版本追踪《暴风骤雨》的修改 …… 182
五、主编《松江农民》和《文学战线》 …… 189

第七章　和新时代的群众相结合（1949—1954）
一、新中国成立初期的文学活动和社会活动 …… 194
参加拍摄《解放了的中国》 …… 194
应邀访苏和写作《苏联札记》 …… 195
两次荣获斯大林文艺奖 …… 199
二、创作长篇小说《铁水奔流》 …… 201
三下石景山钢铁厂 …… 201
反映重工业恢复建设的有益尝试 …… 204

第八章　扎根故乡的沃土（上）（1955—1966）
一、在家乡湖南益阳农村落户 …… 208
二、长篇创作的新的里程碑——《山乡巨变》的问世 …… 217
历史的真实和作家的洞察力——作品的现实主义成就和不足 …… 219
焕发光彩的“这一个”——小说在典型形象创造上的收获 …… 228
三、素净淡雅的茶子花——民族形式的探求和个人风格的成熟 …… 235

第九章　扎根故乡的沃土（下）（1955—1966）
一、反映湖南农村生活的短篇小说 …… 253
色彩斑斓的风情画卷 …… 253
高明圆熟的艺术技巧 …… 259
独树一帜的文学风格 …… 270
二、与党和人民风雨同舟 …… 281
三、为培养文学新人、发展文艺事业倾注心血 …… 290

第十章　在十年浩劫的日子里（1966—1976）
一、《韶山的节日》一文的奇祸 …… 299
二、身处逆境，坚强不屈 …… 300

第十一章　为革命文学事业奋斗到最后一息（1977—1979）
一、当文苑重新洒满阳光的时候 …… 306
二、小说创作上的最后一座高峰——《湘江一夜》的成就 …… 311
三、鞠躬尽瘁，风范长存 …… 315

第十二章　立波（Liberty）论
一、谈谈周立波的文化性格与湖湘文化（“湖南精神”） …… 321
二、“中国的肖洛霍夫” …… 330
三、伟大时代的赤子和一代作家的“悲剧” …… 334

附录
周立波文学道路的当代价值——《周立波文艺讲稿》校编手记 …… 337

修订后记 …… 342

毕生扎根人民中
——怀念周立波同志
（代序）

王首道

周立波同志去世了。我国文学战线失去了一位老战士，我失掉了一位好战友。在这些日子里，他那朴实的姿容、谦和的微笑，勾起了我深切的哀悼和怀念。

周立波同志是我国无产阶级的优秀的文学家，很早就开始文学创作。他入党以前，就参加了党领导的文化工作。一九二八年他从家乡湖南益阳到上海，考入上海劳动大学，因参加革命活动被开除学籍。后经人介绍在上海神州国光社当校对，由于参加党领导的工人罢工斗争而被捕。他在狱中受尽折磨，曾用戴着镣铐的双手抵抗过巡捕房外国包探的铁棍殴打，以昂扬的斗志，组织和鼓舞同难者与敌人进行斗争。在法庭上，他面对敌人的种种诬陷和残酷迫害，坚贞不屈，表现了一个青年爱国志士的崇高革命气节。出狱后，他参加了中国左翼作家联盟，同年被吸收入党，后来成为左联的党团领导成员之一，编辑《每周文学》，积极推动革命文学运动。这期间，他写了大量的文艺论文和一些散文、诗歌，还翻译了肖洛霍夫的《被开垦的处女地》、基希的《秘密的中国》等文学名著。当时许多进步青年在这些文学作品的影响下，走上了革命的道路。

抗日战争爆发后，立波等同志离开上海奔赴延安，中途他决定到八路军前线司令部和晋察冀边区。作为战地记者，他在战火纷飞中，走遍华北前线，写出了《晋察冀边区印象记》《战地日记》等特写散文。在这些文章中，立波同志揭露了日本帝国主义侵略战争的凶残本质，热情歌颂了人民群众的伟大力量，宣传了八路军英勇抗战的胜利及其伟大意义，向全世界和全国人民介绍了中国共产党抗日救国的方针政策。

一九三九年十二月，立波同志到延安，在鲁迅艺术文学院任教。他学识渊博，在知识界和青年学生中享有很高威信。一九四二年他参加了延安文艺座谈会，亲自聆听了毛主席发表的重要讲话，这对他以后数十年的文学道路产生了决定性的影响。他努力遵循毛主席指引的革命文艺方向，到工农兵群众中去进行创作实践。一九四四年十一月，他积极要求参加王震同志率领的三五九旅南下支队，随军南征，深入华南敌后创建抗日民主根据地。

王震同志和我热情地欢迎他，请他在司令部里担任秘书。部队南征北返，行程两万里，这个文弱的书生，紧跟着队伍，和战士们同甘共苦，经受了各种艰苦惊险的严峻考验。在鄂南樊湖，我派他办报纸，他自己写稿，编辑，刻写蜡版，印刷，辛勤地日夜工作，很快就出版了一份油印的《解放》小报。我仍然记得他在一盏昏暗的油灯下，戴着深度近视眼镜，守着电台，认真地一字一句地记录电文的身影。这份在江南敌后传播延安声音，宣传我党我军方针政策的人民报纸，在人民群众中有很大的影响。

在湘南的行军途中，部队在一个小山村里宿营，天下着倾盆大雨，所有能避雨的地方，大门口、屋檐下、牛棚里……都挤满了战士，立波同志就在老乡门口的鸡窝边蹲了一夜。一次夜行军中，他跟着机要参谋萧林达同志高一脚低一脚地走，走着走着，萧林达同志听不到后面他的脚步声，急忙回去找。只听见稻田里沙沙作响，走近一看，原来是他丢失了眼镜，正在稻田里东摸西摸地找。萧林达同志忙下田去帮他找到眼镜，扶着他走上田埂。八面山突围的那一天，山高路险，风雨交加，战士们饥饿疲惫得实在连空手走路都走不动了，王震同志下令轻装突围，立波同志把一切都轻简了，唯独舍不得把日记丢掉。这些日记是他沿途蹲在墙根下，靠在石头上，用纤细的字写成的，忠实地记录了南下北返中许多可歌可泣的壮烈情景，成为这次英勇战斗历程的珍贵历史纪实。后来，他整理发表了《南下记》《万里征尘》等文学作品，形象而真实地描述了这段雄壮动人的历史。

解放战争时期，立波同志去东北参加土改工作队，深入农村，参加地方民主建政、建党、减租、反霸、土改等各项工作。他在黑龙江尚志县元宝屯领导农民斗倒了恶霸地主，摧毁了封建统治的根基，建立了人民民主政权，使广大农民从政治上得到了翻身。人民群众惊心动魄的斗争生活，为他提供了丰富的创作源泉，他迫切需要有个地方进行写作。那时候，我在中共中央东北局工作，在哈尔滨松花江畔太阳岛上有一间房子，供我工作用，环境很幽静，我就把那间屋子借给他。立波同志日夜辛勤地工作，创作了举世闻名的长篇小说《暴风骤雨》。这部反映农村生活的优秀作品，为我们展示了一幅我国新民主主义革命时期农村阶级斗争的历史画卷。他以饱满的革命热情和生动的艺术笔触，深刻地揭示了农民群众的思想感情和命运，在塑造典型形象，概括农民生活的深度和广度方面，都比以前的一些作品向前跨进了一大步，因此荣获了斯大林文学奖金。

新中国成立后，我党的工作重点从农村转移到城市。立波同志为了反映这个伟大的历史性转变中人民的生活和斗争，怀着极大的热情，去石景山钢铁厂深入生活，创作了长篇小说《铁水奔流》。这部小说反映了我国社会主义建设初期，工人阶级发挥自己的聪明才智，恢复和发展钢铁工业的艰巨斗争。

立波同志还参加了中苏合拍的彩色影片《解放了的中国》的摄制工作，再次获得了斯大林文艺奖金。

一九五五年冬，立波同志响应中国作协关于作家深入生活到基层去的号召，第一个报名，把全家从北京搬到故乡湖南省益阳乡下落户，亲身经历了伟大的农业合作化运动。他洋溢着喜悦的激情，创作了又一部长篇小说《山乡巨变》，描绘和塑造了一批坚持走社会主义道路、具有不同性格的干部、共产党员和农民等人物的形象。《山乡巨变》和他的一些反映我国社会主义农村新人新貌的短篇小说与散文，以其鲜明、独特的艺术风格，深受广大读者的欢迎和文学界的重视。

立波同志从一九五八年起担任湖南省文联主席，从一九六二年起还担任省文联党组书记，为繁荣湖南的社会主义文艺事业，培养一代文学新人，作出了重要贡献。

立波同志一九六五年除夕写了一篇歌颂毛主席的优秀散文《韶山的节日》，记叙毛主席一九五九年六月回韶山的动人情景。只因为文中写到毛主席的亲密战友、夫人杨开慧同志和当年陪同毛主席回韶山的罗瑞卿同志，这就触犯了林彪、江青、张春桥一伙的大忌。他们出于反革命的目的，阴谋策划了一起骇人听闻的大冤案。“文化大革命”前夕，江青，张春桥亲自出马，把立波同志这篇颂扬毛主席的文章，污蔑为“反毛主席、反毛泽东思想”的大毒草。在林彪、“四人帮”制造的十年浩劫期间，江青又和康生一起用种种借口，先后六次点名，对立波同志肆意进行诬陷。他的一些优秀作品都被诬为“毒草”，横遭禁锢、批判。他本人则受到无端的斥责、贬谪，还被加上种种罪名，长期失去了自由。但是，立波同志没有屈服于林彪、“四人帮”的淫威，始终和人民群众站在一起，坚持真理，与这一伙丑类进行坚决顽强的斗争，表现了共产党人的崇高品质。

一九七五年，立波同志才获得解放。祸国殃民的“四人帮”被粉碎后，立波同志壮志未销，开始着手酝酿了很久的关于三五九旅南征北返战争题材的长篇小说的创作，写出了第一篇《湘江一夜》。他满怀崇敬和挚爱之情，塑造了我军老一辈无产阶级革命家的光辉艺术形象，真实地描绘了这一段人民战争的英雄事迹，获得全国优秀短篇小说奖。当我最初读到这篇小说时，感到由衷的喜悦，作为三五九旅的一名老兵，我心中充满了对他的感谢，祝贺他在创作上开辟了更为广阔的道路。在评选全国优秀短篇小说时，我曾说我要给这篇小说投一票。

十分令人痛心的是，当人们热切期望他有更多更好的作品问世时，当他正奋力写作第二篇《风雪汾水》时，由于林彪、“四人帮”对他的长期残酷迫害和打击，他的身心健康遭到严重的损害和摧残，这样一位好同志，不幸被病魔夺走了生命，和我们永别了。

立波同志为人敦厚，待人诚恳，生活艰苦朴素，作风平易近人。他在成绩和荣誉面前，一直勤勤恳恳、兢兢业业地工作，从不计较个人的名利地位，对生活没有任何个人奢求。他把两次获得的斯大林奖金和大批稿费收入，都捐助给部队、作协、农村公社、幼儿园等单位，自己甘愿和人民群众一起过艰苦的生活。他病重入院以前，住在一栋没有卫生设备的简易楼房的一间小屋里，每天一早起床忙于生炉子，接着投入紧张工作，不是埋头读书就是伏案创作，《湘江一夜》这篇名作就是在这样的环境下写出来的。他在患病期间，以惊人的毅力，同疾病进行顽强的斗争，连医院的大夫和护士都为之感动。在生命的垂危时刻，他仍然关心第四次文代会的召开，关心我国文艺事业的发展繁荣。

立波同志毕生扎根在人民群众中，在他一生的革命战斗历程中，他总是把自己和当时的革命斗争结合在一起。立波同志曾和我谈到他生前引以为憾的一件事，是没有参加抗美援朝战争。立波同志深切地懂得：人民，只有人民才能给他创作的生命，人民的生活和斗争是他唯一的创作源泉。因此，他一直自觉地珍视同人民的血肉联系，深深地扎根于人民群众之中，这在三十年代就活跃在文坛的老作家中是很难能可贵的。立波同志是我党的优秀党员，无产阶级的坚强战士。他对党忠贞不二，忠诚地执行党的政策，坚决服从革命需要，把自己的一生无私地献给了党，献给了人民，他对敌人却正气凛然，敢于斗争。鲁迅先生说的“横眉冷对千夫指，俯首甘为孺子牛”，正是立波同志一生最好的写照。

立波同志坚决执行党的文艺路线，坚持毛泽东文艺思想，对无产阶级革命文学事业倾注了满腔心血，在革命现实主义的道路上不断开拓前进。他既是一位杰出的作家，又是一位知识渊博的学者，为我国社会主义文化建设作出了卓越的贡献。他的作品是我国人民宝贵的精神财富，他的名字将载入我国无产阶级革命文学的史册。

立波同志和我们永别了。他的未竟事业，将由我们后死者来完成。我想，立波同志的战友们，和崇敬立波同志的青年作者们，一定会响应党中央的号召，为实现邓小平同志在全国第四次文代大会上代表党和人民提出的繁荣社会主义文艺事业，更好地为四个现代化服务的战斗号召而努力，用出色的成就来回答党和人民的期望，来纪念我们亲爱的立波同志。

附记：

我的这篇文章，原载一九七九年十一月二十一日《人民日报》，是为纪念周立波同志而作。立波同志逝世后，湖南省社会科学院胡光凡同志怀着对立波同志的崇敬和热爱，遍访立波同志生前活动过的地方，经过充分的调查和研究，撰写了这部《周立波评传》。评传对立波同志一生的革命文学活动和文学成就，进行了全面的介绍和中肯的评论，我感到很好，也非常高兴，因而很乐意用我这篇文章作为评传的序言。文章付印前，在文字上略为作了一点补充修改。

一九八五年七月一日

〔王首道（1906—1996）：湖南浏阳人。老一辈无产阶级革命家，中共七、八、九、十、十一届中央委员。新中国成立后，先后任湖南省人民政府主席、交通部部长、中共中央中南局书记处书记、中共广东省委书记、中国人民政协第五届全国委员会副主席、中共中央顾问委员会常委。〕

第一章　动荡的童年和学生时代（1908—1927）

“在生活的旷野上，
我奔跑了，
前面是战斗，是温存，
是陷阱，还是欢迎，
我都不要管。”

——《我凝望着人生》

一、洞庭湖滨的农家少年

“秋风万里芙蓉国，暮雨千家薜荔村”①。一九〇八年八月九日（夏历戊申年七月三日），正是秋风送爽、木芙蓉吐秀的时节，在洞庭湖滨的湖南省益阳县邓石桥清溪村一户周姓农民家里，一个新的生命来到了人间。他是一个男孩，在兄弟中排行第三。这免不了要给全家带来一番欢乐，亲邻们都来道喜。孩子的娘告诉大家：她怀这个伢子时，梦见过一只好乖好乖的鸟飞落在对门山前的梧桐树上。孩子的爸爸仙梯先生读过许多老书，听后喜饱了，便援引“有凤来仪”的典故，给新生的伢子起了一个吉祥而又文雅的名字——学名绍仪（“绍”字表示他在周家的辈分），又叫蓁梧、凤翔。这就是作家周立波原来的名字。关于自己名字的变动情况，周立波曾经说过：“从住学校起，一直

① 唐末五代谭用之诗《秋夜遇雨宿湘江》。芙蓉，指木芙蓉；薜荔，是一种蔓生的常绿灌木。湘江沿岸，美丽的木芙蓉绵延万里，灿烂如五彩云霞的花朵迎着秋风飘舞。后人称湖南为芙蓉国，即源于此诗。

到吃官司[①]，都用周绍仪。一九三一年翻译苏联小说时，用了‘立波’(英文‘自由’即 Liberty 的译音)这笔名，但知道的人非常少。从狱中出来，就用了立波做笔名，后来成了正式名字。到延安后，才冠上姓。”(见周立波《自传》)

尽管父亲给他起了吉祥的名字，但周立波却降生在一个灾难深重的国土，纷扰激变的时代。自从一八四〇年鸦片战争以后，在世界资本主义和帝国主义的侵略、压迫下，中国封建社会就逐步解体，变成了半殖民地半封建社会。一九一一年，周立波刚满三岁的时候，发生了辛亥革命。由伟大的革命先行者孙中山领导的这次资产阶级民主主义革命，虽然赶跑了清朝皇帝，结束了中国两千多年的封建帝制，但是反帝反封建的民主革命任务并没有完成。“中华民国”的政权落入了北洋军阀袁世凯之手。接着是连年的军阀混战，政局动荡不安。帝国主义与封建势力互相勾结，穷凶极恶地压迫剥削中国人民。在政治上军事上具有重要地位的湖南，长期成为北洋军阀所盘踞的地方和南北军阀混战的战场，连年的战火带来了惨重的创伤。兵燹之外，加以天灾，老百姓陷于水深火热之中。在周立波出生后的十年间，他的家乡洞庭湖一带，就连续发生三次重大水灾：一九〇九年夏秋间，湘北发生大水，滨湖各县均罹巨灾，湘南也遭虫旱，以致“全省大部分地区皆陷饥馑”，饥民多“靠剥树皮、挖草根，勉强过活”，流离转徙于各地者达数十万人之多。接着，在辛亥革命那年的春夏间，湘北各县迭降大雨，近湖各地再蒙巨灾。益阳“全城无一完土，平地水深一丈有奇……居民猝避不及，死者无算”。一九一八年入夏以后，湘中又数遭大水，汜溢十余县，益阳连日大雨，加之山洪暴发，致将县内几个大垸冲倒，人民生命财产遭受巨大损失(见《湖南省志·湖南近百年大事纪述》)。

就在这天灾兵祸频仍的年代，周立波在益阳县邓石桥清溪村度过了自己的童年和少年时代。

益阳，古为荆州楚国之地，早在秦朝就已设县，属长沙郡。这里“面湘背沅，左湖右山”。“资水襟带，踞洞庭之上游”，自古以来被称为“沅湘

---

① 指一九三二年在上海因参加罢工而被捕。

门户”[1]。益阳县城位于资江之滨，水陆交通都很方便，因“其险足恃，其雄足以制胜”，在历史上常为兵家所争。东汉末，三国争雄，建安十二年（公元二〇七年），刘备乘赤壁之战的胜利，占领了长沙郡，益阳入于蜀。建安二十年（公元二一五年），吴遣吕蒙袭取长沙。刘备派关羽带兵前往救援，与鲁肃、程普、甘宁率领的吴军相拒于益阳，双方分别屯兵于资江北岸与南岸，遥相对峙。当年，鲁肃曾邀关羽过江相见，关羽提单刀、驾轻舟赴会，这个流传千古的英雄故事就发生在益阳县城的资江上游。后来，关侯滩、鲁肃台和甘宁故垒都成了益阳著名的古迹。

益阳不但地理位置重要，而且山川秀丽，兼有楚南山水和洞庭湖乡之美。洞庭四水之一的资江，流贯全县，穿越一个又一个青翠的山谷，汇集着大大小小的支流，欢笑着，跳跃着，奔向烟波浩森的洞庭湖。她就像一位慈爱的母亲，以自己甘美的乳汁哺育着两岸的土地和人民，使益阳成为一个山明水秀、物产富饶的好地方，可以和湘江流域的湘潭相媲美，享有“金湘潭、银益阳”之美誉。前人修纂的县志还援引唐代著名文学家刘禹锡的文句“潇湘[2]间无土山，无浊水，民乘是气，往往清慧而文”，来赞美益阳的风土民情。

邓石桥坐落在益阳县城西南约十里的地方。这是个风光秀丽的山乡。益阳的名山会龙山绵延境内，资江的支流志溪河从附近流过。会龙山群峰拥簇，错峙江滨，其主峰巍然兀立如龙之骧首，峰顶古木槎枒，俨如头角峥嵘。每当傍晚，夕照映林，霞光若驻。志溪河北入资江，歧流曲岸，不便风帆，往日行船的人经过这里，都要落帆理棹。因此，“会龙栖霞”和“志溪帆落”也就成了益阳县的著名风景。

周立波的老家清溪村，就在帆影绰绰的志溪河畔，云蒸霞蔚的会龙山下。山弯里绿树成荫，农舍错落。特别惹人喜爱的是那普山普岭青翠欲滴的楠竹和四季常绿的茶子树。茶子树是一种木本油料植物，只有南方才有。每到寒露前后，茶子成熟了，圆滚滚的褐绿色的茶果，挤挤撞撞地挂满枝头。茶果采摘

① 引自《益阳县志》（清嘉庆廿四年本）。沅水和湘水下游流经之区，古称沅湘。

② 潇水和湘水上游流经之区，古称潇湘。但潇湘也常泛指湖南全境。

后，千朵万朵洁白、淡雅的茶子花又迎着金风怒放，远远望去，就像残冬的瘦雪缀满山头。茶子花飘散出一缕缕细细的清香，招惹来满山乱飞的蜜蜂。秋山十月茶子花开，成为这南国山乡别具一格的美丽风光，也是周立波后来在自己的作品中描绘得最多最吸引人的景致之一。

周立波的家庭，祖祖辈辈在这清溪村种田为生。据周家族谱记载，周立波为三国时吴国名将周瑜第六十代嗣孙，系周瑜与小乔的次子周胤的后人。周立波的祖父叫周垂绅，有五个儿子、两个女儿，家有祖传的住宅，有六十多亩水田和大片茶子山。周垂绅除了种田以外，还兼做米生意，经过多年的苦心经营，家境渐渐富裕起来，成了当地的一家富农。在周立波很小的时候，祖父就去世了，但他脑子里却有着这位老人的明晰的形象，这主要是从亲人们的谈话中得来的。一九六五年冬，周立波有一次接见湖南的戏剧作者，他在谈到作家需要研究和熟悉生活中的各种人物时，曾经这样有声有色地讲起自己的祖父：老人家为了发家致富辛苦一辈子，平日很讲究气运，所以他的禁忌颇多。当地有个习俗，清早起来，碰见人是不准讲出“鬼”字或其他不吉利的话的，谁讲了就叫“放快”，会使对方晦气。垂绅老人在这一点上对儿孙们管教很严，他到处放有楠竹桠子，早晨只要听到哪个小孩“犯快”，随手就拿起楠竹桠子进行惩罚，决不宽容。但老人有个特点，就是“既往不究”。谁如果不慎失言，只要赶快逃跑，躲过一阵子就没事了。童年时的立波兄弟们，都很懂得对付这位“严”而又“宽”的老祖父的“战术”。老人也喜欢吃“奉承菜”，尤其喜欢人家讲发财，办事总要图个吉利。有一次，他请一个篾匠来家织鱼篆子，织成以后便有意问篾匠：“篾匠师傅呀，你织的这号鱼篆子装得到鱼不？”那篾匠不识时务地随口回答：“那就讲不死哪，也可能一只鱼也不得进来。”这下老人恼了，把这个篾匠大骂了一通。又一回，老人请木匠来屋里做猪栏，木匠把栏门做得过大，他满不高兴地问：“你做起这样大搞么子？”木匠机灵地回答：“将来你屋里的猪喂得太大了，怕出不来吵！”老人听了，喜得不得了，送给木匠师傅一个大“包封”。

立波的父亲周仙梯，是垂绅老人的长子。他小时候在家种过田，虽没有正式入过学，但读了不少老书，还在乡下教过私塾，授过蒙童，被人尊称为“相公”。辛亥革命发生后，他进了县里的讲习班学习，衷心拥护共和，以后一直在本地从事教育工作，先在益阳县第一高等小学堂、龙州师范学校当庶务，后任县立第二小学校和周氏蜚英小学的校长。一九一七年，他和弟弟们分家，每人分得十多亩水田，两块茶子山、一块柴山和几间瓦屋。周仙梯原来娶过一房妻室，生了两个儿子(挹梅、道生)和两个女儿(爱莲、二秀)，但这位夫人在儿女还小的时候便去世了。后来，他续娶本县一位穷秀才的女儿刘昭珍为妻，生了一个儿子，即立波，后又生了两个女儿(萃英、育英)。眼见家底不厚，人丁又多，仙梯老人让大儿子挹梅在乡下带着弟妹种田，把老二道生送到县城一家南货店当了学徒。儿子们相继成亲后，孙儿孙女成行，家境也就日渐艰难。平日，全家老小起早贪黑，男耕女织，含辛茹苦，每年收回的粮食还是不够糊口，遇上灾年荒月，日子就更加窘困。仙梯老人在外面工作，每月的薪俸只有二十块银洋，他尽可能节省下来以补贴家用。仙梯先生是一位正直的农村知识分子，他不满于国民党的腐败统治，同情中国共产党所领导的革命斗争，为人忠耿、厚道，清贫自守，有长者之风，很受人尊敬。但这位老人也有着较浓厚的封建道德观念，周立波在回忆童年生活时说过：“我父亲继承了我祖父的‘传统’，也爱打小孩。有次不记得为了什么要打我，我见他刚要动手，拔腿就往我婶娘房里跑，他就没法再追。为什么呢？旧社会的规矩是，伯爷子是不能到弟媳妇房里去的，否则有伤风化。”但周立波对自己的父亲一直是怀着一种尊敬的感情，他这样写道，“父亲是一个老实的不第秀才”，“当了二十来年小学教员，晚年当了小学校长。他为人忠厚，政治上无党派”，“分家后，就穷下来，父亲年年得出外办事，我们那里叫‘住手穷’，就是说，一失业，就不够吃”(《反省笔记》)。这位恭谨勤劳、一辈子献身乡村教育事业的知识分子，一九四二年秋病逝在益阳县蜚英小学校长的岗位上，当时周立波正在延安。立波的母亲刘昭珍是一位纯朴、贤淑的农村妇女，平日持家十分勤俭，对儿女们非常慈爱，具有“贤妻良母”的传统美德。周立波从小对母亲怀着特殊深厚的感情，他妹妹育英谈到过他少年时代的这样一个小故事。那时他寄居在县城大姨妈家，就近上小学。有一次，乡下的母亲用自己胸前系的抹兜子包了一些土产果品，托人捎给大姨妈。立波见到了，好不欢喜！他认得这是母亲常用的抹兜子，因为思娘心切，便抱着它睡了一晚。周立波年轻时被迫背井离乡，后来辗转到了延安。每当春天，他迎着陕北的风沙，站在黄土岗的山腰上，总情不自禁地想起家乡——那“没有风沙、没有灰土的绿色的南方”，想起自己的母亲。他低低地吟咏着：

我想起了樟树、鳜鱼、竹鸡和春笋，
我想起了阳雀子、狗尾巴草和五月的稻花的香气，
我想起了好象沾着在禾场上、谷仓里、山茶下和藕塘边的童年的
　　种种记忆，
但是，我也想起了辗转在黑暗里的衰病的母亲想念儿子的流湿了
　　皱纹的眼泪……

——《一个早晨的歌者的希望》

字里行间，寄寓着他对母亲的深深眷恋之情。一直到新中国成立以后的一九五〇年秋末，他从苏联访问归来，才急急地赶回家乡益阳，探望多年不见的慈祥的老母。老太太一九六二年夏在益阳逝世，享年八十三岁。

周立波的大哥和几个叔叔，都是农民。他们在立波年轻的时候，就带着他做田里的工夫，教会他劳动的本领。他常常喜欢打着一双赤脚，同他们一起去插秧、踩禾、收割稻子，或者同姐妹与邻家的小伙伴们一道上山放牛、砍柴、摘茶子、扳春笋；就是进了学校念书，放学、放假回家，他也总是帮助家里劳动。他做什么都舍得干，有一股子蛮劲，连跟小伙伴们打架都从不示弱，大人们都笑着喊他做“风蛮子”。

周立波从开始学习写作到后来成为著名作家，总是怀着一种特别亲切的感情，来描写自己心爱的家乡的种种风光和人物，并对那永远令人留恋的金子般的童年和少年时光，作过一些生动有趣的追述。他三十年代在上海参加中国左

翼作家联盟以后最早创作的诗歌中，就有这么一首《我想起了山茶花下的笑和情意》[①]：

我想起了
山茶花下的金色的年头。
……
最难忘记的，
是微风十月的秋山里，
飘荡着的
标致的蓝布小围裙；
那正是洁白的山茶花，
杂着红叶，斑斓的
掩映在青松林里的时节，
金色朝阳，
已经布满了林间，
花片上的露珠还滴。
谁最美丽？
是含露的山茶花，
是花下的人的微笑，
还是人的情意？

周立波小的时候，很爱听老虎和山猫的故事。在暮秋的晚上，他常常跑进种向日葵的陈司务的稻草小屋里，在微弱的菜油灯光下，一边剥着脆香的葵瓜子，一边听那位童年的农民朋友讲故事，讲他用劳动的汗水换来的总是向着太阳、追求光明的好东西——向日葵。洞庭湖边上的穷苦的农家，也曾有获得丰

① 这首诗是总题《可是我的中华》组诗中的一节，载上海《文学》月刊1936年8月号。

收后的欢乐的冬夜：尽管窗外北风狂吹，他的邻居、佃农清明老三的茅屋里却是温暖如春。他同主人全家围炉向火，一起喝着农家自制的雨前茶，无拘无束地拉着家常，笑谈着如何为自己童年时捉迷藏的玩友、即将出嫁的槐姑娘准备嫁奁。特别令人陶醉的，是那春笋萌发的春天，他和守山人一起，在下江南岸的竹林里日夜防守野猪的情景。那该是多么富于情趣的生活啊！听！那杂着一些松树和杉树的竹丛深处，不时地透出几曲粗劣的山歌，几声高笑。入夜，守山人都在篷外烧起火来，火光在幽静黑暗的山林里袅动。有一次，他和替自己叔叔守山的登老五在一起防守野猪，这位机智诙谐的农民出谋划策，设下了一个报复那个凶狠刻毒的财主毛三爷的圈套。由他这个小机灵鬼出面，诓骗毛三爷的小儿子把自家一头滚壮的黑猪放出门来，大家立即放声吆喝："野猪，野猪来了！"唆起几条守山的毛狗把那头肥猪赶进毛三爷的竹山里。毛三爷不知是计，急急忙忙奔出来，朝芦茅丛里放了一枪，把自家那头黑肥猪给打死了。少年立波的这个故事，就像高玉宝的《半夜鸡叫》一样令人捧腹。①

二、在县城和省城求学

周立波童稚的时候，父亲就教他识字。七岁那年，他在私塾先生周炳卿门下正式发蒙。蒙馆就设在立波家的堂屋里，十多个农家子弟，自带课桌、板凳，跟着先生念“人、手、口、尺”和“诗云”“子曰”，并学着“做文章”。立波读完一年私塾后，被父亲送到益阳县城，寄居在大姨父林应麟家，就近在益阳县立国民学校读初小。这个小学，是县里在民国初年才开办的一所带有示范性质的国民学校，采用新式教科书。周立波由于聪颖好学，成了学校的优秀学生。他的大姨父林应麟是当地一位饱读诗书的秀才，常常指点他在课余读点古书；住在县城的立波的二舅刘润林又擅长书法，间常也指点他习习字帖。因此，立波在县城读了两年半小学，无论在新学、古书或者书法方面，都有很大长进。

① 周立波少年时代的这些生活故事，分别见于他早期的散文《向瓜子》《农家的冬夜》和《竹林》中。

一九一九年秋天，他从县城转学到老家邓石桥，在周氏蜚英小学念完初小。

一九二一年春天，周立波考入益阳县立第一高等小学堂。学堂设在县城著名的风景胜地龟台山。这里东接蛇山，俯瞰资江，巉岩壁立，风景优美，相传为吴蜀交兵时鲁肃屯兵处。学校的前身是益阳县有名的龙州书院，始建于明代嘉靖年间，有着悠久的历史。校区内，苍崖古木掩映着教舍书斋，环境分外幽静，是个读书的好地方。周立波在这里读完三年高小。当时，他父亲仙梯先生正在学校当庶务，对他的学业督促很严，他自己也很发愤，所以毕业时成绩很好，本来可以和另一位同学并列第一名。但周仙梯从严要求自己的儿子，请老师在出榜时把周立波列为第二名。立波年轻好胜，老大的不高兴。后来，学校给优秀的毕业生发奖，奖给周立波一个铜墨盒，老师有意在墨盒上刻了一行字："不作第二名想。"立波领到奖品，体会到了老师和父亲对自己的勖勉与期望，满腹委屈也就烟消云散了，以后他一直非常珍爱这件奖品。

周立波从念小学时起，就很喜欢看小说。这对他后来成为一位小说家不无影响。一九一九年五四运动以后，反对旧道德提倡新道德、反对旧文学提倡新文学的社会思潮，席卷思想文化界。但在守旧的卫道士看来，像小说之类是不能登大雅之堂的"闲书"，所谓"言不齿于缙绅，名不列于四部"，是严禁学生们在课堂阅读的。周立波就谈到过自己的这种经历："记得在小学里，一个历史先生有一次问我看了一些什么书，我说，看了《三国演义》《西游》……'《三国演义》么？'我的话还没有说完，先生就仿佛受了什么么侮辱似的说：'快不要看那样的耍书子，要看《四史》里面的《三国志》，陈寿作的。'"（《怎样读小说》）但他不听这位迂夫子的说教，除读了《三国演义》《西游记》《聊斋志异》等名著以外，还看过《说岳全传》《粉妆楼》《蝴蝶媒》等许多通俗小说。同时，他对体育活动也甚为爱好。从小学时代起，他就学会了游泳，并且坚持晨跑。放假回到家里也从不间断。从小注意锻炼身体，对他以后在最艰难的环境下坚持革命和文学活动带来了许多好处。他年轻时虽不太擅长文艺活动，但也爱唱歌，会吹笛子，兴趣是多方面的。他和大妹萃英同在益阳县城读书时，周末一起回乡下去，快到家门口，兄妹俩就欢快地吹起笛子。家里人一听到对面垄里的笛子声，就晓得是凤老三和萃妹子从学校回来了。

周立波在益阳县城求学的时候，结识了余鹤林(即叶紫)。叶紫是益阳兰溪人，从小认了立波的大舅父刘富宾作义父。刘富宾在益阳县城开水果行，叶紫有时来义父家玩，立波每每能见到他。这两位未来的革命作家在少年时代就成了要好的朋友。

一九二四年秋天，周立波从益阳县立第一高小毕业后，离开家乡，到长沙投考中学。以优异成绩被湖南省立第一中学录取。

长沙，又名星沙，坐落于湘江之滨。远在战国时代，这里就是楚国的重镇——青阳。秦始皇统一中国后，在这里设置长沙郡，此后长沙即成为历代州郡县的治所或王朝的都城。到清朝康熙年间建立湖南省的时候，长沙就被定为省会，成为全省政治、经济、文化的中心。滚滚北去的湘江之畔，峙立着古枫参天、层峦叠秀的岳麓山。宋代著名的四大书院之一岳麓书院就坐落在这里。

周立波到长沙求学时，刚满十六岁，正是风华正茂的青年。他就读的湖南省立一中，是一所有名的中学，其前身是一九一二年初创立的湖南全省公立高等中学堂。校址在长沙市贡院坪。周立波家境比较清寒，到省城读中学主要靠周姓宗祠的奖学谷接济。“周家有好多是世代地主，有好几个大祠堂，都有学谷。穷家子弟考入中学，只要不是教会学校，都可以领些学谷”(《反省笔记》)。周立波在省立一中读书十分用功，每期都是“品学兼优”，名列第一或第二，因而不但期期免缴学费，还可以从周姓祠堂领取较多的奖学谷。他回忆说：“父亲再添一点钱，就送我勉强读完了初中。”

周立波进中学不久，有一件事在他纯真的心灵里留下了不可磨灭的印象：他的班上有位流亡的朝鲜同学，已经三十多岁了，还和他们这些十几岁的中国学生一同上课。这位朝鲜同学没有学过祖国的文字，日文却很好。班上教英文的教员是一位日本留学生，每天上英文课，总要用日语同他谈话。他的日语说得很流利，但因为不能用祖国的语言来同别人会话，他总是不起劲。他希望在日文之外，再学一种文字，因而以惊人的毅力来学习中文和英文。有一次，班上一个顽皮学生的恶作剧，勾起了这位朝鲜同学对失去祖国的无法抑止的痛苦，他终于伤心地哭了，怎么也忍不住那扑簌簌的眼泪。周立波很同情这位流亡的朝鲜同学，他从这位同学的遭遇，深深地感到：祖国，对它的儿女来说，就意味着光荣、幸福、力量和理想。失去祖国的人，就像失去母亲的孩子，该是多么痛苦！而不懂得祖国的语言文字，更是一种莫大的耻辱！因此，在中学，他以极其旺盛的求知欲，学习祖国的语言和文化遗产。除了学好学校规定的各门课程以外，还大量阅读课外读物。自己没有钱买书，就经常跑到市立图书馆借书看。他笃信“开卷有益”的古训，读书的范围十分广泛，就像春暖花开时节的小蜜蜂一样，时刻不停地穿飞在各类书籍的花丛中，贪婪地采集着知识的花蜜。除了读过《孟子》《庄子》《国语》《国策》和《饮冰室全集》以外，他还通读了卷帙繁浩的《资治通鉴》；至于《红楼梦》《水浒》《世说新语》《阅微草堂笔记》和《西厢记》等各种内容的小说、戏曲名著，他更是爱不释手。为了加深对一些古籍内容的理解，他用工整的蝇头小楷在书页上写下各种注释，对一些脍炙人口的诗词和散文名篇，他都反复记诵，连《红楼梦》里黛玉的《葬花词》，他都能一字不漏地背诵出来。

从小学到中学时代对各种文化科学知识的渴求，特别是对祖国丰富的文化遗产的涉猎和学习，不但培养了周立波的爱国主义的思想感情，而且提高了他的文化素养。这对他以后登上革命文坛、从事文学创作，无疑是奠下了一块坚实的基石。

三、投入大革命的洪流

刚上中学的周立波，是一个“两耳不闻窗外事，一心专读圣贤书”的“好学生”。据他自己回忆，在省立一中的头几个学期，他不看杂志报纸，不关心时事，只是“埋头读古书，对新思想毫无理解”（《反省笔记》）。但第一次大革命的洪流却不断地冲击着他。

一九二五年，在中国共产党领导下，五卅运动和省港大罢工先后爆发，掀起了全国的革命高潮，揭开了第一次大革命的序幕。当上海五卅惨案的消息传到湖南时，各界人民异常激愤，省会长沙接连举行规模空前的示威游行，实行罢工罢课罢市，展开对英、日经济绝交。一九二六年七月，国民革命军为了推翻北洋军阀的统治，从广东出发举行北伐，迅速攻占湖南，进驻长沙，全省的革命运动更加汹涌澎湃。

当时，和周立波住在一个寝室的同班同学中，有的已加入中国共产主义青年团。周立波在他们的影响下，逐渐地从故纸堆里跳出来，关心周围生活的变化。特别是一九二六年夏天，当轰轰烈烈的北伐战争开始以后，他结识了进步学生周起应（即周扬），更促进了他的思想的变化。当时，周扬在上海大夏大学念书，深受革命潮流和新文学思潮的影响，一九二七年加入中国共产党。他也是益阳人，老家新市渡离邓石桥不很远，和周立波又是本家叔侄。经立波的一位表哥介绍，周扬曾经在一九二六年夏天趁从上海回家度暑假的机会，特地去湖南省立一中会见立波。两个年轻人虽系初次见面，彼此却感到异常亲近，谈得很投机。周扬给他古今中外地谈了一套，不但讲了马克思，也讲了尼采，特别是向他介绍了新文学家鲁迅、郭沫若等人及其作品，要他多多接触“五四”以来的新思潮和新文学……这些，都引起周立波很大的兴趣。周扬后来回忆和立波初相识的情形时说：“那时他刚刚初中毕业，而我已是个大学生，使我感到惊奇的，他当时已读完《资治通鉴》，知识并不比我少多少。虽然在宗族辈份上是叔侄关系，但在年龄上相仿，更象亲兄弟。他和我一见如故，结下了数十年如一日的甘苦与共的深交。”（《怀念立波》）周立波也多次谈到一九二六年夏天跟周扬的结识及其对自己的影响，他说，当时周扬“和我谈尼采的一切都要‘重新估定价值’，和中国的新文艺思想”，“又谈鲁迅、郭沫若”，“我受了影响，开始看鲁迅、郭沫若和汪静之的作品，郭沫若的诗和散文给了我很大影响。从这时起，我开始了一些社会活动，和同学们组织了一个文艺团体‘夜钟社’”；“又觉得革命很好，很热闹，想找 CY①”（见《自传》和《反省笔记》）。从这些回忆可以看出，中学生时代的周立波能接受“五四”以来的新文学思潮

① CY，共产主义青年团的英文的缩写。

和革命潮流的影响，追求进步，周扬是起了重要促进作用的。

随着北伐的胜利进军，湖南的工人、农民和青年学生广泛地组织起来，特别是湖南的农民运动，在中国共产党领导下，“其势如暴风骤雨，迅猛异常”，成为全国农运的中心。和农民有着血肉联系的青年学生周立波，被卷入了大革命的洪流。他常常跟进步同学一起，去参加共产党和共青团主持的一些集会和游行，多次听过著名共产党人郭亮、夏曦和革命教育家徐特立等人的演讲。他对参加共产主义青年团的要求也越来越迫切。一九二七年四、五月间，湖南的共青团组织在长沙市教育会坪公开征求团员，周立波喜出望外，马上跑去签名应征。但他还没有来得及办理入团手续，就发生了震惊中外的“马日事变”：五月二十一日晚，盘踞长沙的国民党反动军官许克祥等受蒋介石、何键指使，发动反革命政变，用武力袭击和捣毁省市各个革命机关，释放全部土豪劣绅，捕杀共产党员、国民党左派分子和工农革命群众一百余人。省城长沙顿时陷入一片白色恐怖中。国民党反动派紧接着掀起了搜捕、屠杀共产党员和革命人民的“铲共”高潮。据《湖南省志·湖南近百年大事纪述》记载：当年“六月一日以后，长沙省城，每日必屠杀工、农、学生等革命群众数十人”，“浏阳门外之识字岭杀人的号声整天不绝于耳，司门口每天都悬挂着革命同志的头颅……”。这股反革命的逆流，很快席卷湖南全省。

在这种情况下，周立波只得离开长沙，回到益阳家乡。但这时的益阳，也成了县团防局长曹明阵实行反革命复辟的人间地狱。这个杀人不眨眼的刽子手，被老百姓痛骂为“曹屠夫”。他到处搜捕、屠杀共产党员和革命者，中共益阳县委负责人袁铸仁、县农协秘书长余达才（叶紫父亲）、县女子联合会长兼共青团负责人余也民（叶紫二姐）等，都被他惨杀在益阳县城大码头。共产党人和革命者的鲜血，染红了资江的流水！在大革命中参加了农民协会的周立波的大哥抱梅，这时也被迫逃亡他乡。

继一九二七年上海“四一二事变”和长沙“马日事变”之后，国民党武汉政府于七月十五日公开叛变革命。第一次大革命（也称第一次国内革命战争）终于失败。

血淋淋的现实，教育了青年学生周立波。他开始懂得：把革命看成像元宵灯会那样“热闹”和“好玩”，那么轻而易举，不过是小资产阶级知识分子的幻想。革命是要经过许多艰难苦楚，要付出巨大的血的代价的。从此，在他的心底深深埋下了对共产党无限敬佩、热爱和对国民党反动派切齿痛恨的种子。这种强烈的爱憎感情，在他早期创作的散文、诗歌中有着十分鲜明的反映。他参加左联后写作的政治抒情诗《牵引你的》(载一九三六年十二月十一日上海《申报·文艺专刊》)就表达了他对第一次大革命的深深怀念。对这位青年诗人来说，离别家乡十年，最牵引他的心的既不是“南山十月的山茶花”，也不是“初吻之后恋人的低泣”，不是“古史的神奇”，也不是“星的神秘”……而是那“销息了多年的，家乡的一九二七”。他发出了感人肺腑、催人泪下的心声：

啊，一九二七，
你自由的花蒂！
我问你，
你几时再，
当这德国式的铐子已紧得不能再紧时[①]，
你几时再用你的花苞和花影，
掩尽那盈满家乡的苦难和眼泪？

一九二七年秋天，周立波经亲友介绍，到益阳县第二学区高级小学当算术教员。因为流露了对国民党反动派血腥屠杀共产党员和革命人民的不满，被人密告到县团防局长曹明阵那里。“曹屠夫”马上进行追查。幸好那时兼任第二学区高小校长的是龙州师范学校校长张尚斌，此人是当地一位政治思想比较开明的士绅，他和立波父亲周仙梯系多年同事，跟曹明阵又是早年的同学。他便利用自己的身份和与曹明阵的这种特殊关系，在曹面前极力担保“周绍仪不是

① 原注：“有一种德国制的手铐，手动一动，就紧一层，是囚人看来顶麻烦的一种手铐。”

赤色分子”。这样，才把事情遮掩过去。后来，周立波在上海从事写作时，曾经用“张尚斌”作为自己的一个笔名，以表示对这位校长的感激和怀念。

家乡的环境如此险恶，实在是难于呆下去了。当时，周扬也正在益阳老家休学。周立波几次去找他，商量自己的出路，还同他一起去找过大革命时期担任过共青团湖南区委执委的曾三（立波的亲戚），想找到革命关系，但当时曾三已去江西。在这种情况下，周立波决定远走高飞，到上海去，这样，既能避开本地的反动派的继续迫害，又可以找机会升学或者谋个职业。一九二八年一月，周立波和邻村姑娘姚芷青[①]成亲。新婚不满一个月，他就和周扬一道，离开苦难中的家乡，走向了中国第一个大都会上海。

四、青春的脚步，前进的起点

至此，我们可以对周立波童年和学生时代的这一段生活作个小结了。

二十年岁月，弹指一挥间，但它却属于一个人最珍贵的青少年时代。这个时期，周立波虽然还没有开始文学创作，但是，却为他以后登上革命文坛铺垫了必要的基石。正如孙犁在研究鲁迅的小说创作时说的：“幼年的感受，故乡的印象，对于一个作家是非常重要的东西，正象母亲的语言对于婴儿的影响。这种影响和作家一同成熟着，可以影响他毕生的作品。”（《鲁迅的小说——纪念先生逝世十六周年》）那么，少年和学生时代的生活经历，在周立波的整个生活道路和文学生涯中，究竟有着怎样的意义呢？

首先，周立波生长在清寒农民家庭的这种出身经历，以及他所处的风云骤变的革命年代的社会环境和时代潮流，对他早期的政治思想、他的性格气质以至后来艺术个性的形成，都产生了不可忽视的影响。马克思说得好：“有才智的人总是被一条条无形的线和人民大众联系在一起的。”（《致齐·迈耶尔》）周立波由于自幼和农民群众生活、劳作在一起，共同经受过旧中国农村凄风苦雨的

① 姚芷青（1908—1985），又名凌华，出身贫农家庭，后参加中国共产党，从事地下工作。新中国成立后，曾任长沙市中级人民法院审判员。两人补办了离婚手续。

吹打，受过劳动的磨炼和劳动人民优秀思想品质的熏陶，因此，他从小就热爱农村，热爱大自然的美，热爱家乡的一草一木，对贫苦农民怀着特殊深厚的阶级感情；他比较熟悉农村的风土人情和生活习俗，懂得农民的心理、情绪、愿望和要求，并且十分喜爱和乐于吸收农民群众那些清新活泼的语言。老作家艾芜亲切地称周立波为“优秀的农民诗人”(《回忆周立波》)，大概也就是因为立波既有着诗人的气质，又始终保持着农家子弟那种单纯朴实、爽直倔强而又富于幽默感的性格特点吧？自幼生在农村、长在农村，和中国农民有着血缘关系，这一点，无疑是周立波后来成为一位以描写农村和农民生活见长的杰出作家的一个重要而可贵的条件。

其次，周立波少年和学生时代对各种文化知识的渴求，不但使他从祖国无比丰富的文化遗产中吸取了充分的养料，而且培养了他的爱国主义的情愫。他在中学后一阶段对“五四”以来的新思潮和新文学的初步接触，更引起了他对从事文学创作的兴趣。这些，都不能不说是为他后来的成长奠定了一定基础。

不言而喻，学生时代的周立波，其政治思想和文学爱好是随着环境的变化和时代的前进而发展变化的。正如他自己说的，最初他只是“埋头读古书，对新思潮毫无理解”，基本上属于旧时代那种安分守己、勤奋好学的“好学生”。但是，由于他出身贫寒，同劳动人民呼吸相通，所以他对黑暗的社会现实是不满的，热烈地追求自由和光明，身上有着旧秩序的叛逆者的“种子”。因而当第一次大革命的浪潮汹涌而至时，他立即举起双手欢迎它，投入了大时代的洪流。在中学的后一阶段，他开始跳出故纸堆，关心政治，倾向进步，阅读新文学作品，并且开始参加社会活动和课余文学活动。这不能不说是他思想的一大进步。但他最初对革命的认识还是十分肤浅的，抱着某种小资产阶级知识分子的幻想，直到亲身经历了第一次大革命的失败，接受了血和火的阶级斗争的洗礼，他才开始懂得革命的艰难，从共产党人和革命群众的身上汲取了新的思想力量。他就是这样迈着自己特有的步伐，逐步地走向革命，走向现代文学的道路的。这是符合一个小资产阶级家庭出身的文学青年的思想发展规律的。

周立波在后来的回忆中，曾多次谈到学生时代受过鲁迅、郭沫若等人的作品的影响，这种影响，从他以后成为中国左翼文化新军的一员的事实，可以看得比较清楚。但他同时几次提到尼采的影响。这也是可以理解的。那时中国的知识分子急切地吸收一切从外国来的新知识，一时分不清无政府主义和社会主义、个人主义和集体主义的界线。尼采、克鲁泡特金和马克思在当时几乎是同样有吸引力的。周立波根据自己的需要和理解，对尼采关于“重新估价一切”等哲学观点产生了兴趣，这是毫不奇怪的事。不过从周立波早期的思想发展来看，作为一个处在动荡和激变的大革命年代的小资产阶级知识分子，他虽然也接触过尼采哲学，但这种影响对他的整个思想发展并不占有很重要的地位。这是因为，他较早地找到了中国共产党，接受了马克思列宁主义的宣传教育，因而无产阶级政治思想的影响，革命斗争和革命文学活动的实践，对他的成长来说，才是根本的、起主导作用的东西。

第二章 “备尝艰苦和欢喜”的上海十年（1928—1937）

“至今怀念着十年中间使我备尝了艰苦和欢喜的上海。”

——《战地日记·1937年12月31日》

“我跟笔墨时常打交道，开始于一九三四年，就是参加左联的同年。”

——《周立波选集》序言

一、从亭子间到劳动大学

一九二八年春天，周立波拎着一个背包，一把雨伞，风尘仆仆地从洞庭湖滨的益阳农村，来到了黄浦江边的大上海。

当时，正值革命大转折的时期。自从蒋介石发动“四一二”反革命政变以后，许多革命的文化宣传工作者和革命青年，从北伐前线，从武装起义的战场，从“革命策源地”，从海外，带着满身尘土或硝烟，陆陆续续聚集到了上海。上海成了革命文化人云集的地方。“他们在旧中国最黑暗的年代里，响亮地提出了无产阶级革命文学的口号。他们以大无畏的革命英雄气概，发出了战斗的号召，把大批青年召映到革命旗帜之下”（周扬：《继承和发扬左翼文化运动的革命传统》），从而揭开了中国现代文学史上的“左翼十年”。

周立波到上海后，和周扬同住在闸北北四川路德恩里。他们租了一个亭子间，作为栖身之所。关于这种亭子间，周立波曾有个这样的描述：“上海的弄堂房子采取的是一律的格局，幢幢房子都一样，从前门进去，越过小天井，是一间厅堂，厅堂的两边或一边是厢房；从后门进去，就直接到了灶披间；灶披间的楼上就是亭子间；如果有三层，三楼的格式一如二楼。亭子间开间很小，租金不高，是革命者、小职工和穷文人惯于居住的地方。我在上海十年间，除开两年多是在上海和苏州的监狱里以外，其余年月全部是在这种亭子间里度过的。”（《亭子间里·后记》）

和周立波住在一起的，除周扬以外，还有林伯森、林岳松和刘宜生等几位益阳同乡。大家都是青年，彼此之间有一些瓜葛亲戚关系，又同在异乡羁留，因此相处得也就格外融洽。他们合伙弄了两个火油炉子，自己烧菜做饭，过着一种清苦而又闲荡的生活。那时，周扬已经在上海大夏大学毕业，他于一九二七年加入中国共产党后，这时已失掉党的关系，在上海从事翻译和写作。林伯森也是大夏大学学生，后中途辍学，在上海赋闲。这些益阳同乡之间，只有周扬和林伯森家境比较富裕，家里经常有钱汇来，这些钱也就成了这一伙异乡客的主要经济来源。周立波间常从乡下的父亲那里得到一点汇款，但为数甚少，连伙食费也不够开销。在这种情况下，他每天看《申报》的招聘栏，急于找个职业。他先后报考过煤球公司跑街、校对及自己也明知不大合条件的电影演员，但都没有考取，后来考取了一家搪瓷公司的学徒，他又不想去。他咬紧牙关，刻苦坚持自学，特别是努力自学英语，以便找机会继续升学或谋个好点的职业。住在一起的几位同乡青年闲来无事，常常打麻将消磨日子，他们邀周立波一块玩，周立波总是谢绝。他天天跑到宝山路东方图书馆去读书，进馆去买个牌子，一坐下来就是几个钟头。因此，他的长进很快，尤其是英语，逐步达到了能翻译文学作品的程度。一九二九年六月，他在《申报》看到上海劳动大学招生的广告，十分高兴。劳大是当时国民党政府办的唯一免费的高等学校，开设社会科学院、工学院和农学院，还设了中学部。周立波造了一张旧制中学的毕业文凭去报考，被录取在社会科学院经济学系，于一九二九年九月入校。

周立波在劳动大学学的虽是经济学，但他的兴趣却在文学。劳大设在上海江湾。学生们享受了食宿免费的权利后，也担负了一宗必尽的义务，就是要轮流担任采办，每天早晨陪同大司务上街买菜。一个学期每人至少要轮上一次。劳大学生中湖南人很多。每当湖南同学担任采办时，他们必定要买回许多自己最爱吃的辣椒，弄得一些不会吃辣椒的江浙同学叫苦不迭。于是，江浙一带的同学便以“反辣辣大会”的名义出了一个《特刊》，张贴在食堂里，痛数辣椒的“罪恶”。当时，上海《申报》办了一个《本埠增刊》，辟有《学校生活》《妇女生活》和《艺术界》等专栏，经常发表一些散文、通讯和小品文，反映本市学生、妇女和文艺界的生活与活动。劳大有一位同学便写了一篇《呜呼辣椒》的小通讯寄给《申报》，被发表在一九二九年八月九日的《学校生活》栏。这篇通讯生动、风趣地反映了劳大学生因吃辣椒而惹起的“风波”，引起了周立波的注意。周立波进劳大不久，就轮到他担任食堂采办。这天东方还没有破晓，他和另一位同学就被大司务从温暖的睡乡中唤醒了，无可奈何地跟着大司务来到了江湾市集。江湾的晨景，菜市场人们呼买叫卖、讨价还价、耳语笑骂等种种人情世态，给周立波留下了十分有趣的印象。回校后，他们两位同学又获得了一个难得的报偿：享受了平常八个同学才有的一份早餐。学校生活的这个平凡的片断，引发了周立波的创作冲动，他乘兴写了一篇千来字的散文《买菜》，寄给了申报馆。像许多初学写作的文学青年一样，他怀着一种自信、希冀和不安的复杂心情，留心阅读每天的《申报》。很快，小散文《买菜》在一九二九年十一月二十九日《申报·本埠增刊》的《学校生活》栏登出来了，周立波十分高兴。劳大的同学看到散文署名“小妮”，还以为作者是一位女同学呢！其实，它就是周立波取的一个跟自己名字“绍仪”字音相近的笔名——这也就是他的第一个笔名。周立波接到报馆寄来的稿费通知单以后，委托同住在德恩里亭子间的同乡刘宜生代为领取，并且声明：全部稿费归代领人买东西吃。刘宜生兴致勃勃地去报馆领回了四块钱的稿费，除买点心吃个饱以外，还剩下两块多钱，带回交周立波。立波又全部拿出来，和同乡们痛痛快快地打了一顿牙祭。

处女作《买菜》的发表，是周立波整整半个世纪的漫长的文学生涯的一个起点。

一九三〇年三月，在中国共产党领导和推动下，中国左翼作家联盟在上海成立。这是我国现代文学史上一件大事，标志着“五四”以来的革命文学运动发展到了一个新的阶段。以鲁迅为旗手的左联，吸引和团结了大批进步的文学青年，周立波也是其中的一个。

左联成立前后，伴随着无产阶级革命文学运动的发展，文艺大众化问题引起了越来越多的作家的注意，并展开了第一次讨论。左联的刊物《大众文艺》上刊载了不少讨论大众化的文章和座谈会记录，《拓荒者》《艺术》等刊物也发表了一些论文。当时，讨论的中心集中在“无产阶级文艺的通俗化”，也就是如何写出“能使大众理解——看得懂——的作品”的问题上。正在劳大念书的周立波，为这场讨论所吸引。当时，《大众文艺》编辑部为了把刊物真正办成为大众所喜爱的一个文艺园地，向读者广泛征求办好刊物的意见，周立波也把自己的意见写给了编辑部。这篇来信发表在一九三〇年五月《大众文艺》(新兴文学专号下册)《我所希望于〈大众文艺〉的》专栏内，署名周绍仪。信内提出了四点建议：

(一)每期要发表几篇很精练很平白的普罗[①]文艺论文，把普罗文艺的理论基础树立起来。

(二)多发表意地沃罗基[②]很严正的作品，把普罗文艺的内容充实起来。

(三)多附有趣的、有刺激性的、平易的漫画、插图。

(四)注意演剧活动，努力提倡社会剧。

周立波的这几点意见，反映了一位文学青年从步入文坛伊始，就十分重视无产阶级文学的思想倾向和理论建设；同时，把满足人民群众的审美需要作为思考问题的着眼点，因此，他声明自己的这几点意见“都是根据‘大众文艺是以大众为对象’的前提出发的”。

由于对革命文学发生了浓厚的兴趣，周立波在劳大读书时，还开始翻译苏联的文学作品。当时，青年戏剧家赵铭彝和周扬、周立波同住在德恩里的一栋

---

① 普罗，英语 Proletariat(无产阶级)或 Proletarian(无产阶级的)译音之略写。

② 意地沃罗基，德语 Ideologie 的译音，即意识形态。

楼房。经赵铭彝介绍，他们都参加了左翼戏剧团体“摩登社”。“摩登社”办了个刊物叫《摩登月刊》。周立波把自己从英译本转译的苏联作家皮尔尼阿克的短篇小说《北极光》交给赵铭彝，被发表在一九三〇年上半年出版的第一期《摩登月刊》上。这是周立波公开发表的第一篇译作。

周立波进入劳大后，不再为生计担扰了，这对他来说，自然是件大好事。但作为一个经受过第一次大革命洗礼的进步青年，他已不能再像刚上中学时那样“一心专读圣贤书”了。入劳大不久，他就结识了几位进步同学，其中一位是中共地下党员任浩章，并通过他们，结识了校外的一些进步朋友，如孟超等人。不久，他被介绍参加了中国共产党领导的进步群众组织——革命互济会[①]。

第一次大革命失败以后，以冒险主义为特征的“左倾”路线一度统治了党中央的领导机关。在这条路线的影响下，上海的地下党组织常常利用革命的节日，发动和组织一些革命青年和积极分子，在繁华的市区举行“飞行集会”。周立波对参加这类活动十分积极，他怀着一种单纯而又强烈的革命热情，憧憬着第一次国内革命战争时期那种如火如荼的革命盛况再次出现，满以为中心城市这种此起彼伏的斗争活动就是新的革命高潮到来之前的“信号”，而能不能勇敢地投入这种活动，正是革命对自己的考验。因此，他常常悄悄地走出课堂，带着一把防身的小刀子，跟进步同学一起去闹市参加“飞行集会”，散发革命传单，张贴标语，面对巡捕、密探的警棒、马刀和手枪，毫无惧色。

一九二九年十月革命节，任浩章等两位进步同学因为参加革命活动，被劳大开除了学籍。周立波对此表示异常愤慨。但不久以后，一九三〇年“五一”劳动节前夕，他自己的革命活动也被学校察觉，校方以“品行不良”为名，开除了他学籍。

离开劳大后，周立波生计又成了问题。当时，为了找党的关系东渡日本羁留一年多的周扬刚刚回到上海。他看到周立波好不容易找到个免费读书的地方，如今又被丢掉了，感到十分惋惜，虽没有责备对方，却流露了不满的意

---

① 革命互济会，又名中国救难会，成立于1926年1月，以“保护一切解放运动的斗士，救济为反动派所迫害的受难者”为宗旨。

思。这使周立波感到委屈，他心想："你到了日本，还写信来，鼓励我革命呢，现在我参加革命活动了，你又对我不满意!"但当时摆在面前最现实的还是吃饭的问题，由于一时找不到生活出路，他只得回到湖南益阳老家住了三个多月，于当年秋天重返上海。

经受这一次挫折以后，周立波一度"对革命工作比较消沉，只想学文学，翻书，并独立生活"(《补充说明》)。周扬邀他合作翻译小说。他们找到了美国出版的苏联早期的一部长篇小说《大学生私生活》(原名《狗胡同》，顾米列夫斯基著)的英译本，并参照黑田寿男的日译本，转译成中文。顾名思义，这是一部描写苏联大学生性爱生活的小说，并不是一本很好的书，其中宣扬了曾经流行一时的"杯水主义"；当然里面也有一些好的东西。一九三一年五月译作脱稿后，由周扬找上海现代书局卖出，得了一笔稿费，周立波靠所分得的部分维持了几个月的生活。也就是从这部译作开始，他为了表示自己对自由的无限向往和热烈追求，采用英语"Liberty(自由)"的译音"立波"二字，作为自己的笔名。《大学生私生活》于一九三二年一月由现代书局出版，后连续印到三版，但最后还是被国民党查禁了。

从益阳重返上海后，周立波加入了中国社会科学家联盟，但没有参加实际活动。

二、校对生涯和囚徒生活

一九三一年冬天，周立波经上海劳动大学的一位同学介绍，到神州国光社印刷所当了校对。神州国光社是由粤系在野军人陈铭枢等投资办的一家出版社，具有鲜明的社会民主党政治倾向。一九三一年前后，这家出版社出版的《读书杂志》(主编王礼锡)，以展开所谓"中国社会史论战"为名，发表了许多宣扬托派观点的文章。因此，在左翼文化界看来，这家出版社是并不革命的。周立波在这样一家出版社当校对，自然不是十分痛快的。他曾经这样描述过自己当时的处境和心情：

> 自从没有挂虑的飘流的生活结束了，朋友们不得不为衣食各走各的路以来，生活里就再没有欢笑的歌，也没有醉人的酒了；每天坐在排字房隔壁一间小房子里面，用手指和眼睛校对许多粗糙的坏文章；到晚上，脑子里面装满了颠颠倒倒的铅字和乱七八糟的校对的符号，不能立刻去睡觉；走上晒台，呼吸着清凉的夜气，仰望着缀满明亮的星子的广阔和神秘的天空，我真愿意我的两只手臂是两只粗壮的翅膀，能够向高远的不可知的境界里飞翔。(《铁门里·第一夜》)

在这种情况下，周立波继续和一些进步朋友和共产党人保持着联系。当时，中央革命根据地的红军在毛泽东和朱德的指挥下，胜利地粉碎了国民党蒋介石的第三次“围剿”，国内的政治形势由于民族矛盾的上升而起了重大变化。日本帝国主义者继一九三一年“九一八”悍然大举进攻我国东北之后，又于一九三二年一月二十八日在上海发动进攻。中国驻军第十九路军在全国人民要求抗日的呼声影响下，违抗蒋介石的命令，奋起抵抗，大大振奋了全国的人心。中国共产党领导全市日厂工人举行罢工，动员各界群众大力支援十九路军坚持淞沪抗战。在汹涌澎湃的抗日救国热潮中，神州国光社印刷所的工人也开展了年关罢工，周立波成了最活跃的分子之一。他们通过“上海市各界民众团体反日联合会”找到了由中共地下组织所领导的“总罢工委员会”，获得了支持。周立波担任了印刷所罢工委员会的委员长，在工人中积极进行宣传鼓动和组织罢工的活动，因而遭致出版社老板的忌恨。一九三二年二月六日下午，正当他在印刷所附近的马路上张贴传单时，被一名工头撞见，工头进行阻挠，两人发生激烈冲突。凶横的工头打落了周立波的近视眼镜，年轻气盛的立波毫不示弱，愤怒地揍了那工头。工头把他扭送到公共租界戈登路巡捕房，告他“煽动罢工”。包探去他的住处搜查，从床底下的网篮内发现了他为一些共产党员朋友保存的进步书报，这些都成为他“危害民国”的“罪证”。回到捕房，包探又搜查他的身子，他们从这位颧骨高高、留着长头发的倔强不屈的湖南青年身上，仅仅搜到五张当票和四块银元、几十个铜板。在捕房里，周立波以极端轻蔑的沉默来对待洋包探的讯问和威吓，恼羞成怒的洋包探用粗短的铁棍打他，他愤然用戴着铁铐的双手进行抵抗，表现了一个中国热血青年威武不屈的勇敢精神。

周立波被捕后，中共地下组织设法营救他。当时，周扬已重新入党，并从“剧联”转入了“左联”。他和神州国光社总编辑胡秋原有一面之缘，便出面找胡秋原，请他保周立波出来，但胡秋原却不肯保。这引起了周扬的气愤，后来，他在主编左联机关刊物《文学月报》时，发表的芸生一首辱骂胡秋原的讽刺诗《汉奸的供状》，和这多少有些关系。鲁迅曾为此写了著名的《辱骂和恐吓决不是战斗——致起应的一封信》，提出了批评。

原告神州国光社不肯撤消控告，周扬只好去找当时著名的“红色律师”潘震亚，请他出庭为周立波辩护。一九三二年四月十八日下午，伪江苏省高等法院第二分院开庭审判周立波。尽管潘震亚律师义正辞严地驳斥了国民党反动当局加在周立波头上的“罪名”，但他仍被伪法院判处两年半徒刑，出席旁听的周扬和其他进步朋友都深表愤慨。五月，国民党政府与日本签订屈辱性的《淞沪停战协定》后，为了欺骗人民，缓和人民的反抗，颁布所谓“赦令”，给政治、刑事案犯减刑三分之一。周立波也被减刑为二十个月。他被关在提篮桥西牢。

矗立在提篮桥的十层楼房的西牢，是一座阴森可怖的大魔窟，它是帝国主义对中国一部分领土实行殖民地式统治的一个象征。当年，政治犯(共产党人及其同情者)都被单独关在西牢新牢监最高一层的四十多个号子里，每个号子宽约一米多，长约两米，三面是钢筋水泥的墙壁，一面是铁栅栏，向着走廊。监牢的英国、印度巡捕和华捕，就在这走廊巡回，对犯人实行森严的戒备。和周立波同时关在西牢的，有共产党人吴黎平、曹荻秋、孟超、季楚书等人。吴黎平和他曾关在比邻的号子内，也曾短时间关在一个号子内。当时关在西牢的政治犯中，仍有秘密的革命组织，他们通过个别正直善良的中国巡捕和印度巡捕中的佛教徒，与狱外的革命互济会取得联系，因而在艰难的环境中仍能听到党的信息。周立波虽还不是党员，但他积极地参加了狱中地下党组织的一切活动。每当夜晚，在巡捕不多巡回的时候，囚人们便通过“打电话”(即从一个号子向另一个号子挨次传话)的方式，保持联系，进行宣传教育活动。吴黎平就以这种方式向大家讲过唯物史观。

监牢里的生活很苦，每天三餐都只是装在洋铁罐里的一点点粗劣的饭菜，囚人们经常饿肚子，有些人便以谈论吃东西作“精神会餐”，甚至连做梦也是在吃东西。和周立波关在同一个号子里的一位工人，食量大，每天饿得实在难受。周立波宁愿自己多挨些饿，常常把自己的一份饭菜，分一半给那位难友。

在监牢里，周立波还坚持自学英语。周扬给他送去了一本《英汉双解字典》，他爱不释手。有一次，吴黎平从外面的朋友那里弄来一部《资治通鉴》，虽然这部书周立波早在中学时就已通读过，但如今在监牢里见到它，就像老朋友久别重逢一样，感到特别难得，他马上向吴黎平借来，贪婪地反复阅读。

夏天的傍晚，当那带着水样的清辉和烟样的朦胧的月光映照到牢房的时候，囚人们偶然也会被触动诗兴。这时，周立波就用自己低沉的益阳口音，给同监的难友背诵他所熟记的李白、杜甫的一些名句。“君不见黄河之水天上来，奔流到海不复回。……天生我材必有用，千金散尽还复来。……”李白《将进酒》里这些豪迈奔放、挥斥幽愤的诗句，深深地激荡着周立波和同监难友，他们的心飞向了祖国那无比壮美的名山大川，飞向了充满希望的明天……

周立波在西牢被关了二十个月，经受了严峻的考验和锻炼。在狱中，他还听到了党的好女儿黄励烈士视死如归的悲壮故事：黄励也是湖南益阳人，是他的同乡。她曾任革命互济会全国总会党团书记兼主任、中共江苏省委组织部长，后由于叛徒告密被捕。在国民党反动派的法庭上和宪兵司令部的牢房里，她横眉冷对敌人的威逼利诱，愤怒地揭露国民党投降卖国的罪恶，始终坚持不屈的斗争，表现了共产党人的崇高气节和大无畏革命精神。一九三三年七月五日，当她把鲜血洒在南京雨花台的时候，只有二十八岁。黄励的光辉事迹传到狱中后，周立波受到极为深刻的教育，他从这位革命烈士身上汲取了无穷的力量，更加坚定了革命的意志。因此，当周扬和其他革命同志前往秘密探监时，“他虽然心情激动，但却神色坦然，安之若素，无所畏惧”(《怀念立波》)。他在西牢的刑期届满时，国民党上海特别市执行委员会派员和他谈话，百般诱胁，说什么只要他表示“自首悔过”，就放他出来。但周立波丝毫不为所动。敌人的阴谋落空了！国民党上海市当局只得行文伪江苏省法院，以周立波在服刑期间“不以忠诚态度”交待问题，“殊属狡诡”，“一旦开释，难免重犯”为由，决定将他继续送反省院“予以感化”。于是，周立波于一九三三年十二月七日又被戴上手铐，押送苏州反省院监禁。

周立波从关入西牢后，就瞒去了自己在上海劳大因参加革命活动被开除的一段经历，伪称自己是益阳县一所为挪威人办的教会学校——信义中学的学生流落上海谋生。因此，他在苏州反省院被编入具有初中文化程度的犯人第二组。反省院每个星期要上几次“课”，由看守把犯人们一一押出号子，送到“课堂”，然后把“课堂”团团围住，由国民党的教员向犯人们施行“政治教育”。但国民党的这种政治“感化”，在周立波身上毫无效果。在反省院期间，他始终保持一位革命青年的气节，不向反动派低头。反省院规定，犯人每月要交一次反省日记。周立波常常把一个月的“日记”一天记完，上面净写些蚊子、臭虫咬人等琐事。反省院拿了他很恼火，又没办法，便在他的“日记”上批了一句：“望你努力反省，蚊子臭虫不足为患也。”因为实在查不出他的政治根底和“犯罪”证据，在将他续囚八个多月以后，反省院不得不将他交保释放。他父亲周仙梯在乡下接到“保单”以后，找了益阳县二区高小的一名同事周启福签名具保，把他保了出来。

一九三四年八月二十日，周立波被伪苏州反省院释放。由于长期遭受敌人监牢的折磨，他的身体十分虚弱。出院后，他到了上海，周扬劝他回老家休息一个时期。他便当掉家里寄来的一些衣物，换了几个盘缠，离开了上海；到武昌时，把一件棉袄也送进了当铺。回到益阳邓石桥老家时，身上只剩了一套家织白土布衣裤和几个铜板，光着脚丫，踏着一双没后跟的烂布鞋。父母妻子看到他这个憔悴、褴褛的样子，都非常痛心。他在家里休养了约莫两个月。这时，他的大儿子健明已经三岁多。父亲劝他不要再出去了，就在家乡找个职业。但周立波决计再返上海，他决不做那依恋温存的小家庭的“燕雀”，而要学雄鹰那样，去自由广阔的天宇搏击风雨！周立波想到离开伪苏州反省院时，反省院的头子曾交代他每隔三个月写一封信去，“报告”自己在家里的情况，那意思是要控制他的活动。他把这事和满妹夫雷夏商量。雷夏是个进步青年，在第一次大革命中参加了中国共产主义青年团，大革命失败后仍然没有变心，一直保藏着《向导》等红色书刊。两郎舅商议的结果，由周立波事先写下几封信，信里不谈政治，只讲自己如何在家里种田和读书，以后由雷夏代他按时邮寄苏州反省院借以蒙蔽敌人。留下这些信后，周立波便立即潜回上海。

三、登上左翼文坛

一九三四年十月，周立波第三次到了上海。当时，周扬担任中共左联党团书记，不久改任党的“文委”(文化工作委员会)书记。他住在霞飞路一个小弄堂内的狭小的过街楼上，这里也就成了左联党团经常碰头、开会的一个地点。周立波重返上海后，向左联党团提出了入党的要求，并渴望去中央苏区参加实际的革命斗争。但当时去苏区的路已不通，他只得留在上海。为了避免被敌人发觉，他隐去了过去在上海使用的真实姓名周绍仪，正式改名为立波，同家里通信则用奉梧的名字。同时，他把嘴里原有的金牙也换掉了。经周扬介绍，他很快参加了左联，并被中共地下组织接受为党员。

这里就出现了一个很有趣的现象：一方面，国民党苏州反省院接连收到周绍仪的来信，“报告”他的家乡如何“风景颇美，空气也新鲜”，他自己又如何“畏热异常”，“但每读书至佳处，凉风顿生”，如此等等。伪反省院还真以为周绍仪在乡下种田、读书，尽享“农家乐”呢！但另一方面，真正的周绍仪却化名“立波”，加入了中国共产党，就在赫赫有名的“冒险家的乐园”——大上海，在国民党官老爷们的鼻子底下，积极从事革命文学活动。这不能不说是这位颇富幽默感和反抗精神的农家子弟，给国民党反动派开的一个不大不小的“玩笑”！

周立波重返上海后，住在法租界。据当时和他交往较密切的艾芜回忆，那也是一个亭子间，“楼房后面一间小小的房子，一床一桌一凳，再没有别的东西。屋角的地板上，堆着书和报纸杂志。三十年代他写的许多文艺论文，翻译的基希的报告文学，肖洛霍夫的《被开垦的处女地》，都是在这样的屋子里搞出来的”（艾芜：《回忆周立波同志》）。

周立波加入左联并入党后，同阿英(钱杏邨)和何干之等编在一个小组。他常常跟小组长阿英一起，到一些学校去参加和推动那里的左翼文艺活动。不久，他参加了左联党团，党团的其他成员是戴平万、何家槐，由戴平万任书记。在左联党团，他分工领导党小组，作发展党员的工作①；负责接济出狱的同志，还参与审查和编辑左联的内部刊物。当时，上海有一家《时事新报》，是孔祥熙办的。这家报纸有个《青光》副刊，编辑叫朱曼华，和左联成员王淑明常有联系。朱曼华为着提高《青光》的地位，增加自己的身价，想拉拢一些左翼文化人写点有进步思想的文章来装饰门面。王淑明把他这个想法向左联汇报后，左联党团决定利用这个机会，来扩大左翼文学的阵地，便让周立波和王淑明、徐懋庸合作，编一个文学副刊，定名《每周文学》，每周发表一期，附在《青光》上。稿子来源，一部分是左联内部的人写的，一部分是外面的投稿，由《青光》转来。周立波受左联党团委托，负责审稿，但不出面。《每周文学》于一九三五年九月十五日创刊，给它长期撰稿的有胡乔木、梅益、立波、沈起予、凤子、宗珏等。鲁迅对《每周文学》是支持的，他以旅隼的笔名，在它上面发表了《杂谈小品文》和《论新文字》等文章。郭沫若也在上面发表过《论“幽默”——序天虚〈铁轮〉》。《每周文学》出刊后，颇得读者好评，尤其是它能出现在国民党著名人物孔祥熙办的报纸上，更引起许多人的惊异，觉得左翼文学的力量和影响真了不起。但《每周文学》出到第三十二期时，终于被迫于一九三六年六月二日停刊。

周立波参加左联以后，和沙汀、艾芜、戴平万、何家槐、徐懋庸、林淡秋、梅雨、舒群、关露等许多青年作家、翻译家常有接触和交往。据沙汀回

① 据周扬谈，当时，“组织上指派立波和艾思奇联系，后来他和我一起介绍艾思奇入党”(《关于周立波同志的一些情况》)。

忆："一九三六年春我们都在辣斐德路住家，两个弄堂相隔不远，所以来往也比较多。因为他一个人住，多半是我跑去看他。如果碰巧他刚写好一篇文章，我总会得到一份先睹为快的权利，有时读到一些充满机趣和有独到见地的段落，我会忍不住停下来提谈两句，或者望他笑笑。于是，他也紧接着哧哧哧地笑了，眉宇间流露出亲切、质朴的喜悦。"(《安息吧，立波同志》)

在上海，周立波和少年时代的朋友叶紫重逢了。叶紫于一九二九年冬天到上海后，在极端穷困的条件下，以旺盛的革命热情从事创作和编辑工作。他在一九三三年六月出版的《无名文艺月刊》创刊号发表了短篇小说《丰收》，茅盾当即发表评论《论〈丰收〉》，赞扬它是一篇"精心结构的佳作"。一九三五年《丰收》结集出版，鲁迅又为之作序，他由此从文坛的"无名小卒"一跃而为知名作家。叶紫于一九三三年六月加入左联，不久加入了中国共产党。当时他已患有肺病，同老婆、孩子、妈妈挤住在一个灶披间里。组织上为了照顾他，就在同弄堂里租了一个亭子间，作为小组活动的地方，小组不活动时就归叶紫使用，这使他稍稍摆脱了窘境。周立波后来回忆：

> 当我正从一个不见天日的地方出来，再到上海的时候，应(按：即周起应，周扬)告诉我，我有一个少年时节的熟人，常常谈起我。我们后来会着了，他就是叶紫。他也是从另外一个不见天日的地方刚出来不久①，正努力创作。但他好像比我少见些人世的丑恶与悲哀，很兴奋，整整谈一夜……以后我们还见过几次面……(《为叶紫喜》)

在一九三六年五月一次见面时，叶紫把他的短篇小说集《丰收》(第三版)送给了周立波，并在扉页的题字中亲昵地称他为"凤翔先生"(立波小时候的一个名字)，这表现了这一对同乡的青年作家之间醇厚的友谊。

① 指叶紫1931年被国民党反动派逮捕，在上海龙华警备司令部坐牢八个月。

新现实主义理论的探索者

周立波参加左联时，已是它的后期。他以浓厚的兴趣学习和研究马克思主义文艺理论，研究新的现实主义即社会主义现实主义的创作方法，积极从事文学理论批评工作。他以“张一柯”和“立波”的笔名，先后在上海《大晚报·火炬》《申报·自由谈》《时事新报·每周文学》以及《读书生活》半月刊、《自修大学》两周刊等报刊，发表一系列文章，力图运用马克思主义的观点来观察、分析文艺现象，探讨文学创作中一些带规律性的问题。当时，由李公朴主编的《读书生活》半月刊为了辅导青年学习文学，开辟了一个《文学讲话》专栏，约请周立波撰稿。他在这个专栏连续发表了《文学的特性》《文学的永久性》《怎样读小说》《观察》《选择》《替阿Q辩护》《谈谈报告文学》和《我们应该描写什么》等一批论文。这些论文大都写得深入浅出，观点鲜明，逻辑相当严谨，文字也比较生动活泼，颇受广大文学青年的欢迎。

周立波的文学论文涉及了一些什么问题呢?

第一，关于文学的特性和功能。

这是文学史上许多理论家反复探讨和争论过的一个复杂而又重要的基本理论问题。上世纪二十年代末和三十年代初，在我国革命的文学界，有一些人由于受苏联“拉普”[①]提倡的所谓“唯物辩证法的创作方法”的影响，忽视文学艺术的特殊性，把作家的世界观和创作方法，把认识现实的一般法则和形象地反映现实的艺术法则混淆起来，从而导致创作上的公式主义和概念化的倾向。针对这一点，周立波在《文艺的特性》《文学的永久性》和《文学的限界和特性》等论文中，援引“科学的文学理论的伟大创始者”恩格斯和俄国早期的马克思主义文艺理论家普列汉诺夫等人的观点，反复论证了文学与哲学、宗教以及其他社会科学之间的联系和区别，从多方面探讨了文学艺术以具体可感的形象认识和反映社会生活的基本特征。他引用果戈理、高尔基的一些文学名著，强调指

① 拉普，“俄罗斯无产阶级作家联盟”简称的音译，成立于1925年，1932年解散。

出："一切概念和思想，在形象中，现出了浓厚的灵活的彩色和可触的情意，文学家对于一切人类的活动，一切有机和无机的东西，都赋予了跳跃的生命。""能够使你不能不用整个的灵魂爱慕，引起憧憬，惹起夜梦的那一切，是文学的伟大，这伟大却是形象造成的。"他认为托尔斯泰关于艺术是"人们互相传递自己的感情"的手段这个定义"并不科学"，并对体现在文学作品中的思想和感情这两个因素之间的内在关系作了一番分析，指出"一切文学的描写，不只是给与人们感情上的感动，也激起你的向善的思考，输入你的认识社会和改造社会的思想"，因而"文学也是传播思想和追求真理的手段"。基于这种认识，周立波一再强调："一切伟大的文学家，同时又是伟大的思想家。""愈能反映时代精神的作品便愈不朽，愈有深湛的人生的思想的作品，便愈伟大。"他尖锐地批驳了那种"以为艺术是超时代超社会的存在"的"纯粹艺术论者"和"艺术至上主义者"的观点，抨击了那种把"自己的身边琐事，毫无遗漏的移到艺术的书叶上，自怜自叹，自己忏悔，自己抚爱"，以"自我表现"为唯一宗旨的作品，认为"这类的文学，达于极致，可以和笛卡儿的'我想即我在'的世界观完全一致"。照周立波的理解："新的现实主义的艺术，决不是自然的模仿，也不是照相式的繁琐的记录。新的现实主义要看清现实的本质，要看到社会的矛盾与发展，至于琐末的细节却应当'多所知道，多所忘却'。"

第二，关于艺术典型的创造。

艺术典型的问题，是现实主义美学、文艺学的核心问题之一。文学艺术的特性，最充分、最集中地体现在艺术典型上；艺术思维的特点，也最充分、最集中地体现在典型形象的创造之中。因此，青年周立波对典型化的理论作了许多探索。在《文学中的典型人物》《艺术的幻想》《观察》《选择》和《现代艺术的悲观性》等论文中，他比较系统地探讨了生活美与艺术美的关系，艺术思维的特点，典型化的方法等问题。周立波认为："客观的现实虽然含着美的本质，却是常常带着偶然的杂质，粗糙的形式的。现实的原样好象是一个未被洗炼的矿石，只有经过选择的磨洗，才能舍弃一切偶然的残余的东西，使作品的一切部分都从属于全体，一切都倾向于同一目的，形成一个整个的美的画幅。”怎样才能达到这个要求呢？周立波从果戈理、巴尔扎克等批判现实主义大师那里获得启示，强调指出作家必须具有“在现实中不断的观察中所练就的文学眼光”——巴尔扎克管它叫“第二视觉”，“这眼光就象科学试验室里的显微镜一样，也好比能够透视内脏的X光线”。周立波把“文学的耕耘方法之一的观察”，看成是“一个伟大的现实主义者的最实际的‘门槛’”，认为“一切伟大的作品，差不多都是社会和人物的勤恳的观察的成果”。他还认为，从观察到表现的过程中一定要有选择，这样才能“使现实中的一定的题材在一定的目的下，结晶、净化、统一起来”，升华为典型的艺术形象。

周立波在探讨艺术思维的特点时，十分重视想象和幻想的作用。他作了一个生动的比喻：“如果把这产品当作艺术的溶液，把创造的主体当作熔炉，那么幻想就是这熔炉的主要的炭火。”他引证列宁在《怎么办——我们运动中的迫切问题》的著作中强烈主张“应当幻想！”的光辉思想，说明“一切进步的现实主义者的血管里，常常有浪漫主义的成分，因此，也离不了幻想。实际上，没有幻想的成分的现实主义决不能满足新的社会层的需要”。他认为，“进步的现实主义者不但要表现现实，把握现实，最要紧的是要提高现实；要使‘我们的关于人类和生活的认识深化，扩大’。要‘补足那尚未发见的事实的连锁之环’”。这实际上已触及作家需要建立革命的世界观这个重要问题了。

第三，关于世界观和创作方法的关系。

周立波强调正确的、先进的世界观对文学创作的重要意义。他在探究某些西方现代派作品主题贫乏、人物形象猥琐的原因时，一针见血地指出，这“无疑是没落阶层的阶层心理的必然反映，从心理的空虚悲观里，他们只能看见性和死的两支火炬”。但新兴的无产阶级的作家却不这样，他们一方面承认“选择一定要受着自己的世界观的全面的制约”，另一方面“却因为自己的世界观的本身的阔大，选择反而比市民们的文学自由得多了”。为了说明这个问题，他还总结了“五四”以来我国一些著名的革命作家——特别是鲁迅和茅盾的创作经验，他说：这两位文学大师获得成功的原因，“一方面固然是由于作者超越的才能，和丰富的文学经验与生活经验；另一方面，也显然是由于思想的更精进。有了进步的世界观，使鲁迅‘脱手一掷的投枪’更锋利，更准确，又使茅盾的《子夜》能够牵涉那么广阔。思想性的优越，是艺术成功的保证之一”。同时，他在考察巴尔扎克、歌德、托尔斯泰等艺术大师的作品“常常有很厉害的内在的矛盾”的原因时，援引恩格斯、列宁对这些作家的精辟分析，指出：“这是因为一方面，他们对现实的思维和知觉还是停留在传统的观念上，另一方面，他们的天才的透彻力却使他们观察到了现实的深处，看见了和他们的人生态度极不一致的东西。”这也就是说，体现在这些作家的作品、思想、学说中的种种矛盾，归根结底是由他们世界观本身的矛盾所引起的。因此，“只有主观的观念和客观的现实完全一致的时候，作家才能免除这种强烈的内在的矛盾”。

第四，关于文学作品的内容和形式的关系。

周立波在探讨这二者之间的关系时，一方面肯定：“美学的成就，和思想上的说服的效果同是作家的根本要求。”“只有深刻的思想性和高度的艺术性（高度的形象化）结合起来，才能构成伟大的作品，才能确立作品的永久性。”但另一方面，他又强调：“思想的内容是作品的决定的要素，一切美的形式只有从属于一定的思想，才有意义。”因此，他反对“艺术上的形式主义者”，不同意“文学艺术之好坏，与社会政治无关，与内容无涉；艺术性只存在于形式”的观点。他认为，西方现代派文学诸如唯美主义、表现派、颓废派、象征派、未来派、神秘主义以及其他一切旧文学的“Ism”（主义），“有一个共同的特质，就是空洞，只有形式；不管形式的花样怎样五花八门，他们的内容的空泛总是一致的；他们陶醉于形象的形式中，只有对形式的空虚的膜拜；他们创造形式，不是为了什么对象，只是为了‘创造’本身”。他指出：这些都是“‘为艺术而艺术’的主张的具体标本，也就是颓废倾向的多面的表现”。

文学作品的基本材料是语言，语言是内容的表现形式。一九三四年春夏，上海文化界再次引发一场关于文言文与白话文的论争，后转化为大众语与文字拉丁化的讨论。它是文艺大众化讨论在语言问题上的一个继续。周立波参加了这场论战，在《评叶青先生的〈语言论战的总清算〉[①]》一文中，批评对方只满足于白话，而完全抹杀各地的土语方言的观点，他认为“占全国人口百分之九十以上的大众”的语言，有“生动的内容、奇妙的表现和丰富的字汇”，使它们互相沟通、溶化，有望“发展成为一种统一的、完善的大众语”。这种看法，后来结合他自己丰富的创作实践经验，发展成较系统的理论主张(参见《谈方言问题》，载一九五一年三月《文艺报》第三卷第十期)。

周立波的这些文艺观点，至今看来大都是正确的或基本正确的。在当时，更有它们的针对性。

左联后期，随着马克思主义文艺理论的广泛传播，以及苏联社会主义现实主义的创作方法被介绍到中国，报刊上出现了许多讨论新的现实主义与过去的现实主义以及浪漫主义的区别和联系，探讨作家的世界观与创作的关系等问题的文章。但当人们着重于清算“拉普”的影响，批评和纠正文学理论工作中的“左”倾幼稚病的倾向，克服早先革命文学创作中的缺点的时候，某些右的错误观点又开始抬头。有些人抽象地谈论现实主义，否定进步的世界观对于创作实践的指导作用。原先同左翼文学界对垒败下阵来的“第三种人”中的某些人，乘机宣传将文学的真实性与倾向性对立起来，企图把作家引向脱离无产阶级的革命斗争和思想领导的斜路。正是在这种情况下，周立波作为左联后期的一名新的理论战士，坚持无产阶级的革命文艺观、美学观，反复宣传要重视革命文学作品的思想内容和社会功能，强调无产阶级的世界观对革命文学创作的指导意义，力图正确地阐释新的现实主义——社会主义现实主义的创作方法，廓清一些糊涂的、错误的认识，这无疑是具有积极作用的。正是在这种背景下，他同“第三种人”苏汶还发生了一次小小的论争：

自称“死抱住”超阶级超政治的“第三种文学”不肯放手的苏汶，在遭受鲁迅和左翼文学界的严肃批判以后，并未罢休。他“苦苦地思索”，又在《星

① 载《大晚报·火炬》1934年12月12日，此文未收入其文集。

火》[1]创刊号上抛出《作家的主观与社会的客观》一文，颠倒主观和客观的关系，宣扬唯心主义观点，并把用无产阶级世界观指导创作同表现社会客观的真实对立起来，说什么提出这种要求"实际上就等于叫文艺作家不准有自己的人生观或宇宙观，也就是等于鼓励艺术家丧失自己的灵魂"；而他是极力主张"艺术家的灵魂无论如何应该是独立的，自由的，不应该是向别人借来的"。周立波看了苏汶这篇论文后，在一九三五年六月十七日《大美晚报·文化界》发表《理论检讨》一文(署名一柯)，着重地批判了他的"灵魂自由论"。周立波指出："有了一定的社会条件，才有作为社会现实的反映的一定的艺术思想。社会现实以及这个现实中的个人地位等，才是'艺术家的灵魂'的决定的基础，而苏汶先生恰恰把这根本倒置。"不仅如此，"由灵魂自由论再出发，苏汶先生又发展了他的超阶层的真实观，和绝对的主观论"。周立波列举了一种最常见的社会现实来驳斥苏汶的观点："工人说：'苦极了，三日班，五日班，工钱不够买饭饱！'资本家对他说：'我看你们一点也不苦，不劳心，又不怕蚀本，至于饭，吃少一点倒合卫生！'"周立波问道："谁说的是真的呢？'第三种人'的苏先生一定说'都对！'因为'这种根据不同角度的观察，那才是整个社会最近乎真实的可能的表现'。但是事实并没有苏先生这样滑脱。"周立波指出，只有工人说的才是真理："饿得头昏眼花，面黄肌瘦，并不卫生。""真理只有一个，而且只有主观的要求和历史现实的要求一致的阶层，才说真话，才能接近真理，这阶层，在历史的现阶段便是要求解放的劳苦群众。"这里，周立波旗帜鲜明地坚持了马克思主义的阶级论和唯物论的反映论，揭穿了苏汶宣扬超阶级的"灵魂自由论"的虚伪性和欺骗性，可以说是击中了要害。苏汶看到周立波的批评文章后，在《星火》第三期又发表了《答一柯先生》，为自己的观点辩护。周立波接着又在一九三五年九月十五日《大晚报·火炬》发表《答苏汶先生》，重申了自己对"灵魂自由论"的批判。但双方这些反批评文章都写得比较简略，对所论争的问题没有作更深入的展开。尽管如此，这一场小小的论争实际上是

① 《星火》杂志为苏汶、韩侍桁、杨邨人主编，1935年1月在上海创刊。

以鲁迅为首的左翼作家和“自由人”“第三种人”持续三四年之久的论战的延续，或者说是这场文艺思想斗争的余波。它是不无战斗意义的。

富于生气的文学评论

一九三五年一月，《文学》月刊(傅东华、郑振铎编)新年号出来后，周立波以“张一柯”的笔名，在一月二十一日上海《大美晚报·文化界》的《书报评论》栏发表《〈文学〉新年号的创作》一文，对这期刊物上巴金、老舍、张天翼、艾芜、周文的五篇短篇小说进行评论。这是这位青年评论家发表的第一篇文学评论。以后，他陆续在上海的报刊发表了一批研究文坛现状、评介作家作品的文章。

周立波把从事文学评论看成一项严肃的革命工作。他写过一篇《怎样读小说》，批驳了对于小说的传统的歧视的观点，反对把小说看成只是一种“消闲品”。他认为，“戴着趣味的面影的小说，其实是最严肃的东西。人生有多少严肃，反映人生的小说也就有多少严肃”。因此，他主张读小说的时候，“应当有对于人生的严肃态度和研究科学的睿智”，就像一位勤勉的金矿夫一样，在打开一部作品的封面以前，就要问问“自己的袖子扎好了没有?”只有这样，才会“掘到书里的金矿”，也就是从优秀的作品里吸取那“可以启发自己的思想，可以提高自己的修养，可以改进自己的生活”的丰富营养。周立波还有一种习惯，读完一部作品的时候，一定要找许多关于这部书的批评文章来看，或者同朋友们一起哗啦哗啦地议论，互相交换读后感。他认为，“对于作品的孤立的了解是不够的，我们一定要对于作者的思想和生活，都有相当的系统了解。这样，我们才不致把作家的意旨凭着自己的主观，予以歪曲和误会”。因此，在从事文学评论工作时，他总是通过各种方式和渠道，力求对作家的生平和思想有更多的了解。他研究、评论鲁迅的杰作《阿Q正传》，就是采取这种严肃认真的态度。他在当时写作的一些评论文章里，对《阿Q正传》评价很高，赞誉阿Q形象是中国新文学的第一个“伟大的典型”，同哈姆雷特、堂·吉诃德、奥勃洛摩夫、罗亭等一样，具有不朽的价值。为了探索阿Q这个艺术形象的典型意义，他采取同江湾一位农民对话的别致的方式，撰写了《为阿Q辩护》的论文。他认为，“阿Q的精神胜利的怒目主义，是南方中国的小农经过了太平天国的失败，经过了辛亥革命的无代价的牺牲以后的一种失败心理的特殊表现”。他还认为，鲁迅对阿Q是“喜欢的。虽然他嘲笑了他的许多弱点——他用诙谐的笔描写了他的糊涂，他的精神胜利法，和他的狭窄的革命观。但这是有着热情的温暖的嘲笑”。这篇论文在一九三五年十二月《读书生活》半月刊第三卷第三期发表后，周立波把它剪下来寄给了鲁迅，并附去一封热情洋溢的信，一方面表达自己对鲁迅作品的喜爱：有些文章，如《记念刘和珍君》《为了忘却的记念》，读后使他十分感动。另一方面，向鲁迅请教：阿Q有无模特儿？鲁迅是怎样熟悉像阿Q那样的雇农的生活的？鲁迅很快给他写了回信[①]，回答了他所提出的一些问题。鲁迅告诉他：自己的家虽然在绍兴城里，但常常雇用从乡里来的雇农作短工，有时也到乡下小住，因此有跟雇农接触的机会。鲁迅的回信，帮助周立波更好地了解了《阿Q正传》的创作经验，对他以后继续深入研究这部名著给予了新的启示。

综观周立波在左联时期写的一批文学评论，可以看出这样几个基本特点：

（一）重视作品的现实的战斗意义，热中于提倡反帝救亡的创作。在评述一九三五年中国文坛的状况时，他首先分析了国内的政治形势，特别是民族解放斗争的发展趋势，指出我们所面对的“是一个充满了灾难，又充满了英雄事业的现实”。然后，他综合考察了这一年各种题材和形式的文学创作情况，尖锐地指出文坛“显得比较沉寂”：“不只是没有长征的英雄叙事诗，就是一个罢工，一个学生运动的事实，也不能留下动人的记录。”他认为，造成这种情况的原因，是由于“在目前的中国，虽然还可以写作，然而迫害和困难是异常多的”；同时，“有才能有经验的作家，没有方法接近英雄的现实”。因此，他呼吁革命的作家需要有苏联作家巴别尔[②]那样的投笔从戎的勇气，投身到民族解放斗争的漩涡中去。正是在文学创作“现出了低潮的态势”的一九三五年，周立波

---

① 见鲁迅1935年12月13日日记：“得立波信，即复。”

② 巴别尔（1894—1941），苏联作家。

读到了萧军的《八月的乡村》和萧红的《生死场》这样的优秀作品，因而以格外兴奋的心情给予了高度的评价。他赞誉：“《八月的乡村》给了我们许多关外义勇军内部生活的图景。作者充满了对于土地的怀慕和对于失去了的自然景致的爱抚。故事的结构是片断的，却告诉了我们：敌人是怎样地残酷，农村男女是怎样地英勇，使同胞警惕，更使同胞兴起。”他还盛赞“‘生是中国人，死是中国鬼’，《生死场》里的这句平常的话，在这‘汉奸遍地的时势里’，是有着无限深长的意味的”（《一九三五年中国文坛的回顾》）。在回顾一九三六年的小说创作概况时，周立波又放眼中国的民族解放斗争，勾画了一幅风起云涌、遍及全国的抗日救亡运动的壮丽图画，满怀激情地赞扬这一年获得多方面的丰收的文学“是现实的一面光芒四射的镜子”。然后，着重地分析、评论了“几个活跃的创作家的活动倾向”。他认为：“旧作家的质量的优异，新作家数量的众多，是今年的一个特色。象鲁迅、郭沫若、茅盾、夏衍、巴金、张天翼、沙汀、艾芜、欧阳山、靳以、沈起予、丽尼、齐同、屈轶、卢焚、蒋牧良和萧军等，都在创作活动上尽了他们最善的努力。”同时指出：“因为塞外的抗战，以及内地农村的破败和动荡，在今年的文艺领域里，特别产生了许多新的收获。”在全面地考察了一九三五年和一九三六年中国的文学创作情况以后，周立波旗帜鲜明地宣称：正是以鲁迅为伟大旗手的左翼的、进步的文学界“这些默默的做着的人，在创造真正的中国新文化”；正是凭着这些革命的、新进的作家们的努力，使一九三六年成了“中国新文学发展途中稀有飞跃的一年”。和这相对照，他对国民党“官和半官”的文艺园地的贫瘠和园丁的疏懒，对那些远离中国人民救亡图存的现实斗争，一味描写“风花雪月、哥哥妹妹”之类的文学，和那种“鸳鸯蝴蝶派”的精神麻醉品，采取了明显的贬斥和批评态度。

（二）注重作品反映生活的真实性，十分推崇那些新现实主义的优秀之作。在评介青年作家罗烽的小说创作时，周立波拿他与同是反映“九一八”以后东北人民苦难生活的两篇作品《第七个坑》和《狱》进行比较，作了有说服力的评论。周立波指出：《第七个坑》虽也有成功的笔触，但“情节不大合理，过于奇特”，而“奇特的情节不仅是不容易普遍，而且不容易逼真”。单纯追求情节的离奇，是难于“构成生活和斗争的真实的图画”，造成撼人心灵的真正的“悲剧”的。相反，另一篇小说《狱》却是“一个动人的故事，而且很忠实，凡是中国的监狱，都可能发生这样的故事”。他赞扬作家用许多“普通的变故”，表现了监狱的生活和犯人的心理，作品关于老犯人和新犯人的对话，犯人和狱卒的对话，以及狱卒为了犯人的小小的喜庆的事而高兴这样富于人情味的细节描写，都非常真实。“《狱》就是用这种真实的情景，写成了一个动人的作品”。周立波对新作家荒煤的短篇小说《长江上》评价也相当高，称赞它“是一幅成功的艺术品”，“从《长江上》的描写里，读者不只是认识了长江水手的生活，而且可以根据它去透视一般‘污浊’的下层者的灵魂”。周立波研究了荒煤同时期创作的其他一些小说后，发现这位青年作家除了善于描写下层的人群以外，对于小有产阶级的灰暗生活和怯弱动摇的心理也写得很好，但他“写失业工人就远不及写前面两种人的成功”。原因何在？周立波认为是由于作家对上海工人的生活习惯和语言都不大熟悉，因而往往“不得不借重奇异，去补救他的描写之穷”（以上均见《一九三六年的回顾——小说创作》一文）。从上面这些评论看，周立波把握了人民生活是革命文学的源泉这一真谛，从而对作品作出了比较中肯的评价，这是可贵的。

（三）尊重作家的艺术个性，努力探求各个作品彼此不同的思想艺术特色和作家独特的风格。他研究了活跃于左联后期的东北作家群，不但充分肯定了他们的成就，而且细心探索各个作家不同的创作特色。他认为：“舒群亲历了亡国的痛苦，目击了土地丧失、人民流离的情景和敌国汉奸的残暴的行动，以及许多亲友的战死，他的爱国的思想和情愫，是在他的生活和斗争中滋长起来的，非常自然，而又带着大的感彻力。”他对舒群的小说《没有祖国的孩子》评价甚高，但也指出：“舒群的风格很明朗，朴素，却缺少含蓄，并不深湛。”他还拿另一位东北作家罗烽和舒群对比，认为：“如果说舒群是明朗，那么，罗烽就是沉着。他没有舒群的锋芒，有时却比较地深刻。”他在评论端木蕻良的小说《遥远的风沙》时，十分欣赏这位东北作家斑斓多彩的风景画笔，赞扬他出色地描写了塞外的景色和风习、沙漠里的鸟啼和马啸、大自然寥落的风响，和荒野里的古人的遗迹，这一切都“引起人的追怀和遐想”。周立波认为，“作者的尽忠于地方色彩，青年作家中，恐怕只有沙汀可以比拟”。这些评论，都较好地把握了作家的艺术个性和作品的思想艺术特点。

在周立波评论过的作家中，他对青年作家艾芜可以说知之更深一些。他不但在一些综合性的评论文章中，评介过艾芜的《欧洲的风》《咆哮的许家屯》和《南国之夜》等短篇小说，而且连续发表了对于艾芜短篇小说集《南行记》和中篇小说《春天》的专门评论。在《读〈南行记〉》一文中，周立波用抒情散文的笔调，从自己的艺术感受出发，对这部短篇小说集作了比较精当的分析，着重剖析了艾芜创作思想的基本倾向，对它作出了有真知灼见的评论：

> 被外人蹂躏了多年的南中国，没有一处不是充满着忧愁；然而流浪诗人的笔，毕竟不能单独写忧愁，他要寻求生活，寻求生活中美丽的东西……他的怀着希望的眼光，常常是望着远方的……
>
> 这里，就有一个有趣的对照：灰色阴郁的人生和怡悦的自然的诗意。在他的整个《南行记》的篇章里，这对照，不绝的流露着，而且是老不和谐的一种矛盾。这矛盾表现了在苦难时代苦难地带中漂泊流浪的作者的心情：他热情的怀着希望，希望着光明，却不能不经历着，目击到“灰色和暗淡”的人生的凄苦。他爱自然，他更爱人生，也许是因为更爱人生，他才爱自然，想借自然的花片来装饰灰色和阴暗的人生吧？

这种评论，既是论“文”，又是论“人”；既包含着人生的哲理，又洋溢着生活的诗意；语言也优美动听，可以说是形象地勾画了作品和作家的“灵魂”。但评论没有到此止步，他挥动他那“理智的鹤嘴锄”，进一步挖掘蕴藏在艺术形象里像金子一样闪光的东西，终于找到了：“在不绝的反复着的这种自然的美和人生的丑的矛盾之间，他不能不想起这样的疑问：‘难道穷苦人的生活本身，便原是悲痛而残酷的么？也许地球上还有另外的光明留给我们的吧？'继着，就自然要意识到寻找光明的力量。”而结论却是：“没有人管我们，就得‘自己救自己’！”“这样的世界，无论如何，须要弄来翻个身了。”(艾芜:《人生哲学的一课》)显然，作品深刻的主题思想，就在这里。

正因为周立波对艾芜的早期小说创作的评论比较中肯、精辟，所以艾芜一直念念不忘，在一九七九年的《回忆周立波同志》一文中说：“我当时初次登上上海的文坛，他就写了两篇文章。一论我的短篇小说集《南行记》，一论我的中篇小说《春天》。我很重视他的评论，还把它剪下来，供我写作的参考。”

崭露头角的“青年翻译家”

周立波在从事文学理论批评工作时，对译介外国文学作品抱着很大的兴趣。他认为：“在目前的中国，用世界的优秀作品，尤其是苏联的制作，来使我们文苑的土壤更加肥沃的工作，十分必要。”(《一九三五年中国文坛的回顾》)周立波在左联后期，花了许多精力来做翻译和评介外国文学的工作。

当时，他比较广泛地接触了外国文学。从欧洲文艺复兴时期的一些外国文学名著，到随之而起的古典主义和十九世纪的浪漫主义代表作品，特别是西欧、俄国的批判现实主义和苏联社会主义现实主义的著名作品，以及第一次世界大战期间一些反帝的进步的作品，乃至某些西方现代派作品，他都涉猎过，并且对其中一些著名的作家作品进行过研究，在上海《时事新报》《大晚报》《申报》和《生活知识》等报刊连续发表了一批评介文章。在《一九三四年的日本文坛》《最近的波兰文学》和《西班牙文学近况》《西班牙的法西①文化》等文章中，他对这几个国家的文学现状，主要流派的代表作家及其作品，特别是新兴的进步文学的动向，作了轮廓式的介绍。他还向中国读者介绍了十六世纪“葡萄牙最伟大的诗人”卡摩因西，“被千千万万塔齐克民众爱慕的”中亚现代诗人沙德内丁·艾尼，“古巴第一个真正劳动诗人”雷吉罗·披德罗沙，“美国市民的嘲笑

① “法西”即法西斯，为蒙蔽国民党的书报检查，故作此简写。

者”、杰出的幽默讽刺小说家马克·吐温，以及“爱尔兰都柏林小市民生活的描绘者”、西方意识流派的代表作家詹姆斯·乔易斯，并且评介过歌德的《浮士德》、左拉的《萌芽》等作品。他常常在一些享有国际声誉的外国文学家的诞辰和忌日，发表一些短小精悍、文情并茂的纪念文章，把他们的生平和文学成就介绍给中国读者。这类文章有《诗人马查多的六十诞辰》《纪念普武庚》《肖伯纳不老——为纪念他的生辰作》《悼巴比塞》《纪念巴比塞》《纪念托尔斯泰》《纪念罗曼·罗兰七十岁生辰》《一个巨人的死》(悼念高尔基)和《普式庚的百年祭》等。

周立波评介外国文学作品有一个明确目的，就是为中国现实的文艺思想斗争和革命文学运动提供可资借鉴的文学资料和创作经验，借以促进中外文化交流。他当时写作的一些评介外国作家作品的文章，有的还有较高的学术价值，其代表作是《一个巨人的死》和《普式庚的百年祭》。前者是为悼念伟大的无产阶级文学家高尔基逝世而作，后者是为纪念俄罗斯伟大诗人普希金逝世一百周年而作。在这以前，周立波对高尔基的作品作过许多研究，他在一篇《自卑和自尊》的文学漫谈文章中，曾对比过陀思妥耶夫斯基和早期的高尔基这两位“伟大的灵魂工程师”的创作思想倾向，他们“同样最会描写‘被蹂躏和被凌辱的’俄罗斯人”，但是，“有绝不相同的两种精神”：“高尔基的每一个肯定的人物都晓得十分尊重自己，相反地，朵斯托益夫斯基的人物总是‘比水还恬静，比草还卑微’。”他在介绍了高尔基的《夜店》里的小偷和《草原上》的流浪士兵等人物以后，这样评价说：“不但不屈服，而且总是自觉比人家强，带着海洋般澎湃的力，也带着草原般深厚的精神美的香气，更带着西伯利亚的碧云般的纯洁的同情，高尔基式的人物完成了自己，创造了‘广阔’的世界。”这已经是一篇相当精彩的文学短论了。当高尔基于一九三六年六月逝世后，他又发表了一篇《一个巨人的死》。周立波认为，“一个世代的生活，战斗，光荣的力，和他从来不曾消失的对人类和人类的金梦的宠爱”，把高尔基造成了一个伟大的“巨灵的人格”。他引用高尔基早期作品中那位高举自己燃烧着的心，把黑暗里迷路的民众引向太阳和自由的地方去的英雄丹珂，来比拟高尔基本人，认为：“这样一种强烈的为他主义，勇敢的自我牺牲的精神，和他的尊重自由和个性的性格，同是高尔基思想的本质的东西。”周立波还分析了高尔基创作思想和创作道路发展变化的过程，把《夜店》的创作看成是高尔基由前期的革命浪漫主义转入后期的社会主义现实主义的“转折点”，而长篇小说《母亲》等一系列革命作品的问世，“更使高尔基的名字和俄罗斯和世界的职工运动有了更密切的联系”，使他成了列宁所推崇的“权威的无产作家”。周立波不但评价了高尔基在文学领域的全面成就，而且介绍了他在领导旧俄和苏联的文学运动以及推动俄国革命等方面所建立的历史功勋，赞誉他是“阅历了俄罗斯三个革命的真的斗士”。周立波对“俄罗斯诗歌的太阳”、俄国现实主义文学的奠基人普希金也作过许多研究。一九三五年，他应《世界文库》主编郑振铎之约，从英译本转译了普希金的中篇小说《杜布罗夫斯基》(又名《复仇艳遇》)，但后来由于《世界文库》改变计划，这部书的译稿一直搁着，到一九三七年二月普希金逝世一百周年，才由上海生活书店出版。周立波撰写了一篇较长的译者序言，对普希金的文学成就和创作思想作了相当全面的介绍和评论。《杜布罗夫斯基》写的是一个破落贵族出身的青年侠盗在复仇的过程中充满浪漫主义色彩的爱情故事，“为了爱，他原谅了他的家仇和情敌，而且停止了反对不正的社会的腐败和地主制度的斗争”。周立波对这个典型人物的社会意义作了较为精辟的分析：“安那基式的反叛，化为了爱的容忍。这是普式庚时代解决社会矛盾的方式，而这方式是多少带着一种黑暗时代的凄凉情味的。”这篇序言以《普式庚的百年祭》为题，同时发表在《现世界》半月刊，是周立波当时研究外国作家作品的一篇力作。

周立波对意识流小说家詹姆斯·乔易斯的评介，突出地表明了他对待西方现代派文学的态度。他曾经在自己的一些文学论文中多次提到这位爱尔兰作家，并专门发表了一篇《詹姆斯·乔易斯》的评介文章。在这篇文章里，他对乔易斯的《都柏林的人们》《一个青年艺术家的画像》和《优力西斯》等主要作品作了简略的介绍后，指出“在整个乔易斯的作品里，充斥了俗物”，“猥琐，怯懦，淫荡，犹疑，是乔易斯的人物的特质”。他特别批评了乔易斯的代表作《优力西斯》，认为它“是一部怪书”，“用七百三十二页的大的篇幅，仅仅记录都柏林三个人二十四小时的生活。它是有名的猥亵的小说，也是有名的难读的书……

在一种无尽的语言的森林里，披荆斩棘，只能发现一些无价值的琐事和偶然的形象，不是脂肪过剩的人，谁也不需要它罢?”周立波认为，乔易斯这种意识流小说“奇特的形式和它的空虚的内容紧紧联系着，对于文学，是无缘的。同样，他的显微镜的方法，他的‘潜意识的实现’和‘内心的独白’方法，甚至于他的描写外界的自然主义的手法，对于文学都没有裨益”。显然，他对这类作品是采取全盘否定的态度的。这种态度未免偏颇。事实上，这类作品不论在帮助人们认识资产阶级的畸形社会和某些人物的畸形心理，或者在借鉴其艺术表现技巧上，都有它的作用。

周立波在著文评介外国作家作品的同时，还翻译了一些外国文学名著。除了前面已提到的《杜布罗夫斯基》等作品以外，他还翻译了马克·吐温的《驰名的跳蛙》、洛巴多[①]的《贵客》、乔易斯的《寄宿舍》等短篇小说，以及肖洛霍夫的长篇小说《被开垦的处女地》(上部)、基希的报告文学集《秘密的中国》等，其中尤以后两部译作在我国产生的影响较大，他还因此赢得了“青年翻译家”的美誉。他翻译《被开垦的处女地》是从一九三五年着手的，那时中国的文坛正处于极沉闷的时候，出版不容易，许多青年朋友怂恿周立波翻译这本书，准备大家出钱自己印。但他却只译得三万字，就为了左联的工作和自己的生活，没有继续译下去，到一九三六年，得到《世界文库》的赞助，他才重新翻译。从七月起，到十月止，经过了约四个月的紧张劳动，有时一天只睡三四个小时觉，终于译出了这部三十万字的小说，于十一月由上海生活书店出版。这部译作，他主要是根据加里的英译本，参照米川正夫的新的日译本，并参考另一英译本转译的。在翻译过程中，得到周扬、杨骚和林淙的许多帮助。杨、林根据日译，帮助他译了两三万字初稿，周扬则对全书从头至尾校阅了一遍。周立波在《译后附记》里有一段文字，真切地表达了他翻译这部苏联社会主义现实主义杰作的心情和遐想。

---

① 洛巴多，巴西作家。

> 读这本书的时候，翻译它的时候，都时常感到它有一种温味的和谐的微笑。显然，俄国文学的传统的“含泪的微笑”，传到这本书，已经变了质，微笑是一种尽心尽力的生活的欢愉，不再是无可奈何的强笑了，而眼泪只是属于过去。……但是，我们不能够，我们还生活在他们的“含泪”的“过去”。到什么时候，我们才能够象他们一样的欢愉的笑？

这部小说，为中国的广大读者提供了一部苏联农村实现农业集体化过程的形象史，使大家看到了顿河地区的千百万农民经过农业社会主义改造后在生活方式、思想和心理方面所发生的异常深刻的变化，从而激发起人们对于中国革命的美好前景的向往和追求。周立波的“附记”正代表了中国人民的这种心声。历史的发展使中国人民的美好愿望变成了活生生的现实。十八年后的一九五四年八月，周立波在北戴河度假时，把《被开垦的处女地》的译文重校了一遍，交作家出版社再版，他又写了一个“后记”，表达了与往昔完全不同的愉悦心情：

> 翻译这本书的时候，中国还在蒋匪统治的黑暗时代里，重校它的时候，中国共产党和毛主席缔造的伟大的中华人民共和国已经成立了五年，我们生活在和苏联一样的幸福的环境里。一九三六年，我在译者附记里说的“我们还生活在他们的‘含泪’的‘过去’”这句话，如今也成了过去。

前后的两个“后记”，成了中国革命历史发展的一个生动有力的注脚，它也成了中国现代翻译史上的一段佳话。同时，《被开垦的处女地》这部作品，对周立波后来的文学创作，特别是描写中国农村和农民生活的长篇小说创作，产生了明显的影响。

《秘密的中国》是捷克著名的新闻记者和报告文学家基希的一部杰作。基希在一九三二年“一·二八”事变后来过中国，到了上海、北平、南京等地，实地考察了中国当时的政治、经济和文化状况，目睹了日本军阀和西方殖民主义者在中国领土上横行无忌、巧取豪夺的种种罪恶行径，写了许多报告文学作品，后来结集为《秘密的中国》一书出版。原作是德文，周立波从一九三六年春天开始，根据达维德生的英译本转译，并在《申报周刊》《通俗文化》和《文学界》等刊物发表了其中的《黄包车！黄包车!》《吴淞废墟》等五篇作品；一九三七年七月译校完全书(共二十三篇)。周立波把《秘密的中国》介绍到中国之时，正值我国的报告文学创作方兴未艾。早在左联成立初期，就提出了参考和采用“西欧的报告文学”形式，“创造我们的报告文学”的任务。“九一八”事变后，报刊上开始出现一些反映人民抗日斗争的短小的报告性作品，并发表了一些提倡报告文学的文章。周立波参加左联后，成了报告文学的一位积极鼓吹者。当他巡视一九三五年的中国文坛，发现迅速把握和反映“当前飞跃的现实”的报告文学作品太少的时候，一面着手翻译基希的《秘密的中国》，一面发表了《谈谈报告文学》一文，从理论上加以倡导和宣传。他着重介绍了基希关于报告文学的理论主张和写作经验，指出：“正确的事实，锐利的眼光，抒情诗的幻想，同是基希报告最重要的要素。”他赞誉基希的作品是“报告文学的一种模范”，并认为“报告文学的写字间是整个的社会”，因此，他呼吁作家们“设法走到这历史动乱的最中心去，走到‘贫穷和贫穷反叛’的正中去，用那由精密的科学的社会调查所获取的活生生的事实，和正确的世界观和抒情诗人的喜怒与力结合起来，造成这种艺术文学的新的结晶”。但当周立波一九三七年夏译校完《秘密的中国》，并交付书店出版时，日本侵略者在上海发动了“八一三”事变，这本书的铅版毁于日寇的炮火，幸亏书店保存了他所校改的一份校样，才使它有机会在一九三八年四月由设在汉口的天马书店出版。在《译后附记》里，周立波满怀热情地向读者推荐这本书，他说：“这中间有榨取中国的帝国主义者的丑态笑剧，有受难的中华民族的悲剧，基希带着它充分的理解，和炽热的同情，描写了我们的国家和人民。”他称赞基希是“中国的真挚的友人，是中华民族的亲切的知己”，“描写日寇暴行的每一个字，都将有永久的价值”。《秘密的中国》和另一部著名报告文学作品：墨西哥人爱密勒的《上海——冒险家的乐园》，在上世纪三十年代先后被介绍到中国，它们对于促进我国进步的报告文学的发展，起了重要的作用。同时，基希的作品也为周立波以后写作报告文学提供了有益的经验。

初放的山茶——早期的散文和诗歌

周立波在左联时期，还以雅歌、立波的笔名，在上海《大晚报》《申报》《时事新报》的副刊和《大众生活》《知识》《文学》等刊物上，发表过一批散文和诗歌。这是他最早的文学创作。

他为什么用雅歌做笔名呢？一说是这位饱读诗书的年轻作家，援引古代有所谓“典雅纯正”之“雅乐”“雅歌”①的典故，为自己起了这笔名。另一说则是来自他的一段生活轶事：一九三四年八月他从苏州出狱后，回到益阳老家住了一段日子，再返上海时，他妻子姚芷青已怀了第二个孩子。他和妻子不辞而别，却在笔筒里留下一张字条，嘱咐道：要是生个男孩，就起名雅可——爱称可可。到上海后，他就用这未来的男孩的名字，略变而为“雅歌”（“可可”二字合而为“哥”，再变而为“歌”）作了自己的一个笔名。

周立波当时写作的散文，一类是追忆自己的童年和少年生活，记述自己青年时代颠沛流离的遭遇，侧重于叙事和抒情的作品；一类是感时述怀，针砭时弊，侧重于议论和讽喻的作品，也就是属于杂文范畴的东西；还有一类，则是为纪念外国著名作家艺术家的生辰或忌日而作，也是对这些作家的一种评介，前面已经提到，这里不赘述。

周立波描写童年和少年生活的散文，像《向瓜子》《农家的冬夜》《竹林》等作品，它们虽有些缠绵于已经逝去的童年的欢愉，眷恋着洞庭湖滨的田园生活的乐趣，但决没有沉醉于家乡明丽的风光而忘却那灰暗的人生。在这些作品里，周立波不仅吐露了对那处于水深火热之中的贫苦农民的无限同情，而且寄寓了

---

① 《后汉书·祭遵传》：“遵为将军，取士皆用儒术，对酒设乐，必雅歌投壶。”雅歌，谓歌“雅”诗也，亦指高雅之歌。

对于第一次大革命的深切怀念，表现了对于光明、自由和美好生活的热烈追求。在《农家的冬夜》里，他两次提到那个“七八年以前”的日子，就是第一次大革命处于高潮，农民掌握了自己命运的火红的岁月。对于大革命在农村中引起的巨大动荡，《竹林》中也有曲折的反映。在《向瓜子》中，他无限怀念那位由于“苦难的生活促短了他世上的行程”的种向日葵的陈司务，他借这位童年的农民朋友的口，赞美“开花的时候，结实的时候，那圆球总是朝着太阳”的向日葵，并且直抒胸臆：“是的，我也爱它，爱光明的东西，是和光明本身一样可爱的。”这种对光明和热力的炽烈追求，在另一篇散文《雨》中表达得更为淋漓尽致，他写道：“很多的人爱雨，‘夜雨潇湘’成了后来的名句……但我却深恶痛绝雨。雨是最没有情热的东西。它潮坏了光明，销损了花枝的强健，更冷落了人间来往的路。”他以一种极富于浪漫主义色彩的遐想设问道：如果在“我”面前放着一顶夜光珠宝镶造的王冠，但戴上它要挨受一个月的淫雨；又有一座猛火熊熊的活火山，里面藏着一颗被烧死了的美人戴过的烧不熔的戒指，有人问“我”选择哪样。周立波回答：“我说，去取那女人的戒指。”他宁愿取不到而被烧成灰烬，也不愿看着那“不冷不热无爱无仇的日常生活里的灰色的雨点”。他说：“我就是这样深恶痛绝雨和爱雨的人，我以同样强烈的程度，炽爱着太阳和爱向太阳的男女。”这可以说是青年周立波那种倔强不屈的反抗精神和通明透亮的心灵的自我披露！如果说，以上这些散文，真挚地抒发了他对光明和自由的向往，那么，《游行妓》《船上》《汨罗》《当》等作品，就是直面惨淡的人生了。它们有的勾画了漂泊在资江的各个口岸，靠卖色为生的妓女的凄凉生涯；有的描写了长江轮上为饥饿所迫而行窃，“黄皮包骨”的小扒手的悲苦遭遇；有的写到了在嘈杂的车站叫卖茶水的乡镇小姑娘；有的描绘了把衣物送进当铺换几个钱糊口的城市贫民，等等。这些散文，大都取材于“病态社会的不幸的人们”，不但记录了作家自己人生道路上最初的屐痕足迹，而且摄下了斑驳杂沓的人生世相的许多镜头。它们一般都写得朴实、真切，比较生动感人，倾注着作家真挚、深沉的思想感情，并且透露出他的某些社会政治观点。在《当》里，他运用对比、烘托等艺术手法，融情入画，描绘了“吃人”

的当铺那种阴森怖人的环境，勾勒了一幅“朱门酒肉臭，路有冻死骨”的真实图景。不仅如此，他还拿自己同那些挣扎在死亡线上，却仍能坚定地“走自己的路”的劳动者对比，批评了自己的某些不健康情绪，表现了一种穷愁而不潦倒，彷徨而仍思振作的向上精神。另一篇散文《二等兵》，更选取了一个紧扣时代脉搏的题材，他运用几个富于性格特征的动作，相当传神地勾画了那位在“一·二八”战争中光荣负伤的第十九路军青年士兵的爱国热情和勇敢精神。最后，还以简洁的抒情笔触，描写了自己在一个阴雨的春夜，同这位被从国民党伤兵医院撵出来、行乞上海街头的爱国士兵不期而遇，又无声而别的情景，深化了作品的主题思想。当然，这批散文也有许多不足之处：有的对生活的内涵开掘欠深，笔墨比较粗疏；个别作品，流露出较为浓厚的小资产阶级知识分子的空虚、伤感情调；散文的一些语言，也有着明显的“欧化”倾向，没有摆脱学生腔。

周立波的另一类散文——《今天的感想》《辟胡适之谬——读了他的〈为学生运动进一言〉之后》《四年来的沉痛教训》《怎么办——给文学者的几句话》《谈“亡国奴”》等，大都是为纪念“九一八”“一·二八”“一二·九”等具有重要意义的日子，感时述怀而作，有的则是论战性的文字。这类文章，一般都比较短小，一事一议，但它们却充满爱国主义激情，为救亡图存而大声疾呼，并且对国民党反动派卖国媚日的政策进行抨击，具有匕首投枪式的杂文风格。其中，《辟胡适之谬》更是一篇讨伐这位大名鼎鼎的“文化班头”的檄文。一九三五年“一二·九”北平爱国学生运动爆发后，得到了全国人民热烈的支持和声援，掀起了全国抗日救国的新浪潮。但北大教授胡适却在《为学生运动进一言》的文章中，对这次爱国学生运动进行了种种攻讦，并且恶毒地挑拨爱国学生和中国共产党的关系。周立波于一九三五年十二月二十三日在上海《大晚报·火炬》上发表《辟胡适之谬》一文，撕破了他伪善的假面，揭穿了他为国民党反动政府和日本侵略者充当“传声筒”的实质。文章在逐一分析、驳斥了胡适反对学生罢课游行的正义斗争的种种谰言以后，指出“胡适先生不但否定这次北平学生爱国运动的过去和现在的价值和意义，而且替学生计划了一个奴隶的将来。他叫学生豚犬一样的走进研究室，图书室，‘严格的遵守规则’”，“言外大有一声不响，听凭宰割的意思”，可谓一针见血！

周立波当时写作的散文中，还有一篇《科学小品文家高士其》。这篇访问记，留下了他和这位身残志坚，为科学普及工作献身的科学家会晤时的愉快印象。当时，高士其住在上海“斜桥弄”一间楼房的小后楼里，夜以继日地刻苦写作，“把深沉枯燥的科学变成了有趣的小品文”，化为了“大众读者的点心兼补品”。周立波把他同《钢铁是怎样炼成的》的作者奥斯特洛夫斯基相比，认为他们的“不幸有些仿佛”，“奋斗精神也都一样”。周立波还十分赞赏高士其科学小品的一种“优良的特色”，这就是“把研究自然现象的科学，有时用作了攻击社会的不正和民族的仇敌的刀枪”。同时，对这位科学家的艰难处境也深表同情：“帮助、勋章，不要说吧，没有遭受黑暗的魔手的无妄，已经是他的万幸。”这里，充分表现了这两位青年作家命运与共、心心相印的革命友谊。

周立波年轻时很喜欢诗歌，从屈原、李白到郭沫若、汪静之、徐志摩，从歌德、雪莱、普希金到惠特曼……许多中外著名诗人的作品他都吟诵过。前面提到，他会见过科学小品作家高士其。当他从对方的书架上发现了一本雪莱的诗作全集(原著)时，便和高士其兴致勃勃地谈论起《西风颂》——雪莱的代表作之一。他还向主人借了这本诗集，坐在回家的黄包车上，默默地读起来。周立波在上海时期写作诗歌不多，但从发表的六首诗歌看，他是很有诗人的气质和才情的。周立波对诗的认识和主张，在《也曾想》一诗的“跋”里有着清楚的表白。他说：“做诗我不过是好玩。”“说玩玩，并不是轻视诗，正相反，我以为诗真不易，要在短短的辞句之间，再现人间盈溢的情感，真醇的智慧，那不是我所能够做到的。我只能做到在诗的门外的一种自我的游戏。”他认为，“形式不过是诗的骨骼，情意才是诗的血肉，技巧的工拙是诗神的末事”，因此，他呼唤“诗人们，要到大自然中，到人间，去找你们的诗的印象和感兴吧。诗在人间，在自然里，不在笔端，也不在书上”。这些见解，是颇为精妙的。“诗言志”。他当时所写的诗，一个鲜明的主题是对祖国、家乡和人民的爱恋。在《可是我的中华》的组诗里，他反复吟咏着：“我的中华，/我的慈爱的母亲大地。”他写道：“青春容易去，/ 我死在你的怀里安息，/ 生也在你的怀里，/ 得到了生的勇气 / 我生是你的！/ 死也是你的！” “向苍天，/ 我默默地发誓了：/ ‘用我所有的一切血和精力，/ 献给她 / 去医治她的伤体，/ 去消灭她的仇敌！’” 另一首诗《“饮马长城窟”》，更充满了爱国主义的战斗的激情。一开篇，他就以深沉、炽烈的民族感情，这样写道：

“饮马长城窟”，
我还记得这古时代的名歌。

但于今，
长城何在！
把多少汉瓦秦砖，
无端抛弃，
在百代英雄征战的圣地，
竖起降旗，
“堂堂华胄”，
沦为奴隶！

接着，他热烈欢呼：

但奴隶有醒的。
看吧，
人已经引征骑北上，
他们的旗帜，
耀目的，
翻展在金色的阳光里，
旗上的字，

外面是
“还我江山”！
里面是
“不为奴隶”！
听各地的人声啊，
海涛般在应和了：
“还我江山”！
“不为奴隶”！

最后，诗人以这样凝炼有力的诗句收束全诗：“‘饮马长城窟’，我曾记得这古时代的名歌，/ 到于今 / 它已经有了新的意义。”

这首诗歌，气势磅礴，结构严谨，语言也比较精炼，音调铿锵。它巧妙地援引《饮马长城窟行》这一古代乐府名歌，更赋予了全新的时代意义，无情地鞭挞了国民党卖国投降的罪行，而对中国共产党率领工农红军万里长征、北上抗日的英雄壮举，则给予了热烈的讴歌。这首诗歌发表后，在当年《文学》月刊举办的“我最喜欢的一首新诗”活动中，被读者推荐为二十篇优秀作品之一。

从周立波早期的诗作中可以看出，他虽然也有《也曾想》这样的作品，憧憬于“萧萧寒夜，/ 一枝长笛，/ 一把洋琴，/ 几升清酒，/ 几个朋友”的“潇洒无边”的生活，流露了“人间事都付予流风”，“到于今，剩下了 / 穷愁千万，/ 千万穷愁”这样的潦倒惆怅的情绪，但这不是他的诗歌的主要倾向。周立波诗歌的主旋律是积极的，进取的，战斗的。

总之，周立波早期的这批散文和诗歌，是他登上文坛后的重要收获。它们虽有不够成熟的地方，但它们却像南国山乡那迎春乍开的山茶花，尽管它的花枝还显得柔嫩，但那红喷喷的花朵，带着早晨的露珠，吐出细细的清香，快活地开放在早春的旷野和农家的竹篱茅舍边，不能不使人感到特别清新可爱，也格外珍奇可贵。

四、在“两个口号”论争中

一九三五年，国际法西斯势力日益猖獗，日本帝国主义者加紧侵略我国。面临着一天比一天更加深重的民族危机，中国共产党发表了著名的《八一宣言》，即《为抗日救国告全体同胞书》，主张成立抗日民族统一战线，组成全国统一的国防政府和抗日联军，停止内战，一致抗日。同年十月，红军胜利到达陕北。在党的领导和号召下，以“一二·九”爱国学生运动为新的起点，北平、上海以及全国各地掀起了抗日救国的巨澜。一九三五年十二月十二日，由马相伯领衔发表《上海文化界救国运动宣言》，周立波也在宣言上签了名。紧接着，他在十二月二十一日《时事新报·每周文学》发表了《关于“国防文学”》一文。本来早在一九三四年十月，周扬就曾在《大晚报·火炬》发表题为《国防文学》的文章(署名“企”)，介绍了苏联的“国防文学”，认为这种文学也是“目前中国所最需要的”。但它没有引起广泛注意。一年多以后，周立波重新提出了这个问题。他后来回忆当时写作这篇文章的情形时说：有一天，他在上海国际书店看到一个英文刊物，介绍了苏联“赤卫海陆军文学同盟”(简称洛卡夫)倡导的“国防文学”(英文名字叫 Defence Literature)。他想：“苏联文学界当时提出这个口号，是为了抵抗帝国主义的侵略，我们也在抵抗日寇的侵略，国民党很轻易地丢掉了东三省，何不把它介绍过来，将国民党一军?”这就是他发表这篇带有新闻报道性质的短文章的直接动机，他“并没有想到以后会引起这样大的风波”(《有关两个口号论争的一些情况》)。

在《关于“国防文学”》一文中，周立波联系中国民族解放斗争的现实，指出在民族危机日趋严重的今天，“我们的文学应当竭力发挥它的抗争作用，应当防卫疆土，帮助民族意识的健全成长，促成有着反抗意义的弱国的国家观念，歌颂真正的民族英雄；我们应当建立崭新的国防文学!”这篇文章发表后，在文学界引起了强烈反响。正如《生活知识》半月刊后来在《国防文学论文辑·前言》中说的：“自从《每周文学》提出‘国防文学’的主张以后，立刻得到了广大的回声。作家和青年，口头和纸上，都热心的讨论，询问，维护这主张。这并不是寻常的偶然的事，这是在深刻的民族危机中，文学上的民族意识最明确的呼号。”继“国防文学”的口号之后，又出现了“国防戏剧”“国防诗歌”“国防音乐”等口号。当时，上海文艺界党组织的负责人在与中央失去了联系的情况下，根据已经看到的共产国际的有关文件和党中央的《八一宣言》中关于建立抗日民族统一战线的精神，决定把“国防文学”作为文学运动的中心口号。周立波以一柯、张尚斌和立波等笔名，继续发表了《我们也来谈谈“国防文学”和“国难文学”》《“国防文学”和民族性》《希望于文学者们——反对谩骂要求团结》《非常时期的文学研究纲领》《怎样使国防戏剧运动深入民间》《我们应当描写什么》《中国新文学的一个发展》《为“国防文学”的民族性问题答周楞伽先生》等一系列文章，对“国防文学”的口号作了积极的宣传。

当时，从国际到国内，托洛茨基分子千方百计反对建立反帝统一战线，攻击革命力量。和这种思潮相呼应，徐行在《礼拜六》和《新东方》等刊物上接连发表《评“国防文学”》《再评“国防文学”》《我们现在需要什么文学》等文章，反对“国防文学”的主张。他播弄“左”的辞句，否认民族资产阶级的反帝要求，攻击建立民族统一战线的主张是“胡言”和“梦呓”。从这种“左”的观点出发，他极力反对文艺界在抗日旗帜下的联合，指责“国防文学”的“论客”是“把仇敌化为‘兄弟’”，是“自觉或不自觉的有产者的辩护士”，“已经陷在爱国主义的污池里面”。徐行的攻击，矛头之一正是周立波。他曾针对周立波的有关文章，“三次‘抄书评论’，赐以‘胡说’的高评”。徐行攻击“国防文学”的谬论，遭到革命作家、理论家的严正驳斥。周扬的《关于国防文学》、郭沫若的《国防、污池、炼狱》等文章，都针锋相对地批驳了他的错误观点。周立波也针对徐行的攻击和文学界在讨论“国防文学”口号中提出的一些问题，在自己的一些文章中，围绕“国防文学”产生的历史条件，它的性质和任务以及它所依靠的力量等问题，进一步阐述了自己的看法。他努力运用马克思主义的立场、观点、方法，以及党关于建立抗日统一战线的政策和策略思想，来分析、论证这些问题，其中一些意见是深有见地的。但他在提倡“国防文学”的文章中，也暴露了一些模糊的认识。比如，他把“国防文学”看成是“五四”以来的新文学的一个发展，并对五四时期及其以后的新文学的性质作过一些分析，其中自然不乏精当的见解。但他认为“文化上的五四的精神，主要是向国内的封建制度和文物，卷起无情的斗争，对于帝国主义者直接的正面的冲突，被当时一种特殊的现实环境，推到了次要的地位”，“反帝的节目是比较落后的”；而对“五卅以后的普罗文学运动”的“特征”，又认为是“反封建的比较落后，反封建成了反帝的一个节目”。这些说法，没有看到反帝和反封建二者之间的内在联系，而把二者割裂开来，自然不可能全面、准确地解释“文化上的五四的精神”和普罗文学运动的实质。同时，他把“五四”以后中国新文化的性质仍然看成是一般意义上的“市民文化”，把当时崛起的文化新军统称为“市民文化的建设者”或“新兴的市民文化人”，只看到了其中“市民”(即资产阶级)的力量和作用，而没有看到“无产者”的阶级力量和领导作用，这更是缺乏正确的阶级分析。周立波后来也发觉了自己这种论断的不正确，因而新中国成立后他将这些论文收入《亭子间里》出版时，把这些方面的内容作了重要的删改，正确地解释了五四运动和普罗文学运动的反帝反封建的内容和意义，他指出：“文化上的五四的精神带着明显的反帝反封建的意识。但是，谁是这个反帝反封建运动的主力军和领导者，这在当时，还不是人们所能理解的。”事实上，他自己在提倡“国防文学”时，对这一点也是不甚了然的。正因为对革命任务及动力的认识模糊，所以他在论述“国防文学”的依靠力量时，一再把中国“第四阶层”(无产阶级)与其同盟者等量齐观，统称为“反帝运动的领导者”，而没有看到，领导者只能是无产阶级。

一九三六年六月以后，革命文学阵营内部爆发了关于“国防文学”和“民族革命战争的大众文学”两个口号的激烈论争。在论争中，鲁迅全面、正确地阐释了“民族革命战争的大众文学”和“国防文学”的关系，认为这两个口号应当“并存”。同时，为了补救“国防文学”的口号在文学意义上的不明了性，以及纠正一些注进“国防文学”这名词里去的不正确的意见，他着重地说明了“民族革命战争的大众文学”与无产阶级革命文学的关系，针对左翼文学队伍内有人忽视无产阶级领导权的错误，强调指出无产阶级在统一战线中坚持自己的领导权的重要意义。鲁迅关于两个口号的正确解释和主张，得到许多作家包括提倡“国防文学”的作家的拥护。但当这场论争热烈展开的时候，周立波由于集中精力在翻译《被开垦的处女地》，无暇旁顾，他除了发表《中国新文学的一个发展》和《为“国防文学的民族性”问题答周楞伽先生》两篇文章外，没有再写文章参与争论。当然，他是坚决主张“国防文学”的口号的。作为一位年轻的文艺战士，又是“国防文学”最早的提倡人之一，他不可避免地存在鲁迅当时所指出的“争正统”的情绪。这一点，周立波自己也是承认的。他后来曾经检查过“在两个口号的论争中，对鲁迅尊重不够”，并认为“应当作为历史教训来吸取”①。

一九三六年春天，左联解散。六月，周立波参加了“中国文艺家协会”。作为发起人之一，他出席了六月七日在上海四马路大西洋茶社举行的协会成立大会。同时，他参与了当月创刊的《文学界》月刊和《光明》半月刊的编辑工作。

十月十九日，左翼文艺运动的伟大旗手鲁迅在上海逝世。周立波在十月二十五日《光明》半月刊第一卷第十号发表《无可言喻的悲哀》一文，对这位“东方文学的大师”，“中国反封建反帝斗争的最强韧的骁将”，表示最深切的哀悼。他写道：

> 多少年来，他是那么顽强的以他自己所描绘的那样的“勇士”的身姿，用他自己所独创的“脱手一掷的投枪”，服务他的祖国，而祖国正还在最深重的黑暗里，还期待着他的新的战绩，然而这期待竟要永远成空了！秋风凄冷，增加了多少人生的迷幻，战野的空漠啊！

一九三六年十二月，震动中外的“西安事变”发生后，蒋介石被迫接受联共抗日的条件。在中国共产党促进下，“西安事变”和平解决，成为由国内革

① 周立波：《一个声明》(1978 年 5 月 26 日)，载《周立波文艺讲稿》，湖南人民出版社 2017 年版。

命战争走向抗日民族战争的转折点。

一九三七年“七七”卢沟桥事变爆发，我国守军奋起抗战，抗日救国的怒潮席卷全中国。紧接着，日军于“八一三”大举进攻上海。由于国民党统治的中心地区直接受到威胁，国民党政府被迫发表“自卫”宣言；同时，同意西北红军主力改编为国民革命军第八路军。从此，中国进入了国共合作抗日的艰苦卓绝的抗战时期。

“八一三”抗战发生后，郭沫若在上海发起组织“文艺界战时服务团”。周立波参加了它的活动。他冒着燥热的太阳，和白朗、林林等文艺家组成劝募队，到上海街头，挨家挨户为从闸北、虹口、杨树浦逃难出来的工人募捐，并沿途给马路上的难民散发大饼。后来，他据此写了一篇散文《募捐种种》，发表在《光明》战时号外第一号。

为了适应全面抗战爆发后的新形势，上海的革命文艺工作者根据党的指示，分批撤离上海。一九三七年九月，周立波和周扬、李初梨、艾思奇、何干之、舒群等许多同志一道，离开上海。冯雪峰为他们办理了转移关系的手续，并发给路费。

五、早期文艺思想的形成

从一九二八年春到一九三七年秋，周立波在上海整整战斗了十年，这十年正是第一次国内革命战争失败后，革命力量和反革命力量斗争空前激烈的十年内战时期。正如毛泽东同志所说，这是“一方面反革命的‘围剿’，又一方面革命深入的时期。这时有两种反革命的‘围剿’：军事‘围剿’和文化‘围剿’。也有两种革命深入：农村革命深入和文化革命深入”（《新民主主义论》）。这两种革命遥相呼应，互相配合。在中国现代文学史上功勋卓著的左联和左翼文化运动，正是在中国革命的这个重要转折关头出现的，它是共产主义思潮和革命文艺运动深入发展的产物。作为左联的一名战士，周立波一直深深地怀念着它，他说：“左联是我热爱的一个文学团体。鲁迅是它的旗手；胡也频、柔石、殷夫等等五位作家的鲜血染红了它的历史的首页；它有郭沫若、茅盾、周扬、夏衍等等同志这样一些杰出的、活跃的作家和领导者，它冲破了国民党无数次文化‘围剿’，虽然遭受了敌人几次重大的破坏，它还是继续地战斗。左联的特点之一是战斗性强韧。自始至终，它和我们的阶级敌人和民族敌人总是针锋相对地不停不息地斗争。”(《亭子间里·后记》)而青年时代的周立波，也就是在党的领导和左联的旗帜下，在与国民党反革命的文化“围剿”、与民族敌人英勇作战中，由一位热烈追求自由和进步，具有激进的民主主义思想的小资产阶级知识分子、文学青年，成长为以鲁迅为伟大旗手的中国左翼文化新军中的一名优秀战士。在离开上海之前的两三年内，他发表了近八十篇文学论文、评论、散文、诗歌等作品，翻译了近百万字的外国文学作品。这个成绩是相当可观的。上海十年，既是他从事革命文学创作的理论准备阶段，也是他磨砺手中武器，初试锋芒的发轫时期。他比较坚实地树立了无产阶级的革命文艺观、美学观，并以旺盛的青春活力写下了自己文学活动史上色彩鲜艳的最初的一章。

别林斯基说过：“诗人比任何人都更应该是自己时代的产儿。”(《论巴拉廷斯基君的诗》)作为“时代的产儿”的杰出文学家，他的文学创作和文艺思想的形成，总是离不开哺育自己的母亲——伟大的人民和伟大的时代；他不仅需要学习、继承本民族的优秀文化传统，而且需要借鉴、吸收其他民族以至全人类思想文化遗产中一切优秀的成果，广采博纳，兼收并蓄，为我所用。周立波也不能例外。联系他在上海十年的文学活动，探索他青年时期文艺思想的形成过程，我认为以下这些因素是不能忽视的：

首先，是马列主义文艺理论的指引和西方进步文艺思想对他的启迪。他在上海时，特别是参加左联后，认真学习、研究了当时已经翻译过来的不少马列主义文艺理论著作。他孜孜以求，力图较好地把握辩证唯物主义和历史唯物主义的宇宙观和方法论，弄懂无产阶级革命导师马克思、恩格斯、列宁等关于文学艺术问题的一些基本观点，用来作为观察、分析文艺思潮和创作实践中提出的问题的思想武器。从他当时写作的许多文学论文看，他对马克思、恩格斯《致斐·拉萨尔》和恩格斯《致玛·哈克奈斯》《致敏·考茨基》等著名文学书简和其他论著中关于反对唯心主义的创作倾向，正确处理文艺和现实的关系的思想；关于塑造共性和个性高度统一的典型形象的思想；关于文艺的倾向性“应当从场面和情节中自然而然地流露出来”的观点，以及“除细节的真实以外，还要真实地再现典型环境中的典型人物”的现实主义创作原则，等等，都有较好的领会。同时，他从马克思、恩格斯、列宁对于欧洲和俄国文学史上一些杰出的作家及其作品所作的精辟分析和正确评价中，学习他们据以观察、分析问题的历史唯物主义观点和阶级分析方法。这些，都使他的文艺观得以奠立在马克思主义的哲学和文艺学的基础之上。不仅如此，青年周立波对俄国早期的马克思主义文艺理论家普列汉诺夫，苏联社会主义文学奠基人高尔基、文艺批评家卢那察尔斯基、哲学家米丁等人的文学论著和哲学著作，也作过一些研究，受过他们的文艺思想的一些影响。他还从俄国著名的革命民主主义者、文学批评家别林斯基、杜勃罗留波夫、车尔尼雪夫斯基，丹麦文学批评家乔治·勃兰兑斯，英国文学理论家约翰·斯特拉溪等人的文学理论著作中，吸取了有益的养料。他关于报告文学的观点，更明显地受了捷克著名的进步报告文学家基希的影响。

其次，是“五四”以来以现实主义为主流的新文学对他的哺育。在从事文学理论批评工作时，周立波对“五四”以来我国新文学的性质、特征和发展轨迹，包括创造社、文学研究会和左联等在内的各个时期内一些主要文学团体的理论主张和创作倾向，无产阶级文学实践中积累的正反两方面的经验，等等，都作过一些具体的历史的考察和探索，从思想和艺术两个方面汲取丰富的营养。他认为，“为了替我们战斗的文学内容，获得和它相照应的明快有力的文学形式，我们要批判的学习过去和现在的艺术大家们的文学经验”。在现代文学大师中，鲁迅、郭沫若、茅盾等人对他都有很大的影响，特别是鲁迅。早在中学时代，他经周扬的介绍，就到处找这位伟大文学家的作品读。到了上海，特别是参加左联后，他悉心研究过鲁迅的杂文、散文和小说，不但高度评价了它们的思想艺术价值，而且注意从鲁迅的创作经验和文学思想中获取教益。鲁迅关于做小说“必须是‘为人生’，而且要改良这人生”的思想，深恶“称小说为‘闲书’”，反对为艺术而艺术的观点，取材“多采自病态社会的不幸的人们中，意思是在揭出病苦，引起疗救的注意”的见解，以及对于一切古代的、外域的文化遗产采取实事求是的科学分析态度，坚持“拿来主义”的主张，等等，都对周立波有重要的启示。他在上海时期写作的一些文学论文中，常常引用鲁迅的理论主张来阐发自己的文艺观点。从他回忆童年、少年生活，揭出现实生活中的病苦，抨击国民党的反动统治的一些散文和杂文创作中，以至他积极译介苏联、俄国和一些弱小民族国家的文学作品的活动中，也都可以看出鲁迅对他的影响。

再次，是外国文学，特别是欧洲批判现实主义文学和苏联社会主义现实主义文学对他的滋养。周立波在上海，由于刻苦自学英语，达到能翻译外国文学名著的水平，因而有可能广泛地接触外国文学。在西欧批判现实主义作家中，他特别推崇巴尔扎克，精心研究过这位语言艺术大师的文学思想和创作经验。他在《观察》一文中公开宣称：“我最相信老巴尔扎克。”他还赞同巴尔扎克关于“文士是应当以人类之师自任的”观点，主张像巴尔扎克那样，“带着无限严肃和崇高的目的去作小说”，和“以历史家的态度创作小说”。他从俄国和苏联的文学中汲取了更多的营养，除了阅读和研究过普希金、托尔斯泰、果戈理的一些名著以外，还读过苏联社会主义现实主义文学的许多代表作，高尔基的《母亲》《海燕》《夜店》《草原上》、绥拉菲莫维奇的《铁流》、革拉特珂夫的《水门汀》、法捷耶夫的《溃灭》以至肖洛霍夫的《被开垦的处女地》等著名作品，都给他留下了深刻的印象。从这些苏联文学中，他不但“一一知道了变革，战斗，建设的辛苦与成功”(鲁迅语)，而且学到了有益的艺术经验——社会主义现实主义的创作方法。周立波认为，只有像高尔基那样“终生不息地追求祖国的自由”，把自己整个一生的生活、战斗和创作，都同无产阶级和人民大众的解放事业，同实现人类的“金梦”——共产主义理想联系起来，才能造就出具有伟大人格、无愧于伟大时代的革命作家。他盛赞高尔基是全世界“思想的文学的青年的最亲切的教师”。事实证明，周立波本人也正是这许多从高尔基的人格和创作中汲取了丰富营养，从而在革命文学事业上获得出色成就的“思想的文学的青年”中的一个。

综上所述，我们可以得出这样一个简要的结论：周立波青年时代文艺思想的形成，固然离不开他登上文坛之前已经具备的文学知识和中华传统文化的素养这个基础，但他的革命文艺观、美学观的具体形成，却主要取决于三十年代在上海的革命实践和文学实践。正是我国三十年代那个特定历史时期的革命斗争环境和时代潮流，包括“左翼十年”在内的我国无产阶级革命文学运动的实践经验和理论成果，从思想理论和艺术经验两个方面武装了他，哺育了他。他找到了马列主义文艺理论这个观察、分析文艺现象和指导革命文艺创作的最锐利的武器；同时，从中外文学遗产，特别是从苏联社会主义现实主义文学和我国“五四”以来以现实主义为主流的新文学汲取了最丰富、最有益的“甘露”。所有这些，都是形成他早期文艺思想的重要因素。

应当指出，周立波在上海从事文学活动期间，他的文艺思想是处在发展的过程中。随着时代的前进和革命文学运动的开展，他对许多文艺问题的认识也不断地有所深化，有所提高。比如，关于文学与社会生活的关系问题，艺术思维的特点和典型形象的创造问题等，他后一阶段的认识都比开初显得更为全面一些，准确一些，深刻一些。但在整个上海时期，他对马克思主义文艺理论和革命现实主义创作方法的把握，仍然是处于早期阶段，因而对某些复杂的文艺问题的理解不可避免地存在一些简单化和片面性的毛病。比如，他在论及文艺的特性时，倾全力批判了旧的文艺理论家把艺术看成纯粹感情的产物的观点，指出托尔斯泰关于艺术是“人们互相传递自己的感情”的手段这个定义“不科学”，但他对审美活动和文艺创作中一个突出特点确是渗透着浓厚的感情因素，“无情即无艺术”这一点，却有所忽视，很少论述。同时，他把文学作品中无比丰富的思想内容，简单地归结为“一切文学都浸透了政治见解和哲学思想”，也未免绝对化。他在正确地强调作家的世界观对创作的指导和制约作用时，对世界观与创作方法二者之间既有联系又有区别，世界观虽然决定创作方法却不等于创作方法这一点，却没有充分加以论述。在着重提出文学作品的内容决定形式，形式要服从内容时，对一定的艺术形式和艺术技巧毕竟有它相对的独立性这一点，也很少论及。事实上，形式既能表现内容，也就对内容具有一定的反作用，文学作品的内容和形式是辩证的统一，既不能只注重形式而忽视内容，也不能完全忽视形式而只注重内容。同时，由于认识的偏颇，他对西方现代派文学采取了全盘否定的态度。这些地方，都表明无产阶级文学开拓时期一些“左”的文艺理论观点，在青年周立波身上还留有某些影响。此外，还应当指出的是，他在研究新的现实主义创作方法时，虽比较细致地论列了“观察”和“选择”的重要性，强调作家应该对社会和人生进行“勤恳的观察”，这无疑是对的。但他在谈到这些问题时，都只是说明作家为了创作必须到现场去，到人群中去“体验”生活，收集材料，而没有看到，作为一位革命作家，他必须在深入生活的过程中，同变革现实、创造新生活的人民群众结合起来，真正做到在思想感情上和群众打成一片，命运与共，呼吸相通。否则，尽管你到了人群中，仍可能只是人民斗争生活的“旁观者”或“同情者”，而不可能成为人民大众的忠实代言人。这些，都不能不说是周立波早期文艺思想的局限性。这种局限性，也是一种历史的局限性。因为在第二次国内革命战争时期，处于国民党反动派统治的上海这样的客观环境中，不仅周立波，整个左翼文艺队伍，都还没有也不可能完全解决这些问题；特别是从理论到实践彻底解决革命文艺和文艺工作者同人民群众相结合这类带根本性质的问题，那是延安文艺座谈会以后的事。

第三章　在抗日的烽火中
(1938—1939)

“这时代太充满了印象和事实，哀伤与欢喜……”

——《晋察冀边区印象记》序言

“我要无挂无碍的生死于华北。我爱这种生活，战斗的而又是永远新鲜的。”

——《战地日记·致起应信》

一、山西前线的随军记者

一九三七年“七·七”全面抗战爆发后，随着国共两党重新结成统一战线，中国革命进入了一个新的历史时期。

九月初，根据国共两党协议，中国共产党将陕甘宁革命根据地的苏维埃政府改为陕甘宁边区政府，首府设延安。从此，延安成为全国人民革命斗争的指导中心，成千上万的爱国青年和革命文化人，不顾国民党反动派的阻挠迫害，奔赴延安，追求革命真理。九月廿五日，八路军第一一五师在晋北平型关首战告捷，歼灭日军精锐部队第五师团一千多人，取得了抗战以来中国军队的一次大胜利，极大地鼓舞了全国人民的抗日情绪。

在平型关的捷报声中，周立波和周扬、艾思奇、舒群等一行经南京到达西安。他原来打算立即去延安。但这时美国进步作家史沫特莱正好到了西安，她希望去山西前线访问，需要一位中国同志为她当翻译。八路军西安办事处党代表林伯渠找了周立波和舒群，要他们以随军记者的身份，陪同史沫特莱去前线采访，周立波兼任她的翻译。周立波早就想到抗战前线去看看，便欣然同意。

一九三七年十月十六日，周立波、舒群陪同史沫特莱从西安出发，从风陵渡过黄河进入山西境内。第二天清晨，他们赶乘一列开往太原的军用车，于十八日到达八路军太原办事处。办事处党代表周恩来热情地接待了他们，向他们讲解了抗战的形势，并介绍他们去访问了国民党山西省军政首脑阎锡山。为了便于他们去前线，周恩来还亲手给他们画了一张从太原到五台的行军路线图。十月末，他们一行人到达位于五台山下的南茹村。南茹村和它邻近的东茹村，是五台县的大村庄，八路军总司令部就驻在这里。

史沫特莱和周立波、舒群等到达总部不久，总司令朱德和总政治部主任任弼时就接见了他们。周立波后来在《朱总司令事迹片断》的回忆录里，生动地描述了这次会见的情景：他们来到总部门外，没有看到哨兵。进了院子，才看见两个手执大刀的战士在门里站岗。朱总司令和任弼时到院子里来欢迎他们。在周立波原来的想象中，朱德这位中国历史上少有的智勇兼备的英雄，一定是一个非常威严、高不可攀的人物，但一见面，他才发现：坐在近边的是一位微笑着的和蔼可亲的长者，他坦率自然，从容文雅；身穿一件半新半旧的灰棉军装，除了年纪，没有一点与普通战士不同的地方。朱总司令语调温和地询问来访者是不是看到了毛主席写的《为动员一切力量争取抗战胜利而斗争》的宣传提纲，并告诉他们：这是中共中央政治局前不久在陕北洛川召开的扩大会议所通过的重要文件，里面提出的《十大救国纲领》是中共中央对于抗战的具体主张。接着又分析了当前的战争形势，充满信心地说："毛主席命令我们八路军在山西坚持游击战。有我们在，敌寇要在山西横行，是办不到的。最后胜利一定是我们的。"任弼时随即给史沫特莱和周立波、舒群分送了毛主席的这本小册子。当晚，在住处的马灯下，周立波把党中央的《十大救国纲领》，原原本本地翻译给史沫特莱，大家还认真地进行了讨论。

过几天，八路军总司令部召集各师、旅的首长在南茹村开了一个重要的会议，决定三大主力部队(第一一五师、一二〇师、一二九师)逐渐自敌后实行战略展开，配合地方党组织，放手发动群众，执行创建抗日根据地的战略任务。第一一五师一部在副师长聂荣臻率领下，留驻五台山区，负责建立第一个敌后抗日根据地，就是后来有名的晋察冀边区；第一二〇师在师长贺龙率领下，进入管涔山脉，创建晋西北抗日根据地；第一二九师在师长刘伯承、副师长徐向前率领下，以太行山区为中心，开创晋冀豫抗日根据地。八路军总司令部随即南移去晋中的洪洞。

周立波和舒群陪同史沫特莱，随八路军总部离开五台南下。他们绕过太原，走的是昔阳和辽县一带最坏的山路。这次长途行军，对于从上海亭子间来的文化人周立波来说，是一次富于战斗意义的旅程。他随部队步行了三分之一的山西，经过了十几个县的地域，每天走五六十里、八九十里不等。他学会了骑马，也学会了跑路，晚上还能摸着走夜路，简直变成了一名真正的军人。

在随八路军总部南移途中，周立波亲身经历了保卫太原的外围战——广阳战役。他和史沫特莱、舒群到了第一一五师师部，连续两天一晚留在前沿，住的地方离火线只两三里路，可以清楚地看见敌人焚烧民房升起的烟雾飘满山谷，也可以看见敌人开山炮时的刺目的火光。师首长的指挥所就设在他们前头不到一里地的松树林子里。他们目击了这次战斗从部署到结束的全部过程，和指战员一起分享着战斗胜利的喜悦。史沫特莱在前沿帮从火线上撤下来的伤员包扎伤口，周立波和舒群就担任助手。前方来的人不时地给他们带来一些缴获的食物，有精致的饼干和罐头，还有一种刻镂着花朵的糖果。战斗的最后一天，他们正想再前进去看看我军英勇的战士和敌人肉搏冲锋的情景，却被敌人发现了目标，一个山炮弹打过来，落在他们前面几步远的石岩下，把一匹马震得跳起几尺高。当时，他们正在院子里吃饭，炮弹震起的泥块和灰屑，落到了他们的饭碗里。战斗结束后，部队首长送给周立波一匹东北马；任弼时还送给他一双日本长统靴。他对这些战利品十分珍爱。

八路军总部南移到晋中时，周立波、舒群同史沫特莱在万安镇访问了八路军副总司令彭德怀。这是一九三七年十一月十五日。当时，上海、太原已经失陷，华北日寇还在继续南犯，有的人对抗战的前途产生了悲观情绪。彭德怀在接见周立波他们时，以无产阶级革命家的战略眼光，纵谈了中国当前的抗战形势。他指出："四个月抗战中所得到的最重要的经验，是我们知道了单靠军队不能停止日本对于中国的侵略。我们应该组织民众参加抗战。民众正在起来。因此，虽然我们有许多损失，可是我们不算失败。只要坚决抵抗与敌持久，必然获得最后胜利。"他豪情满怀地表示：在任何困难的情况下，八路军都要留在山西、河北和整个华北，和华北人民共生死，"一直到把日本帝国主义者赶出华北，赶出满洲的时候为止"。彭德怀和周立波等人交谈到深夜，留他们吃了饭，还把史沫特莱送给自己的可可茶拿来款待客人。周立波详细记录了他的谈话，赶写了一篇访问记《彭德怀将军论抗战形势》寄往汉口，它在当年十二月《新学识》半月刊第二卷第五期发表。这篇访问记详细地报道了彭德怀这次谈话的内容，其基本观点同毛泽东一九三七年十一月十二日在延安党的活动分子会议上的报告提纲《上海太原失陷以后抗日战争的形势和任务》的精神是一致的。它成了中国人民抗日战争史上一份宝贵的历史文献。

八路军总部南移到达洪洞县后，驻扎在城外一个村庄里。这里是富饶的汾河平原区。周立波和史沫特莱等住在总部附近，那是一座有两间明亮的石窑和一个小小院落的民房。周立波后来回忆在洪洞跟八路军首长们相处的这段日子时，这样写道："我们常常到总部去听取战报和新闻。我们每次去总看见总司令和弼时同志在一盆炭火旁边相对而坐，手里拿着一大叠电报，不停地批阅着。看见我们来，他们就把电报放在桌上，和我们谈话，把当天战况告诉我们。"每逢比较闲适的晚上，他们还爱去找朱总司令谈天，从他那里听到不少有关革命和战争的故事，包括总司令自己的一些十分有趣而又令人油然生敬的轶事。他们和总司令建立了亲密的友谊。"有一天傍晚，警卫员买到几斤牛肉，总司令就亲自在炕边灶上切菜，炒牛肉。他留我们吃便饭，并打发警卫员去请康克清同志。警卫员回来说，康克清同志不来了。总司令感慨地自言自语道：'这个人哪！'就什么也不再说，照旧炒菜。和大多数四川同志一样，总司令也是烹调能手。那天，我们尽情享受了他那鲜嫩可口的牛肉丝"（《朱总司令事迹片断》)。

周立波从西安到洪洞，一直陪同史沫特莱进行采访。虽然他的口译不太熟练，但笔译能力强，加上他具有较高的文学修养，待人爽直热情，所以，在史沫特莱眼里，他不但是一位称职的翻译，而且是一位难得的同行，彼此之间建立了真挚的国际主义友谊。八路军和中国同志的坦诚、友好，使史沫特莱像回到了自己家里一样。据舒群回忆：在八路军总部时，周立波和他每天都和史沫特莱在一起，吃饭也常在一个桌子上。红军的传统，每餐给指战员发一包辣椒面。周立波是湖南人，特别爱吃辣椒，史沫特莱和舒群总是把他们的一份送给周立波。周立波在当时和后来写的一作品里，也常常提到这位国际友人。一九三七年十二月底，史沫特莱离开八路军总部去武汉，临行前，她坐在田野里哭了好久。她对人说："我走遍世界，没有找到一个家，现在找到八路军这个家了，我不愿意离开啊！"后来，舒群、立波相继去了武汉，他们还一道去拜会过史沫特莱几次，畅叙离情。

二、访问晋察冀边区

周立波陪同史沫特莱访问山西前线的任务结束后，便热切地期待着投笔从戎，去参加游击队。一九三七年十二月二十日，他在八路军西安办事处给当时已在延安的周扬等人写信，表达了这样的强烈愿望：

> 我打算打游击去。烽火连天的华北，正待我们去创造新世界。我将抛弃了纸笔，去做一名游击队员。我无所顾虑，也无所怯惧。
>
> 我要无挂无碍的生死于华北。我爱这种生活，战斗的而又是永远新鲜的。

但他的这个愿望未能实现。当时，美国驻中国大使馆参赞、陆军上尉伊凡斯·卡尔逊也到了八路军总司令部。这位美国军官对八路军不理解，但也没有成见，他曾担任过罗斯福总统的副卫队长，此前曾两次来华，这次衔总统之命到山西洪洞来，是为了实地考察一下根据地的抗日情况。朱德、任弼时为了争取他，并通过他争取美国政府同情和支持我们的抗战，决定派周立波继续陪同这位美国军官去晋察冀边区访问，担任他的翻译。周立波接受了这个新的任务。

一九三七年十二月下旬，他送走史沫特莱以后，又于二十六日陪同卡尔逊从洪洞高公村动身去边区。舒群为他们送行至郊外。舒群和周立波是在上海亭子间结识的，以后又在山西前线共同度过了两个多月战斗的生活，结下了很深的革命友情。临别依依，不胜留恋。周立波后来赋诗一首，以赠舒群：

潇洒临风日，悲歌沉醉时，
残春怀胜季，余勇上征骑。
同行逾二月，劳燕忽东西，
男儿别无泪，书此报依依。

周立波这次陪同卡尔逊去晋察冀边区访问，是又一次艰险的长途旅行，也是一回十分有趣、十分宝贵的经历。八路军总部派了一排武装护送他们。同行的除从延安来的几十名学生以外，还有第一一五师徐海东旅的一位年轻的团指挥员田守尧，他在平型关战斗中身负重伤，尽管伤还没有全好，但为了前方的需要，又带着药瓶重返晋北前线。他们一行人时而步行，时而骑马，冒着隆冬的冰雪严寒，迎着吹得人口里、眼里都是尘土的北方特有的风沙，越过连绵不断的高山、荒野，干涸的沙河和被日寇掠劫过的大大小小的村镇，经晋北到了河北北部。他们的行踪所至的极北处，离北平只有百余里，于一九三八年二月十九日回到洪洞，前后历时五十二天，行程两千五百里，游历了晋东北、晋察冀边区和晋西北的广大地区。从出发的第一天起，周立波就认真地写日记，以后在整个旅程中，都没有间断过。

在经晋北去边区的旅途中，他们于一九三七年十二月三十日到了沁县，会见了八路军第一二九师师长刘伯承。在除夕的烛光下，刘伯承将军同周立波、卡尔逊长谈了三个小时，讲了许多游击战斗的故事。后来，周立波把这天的日记，以《在山西沁州》为题，发表在汉口《新学识》上。周立波在沁县过了一九三八年元旦。那时正是华北严寒的季节，气温在零下一二十度；独处异乡，连续几个月没有接到友人的信，他禁不住有些伤怀，便挥笔写了这样四句不依规矩的旧体诗："塞北胡尘满，江南血泪遍。多情无一字，凄冷度新年。"元月二日，他参加了沁州人民武装大检阅。这天，在城外的田野里，集合了几千名八路军战士和游击队员，红旗在微风中飘动，古老的刀矛和新式的轻机关枪错杂地排列着。受检阅的人们踏着整齐的步伐，唱着雄壮的军歌，雄赳赳地通过检阅台前。周立波从这次出色的检阅中，深切感受到了中华儿女誓灭敌寇的昂扬斗志。检阅结束后，他再次访问了刘伯承将军。

一九三八年一月五日，周立波一行到了辽州。八路军第一二九师师部就驻在这里。他们留在辽州进行了四天的访问，几次会见了副师长徐向前、政治部副主任宋任穷，并参加了师部举行的晚会和座谈会。他们还去参观了第一二九师昔阳七亘村战斗的战利品展览。这次战斗，我军击毁了日军一个兵站，缴获了大批军需品，动员老百姓两千牲口，几天才搬完。摆满展览室的战利品应有尽有，周立波大开眼界。

周立波是南方人，这次初到北方，又适逢严寒的冬天，长途跋涉在晋北的荒野和山地，因而在旅途中几次冻裂了脚，有的裂口深至半寸，常常出血，连走路也困难。留在辽州时，第一二九师卫生部把一瓶新近缴获的日本凡士林药膏送给他医治冻脚，供给部还用缴获的羔皮替他做了一双皮袜和皮鞋。周立波非常高兴，他诙谐地说："谢谢日本军部给我们送来了这些东西，我的脚已经不再怕冻了。"

离开第一二九师师部后，第三天，一九三八年一月十一日，周立波和卡尔逊在辽县龙旺村会见了第一二九师的旅长陈赓将军。周立波早就听说过这位红军将领的传奇式的故事：他是黄埔军校的学生，在讨伐东江的战役中，曾经把败阵的蒋介石从战地背回来，对这位校长有救命之恩。后来，他在上海从事党的地下工作不幸被捕，蒋介石在南昌行营召见他，劝他放弃革命的政治主张，和自己合作。但陈赓坚决拒绝，宁愿清清白白地死去，表现了共产党人崇高的革命气节。蒋介石终于放了他。这次会见陈赓时，周立波发现，自己素来敬仰的这位英雄的将军却“象一个儒雅的书生”。陈赓拿最近缴获的日本牛肉罐头招待他们，为了纪念这次会见，还把一支自来水笔送给周立波，将一把锋利的日本短刀送给卡尔逊。这些都是战利品。卡尔逊接过那把浸过敌人许多血的精致的小刀，感动地说：“我拿了这把刀，会永远记着你们这一旅。”

周立波在旅途中，仍然保持着文化人的嗜好，看见书报就爱不释手。新年期间，在刘伯承师长的临时办公处看见了一份《大公报》，他如久旱逢甘霖，立即贪婪地读着，连广告也通通看完。一月十八日，他寄宿在晋北一个小镇——皋落一户老百姓家里，从神龛背后偶尔找到一本破了封面、满是灰尘的石印本《三国演义》，高兴得不得了。《三国演义》他虽然已看过好几遍，但在战地翻阅这本没头没尾的残书，他却感到比往昔读来更饶有兴味，因为小说里记述的好多征战之地，像长安、潼关、安邑、寿阳等，都是近半年来他所经历的地方。山西属古代的中原之地，在山西境内留下了许多古代帝王贵族的陵墓。在抗战的烽火里，他两次在山西流转。从那些经历了千百年风雨侵蚀的陵墓之前的石人和石马身上，他仿佛看到了我们祖先的往日的荣耀，他在日记里写道：“它们立在荒原里，好象在告诉后代：你们争气吧，古老的中华民族，不应该被欺侮，前代的光荣，不应该失落。”

他们沿着山西、河北边境继续行进，经过刚刚遭受日寇蹂躏的昔阳东冶头。这个原有几百家烟火的市镇，如今已不见一个人影，到处是废墟和烧成炭块的小米。但东冶头虽然残破了，却还不及别的村庄凄惨。周立波回想从昔阳到东冶头六十里的村落，老百姓的庐舍几乎没有一家完好的，有的整个村庄成了一片焦土，被轮奸至死的妇女，裸露的尸体横在路上……后来，他把自己的这些见闻写成《东冶头一瞥》，愤怒地控诉了日寇的血腥暴行。

从东冶头北上，他们艰难地行进在太行山区的荒山巨岭间，于一月二十二日到了河北井陉的蒋家村。这是周立波生平第一次踏上河北的土地，他感到十分激动。河北是他很喜欢的一个省，卢沟桥事变以前，他原来打算从上海到北平去，但没有成行。以后战争爆发，河北所有的大城市相继沦于敌手，他以为没有机会看到自由的河北了。但现在展现在他眼前的这个与山西接壤的偏僻的小山村，不正是自由的河北的土地吗？他兴奋地爬上一个山顶，用田守尧的望远镜向四周瞭望了一番。他亲眼看到河北省的美好河山如今大部分还在自己手里，不禁百感交集，一种强烈的民族自豪感和守土卫国的战斗激情，一齐涌上心头！

过了蒋家村，便进入正太路敌人的封锁区。入夜，山野寂静，寒星满天。周立波怀着紧张而又愉快的心情，同卡尔逊紧紧追随护送的战士，急速地通过敌人的封锁线。当他们经过敌人驻守的娘子关附近一个山腰时，神不知鬼不觉地闯进一个汉奸的哨所，正在为敌人放哨的两名汉奸吓破了胆，束手就擒。眼看已爬上最后一座高山，周立波却累病了，他口渴如焚，躺在山顶，再也走不动了。同志们都非常着急，因为刚刚捉到的那两个汉奸由于看守不严，趁机溜掉了，大家预料他们很快就会引来敌人的追兵。在这种危急的情况下，同行的田守尧像亲兄弟一样照护着周立波，从一位同伴那里给他找来了凉水，解除了他的口渴；加上得到了短暂的休息，周立波终于很快地恢复了体力。他毅然地站起来，立即追随队伍疾走下山，天亮赶到了山下的一个小村庄，脱离了危险。这一天一晚，他和同志们连续翻过八座山，急行军一百二十九里，经历了进入晋察冀边区之前最后一段艰险的行程。他后来在报告文学作品《娘子关前》里，对此作了生动的描述。

一九三八年一月二十四日，周立波、卡尔逊一行终于到达晋察冀边区的安全地带。

晋察冀边区是抗战初期第八路军创建的第一个敌后抗日根据地。它包括四十余县，中心区域在平绥、平汉、正太、同蒲铁路之间，具有重要的战略地位。这一大片土地，正是太行山脉和恒山山脉绵延起伏的地带，横亘万里的崇山峻岭和深沟坚壑，成为边区部队天然的堡垒。在边区临时行政委员会主持下，各项建设逐步开展，边区日趋巩固。

周立波陪同卡尔逊到达边区后，很快访问了转战华北、战功卓著的徐海东旅。在正月的寒夜里，他们和旅长徐海东、政委黄克诚围坐在火炉旁，交谈到夜深。和周立波一起从山西出发，结伴同行一个多月的田守尧，现在回到了自己的部队，就像孩子回到了久别的家里一样无比高兴。战友们热烈欢迎他。徐海东见到了立波，更像亲兄弟重逢，简直有讲不完的话。第二天，周立波同他们分手时，看到田守尧和徐海东将军肩并肩地行走在马前，即将去迎接新的战斗。两位指挥员的飒爽英姿，使他不禁充满了敬佩之情，他在日记中这样写道：

山西有无数象田一样的年轻英勇，而又有丰富的战斗经验的战士，散布在长城内外，散布在太行山脉的四周。他们不会被日寇的大炮飞机吓走，正好象长城与太行山，不会被寒风吹倒一样。[①]

一九三八年一月二十九日，周立波和卡尔逊到冀西阜平，会见了聂荣臻将军。这是周立波第二次见到聂荣臻。第一次是一九三七年十月太原没有失守的时候，在五台。当时平型关战斗刚结束，聂荣臻从战场回来，向周立波和史沫特莱兴奋地讲述了他亲身经历的平型关战斗的故事。这次重逢，在短短两个月的时间内，聂荣臻为创建晋察冀边区又进行了卓有成效的工作，随着边区的日益扩大与巩固，他越来越博得华北军民热烈的敬爱。当他在阜平的住所接见自己的客人时，周立波看到这位斯文稳重、精明能干的将军显得比初见时更年轻，他向周立波和卡尔逊详细地介绍了华北大好的形势，边区建设的成绩，也如实地提到了部队严重缺乏弹药、炸药和御冬的寒衣的困难。当卡尔逊问他："你们可以保持华北吗？要是敌人派十万精兵来打你们，你们可以支持吗？"聂荣臻坚定地回答："我们可以保持华北。""不但我是这样相信，我们的每一个战斗员和指挥员都有很高的信心，因为每天有小的胜利，事实告诉我们，敌人并不是不可战胜的。"聂荣臻的胜利信念深深地感染了周立波，使他对华北以

① 田守尧后来调到新四军任旅长，于 1943 年 8 月殉难于苏北，才 31 岁。周立波在当年 9 月 10 日延安《解放日报》发表了《悼田守尧同志》一文。

至整个中华民族的解放，更加充满了胜利的信心。他津津有味地倾听着聂荣臻的谈话，仔细地作了记录，一直到深夜，还不愿离去。第二天上午，他们又一起驰马到阜平城外三十里的地方，去参观边区的军政学校。学校办在一座新建的宏大、壮丽的喇嘛庙里，有五百个学生。军政学校的创设，是聂荣臻在边区最为得意的一项新的举措。

从进入晋察冀边区到二月六日再过敌人封锁线，安全地渡过滹沱河，越过同蒲铁路和公路，走出边区，周立波同卡尔逊在这个著名的敌后抗日根据地访问了两个星期，为写作报告文学集《晋察冀边区印象记》积累了丰富、生动的素材。

出边区，沿同蒲路支线走，他和卡尔逊到了晋西北的轩冈，会见了第一二〇师三五九旅代理旅长王震。接着，在岚县会见了贺龙师长。周立波在少年时代就听到过这位出生在湘西山寨，靠两把菜刀起家闹革命的英雄人物的大名，这回在战地初次见面，他感到分外亲近。贺龙同他拉家常，亲切地问他是什么地方人。周立波告诉他是益阳人。贺龙高兴地说："益阳我到过，那是民国五年。"并告诉周立波：他举起孙逸仙手定的青天白日满地红旗帜，是最早的人们中间的一个。那还是五色旗子的时代，他那时在四川省活动。周立波第二次访问贺龙时，贺龙向他非常详细地分析了晋西和绥远、同蒲路和平绥路的敌情，介绍了晋绥游击队的发展情况和作战经验。在贺龙的客厅里，周立波还意外地遇见了由太原成成中学的师生组织的一个游击队的队长刘子崇先生，他当时正率领自己的健儿们经过这里开赴雁北。贺龙非常喜欢和钦佩这支游击队，特地吩咐杀一头猪好好地款待他们，还专为他们布置了一个联欢晚会。当晚，周立波怀着浓厚的兴趣应邀参加了这个很有意义的晚会，欣赏了第一二〇师宣传队的"小鬼"和成成中学师生游击队演唱的《松花江上》《义勇军进行曲》等许多节目，夜深才踏着月光回寓。与成成中学师生游击队的会见，使他久久难以忘怀，后来，他据此写了一篇通讯《师生游击队》，于一九三八年四月发表在汉口《群众周刊》第一卷第十八期，宣扬了他们的感人的抗日事迹。

一九三八年二月十九日，周立波和卡尔逊乘八路军总部的汽车，经临汾回到洪洞。黄昏时，他在洪洞马牧村会见了朱德总司令，畅谈到深夜。周立波把这次边区之行的所见所闻，向总司令作了简要的汇报。总司令要他多写点文章，好好宣传一下中国共产党、八路军的抗日主张和边区军民的事迹。第二天，总司令要到前方督战。周立波送总司令走以后，回到临汾。随后，他陪卡尔逊去看了阎锡山，并送卡尔逊离开山西，从而结束了这次访问边区的整个行程。

经过近两个月的共同生活和战斗，周立波和卡尔逊成了朋友。他在自己的日记中，这样记下了对这位美国朋友的印象：卡尔逊是一个四十一二岁的“老兵”，在军中已经二十五年，欧战时在法国前线。他的祖先是挪威人，父亲归化了美国。卡尔逊到中国来已经有十年，他的夫人说得一口流利的北平话。“虽然我们的嗜好、主张和性格，是象年龄一样，还有距离”，但“日寇是我们共同的敌人。在这次两过敌人封锁线的艰苦的行程中，我们互相帮助。党派我帮助他翻译……他也使我有了一些军事知识。更要紧的，是使我知道也有另外一种美国人，他们不象银幕上的美国人的油滑，当然也不象社会主义者的意识明确，对于许多问题他缺乏理解，但是凡被他理解，而且相信了的事，他就会紧紧地抓住”（《晋西旅程记》）。

后来，在一篇回忆录里，周立波还这样追忆着卡尔逊：“和总司令谈话以后，卡尔逊到晋察冀边区去了一趟，看到八路军在敌后坚持抗战的情景，非常感佩，终于成为我军的一个同情者。”“全国解放后，一位友人告诉我：太平洋战争爆发时，卡尔逊在菲律宾，模仿八路军，曾和日寇进行游击战。他后来在一次战斗中殉难，成为美国反法西斯的先锋战士。”（《朱总司令事迹片断》）

三、孕育在炮火硝烟中的报告文学
——《晋察冀边区印象记》和《战地日记》

在汉口写作

一九三八年二月二十五日，周立波从山西临汾乘车南下去武汉。“象牛车一样的同蒲路的最后列车，从临汾到风陵渡口，慢慢吞吞地走了四天四夜”(《战地日记》)。

三月初，周立波到达武汉。雄踞长江中游的武汉，是华中的重镇。当时，中共中央长江局设在这里；周恩来担任了国民政府军事委员会政治部副部长，郭沫若任政治部第三厅厅长，都在武汉。大批爱国进步的文化界人士团结在党的周围，开展了大规模的抗日宣传和救亡运动。周立波到武汉后，本来打算写几篇文章后立即重返华北前线。他在给一位南国友人的信中说：“很快我就要去前方。”他总觉得“后方的生活太安闲了，没有战场的紧张有味”。他看到住房前面的杨柳绿了，更加想“早去山西，早去还可以看见北方的春天，北方的秋天和冬天我都看见了，还不知道这春天是怎样的”。但当时设在汉口的读书生活出版社总经理黄洛峰却把周立波留住了，约他把边区的见闻写成书出版，并为他租好了房子。周立波也就应允留在武汉。

在武汉，他夜以继日地紧张工作，整理自己边区和战地之行的采访记录与日记，写出了一系列的报告文学作品，先在汉口《新华日报》、广州《救亡日报》发表了一部分，然后把全部作品编成《晋察冀边区印象记》和《战地日记》两书，于一九三八年六月分别由读书生活出版社和上海杂志公司(设在汉口)出版。

周立波到武汉时，舒群也已由延安来到武汉编辑出版《战地》半月刊，住在读书生活出版社。这两位不久前在战地分手的战友，现在又聚首了，他们非常高兴。舒群把周立波刚写出的报告文学作品《洪子店的劫后余烟》和《几叶日记》拿去，发表在《战地》第二、三期。在武汉，他俩还有一位忘年之交，就是进步的漫画家丰子恺。虽然丰子恺比他俩年长许多，但彼此过从甚密，建立了深厚的友谊。丰子恺看到周立波的《晋察冀边区印象记》写成了，非常高兴地为他设计封面，并题写了书名。

《晋察冀边区印象记》(下称《印象记》)初版，包括《从河北归来》《劫后的东冶头》《娘子关前》《北冶里夜谈》《洪子店的劫后余烟》《滹沱河畔》和《徐海东将军》《田守尧》《聂荣臻先生》等二十四篇通讯特写，加上《剪报一束》和《宣传材料拾零》，共有二十六个篇章。另有两个附录，一是他自己写的两篇通讯：《游击队的母亲》和《师生游击队》；一是从上海《译报》和汉口《战地》选录的四篇译文，都是英美和苏联报刊有关我国华北的抗战形势和八路军、游击队的战绩的报道。书末附有一张《晋察冀边区形势图》。周立波在卷首写了这样一个简短的序言：

现在是同胞们磨剑使枪的时候，我不愿拿我的无力的文字来糜费读者的时间。但这时代太充满了印象和事实，哀伤与欢喜，我竟不能自禁地写了下面这些话，希望不全是无谓的空谈。

把这本书献给晋察冀边区的战死者和负伤者。假使它有为读者一时喜悦的幸运，那是他们赋与的。他们的英灵和血，永远是中华民族的光荣，和人世的骄傲。

感谢替我作封面、画地图的友人及供给我材料的前方将领和战士。

扉页还有这样一小段精要的文字：

诸君，在你们披阅下面我所记述的发生于旧的长城内外的故事之先，请记起新近逝世的法国同志古久列一句关于新的长城的话，那是很有意味而且合乎实际情形的：

“民族的精神，我们英勇的中国同志多年以来所号召的联合战线的精神，在侵略者之前突然奋张起来，成为一道新的、近代的中国长城。”

这两段文字，对于我们理解《印象记》作者的创作意图和作品的思想内容，可以说是一片钥匙。

《战地日记》包括《晋北途中》和《晋西旅程记》两个部分，是周立波从洪洞出发，经过晋北进入晋察冀边区，以及后来离开边区经晋西北返回晋中的旅途中所写的全部日记。另附有一九三八年十二月二十日在西安写给周起应等人的一封信。

为“战斗与自由的中国”而讴歌

抗日战争爆发以后，中华民族处于生死存亡的紧要关头，广大人民群众时刻关心着战局的发展和祖国的前途。具有迅速反映现实斗争和时代脉搏的特长的“文学轻骑兵”——报告文学，也就成为人们最欢迎的一种文学形式。当时，许多作家、诗人都操起了报告文学这个轻便、锐利的武器，“小说的地位几乎全被报告速写所代替”(郭沫若语)。周立波刚刚从烽火连天的华北前线和树立了抗日统一战线工作的模范的晋察冀边区归来，以最快的速度，把《印象记》和《战地日记》奉献给了大后方的读者。这两部报告文学集一摆上书架，立即受到出版界、文学界和广大读者的热烈欢迎。一九三八年七月二日出版的汉口《全民周刊》(社长沈钧儒)第二卷第五号，很快发表了一篇书评，向读者推荐《晋察冀边区印象记》。作者罗之扬这样写道：“当我读基希的《秘密的中国》时，曾期望着报告文学《战斗与自由的中国》之出现，《晋察冀边区印象记》可说就是这么一部作品。”他认为，从这部作品所报道的事实来看，晋察冀边区堪称为抗日统一战线的模范区域，“在全国都应当建立这种形式的政治设施”，同时，书中所介绍的那些武装配备十分落后的军队打击日本侵略者的奇妙的战迹，也可以使我们“坚固必胜的意志与抗战的决心，可以指示其他区域内同胞的出路”。他还要求读者特别注意《伤兵医院》与《一个没有爆炸的炸弹及其他》两节，因为这里提出了边区“两个最严重的困难问题”，即伤兵救护器材和医护人员的缺乏，以及军队武器装备的落后。他呼吁国家和社会关注边区，优先“接济边区卫生材料和救护人员”，并且“用一切方法来加强边区军队的武装配备”，帮助他们解决寒衣、粮食等等严重不足的困难。这篇书评，代表了国民党统治区广大人民群众的呼声，也反映了这部报告文学作品在社会上所产生的巨大影响。一九三八年秋天，作家沙汀和诗人何其芳、卞之琳等人，就是读了周立波的《晋察冀边区印象记》以后，出于对民族救亡理想的感召和中国共产党领导的抗日根据地的向往，毅然从国统区的成都奔赴延安。

周立波的这两部作品，是抗战初期脍炙人口的优秀报告文学作品之一，在我国现代报告文学史上占有较重要的地位。收入《印象记》中的通讯《游击队的母亲》，报道了平定区矿工游击队一位副指挥的老母亲把两个儿子都献给抗日队伍，并随游击队打击日本鬼子的动人事迹。它在一九三八年即被翻译介绍到了苏联（载苏联《国际灯塔》杂志当年第十期），是周立波第一篇被译介到国外的文学作品。

《晋察冀边区印象记》和《战地日记》孕育和诞生在抗日烽火之中。它们成于戎马倥偬之际，在艺术上自然不可能都是那么精雕细刻，无懈可击。但是，正如彭真于一九八五年九月三日在首都各界人民纪念抗日战争和世界反法西斯战争胜利四十周年大会上的讲话中指出的：在抗日战争年代，“当时许多采取公正态度的中外人士，在考察了我军的作战情况和根据地的建设情况之后，从这里看到了中国的光明和希望。这是中国共产党历史和中国革命历史上引以自豪的、永远不会磨灭的光辉的一页”。周立波的这两部报告文学作品，也像埃德加·斯诺的《西行漫记》、史沫特莱的《伟大的道路》及其他一些反映中国革命和抗日战争的名著一样，是以一种公正的态度，真实而又生动地记载了边区军民的抗战事迹和建设情况的。它们是中国人民的抗日战争必然胜利的见证，至今保持着不可磨灭的历史价值和文学价值。那么，这两部作品在思想上、艺术上究竟有些什么特色呢？

首先，它们以“真”取胜，以情动人，篇章中充满了热血和烽火交织的战斗气息，具有鲜明的新闻性和强烈的时代感。周立波遵循捷克著名作家基希关于报告文学必须“严格地忠实于事实”的主张，在战争环境所许可的条件下，尽可能地深入采访，通过许多真人真事真情真景的叙述和描绘，再现了抗战初期那个特定的历史时代边区人民的斗争生活，并揭示了各种人物思想感情的时代特征。

置于《印象记》卷首的通讯报告《从河北归来》，对晋察冀边区作了一个全面的轮廓式的介绍，它可说是这本书的一个纲。集子里的其余各个篇章，从内容上看，大致分为这样几类：第一类，从不同的侧面反映了边区的创建过程和各项事业的发展情况。如《抗日高于一切》着重介绍了边区建立抗战统一战线工作的成绩和经验，《滹沱河畔》报道了边区发展农业、工业和财贸等各项经济事业的措施和效果；《鸡毛信》从农民传送鸡毛信的故事谈到边区邮政建设的开展；《玲巧的沙盘》和《伤兵医院》分别介绍了办得很好的边区军事学校和伤兵医院。第二类，着重报道了边区军民同仇敌忾、团结抗日的英雄业绩，如《几个战斗的例子》介绍了曾经“用七十个同志的鲜血与头颅，换了敌人二十架飞机”的阳明堡战斗的英雄，在山西平定柏木井再次伏击敌军汽车队，获得重大胜利的事迹，以及八路军指战员以少量兵力和粗劣的武器，甚至单枪匹马独立奋战，英勇抵抗和消灭处于优势的敌军的其他一些战斗故事；《自卫战》和《小哨兵》反映了活跃在城镇和村庄、旷野和山间的农民自卫队及儿童团的抗日活动；《封建、受难和解放》报道了华北妇女遭受日寇奸淫虐杀的悲惨遭遇，以及她们从觉醒走向斗争的过程；《他们出了家,但没有出国》则描写了我国佛教圣地五台山的和尚、喇嘛和蒙藏同胞，在中国共产党正确的民族、宗教政策感召下，奋起抗日、保卫祖国的动人情景，等等。第三类，介绍了坚持在敌后根据地领导广大军民和日寇浴血奋战的八路军著名将领的活动，包括《徐海东将军》《聂荣臻先生》和《田守尧》等人物特写，以及《晋北日记》和《晋西旅程记》中有关朱德、彭德怀、刘伯承、徐向前、贺龙、陈赓、王震、黄克诚等同志的许多记载。第四类，则是对日本帝国主义者的侵华暴行和汉奸卖国贼的丑恶嘴脸的揭露，包括《东冶头一瞥》《北冶里夜谈》《洪子店的劫后余烟》《封建、受难和解放》等篇和《战地日记》中的一些篇什。而《敌兵的忧郁》和《神符、女像和橡皮套》等章节，还揭露了日本侵华战争的非正义性质以及日军军部对兵士实行的欺骗、麻醉政策。它们告诉人们：一位二十七岁的日军俘虏——日本国有铁道局的职员，在第八路军的教育和俘虏政策感召下，已经开始觉醒，他居然在白纸上写下“回国后亲中国家，再来中国不打”和“世界的无产者联合起来，日本军阀财阀打倒”这样的字句，表现了鲜明的反战思想。

透过这几个方面的内容，我们可以看出：周立波这两部报告文学作品，虽然只是记下了自己往返晋察冀边区五十多天的见闻，但它们却在广阔的背景上，真实、生动地概括了抗战初期中国人民艰苦卓绝的抗日斗争；换句话说，通过晋察冀边区这个窗口，使人们“看到了中国的光明和希望”。非常可贵的是，他对自己耳闻目睹的一切，一般都能采取历史唯物主义的态度和方法，如实地加以反映和评价。一方面，他充分地报道和歌颂了边区军民所取得的一切伟大胜利，总结了他们成功的经验；另一方面，他并不讳言边区在武器装备、物资供应等各方面所遇到的巨大困难，以及他们在某些战斗中的失误和损失。一方面，他把最诚挚和动人的赞歌献给了领导华北人民坚持全面抗战的伟大的中国共产党和八路军；另一方面，对在敌后根据地同中国共产党、八路军建立了抗日统一战线的国民党军队及其将领的表现，也能作出客观公正的评价。如《晋西旅程记》中记载，他在静乐县看见了山西国民党军队的骑兵，“骑兵军的军长是赵承绶。太原失陷以后，赵相当悲观。但是以后，由于山西游击战争的开展，境况不是人所预想的那么无望，赵比较地坚强起来；加以跟八路军将领日夕来往，使他不只是相信阵地战，而且也相信游击运动的威力了。赵承绶每天请第八路军的老战士教他战术”。他描绘了骑兵军那些“骑着马倒挂马枪的年轻强壮的兵士”接受检阅时“显得还象样子”的情景，并认为他们是“晋军有力的一部”。

这两部作品所报道的许多人物、事件和所描绘的生活画面，不只具有事实与细节的真实性，尤为难得的是，作家透过它们的表面现象和一般意义，还深入开掘了其中所蕴含的深刻的社会意义，抒发了一种无比真挚、强烈的爱国主义感情和战斗激情。如《娘子关前》的《初次踏着河北的土地》一节，周立波写了在河北井陉县一个偏僻的山村——蒋家村的一件小事：他们一行人叫开了一家老百姓的门要水喝。应门的是一位老太婆。她给了他们水，还微笑着招呼他们进屋去坐，说“里面暖和一点”。作家从这个老太婆微笑的眼睛和温暖的语言里，觉察到了她“对于祖国的兵马，有无穷的热烈的情意”，并满怀激情地写道：“谁说河北的人心完了呢？井陉县城已经被占快半年，但这村妪的心，还是中华民族的。”周立波正是根据自己在边区的这些见闻，得到了一个无比鲜明的印象：边区人民正在用自己的血肉和意志，筑成一道中华民族的新的万里长城。“现在倭奴要来灭亡我们，以他们现代的装备，越过旧的长城是容易的。可是，这一道抗日民族统一战线的新的现代的长城，日寇很难逾越。”(《抗日高于一切》)这一点，也就是《印象记》和《战地日记》所要告诉广大同胞的最根本的“印象”。历史的发展，完全证明了作家这个预见。

第二个特点，是形式和手法的灵活多样，较好地发挥了报告文学作为文学“轻骑兵”轻巧便当、驰骋自如的长处。从文体上看，大部分是带有文学性的通讯报告，以形象的手段和艺术的笔触，描绘了边区初创的情景，反映了战地军民的生活；也有一些篇章是着重介绍某一人物的英雄事迹和精神风貌的特写、访问记；还有一部分则是记载自己的见闻观感的日记；此外，尚有向友人畅叙情怀的书信，等等。从构思、手法上看，也各有千秋。多数篇章都既能突出地写一二主要人物和生活事件，有个比较明确的主题思想，而又能围绕这个主题思想尽力地挥洒笔墨，开拓境界。在描绘现状的时候，不忘追溯事情的过去，并展望它的将来；在截取生活事件的某一横断面时，不忽略它的纵断面，尽可能反映事物的前因后果，揭示其内在的联系；在突出叙事这个重点的时候，又注意把叙事和抒情、议论三者糅合起来，努力做到叙事和抒情水乳交融，诗情和政论高度统一。如《五台山麓》一篇，记述的是一九三八年二月一日这一天的旅途生活。前半篇写了从龙泉关到长城岭一路上的观感：首先，向读者介绍了龙泉关，既描绘了这个地处冀西晋北交通要道的古老关隘的险要地势和历史沿革，又追述了一九〇〇年八国联军之役“义和拳”的英雄儿女在这里跟德国侵略者展开血战，不幸败退的一段历史。当时，龙泉关被德寇烧成一片废墟。吊古述怀，作家气壮山河，忍泪挥毫：“要是遭遇了强横，哭泣没有用。只有复仇又复仇！第一代不成，再第二代！”接着，他酣畅淋漓地抒发了站在高入云霄的长城岭东望太行的激动心情。他赞叹雄伟的太行山脉“如海波汹涌，纵横无极”。想到这绵延几千里的山地，每一个山沟都有我们的游击健儿，“好象是特别为我中华民族造设”的“伟大的战场”。他衷心地祝愿“春风快来”，化除这积满山沟的冰雪，“使这些寒衣不够的战士，可以在温暖的春之怀里，施展他们的矫健的英雄的身手”。后半篇着重描述了从台麓寺到门限市的见闻，最后写了自己从台麓寺到门限市途中的一次“最愉快的驰马”。他情不自禁地两次写到“今天很舒服”，因为“听了喇嘛庙充满了温和绮丽的女性美的音乐，又骑上一匹充满了勇武要强的男性美的小蒙古马，走了一天”，“吃了喇嘛佳美的饼干，又吃了滹沱河有名的大米”。在这篇只有三千多字的报告文学作品里，周立波通过自己一天的经历，既写了祖国壮丽的山川、优秀的文化、富饶的物产，又写了它的苦难的历史、战斗的现实；既有对人、事、景、物的精彩描写，又有对个人感受、情怀的充分抒发，真正做到了“流连万象之际，沈吟视听之区；写气图貌，既随物以宛转；属采附声，亦与心而徘徊”（刘勰《文心雕龙·物色》）。字里行间，灌注着对伟大祖国和英雄人民的深挚的爱，寄托着渴望祖国的河山从帝国主义的铁蹄下彻底解放出来的强烈愿望。像《五台山麓》这样构思、结构、手法都比较灵活精巧的佳作，在《印象记》和《战地日记》中还有不少。附在《战地日记》后的《信》，其结构形式的别致灵巧，不落窠臼，更是其他各篇所少见的。作家满腔热情，一片冰心，全倾吐在一纸书信里，尤为令人爽心的是作者还抄录了自己在上海法租界写的一首新莲花落——《明月照吴淞》给友人共赏。正像信中说的，“我很快乐，所以写了这许多闲话”。但这些“闲话”又绝非游离不着边际的“闲笔”。它们都围绕着一个主题——向远方的战友畅谈自己惊险而有趣的战地旅行生活，信笔所至，无拘无束，推心置腹，侃侃而谈，因而显得分外亲切、自在和真挚，充分发挥了这种书信体报告文学灵活自如的特点。苏轼曾说过：“吾文如万斛泉源，不择地而出，在平地滔滔汩汩，虽一日千里无难。及其与山石曲折，随物赋形而不可知也。”（《文说》）看来，周立波的这封《信》，也颇得东坡为文之奥妙。

第三个特点，是以形传神，善于通过典型性的细节和语言，勾勒出活生生的人物形象。周立波在这两部报告文学作品中写了不少八路军著名将领，尽管作家跟他们只是在戎马倥偬中有过短暂的接触，作过一些采访，因而还不可能把这些平凡而又伟大的人物塑造成一个个血肉丰满的艺术形象，但是，由于他遵循报告文学典型化的特殊规律，在坚持人物、事件真实性的要求的基础上，注意选择、提炼最能体现人物思想性格特征的情节、细节和语言，细心观察他们所处的环境的特点，特别是他们和周围人物的关系，突出刻画他们的精神风貌，因此，作家笔下的某些八路军将领，仍然给读者留下了比较鲜明的印象。比如，《再过封锁线》一文介绍贺龙将军时，写了他在洪湖开辟革命根据地时的一件逸闻：有一次，他正在火线上指挥战斗，一个迫击炮弹恰恰掉在他脚边，却没有爆炸。他没有动，看着这位飞来的刺客静静地躺在地上，像酣睡的小猪一样，他感到有趣。他从容地问它："你炸不炸？不炸吗？不炸我就少陪了。"《战地日记》中介绍徐向前将军时，也写了他的一个特有的习惯动作：当大炮在他的前面狂吼，子弹在他的周围喔喔飞鸣时，他总是不断地挥动他的手，像是驱赶在他眼前飞着的苍蝇一样，连连地说："唉！讨厌得很，讨厌得很。"这些细节都很有个性特点，生动地表现了这两位将军临危不惧，勇敢沉着而又洒脱诙谐的风貌。在《聂荣臻先生》的特写中，周立波对这位边区创建者的住室作了这样的描写：

> 房间四面的墙壁上，挂满了五万分之一、十万分之一的边区详细地图；还有一幅明细地图，是从日本军队缴获的。他提着马灯，站在凳上或炕上，给我们讲解最近的形势。所有的地图上，都插着许多红色和白色的小旗，红色的小旗代表我军，白色的小旗代表敌军；在马灯斜射的光芒中，可以看出每一面白色的小旗都被许多红色小旗包围着。
>
> "敌人在华北，非常的空虚。"他说……

这段描写，摄取了一个具有典型意义的近景镜头。取景的焦点，是室内的军用地图。这就不但巧妙地再现了环境的特征，而且有力地烘托了聂荣臻将军运筹帷幄之中，决胜千里之外的大将风度。作品中还写了这样一个细节：这位斯文稳重的将军，当他谈到自己最得意之作——在边区创设了一所军政学校时，竟"快活得象孩子一样，跳跃起来"。周立波评论说："'聚天下英才而教育之’，实在是以天下为心的英雄的乐事。”这种描写和评述，也从另一个侧面展现了聂荣臻将军的思想风貌。

所有的人物特写中，最精彩的还是《徐海东将军》。作品开篇十分平实：“在河北某地，会见了徐海东将军。”但紧接着就设置了一个悬念，作家发现徐海东同志情绪不好，经过一番了解才知道：是因为在刚刚结束的洪子店战斗中，尽管他的部队重创了来犯的大股敌军，取得了重大的胜利，但也因此付出了不轻的代价，死去一位年青勇敢、和他一道工作过多年的干部，“悲悼战死者，悲悼那象一个家属的成员一样的他的同志，他无意中流露了忧伤”。作品接着介绍了与徐海东将军亲切晤谈的情况：“关于自己，徐海东同志只说了一句，‘我是湖北孝感的窑工’。一切其他的话，都是谈的战士的疾苦。”“他是这么一个一刻不忘他的同志们的痛苦的将领。”真是“画龙点睛”，有力地揭示了这位将军关心他人胜过关心自己，一心为革命、一心为人民的崇高的精神境界。这篇特写，是周立波早期人物特写中的一篇力作。

第四个特点，是语言朴实、简洁、流畅。这两部报告文学作品，都是采用第一人称写的，作家向读者敞开了自己的心扉，看到什么说什么，想到哪些讲哪些，有话即长，无话则短，不做作，无矫饰。唯其朴实、自然，也就使读者感到格外亲切、真挚。其中不少篇章，往往从朴素中见精练，从通达中见文采，很能吸引读者。

我们来赏析一下他的《几叶日记》。它收入了一九三八年一月二十七日至三十一日在边区旅行的五篇日记。文字都不长，短的二三百字，长的也不过七八百字。下面是其中的一篇：

一九三八年一月二十八日。“今天是‘一·二八’六周年纪念日。”周立波回忆起六年前在上海的情景，“那正是旧历年底，大炮代替了过年的花爆。”而今天，“过灵寿陈庄，村民在一座路边的旧戏台前，举行纪念大会”。他没有详细描写纪念会实况，只是两句话：“许多的传单和旗子，许多的演说。”

“晚上九时才到城南庄，走了几十里夜路”。对这段夜行军的描写甚为精彩而有趣：“第一次骑我的那匹日本马，这是刘(伯承)师的战利品，一个良善的

‘日本姑娘’。但因为个儿太大，跑起来又抛得人不舒服，我不喜欢她。”这些语言，表现了周立波的幽默。

下面是夜行的见闻：

薄明的星光下面的沙河。

远地传来的犬吠。

光秃的白杨树林里面一点半明半灭的小火。

“什么人?”远处哨兵喝问。

简洁几笔，勾画了一幅“战地夜行军”的浅淡的素描。既有远景，又有近景；既有色彩，又有声音；既有诗情画意，又有时代气息。作家凭着精练、形象的语言，通过一连串迅速移动的画面，把读者带进了一个富于地方色彩和时代色彩的特殊的境界。

最后，写到夜宿城南庄分校的一个精致的教员住室，对住室的描写也只有两句话：“壁上糊了白纸，桌上有几本《东方杂志》。”突出了它的最醒目的特点。而“过了正太路，第一次看见书，翻阅到深夜”的记述，更写出了嗜书如命的作家本人在战地旅途中的特殊心情。

这则日记，全文只有二百八十个字，却包含了相当丰富的内容。文笔精练如此，实在难得!

从这里，可以看出周立波不但具有敏锐的艺术观察力和很高的艺术概括能力，而且对于中国古代散文，特别是笔记体文学具有相当深厚的修养，因而能够把其中一些好的传统，得心应手地运用到自己的报告文学创作中来，收到很好的艺术效果。

四、访问江南前线

周立波在武汉期间，跟八路军武汉办事处和新华日报社保持密切联系。一九三八年三月二十七日，“中华全国文艺界抗敌协会”在汉口成立，他被选为候补理事。三月二十九日，他读了报纸上刊登的朱德总司令、彭德怀副总司令的一则通电以后，立即从读书生活出版社预支一笔稿费，支援抗日，并给《新华日报》编辑写了一封信（四月十日在报上刊出）。六月，他写完《印象记》和《战地日记》后，留在中共中央长江局做翻译工作。

当年夏天，他奉八路军武汉办事处的委派，担任苏联塔斯社驻华军事记者瓦里耶夫的英文翻译，陪同瓦里耶夫去江南抗日前线采访。他们到了江西和皖南著名的九华山下的贵池、青阳等地，先访问了国民党顾祝同司令部，后访问了我新四军军部，会见了副军长项英等人。

这次江南之行，他和瓦里耶夫一起，考察了长江南岸绵延几百里的防务。他目击了国民党军队上层腐败、士气不振、装备落后等许多不景气的现象，也亲眼看到了我新四军将士在十分困难的环境下坚持抗日，誓死保卫九华山、保卫大武汉、保卫祖国的感人情景。当他们到达皖南的南陵时，正遇上连续几天大雨倾盆，山洪暴发，公路被淹没在洪水中，远近一片汪洋，有好几个过路人被淹死。周立波也落到了水里，好不容易才挣出水面，他惊叹自己“落水而不死，算邀天幸”；但脚上的鞋袜已被洪水冲掉，光着的脚丫子又被尖利的石块戳破，流了许多血，后来伤处溃烂，竟至举步维艰。

回到武汉后，许多友人劝他写点东西，他因为脚痛难忍，加上对国民党江防前线的情况很不满意，不愿动笔。但后来还是写了一篇报告文学《九华山下》，采取委婉的“曲笔”，以江南绮丽的风景和祖国美好的历史作为反衬，揭露和抨击了国民党“江南军事和地方当局”的腐败行为；同时，赞扬了新四军将士坚持抗战的昂扬斗志。当年八月底，他从武汉回到湖南益阳邓石桥老家养伤，住了一个多月，把脚治好了，又重返武汉。这时，日本侵略军已迫近武汉。他奉命撤退到长沙，去筹办报纸。离汉的前夕——九月二十三日夜，他满怀激情写下了一首诗歌《别了，武汉》：

别了，武汉，

我们相识不到四个月，
却成了好友，
你扬子江的长流，
江汉关的车马，
黄鹤楼的夜，
都别了！
有无数的话要说，
都被秋风吹做了忧愁；
雄大的武汉是不喜欢忧愁的，
那么我也没有说的了。
我只盼望你永远自由，
你的自由，
会销解你的朋友们的忧愁。

周立波在这首诗里，流露了一泓深沉的忧思，他似乎还有许多要说而又未能说出的话。为谁惆怅为何愁？在他离别武汉前接连给广州的友人写的两封信中，露出了些许端倪：

本来打算到西安去，后来有几个朋友留我在汉口，暂时将在汉口。汉口还不坏，疏散的人固多，留着的人还不少，文艺界的人留汉者，除第三厅的朋友们外，还有舒群，荒煤，他们都快要走。前几天，杨骚，白薇，蒋牧良，都到了这里，现在都走了。小小的聚集了几次，就匆匆的别了，战时人事，有点象无常……

——《南陵归来》(致沈端先信，八、二八晨)

从北方回南以后，在汉口住了三个月，专门写书，此后又到了江南一次，回家一次，现在又准备到长沙去办报。这一年中，旅行了九省，跑了万余里……

这次抗战，进步的地方很多，使人感奋，但也有许多人借此升官或发财，有许多人借此神气。尤其是文化方面仍有一部分人积习未除，很糟……

——《书简与诗》(致××，九、二五夜)

三五好友，聚散无常；官场文苑，许多事又令人侧目。既满怀离情，又愤嫉世俗，这大概就是周立波的心头之所以蒙上一层淡淡的哀愁的原因吧？这些，也从一个侧面反映了立波的性格。

五、从“雾里的湘西”到漓水之畔

周立波到达长沙时，正是橘黄时节。他住在韭菜园(地名)一家民房里，和八路军长沙办事处取得了联系。当时，长沙处于陷落前夕，街头巷尾充塞着避难的外乡人和进不了医院的国民党军队的伤兵。周立波怀着一种沉重而又激愤的心情，把自己的见闻写成特写《三至长沙》(载一九三八年十月十五日汉口《新华日报》)，着重揭露了国民党伤兵医院的黑暗。

时局一天比一天更紧张。尽管中国共产党领导八路军、新四军和广大人民坚持抗战，反对投降，抗日战争已经进行一年多，但由于蒋介石国民党实行片面抗战路线和单纯防御的战略方针，在战场上节节败退，以致到一九三八年十月止，已使华北、华中、华南广大国土沦于敌手，广州、武汉相继失陷。日寇占领武汉后，继续向南推进，长沙成了敌人下一个攻占的重要目标。敌机的狂轰滥炸，把长沙市许多繁华的街道变成了废墟。蒋介石集团无力阻挡敌人的进犯，竟不顾守土有责和满城人民的生命财产，密令放火烧毁长沙，而美其名曰“焦土抗战”。正是在国民党当局张惶失措，准备焚城的危急时刻，已从武汉来到长沙的周恩来，一面果决地部署八路军办事处、中共湖南省委机关和由郭沫若率领的政治部第三厅所属人员立即撤离长沙，一面筹划派周立波去沅陵，尽快恢复《抗战日报》。《抗战日报》是田汉于一九三八年一月二十八日即“一·二八”上海抗战六周年纪念日，在长沙创刊的，由他自己任主编，廖沫沙任副主编。它和“八一三”事变中由郭沫若在上海创办、一九三八年一月一日在广州复刊的《救亡日报》是姊妹刊，都是在中国共产党领导下的抗日民族统一战线的报纸，担负着为民族解放战争服务、作人民大众喉舌的神圣使命。但《抗战日报》在长沙只发行半年就被迫休刊。

一九三八年十一月上旬一个微寒的暮秋的下午，周立波应约来到了八路军长沙办事处。他原以为在这行人都已经很稀少的危城里，首长们可能都走了，找自己谈话的准是办事处的一位留守干部。但走进客厅，出人意料，约见他的却是周恩来。周恩来见立波来了，开门见山地告诉他：即刻动身去沅陵恢复《抗战日报》。同时叮嘱他：要把复刊后的《抗战日报》，继续办成一张统一战线的报纸，“对国民党政府办的事情，凡是有利于抗战的，我们就要赞扬；凡是不利于抗战的，我们就要批评”。为了复刊的需要，周恩来交给他八百块钱、一部印刷机和一套铅字，并派了两位从武汉撤退时被敌机炸伤了腿的原《新华日报》排印工人随同前去，边养伤，边帮助建立印刷所。同去沅陵办报的，还有作家欧阳山、草明和经理人员蒋寿世(田汉的表舅)等人。第二天清早，周立波背着行李包，赶到办事处。根据周恩来的安排，办事处把汽车拨给周立波一行装运印刷设备，办事处的同志准备步行撤离长沙。这使周立波深为感动。他们匆匆地登上汽车，渡过湘江，当天抵达益阳县城。嗣后不久，从长沙方面就传来了国民党当局放火焚城的消息，从一百多里外的地方都可以望见冲天的烈焰烧红了半边天，一座秀丽的历史名城被湮没在一片火海之中。这就是震惊中外的“文夕(一九三八年十一月十二日晚)长沙大火”。

印刷设备运到益阳后，司机要返回八路军办事处。周立波请中共益阳地下县委负责人林煦春随车前往，请周恩来另派了一辆车，连夜从湘乡出发，开到益阳，将全体人员和设备安全地运到了沅陵。周立波来不及等第二部车，便先离开了益阳，经安化走山路去了沅陵。后来，廖沫沙也来了。他们经过紧张筹备，终于使《抗战日报》于一九三九年元旦前夕在沅陵顺利复刊。报纸仍以田汉的名义主编，实际上主持编辑工作的是周立波和廖沫沙，编辑人员还有作家欧阳山、草明和木刻家张望，以及林岳松、雷夏等人。报社设在沅陵县城马坊界五号，一栋两层的木板楼房，设有编辑部和印刷所，用手摇平板机印报。

当时，地处湘西武陵山区、沅水中游的沅陵，成了湖南战时的一个重镇。国民党省党部和省政府都迁到了这里，中共湘西工委也设在这里。周立波在沅陵，除负责《抗战日报》的工作以外，还担任中共沅陵县委宣传委员，兼作统一战线工作。他和廖沫沙团结报社全体同志，排除国民党设置的种种障碍，在经费短缺、纸张供应困难，甚至连吃饭也成问题的艰难境况下，以满腔的革命热情，千方百计办好报纸。报纸的消息来源，除选用中央社的电讯以外，还由我地下党组织提供一部分。周立波认真贯彻周恩来的指示，通过新闻报道和言论，积极宣传党的长期抗战主张和统一战线政策，支持国民党的一切抗日行动，但对于国民党亲日派和汉奸卖国贼的投降反共言论和活动，则予以坚决揭露和抨击。一九三八年十二月汪精卫公开投敌以后，《抗战日报》发表了一系列消息、评论进行声讨。在各界人民同声讨伐汪逆的怒潮中，一九三九年一月十一日，国民党湖南省党部却根据国民党中央社会部的电令，禁止各地救亡团体进行反汪锄奸宣传；布满沅陵街头的反汪讨逆标语，被纷纷揭去。这更加激起了广大爱国人民的义愤。周立波和廖沫沙根据党中央的有关指示的精神，在《抗战日报》上对国民党当局这种压制抗日锄奸活动的倒行逆施，进行了公开揭露。同时，冲破国民党的阻挠和钳制，在报纸上连续十一天全文刊载了毛泽东一九三八年十月在延安举行的我党扩大的六届六中全会上的政治报告——《论新阶段》，使大后方的广大人民直接听到了我党中央和毛泽东同志的声音，正确地认识了当前的形势，找到了斗争的方向，大大提高了抗战必胜的信心。

周立波在沅陵办报时，不但工作十分艰苦，生活也非常困难。当时，姚芷青带了他们的长子健明也到了沅陵，她在一家难民缝纫厂做手艺，把七岁的孩子送进了难童院，平日父子们很难见到一面。后来，周立波自己病倒了，儿子也在难童院受尽折磨。一九三九年五月，周立波接到八路军驻湘办事处转来的周恩来的电令，调他去桂林工作。临走前，姚芷青设法把健明从难童院接出来，让他们父子俩见见面。从青年时代起就背井离乡，终年累月在外面为革命和糊口而奔波，很少顾及妻儿的周立波，看到儿子那个褴褛瘦弱的样子，不禁一阵心酸，他爱抚着儿子，脸颊挂满了泪珠。

去桂林之前，周立波在中共湘西工委的帮助下，以《抗战日报》记者的身份，去湘西几县作了一次旅行访问。他于四月二十一日从沅陵出发西行，踏着石达开当年率军入川的道路，首先到了泸溪县。然后，沿湘川公路步行，经潭溪、所里、鸦溪至乾城，过竿子坪、得胜营到了凤凰县城及其近乡长宜哨，五月五日返回沅陵，前后历时半个月。在旅途中，他通过个别访问、开座谈会、查阅地方志等多种途径，详细调查了湘西苗族人民的生活、习俗和历史情况，考察了当地抗日民众运动的现状。他到凤凰县时，正值五一劳动节。他住在县民训总队。民训总队长是国民党派去的一位少校，倾向进步。因此，这里的抗日宣传活动也搞得比较活跃。由民训队员杨昌恷（中共地下党员）等组织的“凤凰青年战地服务团”，出了一种叫《五月》的壁报，“五一”这天，他们抄录了许多份，张贴县城四门，在这偏僻的湘西古城，隆重纪念国际劳动节。当地的中共地下组织还把全体党员和进步青年召集在一起，请周立波作了一个形势报告。这次旅行，由于有中共地下组织的照顾，他顺利地走完了全部旅程。

这趟湘西之行，周立波获得了许多珍贵的第一手材料。后来，他据此写作了《湘西行》《湘西苗民的过去和风俗——一个备忘录》和《雾里的湘西》等作品，先后在桂林《中学生》战时半月刊《十日文萃》和延安《中国青年》等刊物上发表。周立波这一组作品，向读者介绍了湘西苗族人民光荣而悠久的斗争历史，富于民族特点和地方风味的风俗习惯，以及他们悲惨、苦难的现实生活状况。作品不但有力地揭露了历代反动统治者对湘西苗族人民进行残酷剥削和血腥镇压的罪恶历史，而且满腔热情地讴歌了慓悍勇敢、不甘屈辱的苗家儿女前仆后继，英勇反抗反动统治阶级的正义斗争和可歌可泣的事迹。周立波认为：“苗家是由北方被逼到南方，从平野走到山地的。但是这种变迁之后，他们还是生存了，而且还保存了他们民族的许多特点，这不能不归功于他们适于自卫的慓悍。自汉朝马伏波以后，湘西代代有战争，度过这些侵凌欺压他们的战争，一直独立生存到现在的苗家，也不能不感谢自己的勇于复仇的慓悍吧！”他在介绍了苗族人民的独特的语言后指出，正是由于历来处境的艰难，苗族人民至今没有能创造自己的文字，周立波认为：“如要真正的帮助苗族，就应该帮助他们建立自己的文字，这捷径，就要苗语拉丁化。但苗语拉丁化的重要条件是苗族参加反日、反封建的斗争，取得自身独立和解放。”(《湘西苗民的过去和风俗》)这一组散文报告文学作品，保持了周立波一贯的朴素、自然、严谨的风格特色，它们发表在抗日战争初期，把人们的目光引到了一个过去很少使人注目的大后方的偏远一角，从而“引起人们探究这个有几千年传统和四五十万人口的民族的兴致”。他在描绘了当时“依然在苛杂和屯租双重的轭下”痛苦挣扎的苗民的状况以后，发出这样的呼号：

湘西的浓雾，笼罩着群山，也笼罩了群山之间这些人间的悲惨和黑暗。

湘西，你到什么时候，才能看得见太阳？

历史的进步，使作家良好的心愿变成了美好的现实。随着湘西的解放，经历了多少世代的苦难的苗族人民，终于拨开浓雾见太阳，愉快地生活在新中国各族人民友爱团结的社会主义大家庭里。

一九三九年五月，周立波离开湘西。六月，到达广西漓江之畔的美丽城市桂林。

自从武汉、广州相继沦陷后，桂林成了沟通重庆、香港和沦陷区的枢纽，许多进步作家和文化人云集桂林。在周恩来主持的中共中央南方局直接领导下，桂林的抗日救亡活动和文化出版事业蓬勃发展，成了国统区抗日政治文化运动的一个新据点，著名的战时“文化城”。周立波到桂林后，被分配在《救亡日报》编辑部工作。《救亡日报》从上海迁到广州后，到一九三八年十月二十一日广州沦陷时被迫停刊，报社同人脱险来到桂林。郭沫若也于一九三八年十一月长沙大火之后，赶到了桂林。经过短时间的筹备，《救亡日报》很快于一九三九年一月十日在桂林复刊，社址在市内太平路十二号。报纸复刊前，郭沫若即离开桂林去了重庆，编辑业务仍由夏衍主持。

周立波与《救亡日报》素有渊源。他的报告文学作品《娘子关前》曾连载于广州《救亡日报》；他描绘祖国绮丽的山川景物、充满爱国主义热情的抒情诗《南方与北方》，发表在桂林《救亡日报》期刊《十日文萃》第一卷第六期(一九三九年一月出版)。从一九三九年六月到《救亡日报》担任新闻版的编辑，到当年十一月离开，他在报社工作了半年左右。这段日子，周立波同艾芜同住在一座楼房里。据艾芜回忆："晚间他(指立波)去《救亡日报》上夜班，编报纸新闻，一直过着记者的艰苦生活。翻山越岭，到处采访，辛苦备尝，还得在编辑室中，熬更度夜，努力工作。"南方的晚上是不兴烤火的，寒气又重，周立波的脚都冻肿了，但他只是笑笑告诉艾芜，并不叫苦。

一九三九年七月四日，周立波出席了中华全国文艺界抗敌协会桂林分会筹备会议，同夏衍、田汉、艾芜、艾青、舒群、林林等共二十三人被选为筹备委员。

在桂林期间，周立波除了办报，还抓紧时间继续翻译苏联著名作家高尔基等人的报告文学集《白海运河》。早在武汉时，他就着手翻译这本书，并请人设计了封面。全书约四十万字，在桂林译校完毕，正准备出版时，书稿不幸被毁于日寇的炸弹，以致未能问世。

一九三九年秋，在湘北战争的隆隆炮声中，周立波曾一度回湖南益阳探亲，和亲人们度过了一个少有的"合家团圆"的中秋节。同时，他以《救亡日报》特派记者身份在家乡进行采访，返桂林后，发表《湘北胜利侧影》一文，报道了湘北的老百姓在日寇进攻时，配合中国军队作战，积极破坏公路交通的动人事迹，并且直率地批评了国民党地方政府滥用民力、欺骗人民的不良行径。这次回乡，周立波本来打算去益阳兰溪看望正在老家养病和写作的作家叶紫。当他还在沅陵时，叶紫曾经给他来信，告诉他自己的病好了一些，正在写长篇小说《太阳从西边出来》，只是穷得没有办法。周立波当时很想给这位从少年时代就相知的朋友寄点钱去，但那时他自己连吃饭也有困难，终于无能为力。这次回到益阳，又遇上湘北战事，地方当局限令城郊所有居民即刻疏散，他的老家邓石桥正处于城郊，在兵荒马乱之中，他匆匆地离开了家乡，看望叶紫的夙愿又未能实现。回到桂林不久，叶紫于十月五日在益阳兰溪病逝的消息传来，周立波感到十分哀痛。他以一种压抑不住的悲愤和凄凉的心情，饱含热泪，疾笔书写了悼念亡友的文章。他想到在这乱离之世，叶紫这样一个被贫穷困扰和疾病折磨的革命作家，是没有法子好好活下去的，“早死一天，少受一天苦”；而“好在祖国正有伟大的将来，在将来民族解放之后的狂欢时节，也许会有颇爱沉思的人，在想起许多过去的人们时，会想起他，为他的遭遇，为他的抱负与他的未竟之志，而起肃然之敬罢”。正因为这些，周立波把自己的悼念文章加上《为叶紫喜》这样一个痛彻肺腑、寓意深刻的标题，发表在《救亡日报》十月三十日《悼作家叶紫》专栏。同时，他和夏衍、芦荻、郁风、艾芜、林林、适夷等十多位文艺家发起为援助叶紫遗族募捐，募捐启事刊登在当地和广州、香港、上饶等地的一些报刊上，获得了进步文艺界的热烈响应。

十一月，洛甫、周扬从延安来电，要周立波去延安工作。到延安去，是他多年梦寐以求的愿望，他非常高兴。恰好当时来南方巡视的胡乔木要回延安，周立波便相约同行，离开了桂林。

第四章　宝塔山下的峥嵘岁月
(1940—1944)

“杜鹃不怕春夜的饥寒，
飞鹰最爱苍茫的天地。”

——《因为困难》

“凡是真诚的，都应被歌唱。”

——《一个早晨的歌者的希望》

一、与边区人民同甘苦

一九三九年底，周立波到达延安，被分配在鲁迅艺术文学院工作。当时，鲁艺已从延安城北门外迁到城东十余里外的桥儿沟。这里是延河北岸的一个小村，原有的一栋罗马式多圆拱的天主教堂，做了鲁艺的大礼堂。毛泽东亲笔题写的校名木牌，就挂在大门外。院内的一面土墙上，还镌刻着毛泽东为学校题写的校训：“紧张、严肃、刻苦、虚心。”

鲁艺设音乐、戏剧、美术、文学四个系，还有教务、编译等处。周立波担任文学系教员，兼编译处长。学校礼堂的东北面，一个被三面砖墙平窑围起来的雅静、方正的院落，就是各系轮流上课的地方。教员和学生都住在附近的窑洞里。周立波和何其芳、严文井、曹葆华、陈荒煤、舒群一起，住在东山的一排窑洞里。

周立波到延安不久，就出席了一九四〇年一月举行的陕甘宁边区文化界救亡协会第一次代表大会，被选为主席团成员，并当选为边区文协执行委员。二月，他又被增补为中华全国文艺界抗敌协会延安分会的理事。

上世纪四十年代初，由于日寇的野蛮进攻和国民党的包围封锁，边区处于抗日战争时期最艰难的岁月。在这些日子里，周立波和边区人民一道，过着极清苦的生活。一日三餐，除了小米饭和南瓜、胡萝卜，加上一碗漂浮着几颗油珠的干菜盐汤，没有其他物质享受。穿的是破旧、粗糙的衬衫和棉袄。组织上发给周立波一套制服，他穿破了还不愿扔掉；发给他几尺白布，他又送给了比自己更需要的同志。没有鞋穿，就赤脚套草鞋。平日除了教学和工作，还要参加开荒生产。尽管环境是如此艰苦，他却充满了革命乐观主义精神。他那颧骨突出、两颊深陷的脸上，架着断了一条腿、用绳子系起来的近视眼镜，嘴角总是浮着一丝温和、文静的微笑。他坦率直爽，心口如一，不管赞成什么，反对什么，都表露无遗，从不玩弄机巧。同他比邻而居的一些年轻教师，大都是单身汉。晚上，灯油不够用，大家就经常聚在窑洞外面谈天，每个人都坦诚相见，爱情、工作、创作、理想、欢乐、烦恼……无所不谈。和周立波朝夕相处，同在文学系工作，比他小几岁的严文井，曾以他为模特儿，创作了一篇短篇小说《罗于同志的散步》，登载在一九四一年十月十七日《解放日报》的《文艺》副刊上。小说写的是延安一个名叫罗于的知识分子真心实意地关心同志，有一回，他到郊外散步，碰到了一位正为恋爱而苦恼的青年朋友，他了解对方的心事后，便耐心地劝慰对方，帮助这位青年朋友解开了思想疙瘩，他还把自己脚上那双唯一的新布鞋脱下来，送给了这位“左脚上是一只破草鞋，右脚上却是一只旧鞋底加上几根布条做的凉鞋”的友人，要他赶快去赴女朋友的约会。严文井四十年后回忆和周立波在鲁艺共事的情景，仍然兴味盎然地提到这件往事，他说：“我这篇小说写的就是立波。我赞美了他那种无私地关怀同志的精神。在延安那样艰苦的条件下，一双新布鞋是很难得的呀！何况他还只有一双鞋，结果自己踏着朋友那双破鞋走回去，被路旁的酸枣树刺破了脚，他还是那么高兴，因为他帮助了自己的朋友。这篇小说反映我对立波的一种感情和认识，有一定的真实性。”[1]

周立波出身清寒，从年轻时代就带着某种单纯的理想投向革命，以后又亲身经历过上海滩和国统区黑暗、痛苦的生活，因此他对来到阳光灿烂的抗日民主圣地延安，在党中央、毛泽东同志身边工作，怀着一种像浪迹天涯的游子回到母亲身边一样无比亲昵、惬意的感情。周扬曾经深情地对他说：“立波，我们找到了自己的领袖！”立波深表认同。他真诚地热爱边区，热爱延安，热爱党的组织及其领导人，热爱周围的同志。他热烈地主张歌颂光明。一九四一年十月，周立波写了一首很长的抒情诗《一个早晨的歌者的希望》，抒发了自己从国统区到延安以后欢畅、愉快的心情：

我要大声的反复我的歌，
因为我相信我的歌是歌唱美丽的，
象阳光相信他的温暖，
象提琴相信他的调好的琴弦，
象青春相信他的纯真的梦境，
象那朵飘走的云，相信他的自由轻快的飞奔。
在早晨，我站在黄土岗的山腰上，
金黄色的太阳光，正抹着山顶，
酸枣刺上的露珠还滴着。
我望着青色的麦野，清亮的延河，矮小的泥屋和起伏的山陵，
和走着的人们，
我希望早风
把我的歌带走，
跨过麦野、河流和山陵，
吹进那些泥屋，

---

① 1980 年 7 月 27 日严文井在北京寓所接见笔者时的谈话。

吹给那些人们，
也带给远方和远方的人们，
让他们相信，让大家相信，
生活里有很多美丽的东西，
象白天有着很好的清早，
象春天有着很好的青草。

我要强烈的反复我的歌，
因为我相信我的歌是歌唱真诚的，
共产主义：真诚，
毛泽东：真诚，
那些在毒瓦斯和枪炮弹下冲锋的人们，
那些在黄土荒山的山顶挥着锄头的人们，
那些用一双赤脚板走过雪山和草地的人们，
那些在饥饿的寒冷的监牢里足足被关了十年的人们：
真诚。
凡是真诚的，都应被歌唱。
而我的歌还有这样的使命：
叫真诚统治着人境。
……

正因为周立波对边区、对革命怀着一种虔诚、真挚的感情，因此，当他碰到一些自认为有损于革命利益的事情时，常常会激愤，甚至像猛然拉响了的手榴弹一样“爆炸”开来，而不管是什么场合，是什么对象。一九四〇年夏天，鲁艺有一次举行茶话会，欢迎从新疆来延安的茅盾，周立波也参加了。茶话会进行当中，有一位歌唱家，也许是因为对节目的安排有点意见吧，请他出场时，他不大高兴，用滑稽的表情，唱了一首俄罗斯讽刺歌曲——《跳蚤歌》(原为德国诗人歌德的诗剧《浮士德》中的一首讽刺诗）。周立波一听不对味，认为这是故意捣乱会扬，侮慢主持茶话会的同志，立即激怒起来，随手拿起一把茶壶向歌唱家面前甩了过去，把它砸个粉碎，看神气还准备干架哩！这个场面，使主人和客人都感到十分尴尬。院长周扬一时着慌起来，批评他说："你怎么能只是匹夫之勇！"但当时周立波还满以为自己做得对呢！了解立波的人都知道，这正是他的性格：忠于党，忠于革命，单纯、耿直、热情而有时不免简单、莽撞。后来他自己解剖自己，毫不含糊地承认："在我的思想里，常有过左的幼稚的毛病。"(《反省笔记》)一直到一九五二年整党时，他还对当年在鲁艺茶话会上的这次"由过左的情绪产生的粗暴而幼稚的行动"，作了自我批评。

二、享有盛誉的鲁艺教员

从一九四〇年到一九四二年春，周立波在鲁艺文学系讲授"名著选读"。当时，鲁艺各系已改变过去短期训练班的性质，学习期限一律延长为三年（实习除外)，目标是要培养适合于抗战建国需要的文学艺术理论、创作、组织等方面的人材，这些人材必须具备社会历史知识和相当的艺术理论修养，并有基础巩固的某种技术专长。这就对教学提出了新的要求，即要给予学员比较系统的理论知识和专业知识。当时，经常给文学系上课的教员共有三位：周扬（讲"艺术论"和"新文学运动史"），何其芳(讲"写作实习")和周立波。周立波讲授"名著选读"的办法是先让学员们读作品，开会讨论，然后由他讲课。在两年多的时间内，他除了给学员们讲过鲁迅的《阿Q正传》和曹雪芹的《红楼梦》等中国文学名著以外，还讲过许多外国文学名著，包括高尔基、法捷耶夫、绥拉菲摩维奇、涅维洛夫等苏联作家的社会主义现实主义文学作品，普希金、果戈理、托尔斯泰、屠格涅夫、陀思妥耶夫斯基等俄国作家及歌德、巴尔扎克、司汤达、莫泊桑、梅里美、纪德等西欧作家的积极浪漫主义和批判现实主义的代表作品。当年延安的物资极端匮乏，参考书籍也很难找到。为了讲好课，在无数个寒冷的冬夜和凉爽的夏日的早晨，他伏在昏黄的棉籽油灯下，或借助从窑洞外透过来的薄明的曙光，兢兢业业地备课。他反复地研读从国统区带来的一批外国文学名著，利用那时视为最贵重的红绿油光纸和一些粗糙的马兰草纸，密密麻麻地写下了十多万字的讲授提纲。他讲课不但条理清晰，论述精当，而且语言生动，娓娓动听。因此，每当他上课时，除了文学系的学员外，其他系的一些学员也自动前来听课，总是把窑洞前的院落挤得满满的。有时甚至其他学校与机关的人员也从延安步行十多里前来听课，以至讲课的地点不得不改在鲁艺篮球场。周立波讲授的“名著选读”成为鲁艺史上最具浪漫色彩和启蒙色彩的篇章之一。鲁艺的学员后来回忆起当年听周立波讲课的情景，无不对这位学识渊博、循循善诱的老师充满深切的尊敬和感激之情。

下面，就是一篇生动、真切的听课纪实：

“嘟嘟嘟”，学习班长吹着哨子，招呼：“上课了，上课了。”学员们从宿舍里出来，带着各式各样、高低大小不等的自制小凳、木墩或者拣块半截砖头，散散落落坐在院子里，中间仅仅留下一米见圆的空地。立波同志从东面的甬道走来了。他身材高大，体魄魁梧，可是从不见他摆出赳赳武夫的姿态，行动谈笑倒象位柔情的诗人。他从不放弃参加重体力劳动的机会，然而，面庞并未曝晒得黧黑粗糙，而是永葆红润晶莹的健康肤色。

他在腾起欢笑和掌声中的学员夹空里，象过延河、踩石桥似地拣着空地迈到中心，坐在那儿，为他已经准备好了的座位——一个陈旧的高脚凳。他不愿意那么突出，便把凳子放倒，坐在横着的凳腿上。由于身材高大，仍然出人头地，让大伙看得清楚，听得真切。

还没有开口讲课，他透过近视眼镜扫视一下附近的听众，然后低下头笑了，还赶紧用一卷写得密密麻麻的讲义遮住嘴巴。学员们受到感应，一个、两个，大伙都轻轻松松地笑了起来……

有一次，他刚坐下，忽然低头发现自己穿的大草鞋不够整洁，并且和并排听众伸出的脚相比，大出一两号，显得太突出了。他敏捷地把两只伸得较远的大脚抽回去，不好意思地讪笑，又把一卷讲义捂起他那薄薄的即将长篇成套侃侃而谈的口唇……

一顿丰富的“美餐”开始了，我们怀着幸运和感激的心情承受经他亲手制做的“筵席”。(栀亭《记立波同志讲课》)

在当时的延安，印刷条件非常困难，周立波的讲稿没有发表和出版，他所讲的名著也难得从图书馆里借到。学员们就把他讲课的内容，点点滴滴地记在各式各样的小本上。同时，传抄文学名著的风气也在同学们中间兴起了，大家几乎是饥不择食，抓到什么就抄什么，本子不够用，就抄在贴相片的簿子上，简直成了狂热。

三、弥足珍贵的美学探索
——《“名著选读”讲授提纲》

周立波在鲁艺讲授“名著选读”的提纲手稿，几经沧桑，许多都已丢失，但仍然保留下来一部分，包括《蒙田①和他的散文》、《司汤达和他的〈贾司陶的女主持〉》、《〈贾司陶的女主持〉的诗表现在哪里》、《巴尔扎克》、《梅里美和他的〈卡尔曼〉》、《莫泊桑和他的〈羊脂球〉讨论提纲》、《浮士德故事》、《〈浮士德〉》、《普式庚:〈驿长〉》、《谈果戈里和他的〈外套〉》、《〈罪与罚〉》、《〈混人〉②讨论提纲》、《作为一个思想家的托尔斯泰》、《作为艺术家的托尔斯泰》、《〈安娜·卡列尼娜〉》(第四次报告)、《〈安娜·卡列尼娜〉》(第五部和第六部)、《讨论会》(关于托尔斯泰和他的艺术主张)、《〈一个秋夜〉③讨论提纲》、《〈毁灭〉》、《〈不走正路的安德伦〉》和《关于童话的论述及对〈表〉的分析》等共二十一篇讲稿。周立波逝世后，经过他的夫人林蓝和有关同志整理校注，于一九八二年在《外国文学研究》季刊发表。这

① 蒙田(1533—1592)，一译蒙台涅。文艺复兴时期法国思想家和散文作家。

② 《混人》，俄国作家屠格涅夫的小说。

③ 《一个秋夜》，高尔基的短篇小说。

份八万余言的遗稿的发表，引起了文学界、学术界的重视和研究的兴趣。

周立波的“名著选读”讲授提纲，论及了十多位外国作家，涉及他们的几十部作品。它反映了延安文艺座谈会以前我国革命作家运用马克思主义的立场、观点和方法研究外国文学所达到的高度。周立波早在左联时期，就认真学习、钻研过马克思列宁主义文艺理论，具有从事文学理论批评工作的丰富经验。他广泛涉猎过外国文学，对一些著名的作家作品进行过初步的研究，在这方面打下了扎实的基础。到了延安后，又有了一个虽然艰苦却相对安定的环境，他可以坐下来，专心致志地从事教学和研究工作。正是在这种条件下，周立波对西欧、俄国和苏联的更多的著名作家及其作品，进行了比左联时期更为深入、系统的研究。再加上他自己是一位作家，不但写过许多优秀的散文、诗歌和报告文学，而且到延安后又开始创作小说，尝味过笔耕的甘苦，懂得艺术创造的规律，因此，他对历史上和当代那些大作家及其代表作的研究评论，也就有他自己独特的着眼点和研究方法，有他本人的艺术见解和褒贬尺度，就连口气和文风也同许多理论家、美学家大不一样，显示了理论和实践统一、形象思维和逻辑思维结合的特点。所有这些，都表现出周立波的作家兼学者的特色。

从文学教学和研究的角度来考察，周立波的“名著选读”讲授提纲有些什么突出的特点呢?

首先，他是以作家兼文学批评家的审美眼光来分析和评论作品的。他不是从概念出发，而是从作品本身的实际出发，既善于把握作品的整体，又善于捕捉每部作品彼此不同的思想艺术特征。不仅如此，他还注意把渗透着自己的真情实感的审美感受，同马克思主义的科学分析结合起来，把准确的论述和生动的艺术描绘糅合在一起。这样，就避免了空洞、干瘪的说教，而能在历史观点和美学观点的统一上，对每部作品作出既具体、生动而又有理论深度的评介。周立波对司汤达的《贾司陶的女主持》、普希金的《驿站长》、果戈理的《外套》、陀思妥耶夫斯基的《罪与罚》、法捷耶夫的《毁灭》、涅维洛夫的《不走正路的安德伦》等名作，都是采取这种方法进行分析和评论的，而特别精彩的是对托尔斯泰的长篇小说《安娜·卡列尼娜》的赏析。可以看出，周立波对这部批判现实主义的著名作品是进行过反复、深入的研究的。他对它的历史真实性、政治倾向性和独特的艺术美，作了统一的审美把握和完整的美学分析，真正窥其堂奥，得其精粹。他写的作品内容提要，不是简单地复述故事内容，而是从自己阅读作品的艺术感受出发，把关键性的重要情节、节骨眼上的精彩细节，以及主要人物富于个性特征的语言等等，同自己“画龙点睛”式的评析，水乳交融地掺合在一起。因此，它既能打动你，又能诱导你，通过娓娓动听的分析，把学员和读者不知不觉地领到了小说所描绘的十九世纪六七十年代那个旧俄人间的“太虚幻境”，使大家和书中人物共命运，同悲喜，在思想感情上产生强烈的共鸣。同时，他对这部小说的整个内容作了有独到之见的概括，认为它是一部“人生的大辞典”，并从四个方面作了剖析：在作品所描写的那个特定历史时代的背景下，(一)写了奥布朗斯基家、安娜家、列文家等几个家庭的平行的而又互相联系的历史，特别是写了“不幸的家庭各有各的不幸”。(二)描写了“人生最重要的现象”：恋爱(千万种恋爱)——结婚——生小孩——事业——还有一样最没有趣味的事情，死。他认为，“作者站在人生的最高峰，看清了人生的来路和去路”。(三)展现了“人生中最重要的心理和感情”：恋爱和失恋的心理，嫉妒、羞耻、悔恨……的感情以及亲子之情，等等，使人们领悟到了各种人物“丰富的感情世界”。(四)再现了“十九世纪俄国社会的各种生活”：制度、文物、宗教、风俗，以至不同家庭的陈设和习惯，等等。当然，周立波在剖析这一切时，一刻也没有离开作品中的人物，他还用专门的章节，对托尔斯泰创造的几个非常成功的艺术形象，从女主人公安娜·卡列尼娜，她的丈夫、情人，到列文、杜丽、吉提等主要人物的个性特点和典型意义，都作了精辟的分析。更加难得的是，他在讲授这部名著时，没有简单省力地去抄录革命导师的一些现成的结论，用作品来为它们作注解，而是以马克思列宁主义作指导，对具体作品作具体分析。尽管他通篇没有直接引用众所周知的列宁关于托尔斯泰及其作品的一些著名评论，但他的整个分析和研究却始终贯串着一条列宁思想的红线。他既肯定托尔斯泰是一位伟大的艺术家，“最清醒的现实主义者”，又指出作为思想家的托尔斯泰，“人和作品，和教义，无处不矛盾”，他“对恶的无抵抗”，“他的上帝，向精神的呼号”，以及“永久的宗教真理”等等，“都是他的时代的悲观主义的表现”。周立波在第四次讲《安娜·卡列尼娜》时，还联系延安的现实，对托尔斯泰晚年的宿命论思想作了深刻而又风趣的批判，他一针见血地指出：托尔斯泰“为了他的永久的宗教的真理，他要创造永久的人性。然而，永久的人性是没有的，延安的女孩们、少妇们，没有安娜的悲剧”。这些地方，在在表现出周立波的马克思主义理论修养。

周立波的讲授提纲，不但对他所论及的外国文学名著作出了如此细致的分析，而且常常对这一作家的其他作品，也能连带作出精当的介绍。如他在重点剖析果戈理的名作《外套》时，还为这位杰出作家的一系列作品勾画了一个醒目的轮廓：“《魏》(《地鬼》)是一张风俗画，写恐怖心理。《泰拉斯·布尔巴》，民族的史诗(与荷马比美)，奔放，豪迈，博大。《五月的夜》，丰富的色彩，青春的热力，放肆的梦想，清新的牧歌，厌倦于可笑的奇丑的生活的一种梦游……”这些精警的评论，突出地显示了周立波的艺术鉴赏水平和概括能力。

在讲授提纲中，周立波还成功地运用了比较研究的方法。他把思想倾向不同、艺术风格迥异却又有某种内在联系(或相互影响)的异国作家的作品放在一起，从它们的题材、主题、结构、人物、表现手法和语言色彩等等方面，一一加以细致的对比。这样，不但能更好地揭示每部作品鲜明独特的思想艺术特点，而且能从对比中找到某些带规律性的东西，帮助学员加深对一些文艺基本理论问题的理解。如他在讲授司汤达的《贾司陶的女主持》时，把它同莎士比亚名剧《罗密欧与朱丽叶》作比较，分析了它们之间的异同：两部作品“同是取材于古代的传说”，写的是“不可能的爱情：父兄反对，情人杀了哥哥，骨肉之情和爱情的矛盾。莎剧最动人的是花园相见的一幕；司的小说最动人的也是临海的窗子前面的送花的一段”，等等。这些地方是相同的。但也有许多不同，如：“莎剧没有门第的悬殊，纯粹的贵族剧，司的小说掺入了平民的要素；朱丽叶没有失身，而海兰失身，这一点是精神的爱和肉体的欲望的矛盾，已经不是纯粹幻想的古代的传奇。”他还指出：“莎剧的诗意更多，司的小说里，已经有现实和诗意的矛盾。莎的形式更切合剧情，司的形式已经和他的内容有些不相配合之处，显现得勉强、不自然，常常失去了事件的逻辑和必要。”又如，在讲授梅里美的《卡尔曼》时，拿它同普希金的《波希米亚人》(即《茨冈》)作比较，讲授普希金的《驿站长》时，又把这位俄罗斯伟大的现实主义诗人的艺术和思想，同英国著名的浪漫主义诗人拜伦的文学主张——“拜伦主义”作比较，等等。无论是不同作家的创作思想的比较，或者是不同作品的艺术特色的比较，周立波都能从中找到一些引人思索、启人心扉的有益的东西。这些都表现了他渊博的文学知识和敏锐的观察力，同时为我国比较文学研究的开展，提供了宝贵的经验。

其次，周立波在讲授“名著选读”时，采取了“知人论世”的科学方法。他把作品赏析和作家研究很好地结合起来，不但使学员们理解了作品，而且能进一步作到“诵其诗，读其书”而又“知其人”，并认识作家所处的时代。比如，他在讲授《贾司陶的女主持》时，就详细地介绍了小说的作者——十九世纪法国杰出的批判现实主义作家司汤达的身世和个性。他指出，司汤达生活的最好的时间，是在战争中度过的。他的生活的另外的时间，献给了恋爱。“战争和狂风暴雨的幸福和不幸的生活的波浪，使得他常常疲倦、创痛，常常想自杀，十四个遗嘱，两篇行状，一个墓志。”而正是那“充满了激动和行动的时代，充满了激动和行动的私生活，以及以他的没落贵族的气质，〔在资产者金钱势力下的〕新时代中的怀古的心情，对于力的热慕”这样三个因素，促成了他的“性格、观点和文学的风格”。在分析梅里美一生写作的作品不多，而且不写大作品，“在文学上的地位，虽然崇高，但很狭窄”的原因时，周立波又从四个方面作了探索，找到了原委：(一)是因为他的怀疑主义，没有理想。“随时随地，不忘怀疑”，对于生活和艺术，都是一样。(二)是没有爱祖国、爱人类的大的心，“没有南欧人的热情，和渴望生活的梦”。(三)是“冷静的现实主义，主观的浪漫主义，和福楼拜一样，他要尽量做个旁观者，不参与情感，不发表意见，冷静地把平民看得和岩石和植物一样，尽量做到超然，没有倾向”。(四)是“精致和拘谨，不能有大的画幅，品评着、喜爱着自己和旁人的艺术，用冰冷的刀子，雕琢他的文体”。以上这些精辟的分析，不但勾画出了司汤达和梅里美这两位同时代的法兰西作家迥然不同的肖像，而且揭示出了他们的人品和作品的“灵魂”，帮助学员和读者加深了对这些作家的认识。

通过个别探求一般，从个别作家作品的分析、评论上升到寻求一般的“精神法则”，探索艺术规律，提出自己的美学观点和文学主张，这是周立波“名著选读”讲授提纲的又一突出特点。他不是抽象地向学员和读者讲文学概论，做名词诠释，论创作规律，而是紧密地联系作家作品的实际，从理论和实践的结合上，鲜明而又生动地表述自己的观点和主张。比如，在《莫泊桑和他的〈羊脂球〉讨论提纲》中谈到艺术家的客观和艺术家的使命时，他提出了“不能有纯客观的东西”的观点，指出即使是左拉那样的自然主义作家，也有自己的“不知不觉的选择、修改与安排”。他认为：“大艺术，一定积极地引导读者，一定不是人生抄录，而有选择，剪裁。因为‘The actual is not the ture’(实际的不是真实的)。”“所谓客观，只是一种更高的手腕，无技巧正是一种技巧的极致。”并且旗帜鲜明地指出：“我们更不同于莫泊桑，不但要表现‘Life as it is’(按照生活本来的样子)，而且要表现‘Life as it is going to be’(按照生活将要成为的样子)，和‘Life as it aught to be’(按照生活应该成为的样子)，因为我们改造人的灵魂的境界。”在讲授果戈理的《外套》时，周立波又表达了这样的观点：“真实是人生的本质，诗是真实的完美的表现。反映人生的真实愈多、愈广的诗，是伟大的诗。”他主张“作家要忠实于自己的气质，才能和想象”。在指出某些批判现实主义作家存在所谓“个性的分裂”的现象，世界观和创作方法常常处于一种矛盾的状态之后，周立波说，“我们新时代的艺术家”“世界观和创作方法是统一的”，“我们是肯定多于否定”，“祝福多于诅咒”，“快乐多于愁苦”。在讲授《不走正路的安德伦》时，周立波进一步发挥了这种革命文艺观，他认为：“变动着的社会，产生着丰富的主题，每一个新兴的阶级都是这样子。”“要大胆地创造新形式，要产生新的巴尔扎克……造成我们时代一部风俗史。”他指出：“在中国，是有了俄国十月革命前后的情景，但是连涅维洛夫这样有才能的农村作家，也还没有产生。在中国的主题，大部分还是停留在小资产阶级知识分子的上面。”因此，周立波大声疾呼：“一定要走出这狭窄的小巷，走到大野，把农民、工人、兵士，甚至狱中的囚徒介绍到文学里来，一定要突破知识分子的啾啾唧唧的呻吟，吹起洪亮的进军号，而这些新的主题都在现实生活里。”周立波的这些主张发表在延安文艺座谈会之前，是显得特别可贵的。这是他在三十年代左联时期业已奠定的革命文艺观的发展。

周立波在讲课中，十分推崇革命现实主义的创作理论，但他并不忽视从中外其他各种流派的著名作家的创作思想和经验里，汲取一切有益的营养。他总结了从斯蒂文生[①]、屠格涅夫、高尔基到鲁迅的多种典型化的方法，探讨了果戈理的幽默与肖伯纳、契诃夫、鲁迅的幽默各自不同的特点，并对“诙谐(humor)和笑的美学”作了相当系统的研究。在引述了柏拉图、亚里士多德、霍布斯[②]、柏格森[③]、弗洛伊德[④]等人关于这个问题的种种学说之后，他发表了自己的见解，认为幽默要做到“雍容、适度、无伤、健康，好性格，防止油滑、干涩、轻薄”。他从果戈理的小说《外套》的成功和司汤达的小说《贾司陶的女主持》的不足中，悟到了一个真理：要善于从日常生活中发掘出“诗”和“美”，而不能乞灵于奇异的情节，非凡的人物，怪诞的幻想。他指出，果戈理的小说“写的完全是你最容易看见的人物和这些人物最可能遇到的事件，他们的习惯，他们的生活中的感觉和心理”，在他的笔下“这一切是多么单纯，普通，自然与真实，同时可又多么独创与新鲜啊!”他的结论是：“我们要求作者写的人物不是那么特异，而是平凡的我们之间的一个，这才能引起我们更多的共感。”事实证明，周立波自己后来从事小说创作，也正是遵循这样的路子。此外，他还对英国哑剧、雪莱诗歌、法捷耶夫小说中高明的对比手法，以至“意识流”小说的思想艺术特征等，也作了认真的探索。其中特别是对“意识

---

① 斯蒂文生(1850—1894)，英国小说家。

② 霍布斯(1588—1679)，英国唯物主义哲学家。

③ 柏格森(1859—1941)，法国唯心主义哲学家，生命哲学和现代非理性主义的主要代表。

④ 弗洛伊德(1856—1939)，奥地利的精神病医生，著名心理学家，精神分析学派的创立者。

流”小说理论的研究和评价，比他在左联时期的研究大大前进了一步，更深入系统，也更全面准确了。他看到了在现代西方的小说创作中，“心理描写的重要，随着时代而增加”。弗洛伊德、艾利斯[①]、巴甫洛夫[②]等的精神分析、性心理，以及无条件反射等学说，对现代小说的影响越来越大，“他们增加了我们对于人的许多知识，对心理分析有很光辉，很勇敢的探险。但是他们没有把一个人看成社会的个人”。他认为，“意识流”小说同以前的小说创作“不同的地方是在一个‘流’字”，其特征是企图运用作者的心理学的机智和直觉，和他对于人物心灵，它的深度，它的下意识的冲动，活动禁止和掩着的刺激的深刻的知识，去构成一个不被扰动的思想的川流，这流水是从一个不安的心灵倾注出来，对于思想者，也许常常不是有意识的，而且常常被千百个非主要的目的物使这种思想从主要的思想的过程岔开”。在引述了社会上反对“意识流”的一些论点之后，周立波表明了自己的看法：“我们认为要不得的地方，还是在于它们以思想代替了行动。我们要求小说有丰富和泼辣的行动。我们要求心理的描写是增加我们对于人物性格的明确的认识。我们对于人物的处理的方向，不是自我陶醉的毫无意义的对于他们的意识的分析，而是对于他们的行为的表露。”周立波对“意识流”小说的这些分析和评论是相当中肯的，既不是简单的否定，又不是盲目的推崇，他从这个在二十世纪二十年代兴起的西方现代文学流派的理论基础、思想艺术特征着眼，抓住它们的唯心主义、非理性主义的实质，作了令人信服的批判。显然，这已经不是他在三十年代所持的那种偏颇态度了。

以上情况可以看出，周立波的“名著选读”讲授提纲，相当完整地反映了他在延安文艺座谈会以前的文艺思想和美学观点。应该说，其中起主导作用的东西，是马克思主义的革命的文艺观、美学观。周立波当年在鲁艺讲课，帮助学员们增长了文学知识，提高了文学鉴赏能力和理论水平，为培养我国革命文艺事业的接班人作出了贡献；同时，也使自己进一步加深了马克思列宁主义文

① 艾利斯(1895—1939)，英国作家。

② 巴甫洛夫(1849—1936)，俄国生理学家。

艺理论的修养和外国文学的修养，这对于他当时和后来的文学创作，无疑是具有重要意义的。

这里也应当指出，当年，包括鲁艺在内的延安干部学校，脱离当时特定的历史条件，一度比较普遍地出现过追求所谓“正规化”的风习，而对“正规化”的理解就是“关门提高”。在这种风气影响下，周立波讲授“名著选读”也不可避免地存在脱离时代的斗争实际的缺点。他后来对这个问题作过严格的自我批评。他说：“在整风以前，延安的一些学校机关的政治学习是采取教条主义的方法，有着严重的脱离实际、脱离群众的倾向。而为了教课，我又阅读了许多西洋古典的作品，不知不觉之间对这些东西有些迷惑。自己的马列主义修养既差，而又毫无批判地迷惑于资产阶级的艺术，纵令是资产阶级上升期的古典艺术吧，也一定会或多或少地被他们所宣扬的资产阶级的思想感情所薰染，所侵蚀。我当时把形式看得比内容还重要一些的观点，就是为资产阶级文艺家的唯心观点蒙蔽了的结果。”(《谈思想感情的变化》)他还特别检查了讲授《安娜·卡列尼娜》中的缺点，由于对书中的典型形象进行马克思主义的分析批判不够，以致在一些学员中产生了某种消极的影响，有的人着迷于异国的情调和安娜的形象，“有一个时期，连她的睫毛也都被人熟悉，令人神往”(《后悔与前瞻》)；有的女同学向往安娜那身着黑丝绒长袍的雍容优雅的风采，把自己的衣服也染成黑色。同时，周立波当初讲世界名著，主要是讲西方古典作品，而对中国自己的东西却讲得很少，这也太偏了。

四、在小说创作上初露才华

周立波在鲁艺，除了教学以外，还从事过其他一些文学活动。他翻译过英国著名浪漫主义诗人雪莱的诗歌和美国作家哥尔德的小说《一个琴师的故事》等。他还写过好些诗歌，可惜后来丢失了，大都未能发表。一九四一年一月十五日，延安文化界知名人士三十多人在文化俱乐部聚会，根据边区文协第一次代表大会的决议，建立“鲁迅研究会”。周立波出席了这次成立会，以后参加了研究鲁迅的活动。他撰写的《谈阿Q》的长篇论文，先在延安《中国文艺》创刊号发表，后收入为纪念鲁迅逝世五周年而编辑出版的《鲁迅研究》特刊第一辑(《阿Q论》集)。在这篇论文里，他对阿Q的典型性格作了这样的分析："他的性格，并不象人们用来骂人的时候那样简单，他是旧的中国精神文明的化身。东方特产的这文明，是个奇异而且复杂的心理现象。这是一个失败民族的好笑的自解，一个衰落的古国的可哀的自满。"阿Q的精神胜利法和这妙法的最杰出的战略——怒目主义，不过是"一种自我的欺骗和欢喜"，是"对于现实无力应付，对于现在无法改革的弱者心理的反射"。这种认识，改变了他在左联时期否认"阿Q的怒目主义是东方精神文明的一种表现"的观点(见《替阿Q辩护》)，分析更为深刻了。一九四一年冬天，周立波还同何其芳、严文井、陈荒煤等几位鲁艺教师、作家一起，结成了一个文学社团——草叶社，编辑出版《草叶》双月刊。他们取的这个刊名，是借用了美国著名民主诗人惠特曼的第一部诗集《草叶集》的书名，以"草是自然界最普通、最平凡的东西"，来比喻自己的创作。《草叶》自一九四一年十一月创刊，到一九四二年九月止，共出六期。写稿的除鲁艺的教员外，贺敬之、朱寨、穆青、葛陵、井岩盾、孔厥、邢立斌等一批年轻作者，都曾在上面发表过小说、散文、诗歌等作品。但周立波在延安最重要的一项文学活动，还是开始创作小说。

一九四一年初，鲁艺文学系第二期学员葛洛、古元、孔厥、岳瑟、洪流等结业后，被派到延安县碾庄乡参加实际工作。碾庄离桥儿沟约二十里地，当时是鲁艺的一个"点"，除乡长是当地的一位农民外，副乡长和文教、锄奸、生产、民政等委员，都由鲁艺毕业学员担任。这一年春天，任副乡长的葛洛回鲁艺探望，周立波向他表示也想去乡下住一段时间。经院长周扬同意，葛洛委托一位来桥儿沟赶集的老乡用小毛驴驮上周立波的行李，把他接到了乡下。周立波到碾庄后，借住在乡政府附近老乡刘南起的一孔空窑洞里。老刘的儿子参军了，儿媳妇担任乡妇女主任，是个冬学的积极分子。周立波住在老刘家，一面帮助农民办冬学，间或还参加一些群众会，一面抓紧时间，趴在炕上，构思创作反映自己三十年代在上海西牢的一段斗争生活的小说。这就是一九四一年十一月和一九四二年陆续在延安《草叶》《谷雨》和《解放日报》等报刊发表的五篇短篇小说：《第一夜》《麻雀》《阿金的病》《夏天的晚上》和《纪念》。中华人民共和国成立后的一九五五年，周立波把它们结集为《铁门里》出版。

周立波在碾庄生活了五十多天，于一九四一年初夏回到鲁艺。在朋友们敦促下，他又根据房东刘南起家的母牛生小牛的生活素材，创作了短篇小说《牛》。发表在一九四一年六月六日、七日的《解放日报》上。

《麻雀》和《牛》等六个短篇，是周立波最早发表的一批小说，在他的创作道路上具有重要意义。在这之前，他已经在翻译、文学理论批评和散文、诗歌、报告文学写作等方面取得了重要成绩，他一开始创作小说，就显露了出色的才华。特别是其中的《麻雀》，以它的动人的思想内容和艺术魅力，赢得了当时鲁艺师生和草叶社同人的交口称赞。文学系主任何其芳，捧着这篇小说的原稿，两眼噙着泪花，来到周立波住的窑洞里，向他激动地表示，自己读过后深深受到感动。雪苇在一九四一年十二月五日延安《解放日报》上发表评论，热烈赞扬《麻雀》真实动人地反映了"十年内战中白色恐怖统治底下革命党人的监牢生活"，认为它最吸引人的地方"是作者给予这故事上的浓厚的抒情气氛和微妙的表现手腕"（雪苇:《〈在医院中〉〈麻雀〉及其他》）。正是从这一批短篇小说开始，周立波往后就主要致力于小说创作了。

收入《铁门里》的五篇小说，写的是一九三二年到一九三四年被关在上海西牢的共产党员和革命青年的一段斗争生活。周立波曾经在他所描写的这个监狱里被关过二十个月。到延安后，了解周立波这段经历的朋友劝他用自己熟悉的这个题材创作小说，他动心了。原来打算写成一部长篇小说，但后来只写成五个短篇。这五个短篇相对独立，各有一个完整的或比较完整的故事，突出一个主题思想，但各篇之间又互有联系，人物和故事都有连贯性，情节逐步向纵深发展，最后推向高潮。因此，把它们合起来也可以看作一部中篇小说。这是《铁门里》结构上的一个特点。

关于小说反映的事件的时代背景，周立波作过这样的说明："继'九一八'事变之后，日本帝国主义者又在上海发动了'一·二八'战争。蒋介石匪帮开始了对中央苏区最疯狂的进攻。中国革命的主力还在农村，革命的整个形势还是乡村包围着城市，但在城市里，共产党员们也进行着不屈不挠的斗争，坚持了工人运动。”（《铁门里·序》）小说是用第一人称“我”写的，实际上也是周立波亲身经历过的狱中生活的真实写照。作品中的主人公小柳，模特儿也就是他的一位永远值得怀念的难友，名叫杨阿二，上海一家纱厂的青年工人，共产党员。这位工人因为参加罢工和革命活动，连续被捕三次。他的青春完全消磨在敌人的监狱里，终于死在那里面。小说开篇的《第一夜》，是整个斗争故事的引子。它交代了“我”是因为“一·二八”战争爆发后，被工厂经理和工头以“煽动罢工”的罪名，扭送到帝国主义的巡捕房来的。“我”被投入监狱的这天，正是旧历除夕，“租界上悠闲的阔佬正在用花爆和闸北日本人的大炮相酬和，来庆祝这个快乐的年节”。小说写了“我”被捕后怎样用戴着手铐的两手，愤怒地抵抗洋包探的铁棍的袭击；也写了自己入狱后的心境，“我”回想起了在外面听到过的“不很轻松的故事”：一九二七年“四一二”反革命政变发生后，上海许多年轻的男女被蒋匪一个个用装米的麻布袋装着，再装进舢板，抛到了吴淞口外的大海里。作品通过这些回忆和描写，为以后狱中斗争的展开作了有力的铺垫，也为整个故事定下了深沉、严峻而又悲壮、昂扬的基调。

第二篇《麻雀》，是这一组小说中写得最成功、最感人的一篇。它描写一只平常的小鸟——麻雀，飞进铁门里来了。在这些失去自由的囚徒的眼里，“它变成了诗里的云雀和黄鹂”。他们喜欢它，抚爱它，亲近它，“好像要从它身上寻找那甜蜜的自由生活和痕迹，闻嗅那清新的草和树叶的芳香”。围绕着这只麻雀的放和留，革命者中间展开了一场热烈和快乐的争论，最后同意把它留到第二天中午再放，并且要借着这“奇异的信差”，给所有在外面的人们带个信出去，让他们知道“我们现在所认识了的生活中最重要的事情”，那就是“请爱惜你的每一分钟的自由，朋友”。这些情节和细节，生动有力地表现了这一群身系缧绁的革命者对自由的由衷热爱和对美好生活的热烈渴求，他们“自己不自由，倒在关心别人的自由了”。但是这只无辜的麻雀并没有能飞出去，却被凶恶的英国巡捕“二十七号”用硬底皮鞋踩死了。像那麻雀的尸体一样，囚人们“对于自由生活的一个黄昏的快乐的梦想也被抛到了窗子外”。麻雀的事件虽然只是监狱生活中一件极其平常的小事，却使读者深深为之感动：“通过一只麻雀，作者为我们展现了那些为革命遭受禁锢的人们的心灵：他们坚强、乐观，对于黑暗势力报以最轻蔑的嘲笑。这也可说是立波同志自己的写照。”（沙汀：《安息吧，立波同志》）

继这个麻雀的故事之后，周立波在第三篇《阿金的病》里，运用对比的手法，描写了狱中另一个令人动情的故事：难友阿金患了脚气病，不但得不到治疗，没有人性的狱医还强迫他喝蓖麻油，英国巡捕“二十七号”更故意罚他赤身站在淋浴器下淋了两个钟头的水。但同监的小柳，却无微不至地关心阿金，设法用板烟向狱医的助手换来了他所需要的药膏、棉花和纱布。这使阿金“深深感到了愁苦中的同志的友爱，深深感到了，兽性和人情，好象两道坚厚的高墙，夹在他走着的生活的路上”。他尝到了“地上的悲凉”，也体味了“人间的温暖”，在内心深处燃起了“火花一样的爱憎”。

这种“火花一样的爱憎”，到了第四篇《夏天的晚上》和最末一篇《纪念》里，是燃烧得越来越炽热，越来越耀目了，终至变成了烧向帝国主义豺狼的熊熊烈火。在这两个短篇里，周立波不但更深刻动人地描写了难友之间“愁苦中的同志的友爱”，而且更充分地展现了阶级敌人的“兽性”和革命同志的“人情”的尖锐对立。在《夏天的晚上》，我们看到了这一群同生死、共患难的革命者，不仅在生活上彼此互相关怀、照料，真正亲如手足，而且在政治上、思想上也能互相启发、帮助，彼此都能严格要求，注意扫除哪怕是偶尔泛起的一丝伤感的愁波，互相勉励，永远保持旺盛的斗志。《纪念》更把读者带到了监狱中一场气冲霄汉、惊心动魄的正义斗争。秋天到了，身患寒热病的小柳刚刚好一点，又担任了和狱外的人保持秘密联系的工作。但他的活动被狡猾的敌人察觉了，凶恶的英国巡捕“二十七号”狠狠地拷问小柳，从他的口里得不到任何供词，最后竟把他活活打死。小柳的死，激起了难友们无法抑制的悲愤，经过周密的布置，他们勇敢地在狱中举行了追悼会。主持追悼会的共产党员老郑痛打了前来镇压的英国巡捕“二十七号”。这时，“楼上楼下，几百个房间里的人都疯狂地叫喊，摇振着铁门，捶擂着墙壁”。“二十七号”被吓得抱头鼠窜。“斗争起来了。这是发泄新仇和旧恨的不顾一切的斗争。这是钢铁的意志碰撞着钢铁的囚牢冒出火花的斗争。这火花，烧毁了多年的沉闷和忧怨，使人们欢呼，使人们啼泣。”在追悼会的末尾，难友们在《国际歌》声里，用小柳的一只鞋子，装着小陈咬破指尖用血书写的小柳的遗言：“为了共产主义的伟大理想而献出自己的一切是最愉快的事。”慢慢地、郑重地从一个牢房摆渡到另一个牢房——不！它是“从一些心灵传播到另一些心灵，传进了所有五层楼上善良的未死者的心灵里”。这个充满悲壮气氛的结尾，不仅把故事情节推向了高潮，同时也深刻有力地揭示了这一组作品富于战斗意义的主题思想。

《麻雀》等五个短篇，通过帝国主义的牢房这个特定的典型环境，塑造了小柳、阿金、小陈、老郑等一批不同性格的革命囚徒的艺术形象，其中尤其以小柳的形象给读者留下了难忘的印象。这是周立波倾注了满腔的敬爱之情，着力刻画的一位二十世纪三十年代的年轻共产党人的形象。他是沪西日华纱厂的工人，十六岁就因为参加罢工而被捕，以后又连续被捕过两次，“虽然只有二十一岁，但是对于困苦的挣扎的人生，已经知道得多了”。从《麻雀》到《纪念》，这位小柳一直是核心人物，是狱中斗争的主要组织者。小说把他放在狱中尖锐复杂的敌我斗争的环境里，通过一系列行动，突出地刻画了他的高贵品质和美好心灵。同监的其他几位难友，如坚定乐观而又风趣雄辩的阿金，热情而又纯朴的小陈，沉着而又勇敢的老郑等，也都给读者留下了较清晰的印象。在小说里，周立波还写了几个不同性格的巡捕和医生，其中又以英国巡捕“二十七号”的形象比较突出。周立波刻画这个人物时没有采取脸谱化的方法，而是运用多种线条和色彩，较好地勾勒出了他的性格特征。这个洋巡捕样子并不凶恶，“红润的、丰满的脸上倒是常露着笑容”。但他恰恰是一只披着羊皮的狼，虚伪而又愚顽，凶残而又怯懦。这个英巡捕“二十七号”，可以说是我国现代小说人物画廊中具有比较鲜明的个性和一定典型意义的帝国主义分子的艺术形象。

周立波同时期创作的短篇小说《牛》，写的是陕北碾庄农民张启南家日常生活的几个片断。这篇小说不是以故事情节取胜，而是以浓郁的生活气息吸引着读者。它通过一些富于生活情趣的行动、动作、细节和语言，着重刻画了生活在陕北抗日根据地，呼吸着自由民主空气的农民张启南的精神面貌。这是一个和别的农民有些不同的人，除了“有点爱躲懒”的脾气以外，“他比别人更多一些风趣，一点感情”。他住在从前是地主的一间石窑里，窑里除了一些别的人家都有的家什以外，在被灶烟熏得很黑的墙壁上，还有一个蔓青和小麦共生的别致的壁饰。“他用高粱秆子编织的筷子笼，也有特别精致的花纹，小巧玲珑，很有点江南的风味”。“他爱青色，别致，他也爱娃娃，爱各种各样的牛。他常常拿了他老婆的梳子，蹲在牛栏里，好久好久地，梳着母牛腿上的毛。他更爱小牛……”小说的主要篇幅，就是围绕他家一头牛犊的出生，细腻而又生动地描写了他的不安和欢乐，他对母牛和小牛无微不至的照料，以及他的婆姨和左右邻居在母牛临产时所表现的好奇而又关切的心情，等等。但作家的彩笔却又没有止于此，他还写了一场春雪以后一个有月亮的微寒的晚上，碾庄的农民，男的和女的，老人和小孩，在乡政府的窑洞里围炉向火，“谈说着天时、鲁艺、共产党的福气、统一战线的掌柜和北欧艺术里不穿裤子的婆姨”。这些情节和场面，为我们涂抹了一幅既有时代色彩又有生活气息的陕北新农村的风情画。

《铁门里》和《牛》虽写于同一时期，但题材内容不一样，篇幅、容量也不一样。如果说，前者是从阶级斗争的汹涌激流中截取的几朵光彩夺目的浪花，那么，后者就是从日常生活的涓涓细流里捧出的一股沁人心脾的清泉；换句话说，前者是为革命英雄谱写的一支昂扬的颂歌，后者却是为新的生活唱出的一曲轻悠的牧歌。尽管《铁门里》和《牛》在题材内容和格调上有这种不同，但从它们总的思想艺术风貌来看，又有其共同的特色，这就是继承和发扬了“五四”以来我国现代小说的现实主义的优良传统，不但表现了作家对生活观察的细致，对人物、环境以至细节描写的逼真，而且在字里行间倾注着作家对生活、对劳动人民、对共产主义理想的满腔热情。从周立波最早创作的这一批小说可以看出，他的确是带着某种微笑来观察世界、看取人生的。这是他的艺术个性的一个鲜明特点。这个特点，在他最早的短篇创作里就萌芽了。周立波在鲁艺讲授苏联小说《不走正路的安德伦》时，曾经引用列宁的话："幽默是一种很好的健康的气质，而现实生活是好笑的，正和它是忧愁的一样。两者是一样的多。"来说明他对于"诙谐和笑的美学"的观点。他认为："现实生活是美学的基础，也是笑和诙谐的源泉。""太阴暗的生活，需要装点些欢容。""愉快的生活一定有笑，从容优雅，对于生活感到满意，对于缺陷有优势的对付力量。"这种人生态度和审美心理，渗透在他的小说创作里，也就形成了他的独特的幽默。比如，《麻雀》中关于难友们善意地取笑小陈想给一位小姑娘"写情书"的诙谐场面的描写，以及对那位胡诌什么"孔夫子也说过'甜蜜的家'很重要"的英国巡捕的讥讽，都出自周立波这种别具一格的幽默情趣。

当然，从形式上看，周立波在延安写的这一批小说，还是承续着"五四"以来受外国文学影响的我国现代小说的形式，"欧化"的痕迹是显然的。作品的语言总的看是清新而又流畅的，但其中有些地方也夹杂着比较拗口的句式结构和某些"学生腔"。同时，在《牛》的一些艺术描绘里，还流露出某种小资产阶级知识分子的情调。从主题思想的开掘和人物形象的刻画来看，《牛》都稍逊于《麻雀》等篇。之所以出现这种差别，关键仍在于作家对所描写的生活和人物熟悉的程度不同，观察、体验、分析、研究的功夫不一样，不单纯是个表现的问题。收入《铁门里》的《麻雀》等五个短篇，是周立波青年时代在上海、苏州两年多牢狱生活的结晶，是作家用"生命的一部分"换来的，同时又经过了较长时间的酝酿构思，对他来说，人物的思想感情和生活细节等等都已"烂熟于心"，因此移到纸上来也就能"呼之欲出"，使读者感到分外真切、感人。《牛》虽然也是周立波到碾庄乡体验生活的产物，但正如他后来自己所检查的："在延安的乡下，我也住过一个多月"，但那是在"做客"，接触农民少，对环境也不大注意，因而对"经过了土地改革，呼吸于新天地里的新人"的生活、心理、语言等，都还不熟不懂，也就无法创造出更为深刻动人的典型化的艺术形象(《后悔与前瞻》)。

五、文艺思想的重要转折点
——参加延安文艺座谈会

一九四二年春天，是中国人民革命历史上一个不平凡的春天——延安开始了有伟大历史意义的整风运动。文艺界的整风，是这个运动的一个重要组成部分。

在抗日的高潮中，革命的作家、艺术家和爱好文艺的青年从上海和全国各地，一批又一批地来到了延安和其他抗日根据地。这些从亭子间、国统区来的文艺工作者，同从山上来的文艺工作者一起，组成了一支相当可观的文艺队伍，他们把延安和陕甘宁边区的文艺工作搞得十分活跃。当时，延安的文艺机构和团体，除鲁艺以外，还有文协(边区文化界救亡协会)、文抗(中华全国文艺界抗敌协会延安分会)、文化俱乐部和好些专业演出团体。出版的文艺刊物有《草叶》《谷雨》《文艺月报》《文艺突击》和《诗刊》等数种。戏剧、音乐晚会几乎不断，另外还有各种美术作品的展出。大批的文艺工作者投身到了战斗的环境中，感受到了强烈的革命气氛。为抗日根据地军民的许多动人事迹所吸引，许多人和工农兵群众开始有了一定的接触和初步的结合，用自己的作品和演出为抗日战争服务，做出了相当的成绩。但是，从一九四〇年以后，由于抗日战争进入艰苦的相持阶段，在那“黎明前的黑暗”时期，延安文艺界也逐渐明显地产生了许多问题，并且愈趋于严重。许多文艺工作者，对于要不要和工农群众相结合这个带根本性质的问题，对是要普及还是要提高，是要“暴露黑暗”还是要“歌颂光明”，以及关于文艺和生活的关系，文艺工作者要不要学习马克思列宁主义等许多问题，都存在着一些模糊的认识，发生了很多争论。同时，部分文艺工作者之间还有不团结的现象，即存在宗派主义的问题。显然，这些问题不解决，是不可能取得文艺工作对其他革命工作的更好的协助，并促进革命文艺本身的不断发展的。因此，在整风运动中，党中央和毛泽东同志决定用开座谈会的方式，引导文艺工作者自觉地开展批评和自我批评，认真地解决这些问题。

在召开座谈会之前，毛泽东对文艺界的情况作了周密的调查。他把延安的许多文艺工作者，一个一个地，或一批一批地找到自己家里来谈话，细致地询问他们的思想和写作的情况。同时，给一些文艺工作者写信，请他们就党的文艺方针诸问题收集和反映正反两面的材料，提出自己的意见。四月下旬，毛泽东在和“文协”“文抗”的一些同志谈过话以后，又约鲁艺文学系、戏剧系的几位党员教师到他家里去。这天上午，周立波同何其芳、严文井、曹葆华、姚时晓等一起，从桥儿沟来到了杨家岭。杨家岭在延安城郊，是当时党中央的驻地，向阳的山岗上排列着密密麻麻的窑洞，山腰的平坡上还有许多灰砖砌成的窑洞。毛泽东就住在杨家岭山岗上坐北朝南、三间相通的一座窑洞里，他在作为会客室的中间一孔窑洞热情地接待了周立波他们。等大家坐定以后，就直率而又随和地跟他们谈起来了。毛泽东的第一句话是：“你们是主张歌颂光明的吧?”接着又说：“听说你们有委屈情绪。”他见大家没有作明白的表示，就意味深长地对眼前这几位年岁都不算大的党员作家说：“一个人没有受过十年八年委屈，就是教育没有受够。”毛泽东提出的这个严肃的问题，引起了大家的沉思。周立波想到自己来延安以前，在国民党统治区连饭都没有吃，在上海还被反动派关在牢里，连自由都没有，如今到了抗日民主圣地延安，哪里有什么委屈情绪哟。但毛泽东这句发人深省的话，仍然使他感到很受教益。毛泽东接下去一一询问大家是哪里人，以前是做什么的，然后跟大家谈上海，谈四川，谈李白、杜甫、蒲松龄，谈文艺工作和知识分子思想改造中的种种问题。他说：知识分子到延安以前，按照小资产阶级的幻想把延安想得一切都很好。延安主要是好的，但也有缺点。这样的人到了延安，看见了缺点，看见了不符合他的幻想的地方，就对延安不满，就发牢骚，等等。毛泽东的这些话，使周立波和在座的其他同志都感到有的放矢，十分亲切。中午，他们和毛泽东一起吃了饭，一边喝酒、用饭，一边继续进行无拘无束的交谈。这次在毛泽东窑洞里的谈话，给周立波留下了终生难忘的印象。

五月，延安文艺座谈会在杨家岭召开，它是由毛泽东和凯丰(当时任中共中央宣传部长)联名，向延安文艺界的人士发出邀请书的，应邀参加座谈会的文艺工作者约莫百把人。

五月的延安，天气不冷不热，正是春天。延河解冻了，浑黄的河水弯弯曲曲地在泥沙淤塞的浅浅的河床上奔流；杨柳转了青，刺梅花的强烈的香气飘满了山沟。五月二日清晨，周立波和鲁艺的几位同志怀着兴奋的心情，从桥儿沟来到杨家岭中共中央礼堂，参加第一次会议。会议开始，朱德首先致词，然后由毛泽东讲话，就是《在延安文艺座谈会上的讲话》里的“引言”那一部分。他讲过后，各个文艺单位的负责人和作家艺术家们一个接一个地起来发言。大家坦率地表露了自己的观点，正确的或是错误的。有些人还进行了思想交锋，争论很激烈。毛泽东非常用心地倾听每一个人的发言，并且专心致志地用铅笔作着记录，听到有趣的话，就跟大家一道笑了起来。民主，认真，热烈而愉快，是毛泽东主持的第一次会议的特点。

五月八日，这样的会又开了一次，仍然由毛泽东主持。讨论继续着，而且夹杂着热烈的争论。在这次会议之前，蒋介石发动的第二次反共高潮达到了顶点，内战危机一触即发。包围陕甘宁边区的胡宗南军队蠢蠢欲动，延安军民中也有一些紧张气氛。这一天，毛泽东像往常一样从容安详地走进了中央礼堂，还没有落座，有位女同志就要求讲一讲时事。毛泽东脸上露出了会心的微笑，说道：“别的事情报上都有了，你们大概已经知道，胡宗南打算来打延安。我们呢？主意已定，打得赢就打，打不赢就走呀！”毛泽东把自己创造的游击战和运动战结合的战略战术作了这样浅显而风趣的概括，气氛立即改变了。他接着说：“他们一定要进来，我们就让开，把这一些桌椅板凳都送给他们算啦。”大家又笑了。毛泽东对战局成竹在胸、充满胜利把握的轻松愉快的情绪，感染了大家，使大家也增强了粉碎国民党军队进攻的胜利信心。毛泽东接着又说：“现在，他们还没有动手，我们是有调查研究的，你们莫着急，不要把鸡都杀了。”几句话，更逗得同志们大笑起来。

座谈会的第三次会议，是五月二十三日召开的，因为到会的人很多，礼堂容不下，就把会场移到了礼堂外边的敞坪上。延安的五月本是多风的季节，但这一天天气晴朗，瓦蓝瓦蓝的天空，衬着黄土群山的峰顶，色彩显得格外鲜明。这天的会是由毛泽东作结论的最后一次会议，许多中央委员都出席了。周立波和到会的各方面的文艺工作者坐在敞坪里的各式各样的椅凳上，等了一小会，毛泽东从杨家岭左边的山坡上下来了。他手里拿着讲话提纲，走进敞坪，站在一条长方桌子边，开始说道："今天我要讲的题目是：为群众，以及如何为群众的问题。"下边的讲话内容，就是《在延安文艺座谈会上的讲话》这个光辉文献的"结论"部分。毛泽东讲完后，全场响起了热烈掌声。随后，他和参加座谈会的全体同志合照了一个相。

延安文艺座谈会结束不久，一九四二年五月三十日，毛泽东又亲自来到桥儿沟，在鲁艺院内的篮球场上向全体师生作了一次重要讲话。毛泽东谈到了文艺创作与生活、普及与提高的关系，知识分子必须和工农群众相结合，努力改造世界观等重要问题。他对鲁艺师生说："从你们不久前演出的话剧《带枪的人》里面，我们看到了列宁，但列宁的实际生活一定要比戏里的丰富得多，所以文艺作品中反映出来的生活总是比普通的实际生活更高，更强烈，更集中，更典型，也就更带有普遍性。"他还以长征路上毛儿盖的大树是由豆芽菜树苗长成的来比喻提高与普及的关系，阐明提高要以普及为基础。毛泽东还特别提醒鲁艺的师生们："你们现在学习的地方是小鲁艺，还有一个大鲁艺，只在小鲁艺学习是不够的，还要到大鲁艺去学习。大鲁艺就是工农兵群众的生活斗争，广大的劳动人民就是大鲁艺的老师。你们应当认真向他们学习，改造自己的思想感情，把屁股坐到工农兵这边来，才能真正成为革命文艺工作者。"

鲁艺在四月十日建院四周年纪念会上，就宣布组成了由周扬、宋侃夫领导的鲁艺整风委员会，文学、戏剧、音乐、美术等各部也都建立了整风领导组织。当时担任文学部(包括文学系和研究室)党总支委员的周立波，是文学部整风学习委员会的委员，其他成员还有何其芳、严文井、葛洛等。延安文艺座谈会的召开和毛泽东亲临鲁艺所作的讲演，大大推动了鲁艺的整风学习运动。每个师生都在认真思考鲁艺的教学、创作和研究工作，并以毛泽东讲话的精神作为衡量是非曲直的准绳，展开了热烈的讨论。

周立波以严肃认真的态度，投入了整风运动。毛泽东的《讲话》，给了他重新思考自己所走过的文学道路，端正文艺思想，解决创作和教学中所存在的问题的最重要的思想武器。

周立波的自我解剖和自我批评，首先集中在思想和生活问题上。他在当时发表于延安《解放日报》上的《思想、生活和形式》的文章中说："近来使我思索最多的，是我们的思想和生活的问题。""我们是从旧世界来的，还带着许多思想上的毛病。"他认为，一个文艺工作者，如果缺乏正确的立场、观点，"没有思想的光辉的照耀"，那么，他就像一根没有头脑的电线杆子，"就是插在生活的原野上，也还是不能在泥土里生根，在露天下开花结实的"。因此，他把"思想的改造，立场的确定"看成是自己"最要紧的事"。周立波联系自己的思想、生活实际，作了认真的检查。他认识到，自己虽然是一个穷苦的知识分子出身的人，在革命环境里的时间也很长了，但由于旧社会的影响，由于资产阶级和小资产阶级思想和文化的灰尘的侵袭，由于在旧式学校里所养成的脱离群众的积习，因此，正像毛泽东同志所指出的那样，自己的灵魂深处还是一个"小资产阶级的王国"。这正是自己在教学和创作中产生许多问题和偏向的最根本的原因。

周立波认为，对于一个文艺工作者来说，"改造思想和改变生活，实际上是不可分开的"。尽管从上海到延安，他一直没有游离于民族解放斗争和人民革命的洪流之外，他也主张革命文艺要"深入民间"，创作要走向工人、农民、兵士的现实生活的"大野"，但自己并没有真正解决同工农兵相结合这个带根本性质的问题。他诚恳地检讨说："在过去，我到过前方，也到过乡下，但是没有写出好作品，因为我在那里是'做客'，客居的时间又很短。在前方，我敬爱战士，但止于敬爱，对于他们的生活、心理和感情，我是毫不熟悉的。我只晓得他们会打仗，很艰苦，总之是不到前方也能知道的一般的情形。而我又错过了许多和他们结识，了解他们的机会。离开了前方，有人要我写前方，我就只能写出一些表面的片断，写不出伟大的场面和英雄人物。"他特别检查自己在鲁艺教书时，"教员的宿舍，出窑洞不远，就有农民的场院。我们和农民，可以说是比邻而居，喝的是同一井里的泉水，住的是同一格式的窑洞，但我们都‘老死不相往来’”。“我也曾到过延安的乡下，但没有和农民打成一片”，“象客人似的呆了五十天，就匆匆地回到了小资产阶级知识分子的圈子里”。因此，当“有人要我写乡下的时候，我只能写写牛生小牛的事情，对于动人的生产运动，运盐和纳公粮的大事，我都不能写”，“没有好好地反映我所热爱的陕甘宁边区”。生活和创作的实践，使周立波懂得了：文艺工作者到群众中去，不能抱着“做客”的态度去“参观”别人的生活，“要紧的是带了自己的心去，去参加工作和斗争。把工作的地方当作家庭，把群众当作亲人，和他们一同进退，一同悲喜，一同爱憎。要这样做，将来才能写出好作品”。[①]这种认识，为他以后长期扎根人民生活的实际行动打下了坚实的思想基础。

通过文艺整风，周立波对文学艺术的内容与形式、借鉴与独创的关系也有了新的认识。他认为：“我们的文学，‘五四’以来，受了外国文学的影响，好影响居多，坏影响也有。在形式上，使得我们的作家有洋八股倾向，这是坏影响。我们还没有独创的新形式。”他检查自己过去的创作，就存在这样的毛病：“文章做得和外国人一样，还自以为清新。”他强调对外国文学的许多好形式，任何时候都是要学习的，“但是学习决不是止于模仿，我们要添加自己的新的进去，这叫做创造。过去我在鲁艺教‘名著选读’，没有着重地说明这一点，这是有些毛病的”。他还特别对自己过去“为异国情调所迷误，看不起土色土香的东西”的偏颇，作了自我批评。他说：“土色土香的东西也有些好的。流传在民间的旧小说，有它的优点。《红楼梦》且不去说罢，就是产生较早的《西游记》，也是好书。作者幻想的能力，写实的本领，都不下于西洋文学中的早期小说的作者。”而中国的旧小说正因为“没有踏进文人的文苑，因此也没有走上庙堂，倒是更能反映人民的生活，我们要很好地继承并发扬它的这一特点”（《思想、生活和形式》）。这说明，通过整风，他也找到了自己在艺术创作上的新的努力目标，这就是“怀着为革命的功利的眼光去采取中国和外国的

① 以上均引自《后悔与前瞻》《思想、生活和形式》《谈思想感情的变化》和《纪念、回顾和展望》等文。

各种形式的长处，创造自己的新形式”。

总之，参加延安文艺座谈会和文艺整风，是周立波文艺思想发展的一个重大转折点，对他以后三十多年的文学活动和创作带来了决定性的影响。随着时间的推移，他越来越深刻地认识到了毛泽东的“讲话”的历史意义，并且写过许多文章来纪念它的发表，畅谈自己学习贯彻“讲话”的根本精神的体会和收获。他赞颂“这个划时代的文献，用马列主义的夺目的光辉，照耀了我们的文学，解决了我们文学上的从来没有这样正确地、明确地和彻底地解决的一些根本的问题”。他说：“自从这个文件发表后，中国文学进入了一个崭新的阶段，许多作者从这文献里获得了珍贵的启示，受到了重大的教益，我是这些作者中间的一个。”(《周立波选集·序言》)正是从延安文艺座谈会以后，他前进的方向更加明确了，文学创作也开始发展到一个新的阶段。

六、南征前夕：在解放日报编辑部

一九四二年七月，周立波和鲁艺学员林蓝结婚。林蓝是河南临汝(今汝州)人，出身于大地主家庭，年轻时追求进步。她是读了巴金的《家》、周立波译肖洛霍夫的《被开垦的处女地》等文学作品后，于抗日战争爆发后毅然背叛家庭来到延安的。一九三八年加入中国共产党。他们的婚礼是星期六晚上，在一个十分简朴的窑洞里举行的。同时举行婚礼的，有何其芳和牟决鸣一对。鲁艺的师生们都来祝贺他们。两对新婚夫妇穿着洗得发白的灰色制服，腰上扎着皮带，向毛主席像鞠躬，向同志们致意。简短的仪式后，大家吃着陕北的甜枣，欢乐地弹起琴，唱起歌。艰苦环境中的友谊和爱情，充满了革命的诗意。周立波后来曾题诗一首《赠步涵[①]》，追忆他们当时结婚的情景，以及后来别离又重逢的经历与悲喜：

① 步涵，即林蓝，原名王步涵。

延安长夏似三春，有月无花也动人。
红枣迎亲兼待客，提琴且喜曲儿新。

人生欢会苦无多，又听延河唱别歌。
远处驼铃人不寐，灯花无奈泪花何。[①]

万里南征去未还[②]，何期先后出榆关。
松花江上重逢日，握手欢欣谊似山。

一九四三年，中共中央文委和组织部为了贯彻毛泽东“讲话”的精神，组织文艺工作者到前方和后方去参加群众的实际斗争，联合召开了延安党的文艺工作者会议。周立波出席了这次会议，听了刘少奇、陈云、凯丰等人的重要讲话，更加迫切地要求到群众中去，到火热的斗争中去，走知识分子和工农兵群众相结合的道路。但由于工作的需要，未能如愿。

一九四四年二月，他被调到改版后的《解放日报》编辑部，参加编委会，担任副刊部副部长(部长由副总编辑艾思奇兼)，主编副刊。这时副刊已由每天半个版扩大为一个整版，主要发表文艺作品、理论学术性和工农兵通俗启蒙性文章。到一九四四年冬参加三五九旅南下支队，离开延安，他在报社工作了半年多。在这一段时间内，周立波继续参加了整风学习。同时，和陈学昭、陈企霞、黎辛、白朗等副刊编辑一起，认真贯彻党中央、毛泽东同志制定的文艺方针和办报方针，编辑发表了一些重要的文章和作品，把副刊办得既旗帜鲜明，又比较生动活泼。

一九四四年春节，延安大闹新秧歌，出动二十多个秧歌队，创作和表演了一百五十种以上的节目，新年变成了群众的艺术节。春节过后，延安各机关、团体、学校有代表性的八个秧歌队，又在毛泽东一年多以前发表“讲话”的杨

① 民间传说灯花有喜。
② 指未返延安。

家岭举行会演。周立波主编的《解放日报》副刊，对新秧歌这种充满时代气息，又为广大群众所喜闻乐见的艺术形式，作了许多宣传介绍。副刊对工农兵的创作也很重视。后来流传全国，鼓舞了亿万人民的陕北新民歌《东方红》，就出自当初发表在《解放日报》副刊的一首新民歌《移民歌》，作者是陕北山区著名的民歌手李有源。原歌词有九段，第一段就是："东方红，太阳升，中国出了个毛泽东……"后来由贺绿汀改编成混声合唱《东方红》，唱遍边区，唱遍中国，震响了全世界。当时，周立波和艾思奇都在三五九旅参谋训练队兼课，一个讲语文，一个讲哲学。每讲一课，部队付给他们一斗米作报酬，顶各人的生产任务。周立波一面给干部、战士讲课，一面辅导他们写作。有次，参谋训练队助民劳动，学员萧林达写了一篇记叙文《"团结"部帮助抗属和移民掏地》，寄给了周立波，周立波看了十分欢喜，立即发表在一九四四年六月十九日《解放日报》副刊上，还加了编者按："本文作者萧林达同志，是三五九旅一个排级干部，他经过长征，今年才二十岁，初学写作。这篇文章写得清楚、简洁，全文只改动了九个字。"充分表现了周立波对工农兵作者的热情关怀和支持。

一九四四年"七一"前夕，已由莫斯科返回延安的著名诗人萧三送来一篇传记《毛泽东同志的初期革命活动》。这是他为纪念毛泽东五十寿辰而作的《毛泽东同志传略》的一章，艾思奇和周立波立即安排在七月一日、二日报纸上连载，以庆祝党的生日，并分别向作者致信，表示热烈祝贺。周立波在信中赞扬萧三为毛主席写传是"对于党的一个重要的工作。就现在看到的这一部分看来，内容的丰富和教育意义的深长，远远超过过去任何中外作家所写的关于毛主席的书册。这将是有世界意义的一个作品，因为你写了一个历史上从来没有的最伟大的人"。他还在信中抒发自己参加"整风"以后的舒畅心情："整风以后，我们党的样样工作都好了，文化文艺工作也强起来了，但是还要强一些，以便迎接全国范围的光明，让我们更加紧紧的团结在毛主席的旗下，踏踏实实多搞出些成绩。"

第五章　跟随三五九旅南征
（1944—1945）

抗日战争成了过去了。凭着人民自己和人民军队的力量，我们胜利了。

——《南下记》后记

我们能够成为这样的军队的一员，感到无比的光荣。我要不辜负这一身军装。

——《万里征尘·1944年11月18日》

一、征程万里下华南

一九四四年秋，党中央决定：从一二〇师三五九旅抽调主力部队，组成“国民革命军第十八集团军独立第一游击支队”（简称“南下支队”），挺进华南，到湘粤赣边去建立抗日根据地。这是党中央根据抗日战争后期革命斗争形势的变化而采取的一项重大的战略部署。为了适应根据地工作的需要，还决定选调一些干部和知识分子随军南下。周立波听到这个消息后，非常高兴，主动请缨，随军南征。组织上批准了他的要求。南下支队司令员王震、政治委员王首道热烈地欢迎他，将他和马寒冰、陈康白、王保善等一起，安排在司令部当秘书，同在秘书处工作的还有机要参谋萧林达。

九月，中央决定将南下干部集中在中央党校，举办一期一个半月的训练班，学习党的抗日民族统一战线政策和敌后工作的经验。周立波参加了训练班。离开“解放日报”时，陆定一和他作了一次深谈。

十一月一日，南下支队在延安城外的东关飞机场誓师出征。这是一个晴和的日子。在璀璨的朝霞映照下，巍巍的宝塔山显得格外雄伟，结着薄冰的延河闪着晶莹的光亮。时令虽说已是冬天，但周立波和南下支队五千多名干部、战士，却有一股春天似的温暖的感觉沁入心头。他们一个个穿着崭新的灰布棉军装，挂着新的子弹带，背着新被子和新军毯，聚集飞机场，接受了毛泽东、朱德、周恩来、任弼时、彭德怀、贺龙、叶剑英、聂荣臻等党中央和部队领导同志的检阅。

十一月十日，周立波跟随南下支队从延安出发。从东关到十里铺的大道上，到处是欢送的人群。部队经过桥儿沟时，鲁艺和延安大学的师生们敲锣打鼓，扭着秧歌，前来欢送。周立波怀着依依不舍的心情，向曾经在这里度过四个寒暑、充满了美好记忆的校园和晨昏相见、亲密无间的同事和同学们，挥手告别。从此，他踏上了在自己的生活和创作道路上一个富有重大意义的新的征途。

从这天开始，他逐日认真地写南征日记，一直到回师中原，三百多天没有中断。

十一月十五日，部队抵达绥德，留驻五天。还在部队出发时，王震、王首道就交代周立波编写一册供战士学习的政治课本。他同副政委王恩茂商量后，在绥德把这个课本编成了。同时，为部队编了一份油印的《前进报》，写了发刊词。部队从绥德开拔，周立波开始步行。十一月二十一日，南下支队抵达黄河西岸的螅蜊峪，随后分批渡河。第二天清早，周立波来到渡口，凝望着浑浪翻滚、冰凌撞击的黄河，在初升的太阳照耀下，发出明亮的反光，滔滔河水汹涌澎湃地奔流向前，呈现出一派雄奇壮观的景象。渡河了，他下到木船里。分站两旁的水手，迎着风浪，使劲地荡桨，大声地呼号，粗犷的吼声压倒了风声和波浪冲击船头的声音。到了中流，船在奔腾的波涛里不停地起落，并且一直向下流。这时，水手们更加倾力地摇桨和呼叫，飕飕的河风，使穿着大衣的周立波还冷得发颤，但只穿着单衣的水手们，脸上的汗珠竟像雨点一样地滴落。黄河的水手同大自然拼搏的这个艰难而又雄伟的场面，使周立波深深地感动了。他不禁浮想联翩：黄河流域是汉民族的摇篮，我们的祖先在这里创造了多么灿烂的文化！如今，日寇正肆意蹂躏我们的土地，但伟大的黄河抚育出来的中华英雄儿女，像这些搏击狂风恶浪的黄河水手一样，是永远不会屈膝于敌寇的，日本侵略者只能从我国的山野找到自己的坟墓。

过了黄河，他和许多同志一起，站在河东的沙滩上，遥望着西岸的山峦，久久不忍离去。那边，就是他生活和工作过多年的可爱的陕甘宁边区，如今要和它分手了，怎不令人依恋?!

渡过黄河后，部队进入山西省的吕梁山区。这里属于晋绥抗日根据地，是保卫陕甘宁边区的前哨阵地。十二月七日下午傍晚，部队从汾阳的石老庄出发，准备连夜通过汾河和同蒲铁路，越过辽阔的汾河平原。这一带是日寇重兵把守的地区，沿途碉堡林立，部队必须高度机动、隐蔽，利用夜晚，在冰封雪盖的山地和平川急行军，才可望较为安全地通过敌人的封锁线。司令部对这次行军作了周密的部署，把整个部队分成左右两路纵队，互相呼应，配合前进。直属大队由副政委王恩茂带领，他迈开大步，不停不息地在前头急走。周立波今晚特地把棉鞋换上草鞋，紧紧地跟在他的后面。走着走着，脚后跟开了裂，膝头也酸痛了。他咬着牙顶住，连走带跑，一口气赶了七十里。这时，夜已经很深了，北斗星几乎触到地面，月亮升起来了。离汾河越近，敌人的碉堡、岗楼也布得越来越密。战士们一边急走，一边机警地监视着那一座座碉堡、岗楼。部队经过徐家镇时，稍事休息，老百姓早已为自己的队伍准备了开水。周立波用搪瓷罐子盛了一罐水，解除了口渴，伸手从干粮袋里掏出黄昏时节烙的面饼时，发觉饼子已经冻得像铁石一样坚硬，咬不动了。人一停下来，两只脚也冻得像两块冰。他急忙跟着部队继续前进。这时，政委王首道和他们走在一起。从一座大桥过了文峪河，来到了河汊交错的更为广阔的冰雪原野。他们迷失了道路。幸亏找到一个新向导，按照先头部队安下的路标，他们才赶到了汾河边。周立波走在汾河的冰滩上，只见结了冰的汾河在星月的清辉下一望无际。他诧异汾河怎么会有这么宽，问同行的萧林达，萧参谋告诉他：“敌人知道我们的部队经常从这里经过，便扒开汾河上游的两道大堤，放水淹没了这里的万顷良田。如果不是结冰，这里是不容易过的。”周立波和同志们听了，无不切齿痛恨万恶的鬼子兵。

部队越过汾河，又快步走了一个多小时，同蒲铁路倏地横陈在面前。大家顿时更加紧张起来。这时，周立波看到有二三十名战士，警戒着铁路的两端，有一个人站在轨道中间，沉着地催促大家：“快走！快走！”原来是王震司令员，他刚刚指挥前卫部队打跑了敌人一辆巡逻铁甲车，左路纵队为了掩护部队通过铁路，派了一个班监视路边的敌人碉堡。当后卫部队通过铁路时，敌人突然猛烈开炮，一颗炮弹落在监视哨前面。战士张振海猛地扑了上去，想在炮弹尚未爆炸的一瞬间将它扔开。但炮弹在他身下爆炸了。他用自己的血肉之躯，保护了周围的同志，班长在无限悲痛中捡到了他的一角血衣。

部队主力很快全部通过同蒲铁路，十二月九日清晨，抵达平遥县小坡底宿营。这里已是我太岳一分区的游击区。从前天下午出发算起，周立波和同志们一道，跨汾河，过同蒲，在敌人的眼皮底下接连通过五道封锁线，半天一夜走了一百八十里。这样的急行军速度在步兵史上是少有的，对周立波也是一次最严峻的考验。到达宿营地后，他怀着激动的心情，在日记中这样写道，“这是汾河雪野很不平静的一夜”，“想起牺牲了的同志，心里就难过。我们要继续前进，完成他们未竟的事业，我们每个人，随时随刻也都准备着牺牲。是什么力量促使我们这样呢？是党中央的信任，是灾难深重的人民在召唤”。这次雪夜强行军的动人情景，他后来写进了报告文学作品《平原上》。粉碎江青反革命集团后的一九七八年，周立波在写出反映这次南征的短篇小说《湘江一夜》后，曾着手创作另一短篇《风雪汾河》，也就是以这次夜行军作题材的，但因病未能成篇。

周立波跟随南下支队，于一九四四年十二月中旬进入云雾缭绕的太岳山区。二十六日从毛田渡口附近踏着罕见的黄河“冰桥”[①]，南渡黄河进入河南。

① 黄河极少结冰。南下支队过黄河时，恰遇黄河结冰，堵塞在河湾的冰块横亘在一百多米宽的河道上，战士们高兴地称它为“冰桥”。

他们在宜阳县的赵堡度过了一九四四年岁末和一九四五年岁首。元旦以后，纷纷扬扬的雪花一直飘个不停，部队顶着刺骨的北风，踏着没膝的积雪，继续前进。这时，已进入日伪顽盘踞的纵深区域，敌情一天比一天严重。部队边行军，边作战。一九四五年一月六日晚，抵达离敌人占据的鲁山县城不到三里的沙河边。四野漆黑，凛冽的寒风侵入骨髓，正是一个奇冷的酿雪的冬夜。没有船和桥，必须徒涉。周立波把脱下的棉裤搭在肩膊上，望着浮了冰块的水流，有一瞬间，真有点不敢下水。但当他看到同志们都一下子跳到了水里，心想："我就不能够?"一咬牙，跳进了水里。敌人的枪炮声越来越近，坦克头灯的灯光在黑夜里耀眼地闪动。周立波走在水里，冷得头发晕，冰块从肚皮擦过，裂开了条条殷红的口子的双脚，浸在水里，像有好多的细针在刺扎，不久就冻得麻木了。但他终于很快走上了河岸。

南下支队经过长途跋涉，终于在一九四五年一月二十七日，和新四军第五师在湖北礼山县(今大悟县)陈家湾胜利会师。第五师是一支坚持抗日威震中原的英雄部队，在师长李先念、政治委员郑位三的领导下，同豫鄂皖湘赣边区人民一起，在敌后恢复了广大的国土，创建了中原解放区。五师的同志早就盼望着八路军老大哥的到来。二十九日，两支英雄部队在陈家湾广场举行了隆重的会师大会。南下支队、新四军五师和边区各界人民群众共一万三千多人参加了大会，军乐声、口号声、鞭炮声响彻大悟山上空。周立波饱含着喜悦的泪花，和大家一道，沉浸在欢乐的海洋里。中原会师为南下支队继续南征创造了有利条件，也大大鼓舞了豫鄂皖湘赣边区以及敌后的广大军民，使大家增强了抗战必胜的信心。

周立波随部队在大悟山地区休整了半个多月后，二月中旬继续向鄂南挺进。二月二十四日拂晓，他们从蕲春县的新桥、亚口飞越长江天堑，踏上了南岸。接着，于三月下旬进入湖南，占领湘北重镇平江。部队入湘后，适应斗争发展的需要，改名为"国民革命军湖南人民抗日救国军"。为了向人民群众昭告我军的性质和宗旨，周立波奉命草拟司令部的布告。他沿用红军时代六字体的布告款式写成初稿，电传至延安，经毛泽东亲自修改后，张贴于平江城乡。

这份布告共二十八行，一百六十个字，不但义正词严，气势磅礴，而且通俗易懂，琅琅上口，获得老百姓和各界人士的热烈拥护和高度赞扬。布告全文如下：

去岁湖南沦陷　日寇肆虐横行
皆因抵抗不力　政府抛弃人民
本军奉命援湘　消灭万恶敌人
实行统一战线　团结一切好人
工农商学各界　军队地方士绅
不分阶级党派　皆愿相见以诚
一致联合对敌　展开民族斗争
独裁贻误国事　专制违反民心
唯有迅速改革　方能耳目一新
实行三民主义　恢复中山精神
建立联合政府　制止一党横行
取缔贪官污吏　扶持好人正绅
厉行减租减息　改善社会民生
取消苛捐杂税　买卖务求公平
反对强迫兵役　欢迎志愿从军
保障人权财权　维持社会安宁
严惩汉奸特务　悔过可以宽容
中国有共产党　华北有八路军
满布大江南北　则有新四大军
广东广西一带　抗日起义纷纷
德寇正在瓦解　日寇亦将土崩
苏联英美中法　保障战后和平
世界进步很快　中国岂能后人

愿我三湘子弟　一致义愤填胸
起来保乡卫国　充当抗日英雄
倘有汉奸国贼　敢于阻扰军容
自当痛击不贷　勿谓三令五申
特此剀切布告　仰各一体遵循

司　　令 王震
政治委员 王首道
中华民国三十四年三月

南下支队在湘鄂边发动人民群众，建立各级人民政府和抗日人民武装。四月下旬，主力部队安全地摆脱了顽军的几路包围，回到鄂南根据地。随后，王震、王恩茂率领主力部队向赣北和湘北继续进军，王首道率领军直机关和部分兵力留守鄂南，进一步巩固发展鄂南抗日根据地。五月中旬，攻克樊湖。这些日子，周立波随王首道一起转战鄂南。在樊湖，环境稍为安定，他受命办报。在十分困难的条件下，他辛勤地坚持日夜工作，自己写稿编辑，自己刻写蜡版，很快出版了油印小报《解放》，把党中央、毛主席的声音及时传布到江南敌后的广大军民中。

一九四五年七月上旬，王震、王首道率南下支队主力部队继续南进。二十四日，部队到达长沙以北的铜官、下洞子一线，准备在这里西渡湘江。入夜，晴空上升起一轮圆月，湘江闪耀着银白色的波光。周立波和指战员一起，踏着月光，来到了渡口。这时，驻守对岸白沙洲的伪军用步轮、轻重机枪和迫击炮封锁江面，企图阻击我军。双方发生了激烈战斗。一串串白色的弹光划破了夜空，落入江心的炮弹激起一二丈高的水柱。在王震的精心指挥下，先头部队奋勇向前强渡湘江，迅速打垮了对岸的伪军，占领了渡口。部队主力乘胜渡江，几十只渡船在月光照射下，往来如梭。拂晓，全部到达湘江西岸。周立波亲身参加了这次漂亮的渡江战役。一九七八年他重返文坛后创作的优秀短篇小说《湘江一夜》，就是取材于这次强渡湘江的战斗。

部队顶着火一样的烈日连续行军，于二十七日进抵宁乡县所属的新田湾。这里离周立波的老家益阳邓石桥只有四十多里路了。部队首长考虑到继续南下还将遇到很大的困难和危险，像周立波这样的革命知识分子是党的宝贵财富，为了避免不必要的损失，想动员他暂时离开部队，由部队派得力的侦察员护送他回老家隐蔽起来，以后再想办法让他回根据地。但周立波不同意离开战斗的队伍，他斩钉截铁地表示：我死也要跟自己的部队死在一起！首长们只得依他。

八月六日，部队在湘潭与衡山之间的龙船港，趁夜深大雨，再次渡过湘江。过江后，为了迅速通过粤汉铁路，又连夜向南疾进。漆黑的夜空，只有几颗稀疏的星星洒下点点微光，加上走的又是一些被前头的大部队踩烂了的田埂小道，这对于深度近视的周立波来说，困难是可以想见的了。同行的萧林达为了不让立波掉队，特意斜背着一个白色的被包，叫他紧紧盯着它，并相约以击掌为号，保持着联系。但是，走着走着，萧林达听不到后面的脚步声了，也没有听到击掌的信号。他连忙返回去，才发现周立波正在靠后三十米的一处水田里哗啦啦地找东西。原来他摔了一跤，把眼镜弄丢了。萧林达立即帮他寻找，在田埂边发现两块放亮的东西，果然是他的眼镜。周立波接过来戴上，又相跟着跑步追赶部队。到了预定的位置休息时，萧林达问他行军时是不是打瞌睡了。周立波笑笑说："糟糕！和打瞌睡一样糟！"同志们听了，跟周立波开玩笑说："你大概是写文章打腹稿出了神啦！"

八面山突围

八月十一日，部队正走到衡山附近的南湾一带时，收到中共中央发来的电报，得知日本投降的消息。全军上下，顿时欣喜若狂。抗战八年，多少同胞惨遭杀戮，多少战友流血牺牲，终于赢得了今天的胜利！但部队没有停留，为了对付蒋介石将要发动的内战，他们冒着酷暑，加速向湘南进发。

八路军一支劲旅挺进华南，早已被国民党反动派视为心腹大患。蒋介石电令国民党第七、第九两个战区的司令长官余汉谋和薛岳，组成联军，在湘南、粤北和赣西南一带严密布防，妄图从三面包抄夹击，将这支人民军队消灭在湘粤边境。为了粉碎敌人的围剿，南下支队迅速转移到了桂东以西的八面山地区。八面山是南岭山地的主要山脉之一，海拔一千多米，纵贯于桂东、资兴、汝城之间。山上山下，到处是林莽和荆棘，几十里不见人烟。山里的气候又变化无常，白天赤日炎炎，酷热难当；到了夜晚，突然风雨交作，冷得人直打哆嗦。周立波随部队进入了八面山，爬上一座比一座高的崇山峻岭，感到又饿又累。这时，大家随身携带的粮食都早已吃光，只得采些野果和菌子充饥。副参谋长苏鳌看到大家连脚都抬不起来了，忍痛把自己的马杀掉，分给每人一小块马肉。战士们便烧起一堆堆篝火，一边烤马肉，一边烘衣服。周立波和大家一起坐在火旁，听一位在这一带打过游击的老战士讲当年的战斗故事，生动有趣的情节把大家逗笑了。这时，王震和王首道也走来了，大伙都站起来让座。王震问大家："这两天，你们都没搞到饭吃吧？"大家点了点头。一个青年战士轻轻叹了口气，小声说："人要是不吃饭、不睡觉就好了。"大家一听都笑了。王首道也笑着对那战士说："你想做神仙，不食人间烟火呀？"王震看见周立波坐在身旁，马上转向他，笑着说："周立波，你日后要写小说，就把我们这些人写成不食人间烟火，这样才有意思！"大家听了，不禁又大声笑了起来。

第二天拂晓，部队继续在崎岖的山路上摸索前进。断粮以后，周立波整整一天只吃了一片生南瓜和一只干辣椒，饿得肚子咕咕叫，他那架着一副深度近视眼镜的眼窝，陷得更深了。加上大雨之后，山路泥泞不堪，他一步一挨，好不容易才爬上山口。王首道见到他那疲惫不堪的样子，迎上去，关切地问："老周啊，你还能走吗？"周立波点了点头，打起精神说："政委，这一回，我可真把娘胎里的力气都用出来了！"(王首道：《忆南征》)

据侦察员报告，这时敌人已集中八个团的兵力，重重包围八面山，五条下山的道路都已被封锁。部队现在唯一的出路，是尽快突破重围，赶到湘粤边境。王震下令轻装，销毁机密文件，精心照护伤员，准备当晚突围。周立波把一切都轻装了，唯独留下了身边的几本日记。这些日记，是他从南征的第一天起，利用行军和作战的空隙，伏在昏暗的烛光下，靠在墙根和石头上，用纤细的字写下的。一字一句，可以说都是用自己和战友们、烈士们的生命换来的。对周立波来说，还有什么比它更珍贵的呢！

侦察员从深山里找来了一位老赤卫队员。在他的帮助下，部队找到了一条“不算路”的下山小道，终于在第二天破晓时分走出了八面山，并击溃了前来堵截的国民党军队，取得了突围的胜利。

八月下旬，南下支队到了湘赣粤边境五岭山区，最南处到了粤北的南雄境内。这时，仍然处于国民党的重兵围困中。支队军政委员会分析了时局的变化，为了配合我党和全国人民争取和平民主的斗争，避免迫在眉睫的内战，经请示中央军委同意，当机立断，决定放弃和东江纵队会合的原定计划，即刻挥师北返。

重返中原

当南下支队北返时，国民党在湘赣粤边调动第九战区全部六个军和第七战区部分兵力共十万余人进行围剿合击，以后又在沿途层层设防，尾追不舍，企图消灭这支革命武装。但是敌人的阴谋破产了。部队冲破国民党军队的重重包围、堵截、偷袭和伏击，越大庾，过井冈，渡长江，于一九四五年九月末回到民主、自由的鄂豫皖边区，与新四军五师再次会师。在五师驻地礼山县，大路当中耸立着用松枝扎成的凯旋门，两边悬灯结彩。凯旋门正中高挂着“胜利归来”的横幅，两旁的对联是：

> 南下抗日，日伪悲泣末路至
> 北上重聚，军民欢庆凯旋归

李先念、郑位三和陈少敏等都从司令部赶来欢迎，向战友们道贺，大家久久地、热烈地互相握手。盛大欢腾的欢迎场面，真挚深厚的战斗情谊，深深地感染着每一个人。周立波按捺不住内心的激动，眼里噙满了泪花。王首道深情地对他说：“立波啊，你把这些都写出来吧！”

“政委，我是要写的。”周立波含笑回答，“我只担心自己的一支秃笔，难以深刻地反映出这样生动丰富的斗争生活啊！”

从一九四四年十一月十日从延安出发，到现在重返中原，周立波和南下支队的全体指战员一起，在将近一年的时间内，转战于陕西、山西、河南、湖北、湖南、江西、广东七省，跋涉祖国河山一万五千多里，经历了各种难以想象的艰难危险。这次三五九旅南征，是我军历史上一次具有重大意义的光荣而艰巨的军事行动和政治行动，被誉为“第二次长征”。部队重返中原后，党中央发来贺电，赞扬指战员们“又经过一次严峻的考验，你们在前线的大学里毕了业，你们是人民的优秀战士，你们是毛主席的好学生！”周立波正是这支英雄队伍中的一员。部队返回中原后，领导机关为了表彰他在行军、作战中的表现，曾奖给他一支钢笔。事隔多年后，副政委王恩茂谈到他，还这样夸赞道：“如果说，我们三五九旅的南下战士都是钢铁战士，那么，立波也是钢铁的文艺战士！”①

南下支队回师中原后，于十月中旬进行整编，恢复原有三五九旅的番号，同时，与新四军五师和豫西支队共同组成中原军区。这时，周立波被分配到军区的《七七日报》编辑部工作，任副社长。一九四六年一月十日，国共双方达成停战协议，并组成了有美国代表参加的“三人小组”和“北平军事调处执行部”，下设执行小组。二月，延安新华社连续三次发来电报，要周立波赴汉口任驻汉记者，随军调部汉口执行小组进行采访。于是，他随李先念到了汉口，兼任我方代表翻译。当时，汉口特务很多，作记者不好活动；而周立波又很想把三五九旅南征的英雄事迹，用报告文学的形式迅速写出来。王震和李先念考虑到这个情况，决定派他去北平转往解放区写书。他随即同我方代表薛子正一起坐美国飞机绕道上海去了北平。到北平后，住在翠明庄。因工作上的需要，他被留在军调部联络部，担任我方翻译。这年四月和五月，他又先后去承德和赤峰，担任军调部承德、赤峰执行小组我方代表李逸民、李德仲的翻译，从而

① 王恩茂同志1980年7月3日在长春接见笔者时的谈话。

到达冀热辽解放区。

二、报告文学的新收获
——《南下记》和《万里征尘》

在承德、赤峰工作期间，周立波整理自己随南下支队南征北返所积累的大量素材，分别写成十多篇报告文学作品，结集为《南下记》一书。其中《徒涉》和《王震将军记》两篇先后于当年七月和九月发表于承德《热潮》半月刊和延安《解放日报》。全书于一九四八年二月由东北光华书店出版。粉碎“四人帮”以后的一九七八年，他又将经过“文化大革命”浩劫以后仍然幸存的一部分南下日记，以《万里征尘》为总题目，连续在当年六月至十一月的《湘江文艺》月刊发表。

《南下记》包括《出发》《黄河》《刘家会》《白塔村的刘福娃》《落雪的山野》《平原上》《王震将军记》《王首道同志和别的几个领导者》《从离石到沁水》《沁源人》《冰桥》《河南杂记》《徒涉》《李先念将军印象记》等十四篇作品。新中国成立后的一九六二年六月，周立波把它和《晋察冀边区印象记》《战地日记》合编为《战场三记》，由湖南人民出版社出版。《战场三记》是周立波报告文学的代表作品。《晋察冀边区印象记》和《战地日记》反映的是抗战初期华北军民抗击日本侵略者的如火如荼的斗争情景，《南下记》记载的则是抗日战争后期我南下支队挺进华南以创建抗日根据地的英雄事迹。把这三部作品放在一起读，我们可以比较完整地了解中国人民坚持八年抗战的艰苦卓绝的战斗历程。周立波在《南下记》后记中说：“使我不甘沉默者，并不是由于我经历很多，而是由于我看见了和听见了一些。八年抗日战争中，八路军和新四军不屈不挠地坚持人民解放的战争，在这两支兄弟军队的战场之上，天天发生不平凡的事迹。这将是文艺写作取之不尽、用之不竭的源泉。”如果说，一九三七年秋冬在华北前线，周立波还只是以战地记者的身份进行采访，那么，经过延安文艺整风以后，这次跟随三五九旅南征，周立波就完全是以一名八路军战士的身份和指战员们并肩战斗了。

在将近一年的行军、作战中，在紧张的生死斗争里，他对指战员们感到特别的亲近、挚爱和钦佩，“命运连在一起，心也连在一起了”。周立波后来曾这样谈到自己从军的收获：“在部队里，我不但了解了作为中国革命中的主要一环的武装斗争的剧烈和艰苦，也目击了我们的百炼成钢的指挥员和战斗员的崇高的品质。他们勇敢、坚强，不怕任何困难，不畏任何凶恶的敌人。”“在党的教育之下，这些穿着简单的军服的工农，都是视死如归的铁汉。”(《谈思想感情的变化》)这说明，他这次随军南征，不只是“带了铅笔，带了本子去”，而是真正“带了自己的心”去；他经受了艰苦斗争的考验，思想感情确实发生了深刻的变化。同时，通过前一时期的写作实践，特别是散文报告文学和小说创作的实践，他积累了更多的艺术经验，笔力更见稳健。因此，他虽然在《南下记》后记中谦称“这里记下的一些素材，成于动荡时期仓忙之际，不免粗糙”，但这部作品总的看来，是比《晋察冀边区印象记》和《战地日记》更加成熟了。

《南下记》保持和发扬了周立波报告文学真实、生动、严谨的风格特色，具有强烈的战斗气息和鲜明的时代色彩。其中好些篇什主题突出，叙述和描写细致动人，人物形象也有血有肉，在思想上、艺术上都达到了较高的水平。

在《南下记》里，周立波不但真实地描写了南下支队万里征程中行军、作战的艰苦和惊险，而且对沿途的风光景色、物产民情等，也作了许多真切、生动的介绍。那奔腾咆哮、浪急风高的黄河的雄奇，冰封雪盖、一望无际的汾河，洛河平原的辽阔，以及山高路陡、气候变化莫测的八面山的险峻……无不给读者留下了较鲜明的印象。《落雪的山野》是其中一篇只有八百字的特写，但它却把南下支队行经吕梁山区的雪野的情景，历历如画地展现在读者面前。通篇着墨最多的是雪，但作家笔下的雪景，却不只是一片银装素裹，而是随着时间、地点的推移，呈现出多种色调。“纵目而望，起伏的连峰，有如带着白色浪顶的大海的波涛。最远的雪山显得很柔软，好象是融和在灰暗迷濛的大气里。”——这是远山的雪景。“圆圆的明亮的月亮斜挂在夜空。在灿烂的月光、微明的星光和山上的雪的反光交混的清辉之中，较远的山峦浸没在一片黄色的朦胧里。”——这是月夜的雪景。更难得的是，作家不但写出了雪野的“色”，而且写出了它的“声”“影”和“气味”：“马蹄踏在冻结的干雪上，嚓嚓地作响。路边藁草上的人马的影子，有着一定间隔的急速地移动。寒冷的空气里，白杨树叶发出强烈的优美的香气。”

通过雪景的描绘，作品为人物的活动造成了一种独特的氛围，映衬了人物的思想感情。它写了王震将军和随行的干部战士在一个积雪的山坡上，巧遇一位传送鸡毛信的民兵的有趣场面；写了王震手指对面雪山上一座小楼，怀着自豪的心情告诉大家：“那是敌人的碉堡，风闻我们来，他们逃跑了。”篇末还写了指战员们翻过连绵的雪山，迎来东方的曙光的欢乐情景：

> 黎明。东方的天空由深蓝色渐渐变成淡蓝色，不久又成了绯红。黎明总是给人一种清亮新鲜和充满活力的感觉，对于征人，更是这样子。我们之中有些人，沐浴在灿烂的阳光里，唱起歌来了。

“一切景语皆情语”。寓情于景，情景交融，才能形成一种格调高逸的境界。读完周立波的这一段朴实而生动的文字，我们不禁联想起毛泽东《长征》中的诗句：“更喜岷山千里雪，三军过后尽开颜。”虽然毛泽东写的是长征路上的经历，周立波写的却是南下途中的情景，而且一个是七律旧体诗，一个是现代散文，但是，它们不都真实而生动地表现了我人民子弟兵高昂的革命英雄主义气概和革命乐观主义精神吗？

《南下记》中最成功的，当然还是几篇人物特写，即《王震将军记》《王首道同志和别的几个领导者》和《李先念将军印象记》。周立波由于在南下途中，跟这些领导同志朝夕相处，生死与共，一起出入于枪林弹雨之间，建立了深厚的革命情谊，因而也就有可能把他们的个性特征描绘得栩栩如生，其中尤以王震将军的形象最为血肉丰满。担任南下支队司令员的王震，当年只有三十八岁。“他的相貌端正，性格爽朗。络腮胡子有的时候留着，有的时候刮得干干净净，没有一定的规矩。象八路军所有的身经百战的将军们一样，他有一双好眼睛，在原野里看得非常远。”在作家笔下，王震同志这双看得非常远的“好眼睛”，难道只是指将军的视力吗？显然不是。它蕴含着更深刻的意思。

周立波之所以能把王震将军写得有血有肉、个性鲜明，是由于他选择了一系列富于特征意义的生动有力的事实。他写了这样的情节：部队进入岭南后，被国民党军队包围。全军在崎岖的山路上急速行进，连骡马尽都累死了，战士们一到宿营地，倒在地上或草上，立即酣睡，满屋的蚊子也咬不醒。这时，王震同志招呼大家“好好睡觉”，但他自己却不能睡，“全军的生命，党的责任，都在他身上”。“整个晚上，他在钉着地图的墙壁旁边，坐着或站着。”他不但要反复考虑明天的行军路线，而且，“顶要紧的，还是倾听今夜枪声的远近和稀密，细听门外的一切风吹草动，警防敌人的偷袭”。就是在这样一个通夜没有合眼的第二天早晨，王震同志腰很痛，只得躺在担架上，让战士们抬着走。山高路陡，他从担架上滚下来，昏了过去。消息传开，战士们哭了。又一次，他也因为腰痛躺在担架上，忽然听到右边山上传来了枪声，“他立即从担架上跳下，左手支着发痛的腰子，赤着脚板，从那布满石子和荆棘的山路上，一直向枪声稠密的地方跑去”。这就是我们的王震将军：“哪里紧急，他就跑到哪里去督战。有时候，子弹在他头上和耳边飞叫，他还是打起镜子在观察敌人的阵地。”这些事实，突出地表现了这位共产主义战士对党、对人民革命事业的无限忠诚。尽管王震同志能征惯战，十分精明，但他还是受过五次伤，“因为参加战斗和指挥战斗的次数太多了”。

作品还通过几个典型事例，描写了王震将军怎样珍爱部下，喜欢勇敢的英雄。他深深知道战士们的艰苦，常常称誉他们为燕赵秦晋的豪杰。他爱护自己的部下，却从不姑息，“如果他们有过失的时候，批评也象父兄一样严格和直率”。周立波还特别写了王震和知识分子之间亲密无间的关系：他“喜欢和他自己一样出身的干部，也爱知识分子”，“在他的部队里，只要你有一技之长，愿意为人民服务，就会热烈地被欢迎”。热情直率的工业化学家陈康白就是很为王震赏识的一个人物。“在山西文水的一座森林里，康白同志用他随身带着的仪器，还在半山腰，就测出了山峰海拔的尺数，王震同志欢喜地叫着：“科学家万岁。”周立波深情地写道：“这不是对于康白同志一个人的欢呼，而是代表共产党人对于一切科学家的态度。共产党人对于科学的热情，正象对于民主的热情一样的强烈。”在抗日战争的年代里，王震将军就能这样高度地重视知识分子，尊重科学，这不是在一个重要方面表明他的确有一双“看得非常远”的“好眼睛”吗？周立波能洞察这一点，也表明他有一双无比敏锐的艺术家的“好眼睛”。

正由于在相处的日子里对这位将军的性格特点了如指掌，因而周立波在自己的艺术描绘里，还活灵活现地揭示了王震将军精神风貌的另一侧面：“在平常，在战斗的间隙，王震同志是一个喜欢谈天，十分闲雅的人物。他谈料很多，从西康草地的少数民族的奇风异俗，一直到他的故乡浏阳穷人的生活；从青年男女的心理，一直到文学的辞藻，他都懂得多。闲谈的时候，他十分潇洒，使人感到他是一个容易接近的同志和朋友，不只是一个曾使敌人落胆的将军。”作品写了一件很有意思的小事：司令部驻扎在河南新安县的袁家村，周立波和萧林达、王保善同住在一个贫苦农民家的小楼上：“严格地说，这不能算楼，只是堆放杂物的阁板而已。”楼上的屋梁、椽瓦和墙壁，都被下面灶房油柴烟熏得墨黑。王震同志上来看了一下，就叫警卫员把行李搬来，他也要住在上面。他说：“睡在这里，我想起了过去的穷日子。”于是，在这间小楼上，他跟几位部属促膝而谈，回忆起自己在平汉铁路一个机车上当司炉时的穷苦日子，和大革命失败后亡命武昌时的一段生活经历。周立波通过这个“小楼话旧”的生动情节，既介绍了王震将军的身世，告诉读者这位将军之所以“理解穷人们的心，深深知道他们的痛苦，是因为他熟悉他们的生活的缘故”，同时，也有力地表现了王震将军在任何情况下都能和部属同甘共苦，坦诚相见，使人感到特别平易可亲这一思想性格特点。

隔了三十多年才发表的另一部报告文学作品《万里征尘》，收录了周立波从一九四四年十一月十日从延安出发随军南征，到十二月二十九日到达渑池县属的孟岭这四十天的日记。显然，这只是他的南征日记的一小部分。本来，周立波从南下支队归来后，一直保存了他沿途所写的全部日记。但是，在“文化大革命”十年内乱中，这部日记却被造反派抄去了，粉碎“四人帮”以后仅仅追回其中一小部分，就是收入《万里征尘》的这四十天的日记；其余大部分日记却至今不知下落。这是令人十分愤慨和痛心的！

《万里征尘》虽只是南征日记的一小部分，但拿它和《南下记》对照着读，仍是很有意味的。人们可以发现，《南下记》的许多人物和事件的素材，都在日记里。关于王震将军的活动和声音笑貌的记述，就散见于《万里征尘》的近半数篇章中。《出发》《黄河》《刘家会》《白塔村的刘福娃》《落雪的山野》《平原上》《王首道同志和其他几位领导者》《冰桥》等篇的一些重要材料，也都来自日记，可以说它们都是作家在日记的基础上提炼加工的成果。作为一种日记体裁的报告文学作品，《万里征尘》也有它不同于一般通讯报告的独特的艺术色彩和美学价值，其中不但保存了《南下记》所没有的一些人物故事和见闻观感，而且某些画面显得更加接近生活的真实，文笔更加朴实，抒情也更加自然：因为它们毕竟是作家兴味所至，随手写来的日记。此外，《万里征尘》还保存了一些宝贵的史料，包括王震将军智斗国民党“摩擦专家”——绥德专员何绍南的故事，太岳山区抗日根据地女共产党员李素卿坚持地下斗争的带有传奇色彩的经历，以及《新华日报·太岳版》编辑同志发扬艰苦奋斗的作风，坚持在游击区编报的感人事迹等等。

第六章　投身土地改革的“暴风骤雨”（1946—1949）

参加土改运动是我感受较深的经历之一。

——《深入生活，繁荣创作》

我们的作家，要看得深些，要写出工农兵和他们的先锋队员们的这些优良的本质的特征，才能算是工农兵的忠实的代言人，才能算是工农兵的亲切的知己。

——《谈思想感情的变化》

一、元宝镇的日日夜夜

一九四六年八月，周立波调冀热辽区党委机关报《民声报》，任副社长。

当时，蒋介石背信弃义，已经公开撕毁《停战协定》，向解放区发动了全面进攻。中共中央东北局根据中央关于“建立巩固的东北根据地”的指示和《关于土地问题的指示》于七月作出了《关于形势和任务的决议》，号召共产党员“不分文武，不分男女，不分资格，一切可能下乡的干部统统到农村去”，发动农民群众，实行土地改革，以建立巩固不拔的东北根据地，粉碎国民党军队的进攻。周立波坚决要求参加这一场关系千百万农民的根本利益和东北革命斗争成败的伟大群众运动。经党委批准，他跟随李德仲率领的一支工作队，从热河来到了松江省。

十月下旬的一天，烟水迷濛的松花江在初冬的晨曦里，闪耀着万道寒光。周立波乘一挂四轱轳的马车，从松江省珠河县（即今黑龙江省尚志县）县城出发，到离城五十多里的元宝镇去参加土地改革。

元宝镇是区领导机关的所在地。它三面环山，南边最高峰是有名的大青顶子；北边有条黄泥河，对岸就是那座像个倒放的大元宝的元宝山，镇子由此而得名。这是一个八百多户人家的大镇，以马路分界；道南是元兴屯，道北是元宝屯。马车从镇子中间驰过，在元宝镇小学门前停了下来。校外是一列榆树障子，中间一个门洞，左边是学校的教室，右边几间高大一点的洋草屋，原来是伪满校长的住宅，现在成了工作队和中共元宝区委的驻地。

早先进屯的工作队员们热情地接待了周立波，把他安顿在西屋的一个土炕上。大伙对他这样一位从三十年代起就从事革命文学活动的知名的文化人来参加土地改革，都怀着一种高兴而又敬重的心情。但周立波却没有半点“文化人”的架子。每天三顿，他和大伙一道吃苞米渣子，外加一份咸菜。数九寒天，千里冰封，北满的气温下降到摄氏零下三四十度，这样的严寒，一个南方人是很难适应的。但周立波跟大伙一样，用那件日本军大衣严严地裹着身子，戴着那顶耷拉着耳子的风雪帽，连一条围脖也没有，照样坚持下村屯。

周立波来元宝区不久，中共珠河县委指派他担任元宝区委会委员(后任区委副书记、书记)，和早先到来的韩惠、李扬及后来从哈尔滨来的林蓝等，共同领导全区的土地改革等工作。林蓝与周立波在延安鲁艺结婚后，由于整风出现“左”的偏差，她在审干和“抢救失足者”运动中被审查(结论是“没有问题”)，两人被迫离婚。此后，周立波曾一度与何路结婚，但不久即离异。林蓝于一九四五年来到东北解放区，经组织上批准，与周立波复婚。下乡参加土改前，在东北日报社当记者。

为了充分掌握元宝区各方面的情况，周立波同大伙经常深入村屯干部和农民群众中，做调查研究。开始，农民对他感到陌生，由于语言不通，有些老乡还以为他是一个朝鲜人哩。但周立波不灰心，他抱着甘当小学生的态度，虚心向村屯干部和农民群众学习，在很短的时间内，就学会了当地不少方言土语，并且同农民群众建立了亲密的感情。每天早晨，他和工作队员还睡在炕上，穿着靰鞡鞋的农民积极分子和村屯干部就来了，挤满一房。从早到晚，人来人往，川流不息。他们有的是来谈问题的，有的是来唠嗑或是来卖呆的。他们把周立波当成了自己人，亲热地叫他“老周”，都愿意跟他谈自己的苦难身世和家庭琐事，谈对工作的意见和斗争的要求；同时，给他介绍了许多社会情况和生产知识。从区、屯干部和老乡们口里，周立波了解到：元宝这一带地方，早先是个荒草野甸，后来，被从山东和南满来的穷苦农民开垦成了肥沃的庄稼地，但绝大部分土地都落到了豪绅、地主和敌伪汉奸手里，占人口百分之七八十的贫雇农却没有土地，或只占有极少量“兔子不拉粪”的坏地。元宝镇上，除了少数粮户(地主)和几家卖百货、烟酒、中药和杂货的店子，一家油坊，两家烧锅(酿酒坊)以外，绝大多数都是穷苦庄稼人。他们遭受了日寇、伪满十四年的残酷压迫和地主的剥削，生活非常困苦。许多人家连苞米渣子和椈子面也吃不饱，靠野菜充饥；十七八岁的大姑娘连裤子也没有穿，多少人被迫给粮户扛大活，吃劳金[1]，或外出要饭。镇上最大的粮户是一家姓韩的汉奸地主，他不但有许多土地，伪满时还当过协和会长，鬼子投降后又成了地主武装“自卫团”的头子。他和国民党的“地下军”——中央胡子(即土匪)串通一气，坑害老百姓。元宝镇曾经三次遭受胡子的烧杀和抢劫。北满解放以后，八路军三五九旅三营曾经派部队来元宝清剿胡子，打了个大胜仗，消灭了许多胡子，还抓回来一批俘虏。这年八月，县委又派武装工作队到元宝开辟工作，初步地发动了群众，建立了农会和农民自卫队，开展了反奸清算、减租、分青苗和分配土地的斗争。从元宝区前段的工作来看，成绩是很大的，给了封建势力以沉重的打击。但和许多新开辟的地区一样，由于时间短促，对群众的发动还不充分，少数坏分子混进农会，篡夺了领导权，因而土地改革还存在“半生不熟”的现象，封建势力没有被彻底打垮，农民群众还没有完全翻过身来。

① 劳金，即长工，吃劳金即当长工。

周立波和区委、工作队的其他领导同志一起，分析了这种情况，决定从元宝的实际出发，贯彻执行松江省委、珠河县委的指示，以查地、挖坏根为中心，进一步发动农民群众，深入土地斗争，煮熟“夹生饭”，帮助广大农民在政治上、经济上彻底翻身。

他们坚持用访贫问苦、扎根串连的方法，继续发现和培养贫雇农积极分子。元宝镇上有一个穷棒子，名叫花玉容，已经四十多岁了，还是个“跑腿子”（单身汉）。他本来是山东人，从小跟娘要饭，年纪稍大一点，就吃劳金，后来在老家实在活不下去了，只得“闯关东”，来到了元宝。八路军、工作队进屯后，他参加了自卫队，在清剿土匪特务的斗争中表现非常勇敢，成了打胡子的英雄，后来还入了党。周立波来到元宝以后，和花玉容交上了朋友。他常常背着一支大枪，给周立波做保卫工作。周立波跟他讲革命的道理，讲怎样做一个好党员。花玉容也向周立波敞开了心眼的门，跟他反映了一些重要的社会情况和干部情况。在周立波和工作队的启发、帮助下，花玉容进步很快，后来参加了工作队，成为一位斗争坚决，密切联系群众的优秀干部。他常常带周立波到一些苦大仇深的穷哥们家里串门。元兴屯还有个穷庄稼人叫郭明海，原籍山东肥城，三年前带着老婆和六个儿女逃荒到关外，来到了元宝，住在道南一个破破烂烂的小马架①内。老郭头给地主家扛活，十五岁的大小子郭长兴给人家当猪倌，放牛，扛零活。后来，父子俩都被抓去当了劳工。郭长兴设法逃了回来，白天不敢露面，只在晚上出来干点活。由于贫病交加，不多久，四个弟妹和娘相继饿死、病死，只剩下一个年幼的小弟弟；“八一五”光复后，老郭头才回到家里。土改工作队进屯后，郭长兴已经十七岁，但个儿挺小，人家还喊他“小郭孩子”，要他当了儿童团长。他站岗、放哨、查路条，十分积极。周立波让花玉容领着，几次到郭家串门。他对郭家父子的苦难遭遇，怀着深厚的阶级同情心，反复启发他们：穷人要翻身，全靠共产党的领导，靠自己起来闹革命，把印把子、枪杆子都掌握在自己手里。郭家很穷，小土炕上乱杂杂地

① 马架，只有一间的小草屋，北满方言。

堆着麻袋和靰鞡草，父子们连过冬的棉衣也没一件。周立波便把自己那件黄布短皮大衣脱下来，送给小郭。老郭头感动得流下眼泪，逢人便说："共产党的干部跟咱穷人，真比骨肉还亲！"郭长兴的工作也越来越积极了。

为了更好地培养、提高积极分子，整顿村屯农会组织，周立波和区委、工作队的同志共同研究，决定分期举办短期训练班。第一期训练班于一九四七年一月二十四日在元兴屯开办了，这天是夏历正月初三，挂着红条子的学员三五成群地踏着白皑皑的积雪，来到训练班。参加学习的有农会、自卫队、妇女会的干部，也有新发现的积极分子；最初只有二十多人，后来增加到三十多人。训练班共办了八天，以东北局宣传部编写的《农村政治课本》为主要教材，结合讲毛泽东、八路军的故事，白毛女、吴满有的故事和赵树理的《李有才板话》等，由区委和工作队的同志分头给大伙作报告、讲课。当学员们听了《李有才板话》里头的故事以后，议论纷纷，都说"老槐树下的穷哥们常常聚集到李有才的小窑里谈唠翻身的事儿，咱们屯里也栽上棵槐树吧，下晚没事，到一块谈唠谈唠，什么工作也办开了"。周立波和韩惠、林蓝等区委的同志认为，学员们这个建议挺好，于是，训练班就增加了和实际紧密相联系的一课——"栽槐树"：把屯子划分为几个区域，到黄昏，学员们以小组为单位，各自选取一家贫苦可靠的农民来"栽槐树"，就是邀集附近的农民到这家来唠嗑。学员们把白天听的课向大伙讲一遍，大伙便联系屯里和自己的实际，唠嗑起来，有时还唱唱歌，说说笑话，会开热闹了，常常深夜不散。周立波很喜欢参加这种唠嗑会，和老乡们盘坐在小小的热炕上，点起一盏豆油灯，倾听着大伙毫无拘束的谈唠，话题从斗争地主到拾掇庄稼，从村屯变迁到个人遭遇，天上地下，无不涉及。通过这种唠嗑会，党的政策、上级指示化为了群众的自觉要求和实际行动，周立波也了解了平常很难了解透彻的许多情况和问题。

棵棵槐树都栽"活"了，区委和工作队趁热打铁，引导学员们和群众一道挖根——挖穷根，挖臭根，挖坏根。村屯干部和积极分子通过挖穷根，提高了阶级觉悟；通过挖臭根，开展批评和自我批评，丢掉了包袱，擦亮了眼睛。大伙的心更齐，斗志更旺了，把矛头对准封建势力，深挖狠挖坏根，揭发出来了一个混进农会的坏蛋。这家伙是个流氓，参加了青帮“家理”[①]，当过伪满警备二旅的班长，攻打过抗日英雄赵尚志的游击队。土改开始后，他假装积极，当上了农会副会长，并利用会长爱耍私情的弱点，把持了农会的领导权，包庇地主、青帮头子，欺压和勒索贫苦农民，强奸妇女，还把农会的公款借给坏蛋作买卖。由于他的袒护，屯子里有好些个地主的地没有分掉，有四十来户应该分地的贫雇农没有分到土地。大伙向这个坏蛋展开了面对面的斗争，最后把他清洗出了农会。经过整训，元兴屯调整、充实了村屯政权和农会的领导骨干，他们带领农民群众，向封建势力展开了新的更猛烈的进攻。

元宝区工作队创办训练班，在基本群众中“栽槐树”，整顿农会组织的经验，是一种充分发动群众，煮熟“夹生饭”的好办法。中共珠河县委推广了他们的经验，《东北日报》也作了介绍。

随着土地改革的深入，周立波和区委、工作队的同志都以高涨的革命热情，夜以继日地紧张工作。他们派出一批精明强干的村屯干部和民兵，分头到一面坡、延寿、哈尔滨等地，抓捕潜逃在外的反动地主和反革命分子。群众恨入骨髓的伪满劳工股长宫某和特务于兔抓子逃跑以后，被民兵抓回来了，贫苦农民都高兴得蹦跳，围观的人黑鸦鸦一大片，有位老乡故意问于兔抓子：“大驾怎么也回来了？”于兔抓子强装笑脸而又不屑似的回答：“他们没撵上雪貂，带回了个兔子。”押他的民兵把枪栓拉得哗拉一响，说：“就是兔子，也要剥你的皮！”根据群众提供的线索，周立波还亲自出马，带领村干部和区中队的战士，冒着漫天大雪，不顾危险，赶到了周围还在闹胡子的三甲(地名)。他住在一户最穷苦的农民家里，通过积极分子串连群众，接连开了两宿会，把藏在三甲的伪满区长抓到了。半夜里，又套着爬犁，顶着暴风雪，赶回区里。眼看这些大坏蛋一个个落网，周立波和大伙都打心眼里高兴，碰巧区中队的战士在雪地里打到一只野鸡，大伙兴致勃勃地炖了一锅粉条，像过节一样饮酒庆贺。

---

① 家理，民间秘密结社的青帮，东北方言。

反奸、清算和分配土地的斗争，在元宝区深入发展。在那些日子里，元宝镇小学校的大操坪里，常常是红旗飘扬，人山人海，锣鼓声、歌声和口号声此起彼落，控诉、斗争地主恶霸的群众大会接二连三地举行。春节刚过，周立波和区委、工作队的同志又分头到“栽槐树”的各户老乡家里，组织穷苦农民讨论，对应该分地而前段没有分到手的农户进行民主评议，拟出了补分土地的方案。第二天，同村屯干部带领应得地的农民，顶着呼啸的西北风，兴高采烈地来到地里，插好橛子，一一补分了土地。土地改革的深入发展，极大地鼓舞了翻身农民的政治热情，元宝区很快出现了参军和生产两个热潮。

周立波在元宝区参加土地改革，历时半年。一九四八年五月，中共松江省委调他到省委宣传部工作。他和林蓝以恋恋不舍的心情，离开了终生难忘的北满村屯——元宝镇。

二、《暴风骤雨》是这样诞生的

松江省委宣传部在哈尔滨市阿什河街二十号的一栋楼房内，和群运部、妇女部一起。这是一栋西欧式的建筑物，早先是英国领事馆。院子里，栽种着杨柳、丹枫、丁香、刺玫和葡萄，绿树成荫，花香扑鼻，环境相当幽雅。

宣传部在二楼，部里只有四五名干部，周立波分管宣传工作，主要任务是编辑《松江农民报》。在这些日子里，他一面编报，一面回味在元宝镇所经历的斗争生活。土地改革运动中那些惊心动魄的场面和许多人物的面影，反复地在他脑海里翻腾，使他产生了强烈的创作冲动。他再次学习了毛泽东的《湖南农民运动考察报告》，对下面这段话有了更形象、更深刻的理解：“很短的时间内，将有几万万农民从中国中部、南部和北部各省起来，其势如暴风骤雨，迅猛异常，无论什么大的力量都将压抑不住。他们将冲决一切束缚他们的罗网，朝着解放的路上迅跑。”周立波决心创作一部反映土地改革的长篇小说——《暴风骤雨》。他的这个想法，得到了省委和宣传部领导的支持，林蓝更是倾力相助。当时，报纸每周出一期，他除了编报，就写小说。每天很早起床，开始紧张的工作和写作；累了，在院子里散散步；常常到了深夜，窗口还亮着灯。前后花了五十来天，写出了初稿。进入创作过程以后，他感到生活素材还不够，对一些人物和生活细节了解得不深不透。当时，中共中央已经公布了《中国土地法大纲》，东北农村的土地改革向纵深发展，许多地方开展了“砍挖”（即砍倒封建“大树”、挖掘财宝）运动。根据省委领导同志的意见，周立波到五常县周家岗去继续深入生活。

周家岗是松江省委进行土地改革的重点村，也是“砍挖”运动和各项工作都搞得比较出色的模范村，特别是“七斗王把头”的故事，曾经传遍全省。一九四七年七月，周立波带着《暴风骤雨》上卷的初稿，来到了周家岗，同去的还有林蓝和美术家古元、夏风。

周家岗有二百多户人家，是个较富的大屯。这个地方本来叫黑鱼泡，是恶名昭著的地主、恶霸、汉奸王云才的老巢。王云才原来是苇河山林里一个勾结胡子、盘剥劳工的大把头。伪满康德三年，他又投靠日本侵略军，拉起大排[①]当了团总，专门攻打抗日联军。日本侵略军实行合屯并户的“人圈”政策，王把头为了保住自己的大院，不惜以四万吊巨款向日本指挥官小金城行贿，并亲自送去一匹大洋马，买通了小金城，穷凶极恶地逼迫附近的周家岗、解家屯等十一个屯落的二百多户人家拆房毁屋，在三天内集中到黑鱼泡。从此，黑鱼泡挂上了“周家岗”的牌子，成了王把头独霸一方的封建堡垒。他拥有八十垧地（十亩为一垧），敲骨吸髓地剥削农民。一九四六年七月，土改工作队在我军掩护下进村，发动农民开展土改。在整整一年的时间内，工作队从包办代替到放手发动群众，农民群众由怀疑、害怕到自觉起来斗争。经过反复七次的斗争，不断揭露和挫败了王把头的阴谋诡计，终于彻底灭了他的威风，分了他的土地，挖出了大量财宝，刨掉了这棵盘根错节、独霸五常的封建“大树”。周立波来到周家岗时，这场斗争还在深入发展。他和林蓝等都住在农民家里，除了参加农会的各种活动以外，一有空隙，就趴在住户的一个三条腿的半圆桌上，

① 拉大排，成立地主武装，北满老百姓用语。

整理稿件。古元则为周立波的《暴风骤雨》画了许多插图。

在周家岗深入生活的这段日子里，发生了一幕深深震撼着周立波的灵魂的悲壮剧，这就是农民英雄温凤山之死。温凤山是在土地改革斗争中成长起来的贫农积极分子。他一心为大伙，工作非常积极，被选为县里的头等模范，入了党，并被吸收参加土改工作队。一九四七年十月的一天，他带领民兵去靠山屯抓捕逃亡地主，地主躲进了南岭的一片柳林子里。温凤山一马当先，托着枪跃入柳林搜捕，不幸被狡滑的地主用冷枪打中了肚子。他为革命流尽了最后一滴血，临死前还忍着剧痛对抱着他的同志说："别管我，找坏人要紧……"民兵们怀着满腔的仇恨，打死了潜逃的地主。温凤山牺牲的噩耗传到周家岗，全屯男女老少无不为之悲痛。农会在环植着杨柳的小学的操场，为温凤山举行了隆重的追悼会。白色的棺木停在场子上，林立的红色的旗帜和红色的枪缨，在飒飒的寒风中黯然飘荡。温凤山年轻的妻子抱着孩子，和年迈的母亲来到了会场，在灵柩前悲恸欲绝。工作队和农会干部报告了温凤山的模范事迹和牺牲的经过。温凤山一心为革命的高贵品质和乡亲们对烈士的悲悼，深深地感动着周立波。在令人心碎的哀乐声中，他随着拉长了一条街道的送葬的行列，把烈士的灵柩送到了南门外，安葬在那飘满着青翠的水草和淡黄的菱花的黑鱼泡岸边，让他永远看着自己心爱的家乡。

温凤山的英雄形象，在周立波的心里留下了不可泯灭的印象。他在修改《暴风骤雨》上卷时，把这位现实生活中的农民英雄，作为塑造书中农会主任赵玉林的主要模特儿，使人物的思想性格增添了更为耀目的光彩。在周家岗，他生活了将近四个月，一面工作，一面改写这部作品，连修改，带添补，前后又花费五十来天，共花了一百天的写作时间。十月下旬，他风尘仆仆地回到了省委宣传部。

周立波从《暴风骤雨》上卷的创作中，深深感到生活素材的积累对创作的重要。写完上卷以后，在编报的空隙，一有机会，他就背着一个被包下乡去体验生活，收集材料。他先后到过拉林和苇河的村屯，访问过呼兰县的长岭区。《暴风骤雨》下卷搜集和积累素材的时间比较长，宽一些说，从一九四六年底到一九四八年春，除了工作时间外，都是他积累材料的时间。在动笔之前，他除了将在乡下的经历和所见所闻在脑子里温习一遍之外，还再次认真地研究了中央和东北局关于土地改革的文件，追忆了松江省委召开的县书联席会议以及好多次的区村干部会议，阅读了半年多来《东北日报》关于土地改革的全部报道。这对下卷的构思和创作起了相当大的作用。一九四八年七月十三日，他开始写作《暴风骤雨》下卷。当时，在东北局工作的王首道，有一间供办公和休养用的房子在松花江畔的太阳岛上，这儿环境幽静，风景秀丽，很适宜写作。为了让周立波安静地创作小说，王首道把这间房子借给了他。七月十六日，周立波夫妇搬住太阳岛。他在这个岛上住了四十天，每天早晨三四点钟，东方刚刚露出鱼肚白，他便起来写作，中午去松花江畅游一会，消除了疲劳，又趴在桌子上，一直写到夜深。由于创作劳动紧张而艰苦，中间病了十天。到八月二十六日，写出了九万字的初稿。这时，正在哈尔滨与光华书店洽谈长篇小说《太阳照在桑干河上》出版事宜的女作家丁玲，带着孩子蒋祖林(胡也频烈士之子)前来太阳岛探望周立波夫妇。丁玲准备携带这部同样是反映中国农村土地改革、即将付梓的小说出国参加国际民主妇联第二届代表大会，这个好消息更激发了周立波的写作热情。他搬回原住处后，从九月四日起，抓紧对初稿进行修改。第三遍稿到一九四八年十二月二日最后完成，计二十来万字。

人民的生活，是革命文艺取之不尽、用之不竭的唯一源泉。元宝镇、周家岗以及拉林、苇河、呼兰等地轰轰烈烈的土地改革运动，为周立波创作《暴风骤雨》提供了丰富的素材。这部小说的有些人物和情节取材于元宝镇，甚至作品中许多场面和细节的描写，都可以从他在元宝的经历中找到渊源。三十多年后，元宝镇一些曾经参加过当年土地改革的老干部和老农民，一谈起《暴风骤雨》，还是津津有味地数说书中某某人物写的就是元宝的某某人。这个说法，虽然是出于对文学创作典型化原则的不甚了解，但也可以看出，《暴风骤雨》确是把元宝现实生活中的一些人，作为书中人物的模特儿。像那个接工作队进屯，老喜欢唠嗑“黑瞎子”(即熊)的故事，久经世故、风趣可爱的车把式老孙头，农民积极分子白玉山、郭全海等人物的模特儿，都出自元宝镇。周立波自己也说："老孙头的模特儿是我观察到的几个车把式。元宝镇离尚志县城有五十来里，我们来来往往都要乘坐三匹马拉的四轱轳大车。这些车把式走南闯北，见多识广，很有特点，又爱表现。接触多了，他们的脾性就摸熟了。有一回，元宝镇举行参军动员会，有个车把式，身穿青布长袍子在台上发言。他的一席话，思想进步，语言幽默，引得人们时常发笑。从此，我常常留意他的谈吐和性格，后来就把他的表现和其他车把式的言行综合在一起，塑造了赶车的老孙头。"(《深入生活，繁荣创作》)打胡子和分地的场面，素材也是取自元宝镇。打胡子的故事发生在周立波进屯之前。当时，战斗的硝烟早已消散。他从当地老乡那里，听到了一些动人的故事，渗进自己的生活体验，根据小说情节发展的需要，把它写在作品里。《暴风骤雨》下卷中有一个这样的情节：元茂屯农会的领导权被煎饼铺掌柜、外号"张二坏"的张富英等人篡夺以后，他们把斗争果实都卖了，卖得的钱，在公路边开个合作社，尽贩娘们的袜子、香水和香皂。他们也给老百姓放过两回钱，头一回，一人五十元，第二回是一百元。老百姓说："不顶两个工夫钱。"合作社赚来的钱都被他们吃喝掉了。这个情节的生活素材也是来源于元宝。一九四七年二月，元宝区委向县委写的《元兴屯训练班工作总结》中曾经记载："农会办的农民合作社，外号三人合作社，因为用老百姓资本办的这个合作社，每天所赚的钱刚够合作社三个职员吃煎饼，所贩卖的东西有线香、雪花膏、扑粉之类，农民们很少上门买东西。"

《暴风骤雨》上卷中三斗韩老六的主要情节，则是作家根据周家岗"七斗王把头"的故事，进行集中概括，演化而成的。这个故事情节曲折复杂，引人入胜，很有典型意义，作家以浓墨重彩，着力描绘，大大丰富了作品的内容。小说下卷站队比号分衣被和分马的动人场面，也取材于周家岗。饶有意味的是，周立波在周家岗深入生活时，他的住户是家中农，兄弟二人，一胖一瘦的两妯娌，经常是针尖对麦芒，争吵相骂不休，在吵骂中什么也不顾忌，常常张扬出彼此的隐私。农村生活中这种戏剧性的场面和这类人物的神态，也成了他的小说的素材。《暴风骤雨》下卷第九节，地主杜善人家的两个儿媳瘦麻秆和胖疙瘩骂架，气急败坏中暴露了她们家腊月扒炕，使农会找到了暗藏在炕砖下的金器、地照和翻把账，这个生动情节的素材也就是来源于此。

三、小说创作道路上的里程碑
——《暴风骤雨》的思想艺术成就

鲜明的历史主题，耀目的新人形象

《暴风骤雨》以松花江畔一个叫元茂屯的村子作背景，相当完整地反映了东北地区土地改革的过程。上卷写的是从一九四六年党中央发布《关于土地问题的指示》到一九四七年九月全国土地会议前这一段时间的土改运动；下卷写的是一九四七年十月《中国土地法大纲》颁布以后农村土改运动的进一步深入。小说描写的这个时期，正是中国人民的革命战争达到一个转折点的重要历史时期。当时，中国人民解放军在党中央、毛泽东同志的正确指挥和广大人民群众的支援下，打退了国民党反动派对解放区的猖狂进犯，并使自己转入了全国规模的进攻。为了巩固解放军的后方，进而粉碎国民党反动派妄图统治中国的幻梦，广大解放区开展了轰轰烈烈的土地改革运动。这是一个关系千百万农民的翻身解放和中国革命成败的伟大群众运动。《暴风骤雨》反映的正是东北农村这一场翻天覆地的社会变革。

上卷出版时，周立波在它的廓页写道："上卷内容是去年七月东北局动员一万二千干部组织工作队，下乡开辟群众工作的情形。东北农村封建势力的最初垮台和农民中间的新的人物最初出现的复杂曲折的过程，就是本书的主题。"第十七节写到元茂屯的农民群众掀起了斗争恶霸地主韩老六的高潮时，他又穿插了这样一段话："复仇的火焰燃烧起来了，烧得冲天似的高，烧毁几千年来阻碍中国进步的封建，新的社会将从这火里产生，农民们成年溜辈的冤屈，是这场大火的柴火。"下卷接近尾声时，他写了工作队萧队长含着欢喜和激动的眼泪，在小本上快乐而庄严地写道："地主打垮了，农民家家分了可心地。土地问题初步解决了，扎下了我们经济发展的根子。……一百多年来，我们的先驱者流血牺牲渴望达到的目的，就是使我们不再挨打的目的，如今在以毛主席为首的党中央的英明领导下，快要达到了。”这些画龙点睛式的语言，揭示了作品丰富、深刻的社会生活内容和思想意义。纵观全书，我们可以清楚地看到，像一条红线似的贯串在这部鸿篇巨制中的，正是成年溜辈受尽苦难的农民群众在中国共产党的领导下，用自己的双手，奋起推翻几千年来压在自己头上的封建主义大山，朝着解放的路上迅跑，“其势如暴风骤雨”，什么力量也阻挡不住这一民主革命的重大社会变革和历史潮流。

叙事作品的主题思想，是通过它所描绘的现实生活图景和创造的艺术形象，特别是主要人物形象来体现的。衡量一部现实主义文学作品的艺术成就，最重要的也就是看它是不是塑造出了真正具有鲜明个性的典型形象。《暴风骤雨》创造的人物共有四十多个，组成了一轴相当丰富多彩的东北农村人物画卷。但尽管人物繁多，却基本上分属两个壁垒森严、尖锐对立的阶级阵营。一个阵营以农会主任赵玉林、郭全海为首，站在他们周围的有元茂屯的贫雇农积极分子白玉山、李大个子、赵大嫂、白大嫂、刘桂兰、小猪倌和李景祥兄弟，老一辈贫苦农民老田头夫妇、老初、车老板子老孙头以及中农刘德山等，他们是农村中各阶层劳动人民的代表人物。领导他们进行斗争的是上级派来的工作队，包括抗联烈属王春生和知识分子干部刘胜等，而其主心骨则是队长萧祥。另一个阵营是以恶霸地主韩老六为首的元茂屯三大粮户(另两户是地主杜善人、唐抓子)，和他们狼狈为奸的有韩家的管家李青山，狗腿子韩长脖，土匪头子韩老五，特务韩老七、李桂荣，以及富农李振江等。这些人代表着腐朽没落的封建剥削阶级、日伪残余势力和国民党反动统治力量。第三次国内革命战争时期震荡元茂屯的这一场巨大风暴，就是这两个阶级营垒的一场惊心动魄的生死搏斗。

自从毛泽东同志在《延安文艺座谈会上的讲话》中提出写“新的人物、新的世界”的要求以后，为新时代的新人物塑像，真实深刻地展现翻身农民崭新的精神风貌，是无产阶级革命作家努力追求的一个崇高的目标。应该说，在《暴风骤雨》和《太阳照在桑干河上》等优秀作品问世以前，我们的革命文艺在这方面积累的经验并不很多，这个领域依然是一个待开垦的处女地。因此，它非常需要作家具有拓荒者的精神，进行勇敢的探索，付出艰苦的劳动。周立波在《暴风骤雨》中倾注最大的心血来塑造农村新人物的艺术形象，正是这种可贵的探索精神的表现。显然，他获得了很大的成功。

中外文学史上许多事例启示我们：正是作家的社会理想和审美理想，决定着他对生活、对人物的审察、理解和评价。周立波也不例外。他说得好："要写农民的悲喜，你自己的思想情绪就得和农民的思想情绪打成一片，换句话说，要有农民的气质。"(《〈暴风骤雨〉是怎样写的？》)由于他亲身参加了土地改革运动，从共同的生活和斗争中，真正认识到了在那些工农兵英雄人物身上，"体现着我们这个伟大民族道德的精华，蕴含着一种内在的纯洁、优美和强韧"(《谈思想感情的变化》)，因而他也就能够以满腔的热情，来为这些农村新人，特别是其中的英雄人物塑像。而他的生活理想和审美理想、他的个性和气质，都决定了最让他动心、动容、动情的，是这些新人物纯朴、善良、正直、勇敢的优秀品质，是他们对党、对人民革命事业的赤胆忠心，以及对压迫者、剥削者的顽强反抗。正像周立波当年在延安写的那首抒情诗《一个早晨的歌者的希望》中的自白，"我的歌是歌唱美丽的"，"歌唱真诚的"，"也献给刚强，也献给反叛"；"我的歌给予不幸者，也命定了给予幸福的人们"。他的"暴风骤雨"之歌，正是献给那些具有坚强的革命意志和美丽的心灵，敢于用双手"把旧世界打个落花流水"，为创建幸福的新生活而奋不顾身的农村新人的。

农民英雄赵玉林和郭全海，是周立波着力刻画的这种农村新人的典型。赵玉林是上卷的中心人物。这个从山东逃荒到关外的穷棒子，外号"赵光腚"，因为他饱受封建地主阶级和日伪统治者的压迫剥削，"一年到头，顾上了吃，顾不了穿，一家三口都光着腚"，所以得了这个诨名。他给韩老六吃劳金，辛辛苦苦扛了一年活，年终算账，还倒欠韩家的钱；因为迟交了韩家的租粮，竟被罚跪碗碴子。他还连续四次被摊劳工，有一回因躲劳工，又被日本宪兵队抓去蹲了三年"笆篱子"(监牢)，逼得他媳妇带着两个小孩出外要饭，一个七岁的丫头被活活饿死。正是这种苦难的遭遇，锻炼了他无比倔强、坚忍的性格。

他从牡丹江出劳工回来，在外屯找到了要饭的媳妇和孩子，娘儿俩一见他，哭得抬不起头来。但他没有掉泪，他说：“穷人要是遇到不痛快的事就哭鼻子，那就真要淹死在泪水里了。”他认定“穷人要有穷人的骨气。我那媳妇也和我一样，不乐意向谁去低头”。赵玉林的这种思想性格，是贫雇农的阶级本质的表现，也是他走向革命的一种内在的强大动力。因此，当土改工作队进行扎根串连时，他成了元茂屯觉醒最早、斗争最坚决的先进分子。他在工作队的启发教育下，深信“天下就是穷人多”，只要“多联络些人”，就能斗倒韩老六。他一经选定革命的道路，就一往无前，“把命搭上”，也要干到底。对阶级敌人怀着刻骨仇恨，对穷哥们却亲如手足，这是赵玉林性格的不可分割的两个侧面。他看到郭全海被富农李振江的娘们撵出来，无处安身，立即邀小郭到自己家住，说：“还有一斗多楂子，吃了再说。有我们吃的，反正饿不了你。”他被贫苦农民选为元茂屯农工联合会的主任后，不分白天黑夜地工作，顾不了家。到斗倒地主恶霸分配胜利果实时，他却把自已列在三等三级。赵玉林这种高度的阶级觉悟和大公无私的高贵品质，使他成了元茂屯农民群众最爱戴的领袖。最后，在围歼从大青顶子下来的胡子，保卫元茂屯的战斗中，他英勇地献出了自己宝贵的生命。这位气贯长虹的农民英雄，成了元茂屯劳动人民的榜样和骄傲。“一籽下地，万籽归仓”，赵玉林牺牲后，更多的贫苦农民勇敢地投入了革命斗争的行列。

郭全海是作为赵玉林事业的继承人出现在小说中的。这位青年农民是下卷的中心人物，在上卷中已初露头角。他从小就是一个苦孩子，他爹给韩老六扛活，把他带去当马倌。他的爹被韩老六活活整死，他给韩家扛了一年大活，仅仅得了五斤肉，还被撵了出来，摊派他去密山当了劳工。正像他对工作队员小王说的：“韩老六跟我们家是父子两代的血海深仇。”在漫长的岁月里遭受封建势力残酷压榨的阶级地位，决定了他革命的坚定性和彻底性，他下定决心“碎身八块也要跟共产党走，和反动派一直干到底”。在上卷四斗韩老六和打胡子的战斗中，他就以勇敢无畏的行动赢得了穷哥们的信任。到了下卷，土地改革进一步深入发展，他作为赵玉林未竟事业的接班人——贫雇农团长、农会主任，在起枪枝、挖底财和抓捕逃亡特务等一系列斗争中，更加充分地表现了自己的胆大心细，机灵干练。他在斗争中不断增长才干，逐渐学会了走群众路线的工作方法，并注意随时掌握党的政策和斗争策略，不但挖出了狡诈的地主杜善人四处埋藏的许多金器、元宝和衣物，而且取出了大枪、匣枪和枪子，找到了杜善人暗藏的伪满地照和变天账。在分配斗争果实时，他也和赵玉林夫妇一样，表现了毫无自私自利之心的共产主义风格。到全书结尾时，郭全海为了保卫人民革命的胜利果实和劳动人民的天下，说服新婚才二十多天的妻子刘桂兰，毅然参加了中国人民解放军，成了全屯青年的一面旗帜。郭全海所走的道路，正是民主革命阶段成千上万翻身农民所走的光荣的战斗道路；他参军的行动还深刻地揭示了土地改革与解放战争的关系：正是胜利发展的解放战争，配合和推动了土地改革；而土地改革的胜利，又强有力地支持了解放战争。

在农村新人的画卷里，赵大嫂、刘桂兰、白大嫂子等几位劳动妇女的形象，也是很有思想艺术光彩的。周立波用清新、细腻的笔致，描绘了她们的家庭、爱情生活，歌颂了她们崇高的品德和美好的心灵，揭示了土地改革给农民的家庭生活、夫妻关系以至整个农村的伦理道德观念和社会风气带来的深刻变化。赵大嫂是一个跟丈夫吃尽千辛万苦，也不抱怨的好心眼的贫农妇女。她勤劳刻苦，温顺善良，人穷却有志气，老孙头夸她“是一块金子”，赵玉林也觉得自己的女人“真是一个金不换的娘们”。在伪满统治时期，她常常光着腚下地，因为恋着丈夫，她心甘情愿。共产党来了，赵玉林当了农会主任，天天起五更，爬半夜，忙的尽是会上的事，家事倒顾不上了。尽管她的日子还是过得不轻巧，但她也心甘情愿，毫无怨言。分斗争果实时，赵玉林只要了几件破旧衣裳，说“不露肉就行”，她也想：“不露肉就行，要多干啥！”她的这种屈己待人的美德，更表现在对待小猪倌吴家富上。这个没爹没娘的苦孩子，被韩老六打得半死，经赵玉林和穷哥们抢救出来后，赵大嫂把他收养在家里，百般体贴，不叫他干粗活，怕累了他，还送他上学校念书。寒冬腊月，她宁肯自己心爱的独生孩子锁住光着脚丫子，也要先做一双棉鞋给小猪倌穿。郭全海的对象刘桂兰，跟赵大嫂有着不同的身世和性格。她本是个贫农家的姑娘，“个儿长得高高的，脸蛋泛红，好象一个熟透的苹果”；身板又结实，干活顶得一个男子汉。只因为家里穷，爹临死前，还不起债，忍痛把她送给一个小经营地主老杜家做了童养媳。她在婆家受尽了折磨和凌辱。土地改革的深入开展，使统治农村几千年的封建宗法制度和传统的道德观念从根子上动摇了。在赵大嫂、白大嫂的帮助下，她勇敢地逃离婆家，跳出了火坑，成了妇女组和识字班的积极分子。她自己另挑对象，相中了成分好、工作好、人品也好的郭全海。由于有民主政府的支持，她终于跟原先那个挂名丈夫——比她小七八岁的“尿炕掌柜”离了婚，跟郭全海成了“龙配凤”的一对。新婚不久，又含着难舍难分的热泪，送小郭参了军。

跟赵玉林、郭全海两对夫妻的性格不一样而又互相辉映的另一对，是白玉山和白大嫂子。白玉山原本是一个勤快的小伙子，只因受韩老六欺侮而又打输了官司，竟被冤枉地关进县大狱，弄得倾家荡产，连独生的儿子小扣子也被整死。从此，他变成贪睡的懒汉，“老是黏黏糊糊的，啥也不着忙”。白大嫂是一个又勤俭、又能干，秉性刚强的女人，小扣子的死等于剜去了她的心头肉。由于日子过得不舒坦，两口子经常干仗。土地改革一来，他们吐出了苦水，斗倒了韩老六，焕发出了前所未有的革命积极性。白玉山被选上农会武装委员后，完全变了样，再也不黏黏糊糊了，“成天脚不沾地，身不沾家，心里老惦着事情”。白大嫂为丈夫的转变乐坏了，两口子的感情比新婚还好。后来，白玉山被调到双城县公安局工作，成了公家人，白大嫂子感到光荣，性格也越发开朗了。她精悍泼辣，“整地主，挖金子，起枪枝，都站在头里，有机谋，又胆大”，成了元茂屯妇女组的头行人，赵大嫂也夸她是“咱们军属的光荣，女中的豪杰”。赵大嫂、刘桂兰、白大嫂这三位有着不同身世、个性的农村妇女所走过的道路，说明了一个颠扑不破的真理：劳动妇女只有把自己的命运同无产阶级和劳苦大众的解放事业联系在一起，才能在政治上、经济上获得真正的彻底的翻身。

在《暴风骤雨》中，工作队长萧祥是周立波着力刻画的另一个重要人物。他是贯串全书的一个核心人物。作家是把他作为一位“有着为人民服务的大志的群众政治家”的典型形象来塑造的。萧祥艰苦深入，密切联系群众，在复杂的阶级斗争中，坚定而又沉着，时刻注意调查研究，善于分析、掌握干部群众的思想情绪和斗争要求，洞察敌人的阴谋诡计，因势利导，去夺取胜利。上卷中，连续三次斗争韩老六，都因为群众发动尚不够充分，加上阶级敌人的破坏，没能把这个恶霸、汉奸兼封建地主完全斗垮。积极分子和工作队员都产生了泄气情绪，但萧祥却十分沉着，他懂得：斗争越是复杂，工作越是困难，越需要领导者的镇定和坚强，因为这时“谁都想从他嘴上来找安慰和办法，而不是听他的唉声叹气”。萧祥耐心地做思想工作，带领大家继续广泛深入地发动群众。出身小资产阶级知识分子的工作队员刘胜闹情绪，卷起铺盖要回哈尔滨。萧祥对他进行了温和而又严肃的批评帮助，使他懂得了“做群众工作，跟做旁的革命工作一样，要能坚持，要善于等待”，从而重新坚定了工作的信心。萧祥对从土地改革中涌现出来的积极分子赵玉林、郭全海等，更是无微不至地关怀，热情而又细心地培养，帮助他们从斗争中增长才干。下卷中，元茂屯的贫雇农从坏分子手里夺回了农会的领导权，反封建斗争“重打锣鼓另开戏”，向纵深发展，萧祥从一开始，就让郭全海唱主角，并适时地加以指点、引导，终于把小郭培养成了一位深受群众爱戴的出色的基层干部。他对小郭和刘桂兰的恋爱也深表关心，为他们穿针引线。当小两口成亲时，特地送去一副对联“和谐到老，革命到底”，表现了对这一对新夫妇的热烈祝贺和殷切期望。

萧祥作为一位出色的领导干部，还是一个吃苦在先、以身作则的实干家。他总是用全力去解决实际问题，“不愿意用闲话，用空想来耽误时间，浪费精力”。韩老六毒打小猪倌的罪行被揭露，愤怒的群众拥进韩家大院，韩老六被吓得越墙逃跑了。这时，萧队长立即翻身上马，带领赵玉林等人跟踪紧追，终于把这条狡猾的“大狗鱼”从黄泥河沿的小鱼窝棚里抓到了。韩老七率领大批胡子围攻元茂屯，萧祥又亲临阵地指挥和参加战斗，他“右手挂花，军帽打穿了，剃去了一溜头发”。这些行动，都充分表现了这位领导者无限忠于人民的革命事业，为了群众的利益，甘愿赴汤蹈火的高贵品质。萧祥“这一个”人物的性格特征，在某些方面集中概括了革命战争年代和民主革命时期一些优秀共产党人的思想作风和领导才干，无疑是一个具有典型意义的艺术形象。

在《暴风骤雨》的人物画卷里，个性最为鲜明、血肉最为丰满的艺术形象，还是要数车老板子老孙头。这是一个性格复杂而又令人喜爱的人物。这个元茂屯数一数二的车把式，受过日伪汉奸、恶霸地主韩老六的欺侮和剥削，赶了半辈子车，到头来还是“马杓子吊起来当锣打，穷得叮哩当啷响”。他的社会地位决定了他本能地仇恨地主阶级，盼望翻身解放。几十年走南闯北的赶车生涯，又使他具有丰富的人生阅历，同时沾染了见风使舵、贪小便宜等坏习气。他见多识广，能说会道，不但有讲不完的黑瞎子(熊)掰包谷、斗老虎之类的笑话，而且晓得许多“诸葛亮借东风”“周文王三分天下有其二”之类的旧小说故事与种种轶闻掌故，加上从工作队和农工会学来了一些似懂非懂的革命新词儿，因而成了一个谈笑风生、诙谐有趣的人物，他在哪里出现，哪里就热闹起来。在分配地主家的衣裳、杂物时，他对那个绣着“花好月圆”字样的绣花枕头的风趣的议论，引得周围的人都哈哈大笑，连萧队长也笑弯了腰。但“老孙头早就不笑了，他是这样：人家笑，他就不笑，人家越笑，他越装鬼脸，眯眼睛，逗得人越笑”。老孙头还有一个好吹牛的习性，从不放过任何一个可以吹嘘自己的机会。他夸耀什么萧队长也讲过“有咱们老孙头赞成，革命就有力量了”，尽管他胆小怕事，但他总是自夸“走南闯北，就是凭这胆大”。他时刻为自己赶车本领的高强而自豪，尤以能亲自赶车接工作队入屯引以为莫大光荣。地主杜善人埋下的变天账里，记载农会干部的黑名单上没有老孙头的名字，他挺不高兴地说：“干部里头，咋没我名？萧队长是咱用胶皮轱辘接来的，他一来，咱就干了。”这说明，老孙头认识到了参加革命斗争是十分荣耀的事。这无疑是一种高贵的感情，但这里面也掺杂着某种爱面子的虚荣心理。因此，尽管他确确实实挨过坏分子张富英一皮鞋脚，他却死也不肯认账。老孙头还有一个特点，他体贴干部，对领头斗地主的赵玉林、郭全海等人打心眼里拥护，分配斗争果实时处处关照他们。在这一点上，他是代表着广大贫苦农民的真心实意的。但就在这种关照里面，他也免不了夹杂着某些私心。对老孙头这种复杂的心理状态，小说下卷《分马》一节作了十分真实而又细腻的描写。但随着革命斗争的胜利发展，在赵玉林、郭全海等的影响下，老孙头毕竟是不断地进步了。最后，土改胜利，屯子里掀起参军的热潮，老孙头不顾自己年过半百，居然也和小青年们一起报了名。萧队长当然不会叫他上前方，但这个行动却是他觉悟提高了的表现。老孙头这个既有鲜明个性又有普遍代表性的车把式的形象，是周立波刻画得十分成功的一个老一辈农民的艺术典型，具有很大的历史真实性和较高的美学价值。它的现实意义在于：在旧社会饱经风霜和苦难的老年劳动者，他们既是革命的一种基本力量，同时又需要经过长期的教育，才能摆脱自己身上因袭的旧思想和习惯势力的沉重负担，在革命的道路上大步前进。

在《暴风骤雨》中，那个苦大仇深而又老实巴交的贫农老田头，从最初顾虑重重、犹疑观望到后来坚决起来斗争韩老六的觉悟过程；那个勤劳能干却又私心很重的中农刘德山，从开始脚踏两只船，对工作队和韩老六“两面不得罪”，到后来积极参加土改和支前的转变过程；以及那个在打胡子中表现非常勇敢，但跟张寡妇搭伙以后却不再迈步的穷棒子花永喜的退坡的表现，都无不说明了这样一个道理：教育农民是一个长期而又艰巨的任务。这些人物，都各以其不同的个性，给读者留下了较深的印象。

在阶级敌人的营垒里，小说对韩老六的凶残毒辣、杜善人的奸猾狡诈，和他们抗拒土地改革的种种花招，也作了许多具体生动的描绘，表现了他们的反动本质。同时，通过他们的垂死挣扎和土崩瓦解，揭示了封建剥削阶级必然走向灭亡的历史规律。

毋庸讳言，《暴风骤雨》在人物塑造上也有它的不足。比较明显的是，对主要人物赵玉林的觉醒过程表现得过于简单。一个在日伪统治下被压在社会最底层的中年农民，要成长为具有高度的政治觉悟的无产阶级先锋战士，是需要一个过程的，不可能设想他的内心没有激烈复杂的矛盾和斗争，因而不宜于把他的进步和提高写成一条直线，似乎没有什么曲折。诚然，小说也写了赵玉林参加土地改革时的一些思想斗争情况，但表现得很不充分，看起来他好像是在一夜之间就自我完成了这个觉醒和提高的过程。另外，下卷为了给萧祥重返元茂屯作铺垫，描写郭金海那么轻易地被坏蛋们撵出了农会，也有损于小郭这个人物的形象。小说中还有的人物个性特征不够鲜明，有些脸谱化、类型化。

博采中外文学的长处，创造自己的新形式、新风格

周立波经过延安文艺整风以后，在创作上努力探求民族化、大众化的道路。他认识了一味崇尚西方文学的偏颇，决心立足于民族传统，博采中外文学创作上的一些长处，“踏出自己的道路来”，创造一种适合于表现现代人民的生活和斗争，符合广大人民群众的欣赏习惯和审美趣味的新的艺术形式和艺术风格。《暴风骤雨》是他的这种艺术追求的一次成功的试验。

在创作中，他首先注意汲取和借鉴我国传统小说的有益经验。周立波认为，中国旧小说有许多优点：一是“故事完整，很少静止的描写，较多行动的叙述”；二是“典型人物塑造的精妙”；三是“口语化”(《读书札记》)。这些优点，他在《暴风骤雨》中都较好地加以继承了，并根据表现“新的人物，新的世界”的需要作了创造性的发展。从小说的布局谋篇来看，他描写元茂屯的土地改革运动，有个相当完整的故事，首尾呼应，经纬分明。小说以农民群众和封建地主这两大阶级的对立和斗争为主线，把以韩老六为首的元茂屯“三大粮户”的血腥发家史和覆灭史，与以赵玉林、郭全海、老田头、白玉山等为代表的贫苦农民的血泪史和翻身史糅合起来，并把它们同北满草原美丽辽阔的自然风光、古老淳朴的民情风俗等等，细针密缕地缀联在一起，形成了一种主干突出而又枝叶扶疏、故事单纯而又波澜起伏的结构布局。人物的出场仿照了《水浒传》，随着故事情节的发展，主要人物一个接一个登台“亮相”，并作出自己的“表演”。无论写人状物，或者叙事抒情，主要是采取了中国传统的白描手法，精心选择和提炼那些富于特征意义的情节、细节，运用省俭的笔墨，加以客观的描绘。在刻画人物的形象时，作家常常抓住人物的外表特征和习惯动作，简炼的几笔，就勾勒出一幅幅动人的肖像画：风趣诙谐的老孙头出现在人们面前，总是舞舞爪爪，“笑眯左眼”，妙语连连；白大嫂子的喜怒哀恸，常要牵动她那“象老鸹的毛羽似的漆黑漂亮的眉毛”；而韩老六那“秃鬓角的大

脑袋”和一脸奸笑，韩长脖那副脖子长、脑袋小的尊容，也无不使读者过目难忘。当然，作家对人物形象的塑造决没有停留于这些表面的东西，而是自始至终把对人物思想性格的刻画，融化在具体生动的生活画面之中，通过人物本身具有典型意义的行动、动作和语言，深入地揭示他们的内心世界。

周立波在《暴风骤雨》中，也较好地运用了“以少胜多，以简胜繁，以不全写全”的传统手法。他介绍赵玉林的身世，特别是他那“人穷志不穷”的倔强性格，并没有罗列许多一般化的平淡的事例，而是抓住他那外号“赵光腚”的来由，着重地追述了韩老六和日伪反动势力勾结，敲骨吸髓地榨取赵玉林的血汗，直弄得他家破人亡的经历，以及他在走投无路的艰难境况下，从不轻掉一滴泪，更不向这帮吸血鬼低头屈膝的两三个典型事件。下卷写郭全海大公无私的高贵品质和无限忠于人民革命事业的共产主义精神，也没有铺陈许多事例，主要是通过“分马”和“参军”两个典型事件，作了有声有色、细腻入微的描写。这样，不但使人物的神情丰采跃然纸上，而且显示了作品的简洁、朴实之美。

《暴风骤雨》在艺术构思上，还相当出色地把握和运用了中国文学悲喜相间、冷热相济、正反相衬等传统的美学法则，使故事情节腾挪跌宕，引人入胜，整个结构显得单纯而又不单调。在上卷中，随着工作队进驻元茂屯，土地改革逐步开展，人们既看到了愤怒的人群潮水般的涌入韩家大院，抢救小猪倌，萧队长调兵遣将，四处追捕韩老六那样的气势磅礴的斗争场面，也看到了斗垮韩老六后，贫苦农民个个喜笑颜开，男女老少像过年过节一样，高高兴兴地分配胜利果实那样的轻松、愉快的生活画面。在上卷第二十节，元茂屯的群众在民主联军支援下，消灭了围攻屯子的大股胡子，整个屯子呈现一派欢腾景象，人们聚集在小学校操坪里观看张景祥扭秧歌，唱“二人转”，欢声笑语，不绝于耳。正在这时，忽然传来赵玉林在县医院死去的消息，霎时，“锣鼓声和喇叭声也都咽住了”。大伙拥向西门，“在确青的苞米棵子和深红的高粱穗头的中间，八个人抬着一口白木棺材回来了”。接着，在小学操坪举行了赵玉林的追悼会，刚才还是欢乐的海洋的操场，如今笼罩着一片悲痛的气氛。在大伙的恸哭和《哭长城》的哀乐声中，在红绸旗子的引导下，乡亲们把自己爱戴的农会主任的遗体，送往草甸子安葬。这种悲喜相间的故事情节和生活氛围，真实而深刻地再现了小说所描写的那个特定历史年代的客观环境和人民群众的斗争生活，具有很大的艺术感染力。

周立波在早期的短篇小说创作中，就表现了他那“微笑着看世界”的特有的幽默感。在《暴风骤雨》中，他更加有意识地学习和发扬了我国文学讲究张弛有致、寓庄于谐等优良传统，在紧张、肃穆的场面和气氛中，常常以“神来之笔”，穿插进来令人忍俊不禁的细节和语言。上卷写到围剿胡子的战斗正在元茂屯郊外紧张地进行，杀声震天，弹雨横飞。一阵反冲锋过后，有人从被打死的胡子尸体当中发现了地主狗腿子韩长脖，快乐地叫唤起来。这时，作家立即另调色彩，为我们描绘了这样一个妙趣横生的场面：人们围拢来，纷纷议论着，“忘了这儿是枪弹稠密的阵地”。有人看着韩长脖的尸体说：“这算是恶贯满盈了。”“死了，脖子更长了。”有人还长篇大论地数落起来：“你皱着眉毛干啥？不乐意？”“快跑，快跑，还能撵上韩老六，在阴间地府，还能当上他的狗腿子。”这个“插曲”，生动地烘托了阵地上人们因胜利而忘乎所以的快乐心情。下卷写到白大嫂带领妇女组去杜善人家挖底财，和刘桂兰二人亲自动手，从他大媳妇“瘦麻秆”的骑马带子里搜到了一对黄灿灿的金镏子。这时，作家又“逢场作戏”，写了这样一个细节：门开了，人们拥进来。老孙头抢过镏子来，伸得很远，笑眯左眼说：“这不象金子，是黄铜吧。金子是甜的，黄铜是苦的，让我搁舌子尝尝。”说完，他把镏子搁到嘴边去。刘桂兰赶忙夺过来，说：“把人吓坏了。埋汰呀，你都不知道？”老孙头反倒给弄迷糊了：“金子有啥埋汰呢？”这个“插曲”，同样生动地再现了当时的环境气氛和斗争情景，并从细微处刻画了老孙头处处不忘炫耀自己见识广阔，好自作聪明的个性特点。这种富于生活情趣的逗乐，可以说是地地道道的周立波式的幽默！

《暴风骤雨》在人物创造和艺术表现形式上，固然主要是从中国文学的优良传统汲取经验，但作家并没有摒弃外国文学的有益的东西。相反，具有深厚的外国文学修养的周立波，十分注意借鉴外国文学，特别是苏联社会主义现实主义文学的成功经验。他认为：社会主义现实主义的创作方法“教导着我们要有深刻的思想性，要紧紧的和人民连接在一起，要忠实的表现劳动人民的战斗和生活”(《我们珍爱苏联文学》)。《暴风骤雨》的创作正是沿着这条路子走的。这可以从他自觉地投身土地改革运动，从人民生活中汲取源泉，以及构思创作这部小说的整个过程得到印证。同时，这部作品从典型人物的创造和艺术表现的方法等方面来看，还明显地受了肖洛霍夫《被开垦的处女地》的某些影响。它的俄译本译者把《暴风骤雨》中那个“滑稽鬼和快活的打诨者”——老孙头，称为“格内米雅其谷地的西奚卡老爹[①]的亲兄弟”，不是没有根据的。当然，这位翻译家也公正地指出：“这里当然没有任何模仿复制或机械搬用的意思。长篇小说《暴风骤雨》中的人物典型完全是独创的和真实的，正象孕育他们的环境是独具风格的和无法摹仿的一样。”（B．卢得曼:《暴风骤雨》俄译本第一版前言）

周立波从中国旧小说同西方小说的对比中，发现“环境、生活和心理的细节的仔细描写，章回小说是稍稍逊于西洋小说的”(《读书札记》)。从“五四”以来，我国现代小说由于吸收了西方文学的长处，无论在细节的描写、人物心理的分析、风景的描绘和氛围的再现上，都取得了很大成绩。周立波在创作《暴风骤雨》时，继承和发扬了这个优点。从前面对这部作品的某些章节的分析中，已能窥见一斑。更明显的例子还可以举出上卷第十四节：这一节写萧队长邀赵玉林到外头溜达，跟他谈入党的事。从他们走出小学校的校门以后，一路上的各种风光景物，作品都作了细致生动的描写：这正是北满最漂亮的季节——夏末秋初一个晴和的日子，“太阳透过榆树的密密层层的叶了，把阳光的圆影照射在地上”，“南风刮来了新的麦子的香气和蒿草的气息”。前面，“一群白鹅和灰鹅在道旁水濠边呆着，看见他们来，伸着脖子，嘎嘎地叫着，大摇大摆的，并不惊走，一片湿漉漉的青柳叶，沾在二只雄鹅的通红的嘴壳上，它摔也摔不掉它。井台上有人在饮马”。他们往前走，“家雀在柳树梢上，脚爪踏得柔软的柳条，轻微地摇摆，白杨树后的青空里，飘起了晌午饭的灰色

---

① 西奚卡老爹，肖洛霍夫《被开垦的处女地》中的一个典型形象。

的烟云。屯子的各处，雄鸡在叫了。一挂三马车，嘎啦啦啦地迎面朝他们驶来，车上装满了老稗草和西蔓谷，还有几个装得鼓鼓的麻袋。‘尝尝青苞米。’车上戴草帽的青年庄稼人喝住了马，向他俩招呼。他解开麻袋，拿出十来个青苞米，送给他们”……

这一连串景物素描，像精心组接的电影镜头一样，构成一幅幅色彩鲜明的画面，到处充满了勃勃的生机、自由的空气和丰收的喜悦。在这金色的秋天里，在风光如画的田野上，赵玉林肩上挂着枪，跟萧队长肩并肩地慢慢走着，一会儿钻进道旁的矮树丛子里，摘了几颗深红颜色的山里红，噙一颗在嘴里，送一颗给萧队长，一会儿笑着跟饮马的乡亲打招呼……后来，他俩并排坐在一家园子的柴火堆上，“萧队长最初跟他说起了入党的事，谈了好半天”。

萧队长跟赵玉林谈入党的事，这无论是在赵玉林的成长过程中，或者是在元茂屯的土改斗争中，都是一件有着严肃的政治意义的大事。但周立波没有去写萧队长如何对赵玉林灌输政治大道理，也没有去写庄严、隆重的入党仪式之类的场面。这里既没有什么长篇大论，也找不出任何豪言壮语。作家只是用一种饱含诗情画意的抒情笔墨，通过对北满的田园风光和周围人物的活动的描写，充分地渲染了一种无比明朗、愉快的环境气氛，有力地衬托了主人公此时此地特别轻松、欢畅的心境和无限开阔的胸怀。显然，对环境的细节和氛围作如此细腻入微的描写，固然有中国小说的经验，但更主要的却是师法了外国文学的长处。

《暴风骤雨》的语言很有特色。周立波不但从中国和外国文学中汲取语言的精华，而且特别注意学习群众的语言，从劳动人民新鲜活泼的口语中获取养料。他在谈到这部小说的创作体会时说：“要表现农民，必先学习农民的语言。”他深入北满农村，惊喜地发现“东北语言还是由农民完整地保存着，带着浓厚的中国传统的气派和泥土的气息”。而《暴风骤雨》正是他用东北农民的语言来反映东北农民的生活的一种尝试。可以看出，周立波的这种尝试获得了很大成功。这部长篇小说的语言，已极少有他早期的小说中常见的那种“欧化”倾向或学生腔。叙述语言的口语化和人物语言的个性化，是它的一个鲜明的特色。

上卷第十五节写韩老六使“美人计”，在大院设宴款待农会小组长杨老疙疸。第一次“韩老六殷勤地劝酒，嚷得热乎乎，三二樽高粱，就把杨老疙疸灌得手脚飘飘，不知铁锹有几个齿了”。第二次韩老六陪他喝酒、闲唠，一直到半夜才离席。这时，韩家大姑娘韩爱贞出来陪酒了，这女人“用她从日本人森田那里练习得来的本领，来勾引老杨”。杨老疙疸上钩了，“他拖住她胳膊。她尖声大叫道：“妈呀，快救命，杀人了。”作家接着用色调丰富的语言，写了下面这样两个场面：

杨老疙疸慌忙放开手，韩爱贞仰脸摔倒了。她的肥厚的脊梁压着炕桌的一头。炕桌压翻了。桌子上的盆盆碗碗、杯杯碟碟、汤汤水水、酒壶酒樽、清酱大酱、辣酱面酱、葱丝姜丝、饺子面片、醋熘白菜、糖醋鲫鱼、红烧鹿肉，稀里哗啦的，全打翻了，流满一炕，泼满一地，两个人的脸上、手上、腿上和衣上，都沾满了菜汤酒醋、大酱辣酱，真是又咸又热，又甜又酸，又香又辣，味儿是十分复杂的。韩老六的两个老婆子也分沾了一些。

……

三个女人正在闹得不可开交的时候，门里门外，人们纷纷地闪向两旁。韩老六来了，后面跟着李青山。他女儿扑到他身上，缠着他叫：“爹呀！”她又哭起来。

“你这摊枪子死的。”大老婆子唤着，用右手指头戳着杨老疙疸的左脸。

小老婆子叫着，用左手指头戳着杨老疙疸的右脸，骂道：

“你这挨刀的。”

“呵呵，喔喔，爹呀，我的脸往哪儿搁呀？”韩爱贞抽抽搭搭地哭着，却没有眼泪。

韩老六故作惊讶地唤一声：“哦！”好像愣住了似的。

四个人就像胡琴、笛子、喇叭、箫似的，吹吹打打，配合得绝妙。

这两个场面的描写，巧妙地借鉴了中国戏曲艺术的某种表现手法，极富于戏剧性。整个叙述语言又成功地运用了东北人民日常生活中的口语，它们不但形象生动，词汇丰富，而且节奏明快，音调铿锵，把韩老六故设圈套，挖空心思导演的这一幕卑鄙而又滑稽的闹剧，绘声绘色地展现在读者面前。在修辞方法上，周立波熟练地运用了排比、重叠、比拟、夸张等修辞手段，其中第一段关于炕桌压翻、杯盘狼藉的场面的描写，更创造性地学习和借鉴了《水浒传》中鲁提辖拳打镇关西一节的语言艺术技巧。作家搬出了一大串酒酱菜肴的名字，罗列了酸、甜、香、辣等各种味道的词儿，似乎是有意地避简趋繁。但繁衍而不觉其啰嗦，重叠而不显得累赘，反倒使人感到淋漓尽致，意味无穷。这种匠心独运的繁复，完全是出于表现特定的生活内容的需要，成了渲染环境气氛、刻画人物性格的一种技巧。

《暴风骤雨》好些人物的语言都十分个性化，做到了“心曲隐微，随口而出，说一人，肖一人”（李渔:《闲情偶寄·语求肖似》），既不雷同，又不浮泛。

语言富于个性特征的首推老孙头。这位车把式不开口则已，一开口就显示出他的深谙世故，乐观诙谐，胆小怕事而又好吹牛的性格特征。他有一句口头禅：“我老孙今年平五十，过年五十一，走南闯北的……”那意思无非是夸耀自己见到的、懂得的东西比谁都多。斗争会上主席坐的桌子，他不叫主席台，叫“咱们百姓的龙书案”（即皇帝的御案）；从地主家取出的布料华达呢，他偏唤作“哗啦呢”；当特务韩老五被白玉山、郭全海抓回屯子时，他挤到韩老五跟前，故意吃惊地问道：“这不是咱们五爷吗？大驾是怎么回来的？搭的太君的汽车呢，还是骑的大洋马？”这些语言，处处表现了老孙头的开朗、风趣。

老孙头的语言还有一个特点，是成语典故和新旧词儿特别多，什么“那一耳刮子，也是周瑜打黄盖，一个愿打，一个愿挨的”；什么“老爷子，别说你岁数大了，太公八十遇文王”，如此等等。在他掌握的一个唠嗑会上，他发表了一篇包含很多新名词的演说，你听：

“咱们都是积极分子。积极分子就是勇敢分子，遇事都得往前钻，不能往后撤……”

“咱们走的是不是革命路线？要是革命路线，眼瞅革命快要成功了，咱们还前怕狼后怕虎的，这叫什么思想呢？”

把积极分子解释为“勇敢分子”，说咱们走的是“革命路线”，这些都是不折不扣的老孙头的语言。此外，小说中赵玉林夫妇、郭全海、白玉山和白大嫂等人物的语言、个性特征也都比较鲜明。

《暴风骤雨》还吸收了东北农村中许多虎虎有生气的方言土语，包括那些闪耀着智慧光芒的农家谚语和日常生活中的俏皮嗑(歇后语)。这也是这部小说的语言显得格外清新活泼的一个重要原因。这样的例子几乎俯拾即是。郭全海被选为农工会副主任后，得到贫雇农的热烈拥护，也碰到了溜须、嫉妒、讽刺和恐吓。作品是这样描写的：

“郭主任真行，我看比赵主任还有能耐。”溜须的人都叫他主任，“上我家去串串门子吧。”

“人家当主任了，还看得起咱们农户，咱们搬梯子也够不上了。”嫉妒的人说。

“这才是拉拉蛄穿大衫，硬称土绅士。”粮户讽刺他。

“别看他那熊样子，‘中央军’来了，管保他穿兔子鞋跑，也不赶趟。”藏在屯子里的干过“维持会”的坏根们背地里说。

围歼胡子时，大伙发现韩老七蹽了。接下去有这样一番议论：

“这才是，唉，跑了一条大鱼，捞了一网虾。”花永喜说。

“这叫放虎归山，给元茂屯留下个祸根。”一个戴草帽的人说道。

……

“嗯哪，韩老七可狡猾哩，两条腿的数野鸡，四条腿的数狐狸，除开狐狸和野鸡，就数他了。”第三个人说。

以上这些对话，无一不是活生生的群众语言。正像周立波说的：“农民说话，都形象化。这种形象是他们从生产知识和斗争知识里头提炼出来的。”(《〈暴风骤雨〉是怎样写的？》)显然，《暴风骤雨》之所以呈现出浓郁的地方色彩，透露出诱人的泥土气味和生活气息，与它学习、运用东北群众语言的成就是分不开的。

《暴风骤雨》的艺术形式也不是完美无缺的。从结构上看，上下卷的联系不够紧密，多少给人以脱节的感觉。下卷结构不如上卷紧凑、调和，从第六节到第九节全是写的挖浮财，其中有好些与主题无甚关联的细节，显得过于琐碎，而对另一些重要的斗争却没有充分地展开。从语言上看，方言土语也用得嫌多了一点，淘洗和提炼尚有不够之处。这些都是不足。

《暴风骤雨》在我国现代文学史上的地位

《暴风骤雨》是周立波小说创作道路上的一块里程碑，既是他的成名作，也是他的传世之作。作品以它重大的题材内容、鲜明的历史主题，单纯、朴素、明快、隽永，具有中国作风中国气派的艺术形式和艺术风格，获得了文学界和读者的一致好评。当上卷于一九四八年四月在哈尔滨出版后，《东北日报》和《生活报》都发表了热情的评介文章。当时许多土改工作队员甚至人手一册，以之作为教材。一九四八年五月十五日，东北文委在文协专门召开了一次讨论《暴风骤雨》的座谈会。由作家、《东北日报》副总编辑严文井主持，舒群、草明、金人、宋之的、马加、华君武等二十余人参加了座谈会。

大家对《暴风骤雨》上卷作了很高的评价，都认为这部小说是东北文学创作的一个重要收获，是解放区描写农民的斗争生活的优秀作品之一；赞扬它真实生动地反映了土地改革初期，农民在党的领导下初步发动起来以后，对地主展开的尖锐复杂的阶级斗争，在人物塑造和语言掌握上都是相当成功的。发言者还肯定它用农民的语言写农民的生活，表达农民的感情特别是他们的革命情绪十分鲜明、强烈，作品的地方色彩也很浓郁，形成了独特的中国风格。同时，大家对小说的缺点和不足，也谈了各自的看法。一九四九年夏，《暴风骤雨》作为东北解放区的优秀作品之一，被推荐给中华全国文学艺术工作者代表大会。后来，它荣获一九五一年度斯大林文学奖金三等奖。

新中国成立后出版的几部中国现代文学史中，周立波的《暴风骤雨》，和同获斯大林文学奖金二等奖的丁玲的《太阳照在桑干河上》，同是我国最早出现的反映农村土地改革的代表作品，是革命现实主义的成功之作，在我国现代文学史上具有重要地位。这部小说在我国曾多次再版，第二版重印了十九次，在广大读者和文学青年中，几乎是有口皆碑。一九六二年，北京电影制片厂根据林蓝改编的同名剧本摄制成影片(谢铁骊执导)，更扩大了这部小说在城乡人民中的影响。《暴风骤雨》在苏联、德意志民主共和国、捷克斯洛伐克、匈牙利和日本等国，都有它的译本或节译本，一直受到国外进步文学界和读者的热烈欢迎。苏联的翻译家赞扬它是“伟大的中国人民现代文学中的一部杰作”，认为小说“集中反映了打败日本帝国主义以后中国农村发生的那些巨大的事件”；同中国其他的描写土地改革的作品相比，它“以其所接触的题材的广阔和丰富见长”，“无论从形式上或是从语言上都为广大群众喜闻乐见”(B．卢得曼:《暴风骤雨》俄译本第一版前言)。一九五一年，日本东京八卜(鸽子)书房出版了鹿地亘、安岛彬合译的《暴风骤雨》。从此，周立波的名字在日本读者中被逐渐熟悉起来，日本的文学研究家们从研究这部作品中，悟出了日本军国主义者必然失败的道理。鹿地亘在《译介序言》中说：“读了周立波的长篇小说《暴风骤雨》之后，我首先亲身感受到了这一点……军部和财阀之流的所谓‘王道乐土’的阴影，事实上就象即将坍塌的一堆沙土，随时都有崩溃的可能。今天必须明白，日本人民同亚洲的各民族，尤其同他们休戚相关的中国人民的关系，必须打下毫不动摇的坚固的基础。这部作品使我们看到了一个不寒而栗的真相。”另一位译者安岛彬撰写的对《暴风骤雨》的评论文章编入《中国名著鉴赏与批评》一书中，他指出：在中国描写土地改革的诸多同类作品中，《暴风骤雨》与丁玲的《太阳照在桑干河上》可以并称为最杰出的作品，这部小说“既有简洁的美，也有犹如被太阳晒黑了的农民肌肉的粗犷美。而在这一切的内蕴底层断断续续流淌着的是作者对人生洋溢着的热情”。

《暴风骤雨》的成就是显著的。当然，小说也有它的局限性。现在看来，它对当时东北地区和全国革命斗争形势的发展变化着墨太少，因而不能使读者从更广阔的时代背景上，更清晰地理解元茂屯这场轰轰烈烈的群众运动同革命全局的内在联系。在描写土地改革运动的发展过程时，对当时农村阶级斗争的复杂性反映得也还不够充分。诚然，上卷写了韩老六的一系列破坏活动，下卷也写了杜善人的狡赖和软抗，但他们的破坏阴谋几乎都被很快地顺利地击破了。作为封建反动势力的代表的元茂屯三大户(韩老六、杜善人、唐抓手)之间，也似乎没有什么矛盾。同时，作品对当时东北土地改革运动曾经相当普遍地出现的先右后“左”的偏向，基本上采取了回避态度，没有认真加以表现。下卷第十一节虽写了民信屯的贫雇农到元茂屯“扫堂子”的事，但这个本来是“左”的偏差的事件，却由于郭全海的善于应付，化为了两屯农民友爱团结的好事，作品并没有揭示出它的任何危害。周立波在谈到下卷的创作情形时，曾经这样说过：“北满的土改，好多地方曾经发生过偏向，但是这点不适宜在艺术上表现。我只顺便捎了几笔，没有着重地描写。”为什么？他认为：“革命的现实主义的反映现实，不是自然主义式的单纯的对于事实的描写。”“对于现实中发生的一切，容许选择，而且必须集中，还要典型化……”(《现在想到的几点——〈暴风骤雨〉下卷的创作情形》)看来，这里涉及一个值得商榷的问题：土改中的偏向宜不宜于在艺术上表现，表现了这种偏向是不是违悖革命的现实主义。我认为，社会生活本身就包含着光明面和阴暗面、胜利和失败、成绩和偏差等等互相对立的因素，生活也就是在矛盾斗争中不断前进的。因此，高尔基强调作家“不要害怕矛盾，不要违背真实而去消除矛盾”(《给德·安·富曼诺夫》)。真正站在无产阶级的党性的立场上，从生活的真实出发，对反映了当时阶级斗争的复杂性和运动本身发展规律的某些偏向，是完全可以而且应当表现的。描写这些偏向和纠正偏向的过程，不但不会冲淡或掩盖生活中的光明面，给我们的革命事业抹黑，相反，倒可以更深刻地展示生活中的矛盾冲突，揭示现实生活发展的规律和趋向，使作品具有更大的思想深度和历史的真实性。这正是革命的现实主义所要求的。回避这些，也就不可能有充分的现实主义。

《暴风骤雨》在反映生活、概括时代和塑造人物上的成功和不足，都不单纯是技巧的问题。周立波是一位出身清寒，对党和人民充满无限真诚、炽热感情的革命作家，他具有农家子弟那种朴实、单纯的个性特点，从不掩饰自己强烈的爱憎。他总是带着某种微笑看取人生和世界，对新事物特别敏感。他有自己的审美趣味和艺术追求，艺术表现上的单纯性也是他的才能中的一个重要方面。在延安时，他就极力主张“歌颂光明”。到创作《暴风骤雨》时，他的这种思想感情和个人气质，以及他对革命现实主义的理解，都使得他把描写蓬勃向上的新生力量，雄伟壮美的革命斗争和翻身农民的欢声笑语——也就是光明和欢乐这个人民的时代的主旋律，放在最中心的位置上。这自然是对的，符合生活的本质和主流的。但他对农村中无比错综复杂的阶级关系和阶级斗争，对农民群众打破几千年的封建枷锁而谋求解放的艰苦历程——特别是心灵的历程，却往往观察欠深，因而也未能作更充分的表现。正如陈涌的评论：“有时过分的单纯也妨碍了他更深刻和更冷静地观察生活。《暴风骤雨》的本质的缺点，根究起来，也还是对现实生活认识方面的缺点，也还是对生活认识不足的缺点。”（《论〈暴风骤雨〉》）因此，从反映现实生活的思想深度来看，周立波的《暴风骤雨》跟差不多同时问世的长篇小说——丁玲的《太阳照在桑干河上》比，是稍逊一筹的。当然《暴风骤雨》也有它自己的优点，包括一些为《太阳照在桑干河上》所不及的艺术形式上的优点；这些优点，前面已经说过了。正因如此，所以“许多同时读过《太阳照在桑干河上》和《暴风骤雨》的人表示，《暴风骤雨》使他更感到亲切，这里的原因自然很多，但它在形式上的优点是起了重大作用的”（陈涌：《丁玲的〈太阳照在桑干河上〉》）。这种评价，无疑是比较客观、公正的。

四、从手稿到版本追踪《暴风骤雨》的修改

一位创作态度十分严肃的作家，对自己的作品总是反复地、精心地加以修改，力求把最精美的精神食粮奉献给人民。托尔斯泰说得好："写作而不加以修改，这种想法应该永远摒弃。"[①] 周立波的成名作《暴风骤雨》，出版前曾经作过两三次修改。他说过："文章是改出来的。我对于删改自己的东西并不可惜，《暴风骤雨》的草稿我扔掉了好几万字。"[②]小说上卷的部分章节当年在《东北日报》连载，以及上、下卷于一九四八年四月和一九四九年五月先后在哈尔滨、沈阳出版后，他又认真听取读者和评论界的意见，在新中国成立后再版、重印时继续作了某些修改。从这里，我们不但看到了一位杰出的作家在艺术上精益求精的精神，而且可以从中得到一些宝贵的启示。

《暴风骤雨》上、下卷，从初稿、二稿到三稿，从部分章节发表、全书出版到后来多次再版重印，周立波作了哪些重要的修改呢？

首先，是大刀阔斧地删除了一些不必要的议论和繁冗的情节、细节，就像托尔斯泰说过的那样："毫不惋惜地删去一切含糊、冗长、不恰当的地方。总之，删去一切不能令人满意的地方，即使它们本身是很不错的。"[③]周立波创作《暴风骤雨》，出色地运用了我国小说传统的白描手法，几乎摒弃了一切空洞、抽象的议论。这是它的一个鲜明特色。但在小说的初稿中，这类的议论还是不时出现的，作家有时似乎是按捺不住满腔的激情，为了表达自己对生活的看法，总想站出来，直截了当地发表一些议论。比如上卷第八节写到土改工作队进入元茂屯后，在各个阶层的人中引起强烈的反响时，第一稿开头有这么几段议论：

---

① 托尔斯泰《日记》(1852 年 10 月 8 日)。

② 参看王坪:《〈暴风骤雨〉座谈会散记》，载 1948 年 5 月 21 日哈尔滨《生活报》。

③ 托尔斯泰《日记》(1852 年 3 月 27 日)。

动物的生和死，都有一阵强烈的挣扎，新社会的诞生和旧社会的垂死，也是一样。而且这挣扎真是惊天动地的，因为这是你死我活的角力，新和旧，生与死的广大规模的决战啊！

……生活从那几千年来习惯了的旧窝里跳出来，用一种从未见识过的崭新的姿态向人们招手……

后来定稿时，他把这些议论都删去了，只是开门见山地给读者描绘了这么一幅真实、生动的生活图画：

这几天，元茂屯的男男女女，老老少少，都有一种奇怪的感觉。他们从玻璃窗户里，从破纸窗户里，从苞米高粱的密林里，从柳树丛子的背荫处，从瓜架下，从大车上，睁开惊奇的眼睛，瞅着工作队，等待他们到来以后，屯子里新的事件的发生和发展，而且人人都根据自己的财产、身份和脾气，用各种不同的态度，接受新发生的事情，有人乐意，有人发愁，有人犯疑，也有的人心里发愁，却装着快乐。没有一个人的心里是平平静静的。

下卷第二十一节，写土改工作队萧队长从产生了严重退坡思想的农会干部花永喜家里访问归来，立即给县委组织部长写信，第一稿原来也有一段比较抽象地论述党的组织处理原则的文字。后来定稿时，周立波把它删去了，换成了“……干部家里人扯腿，是个普遍问题，三甲也有……”这样几句实实在在的话。

显然，以上这些段落的删改是成功的。去掉那些抽象空洞的调门，不在作品中写任何政治的哲学的讲义，像恩格斯要求的那样，让倾向性“从场面和情节中自然而然地流露出来”，而不是由作家“特别把它指点出来”，这样，不但没有削弱作品的思想性，反而使思想性和艺术性水乳交融，从而产生了更强烈的艺术感染力。

契诃夫有句名言："要知道在大理石上刻出人脸来，无非是把这块石头上不是脸的地方剔掉罢了。"[①] 周立波在修改《暴风骤雨》书稿时，他那犀利的艺术刻刀正是对准着那些"不是脸"的情节和细节，以至一切多余的字、句、段，剔掉它们，毫不可惜。上卷第一节写郭全海当上农会副主任后，遭受东家、富农李振江夫妻的忌恨，第一稿本来有一段故事，追述李家的女人过去如何有意于小郭："她瞅着年轻、结实的郭全海，就像口渴的人看见一个霜红的山梨似的欢喜，眼睛老是在他身上转。"有一回，她还装脑瓜痛，叫小郭去给她拔火罐，想引他上钩，却碰了一鼻子灰。下卷第二十二节，写郭全海和白玉山去外县抓捕大特务韩老五，两个人押着犯人搭上东去的火车回县，第二稿原来也有一段颇为曲折的情节：他们上火车后，白玉山如何贪睡，郭全海却没有睡，抱住大枪看守着韩老五；中途，韩老五如何借口"去小便"诓骗小郭，偷偷地从火车厕所间跳车逃跑了；郭全海又如何不顾一切，纵身猛扑下去，紧紧追赶，后来终于在附近一个屯子里找到了韩老五，原来他被屯子里的儿童团逮住了。以上这两段情节，孤立地看，无疑都比较生动，也不是完全无助于刻画人物。但周立波后来都把它们删掉了。推究作家之所以删去的原因，无非一个目的：使作品更加精练。而从现在呈现在读者面前的整个艺术结构来看，删掉这两个情节，不仅无损于郭全海的性格形象，无碍于故事向纵深发展，相反，由于剪去了衍生的枝蔓，反而使主干更加突出，故事情节的发展更加脉络分明，上下章节之间的衔接也更为紧凑。足见作家的这种大砍大削是具有艺术匠心的。

当然，作品的修改并不是一味地施行砍削，精练也不等于不加区别地强求避繁趋简。李渔在谈到"文贵洁净"时说得好："洁净者，简省之别名也。洁则忌多，减始能净，二说不无相悖乎？曰：不然，多而不觉其多者，多即是洁；少而尚病其多者，少亦近芜。"[②] 这话道出了多和少、繁和简的艺术辩证法。一部作品，大而至于整个艺术构思的变动，小而至于某些细节和语言的更改，都不能离开反映特定的社会生活，塑造典型的艺术形象这个目的。这是作品修

---

① 契诃夫《论文学》(汝龙译)，人民文学出版社 1958 年版，第 234 页。

② 李渔:《闲情偶寄》。

改过程中增删取舍的根本出发点。从这一点着眼，该删则删，该添则添，该删处多余一字病其芜，该添处落笔千言却不嫌其冗。恰似《庄子·骈拇》中所说："凫胫虽短，续之则忧；鹤胫虽长，断之则悲。"这即是说务求其"适度"和得体。周立波在修改《暴风骤雨》的过程中，根据典型化的要求，为了更好地渲染环境气氛，真实地再现人物的心理活动和个性特征，在一些节骨眼上，有的地方作了大段的删节，有的地方又作了重要的添补。且举二例。

其一，上卷第九节的第一稿，对郭全海的家世和经历是这样交代的：

据小王的了解：郭全海，今年才二十五岁。当过五年半拉子，扛了八年大活。在韩老六那里扛活时，到年终，去讨劳金，韩老六说："好，你明儿来求。"明儿一早，村公所的劳工股叫他上密山去打劳工去，把他整到火车站，他跑了。"谋"在山林子里当黑户，直到八·一五炮响，他才出来，没有穿的、吃的和住的，就到李振江家吃劳金。

这段介绍，显然是太简略也太平淡了。后来，周立波把它一笔勾掉，作了通盘改写，出现在读者面前的，是郭全海父子两代跟韩老六的血海深仇：

早年，郭全海的爹郭振堂带了他去韩家扛活，年底，韩老六故意放赌局，把郭家父子辛苦一年挣的钱赢个溜干二净。老郭头气病了，韩老六不但见死不救，还着人把快咽气的老郭头抬到门外雪地里，活活冻死。后来，小郭长大了，韩老六又哄他来韩家大院吃劳金，不但不给劳金钱，还依仗日本宪兵队长森田和村公所的势力，摊派他去密山当了劳工。

对于郭全海的这段苦难家史，周立波选择了最具有典型意义的情节和细节，花了将近六页约三千多字的篇幅，作了生动的描述。比起第一稿来，不但分量大大增加了，而且事迹也更加感人，更富于思想的艺术的魅力。

其二，下卷第二稿最后一节，写到刚结婚的郭全海带头报名参军，老孙头赶着大马车把他们送往县里，全书就结束了。但周立波修改第三遍稿时，觉得言犹未尽，在结尾处又增加了这么几笔：

> 下晚，老孙头趁着月亮，赶着空车，打县上回来的时候，捎回郭全海一个口信：叫桂兰不要惦记，安心工作。还说："小马驹子断乳以后，不要忘了送给老田头。"

这个添加实在太妙了！它虽然只有七十个字，却如同锦上添花，既微妙地表现了郭全海对新婚妻子的恩爱之情，又强化了他时刻关心群众利益的性格特征。通过这个细节，为读者开拓了一个驰骋自己的想像力的新的天地，使作品的结尾更富于"余音绕梁"的韵味。

其次，是对某些人物的行为、动作和细节，作了精心的推敲和合理的改动，使之更加符合生活的真实和人物的身份与性格。

上卷第八节写二斗韩老六，斗争会在小学校举行。人们渐渐地来了。有一堆人在听一个人讲黑瞎子掰苞米的笑话。初稿中说："这讲话的人就是刘德山。"定稿时，改为"这讲话的人是老孙头"。

接下去，第十九节，写赵玉林带领老百姓去撵围攻元茂屯的胡子(土匪)，不幸被敌人的子弹打中，倒在一块苞米地上。郭全海上来了，赵玉林叫他拿自己的枪去，"快去撵胡子，不用管我"，表现得非常勇敢、果决。但小说的最初两版接着却写了这样的细节：赵玉林由于身负重伤，一再叫唤："给我添一枪吧。""快添一枪吧，我的妈呀！"后来，周立波听取读者的意见，在第二版第十九次重印时，对这个细节作了如下的修改：

> "我不行了。"赵玉林痛得满头大汗说。
>
> "你会好的。"老万眼窝里噙着泪水，一面用手堵住正在流淌出来的肠子，把它塞进去。他打发老初回去整车子，盘算尽快把他送到县

城医院去。

“我不行了，你们快去撵胡子，甭管我了。”

我看这两处都改得好。周立波后来研究《三国演义》时，曾经拿我国这部古典名著和史书《三国志》对照，发现《三国志》里鞭打督邮的是刘备，但《三国演义》却把这件事移到了张飞身上，说是“张翼德怒鞭督邮”。周立波认为，这个“张冠李戴”处理得很妙，不但加强了张飞的勇猛的色彩，也使刘备的长厚的性格没有受到破坏，他由此得出结论：“切合身份，是描写性格的时候应该注意的一点。”[①] 事实证明，他在修改《暴风骤雨》时，已经注意到这一点。在斗争韩老六的那种场合，由一个稳重怕事、“决计两面不得罪”的富裕中农刘德山来讲黑瞎子掰苞米的故事，是不甚符合情理和人物性格的。相反，老孙头是一个话头最多，又顶诙谐的角色，“他一来，人们就快活起来”，这个笑话由他来讲，确实“切合身份”了。同样，赵玉林是一个性格刚强，决心“把命搭上”也要革命到底的铮铮铁汉，对他负伤后的表现，作如上所述的修改，无疑是更准确地把握和体现了“这一个”人物的个性特征，使他的思想性格前后保持一贯，再现了他“革命不怕死，怕死不革命”的无产阶级战士的英雄本色。

《暴风骤雨》生动地描绘了北满的许多风土人情，也介绍了不少生产知识，使读者开阔了眼界，增长了见识。但由于周立波毕竟不是东北人，在小说的初稿中，有的描写难免有失误处。周立波在修改书稿时，虚心向农民群众和熟悉东北农村生活的作家、编辑们请教，从而纠正了某些不够准确、贴切的地方。比如，小说开篇的第一稿中，有一个细节描写工作队员小王乘坐老孙头的大车进屯，偶然看见一只野鸡从路边草丛中飞出来，他掏出匣子枪，“当当”给了它两下。时令在七月，野鸡会飞到大路边上来吗？周立波有点犯疑。后来，他在乡下请教农民，才知道野鸡在夏天都躲在山里，只有冬天雪封山野时，才常常飞到路边来找食。于是，在定稿时，他修改了这个细节，把

① 周立波：《论〈三国演义〉》，载《文艺学习》1955年第9期、第10期。

野鸡换成了“一只灰色的跳猫子(兔子)”从密密层层的杂草中慌里慌张往外窜。

第三，是语言方面的修饰和改动。这种修改，一方面是把那些不符合东北农民用语习惯的词汇、语法等，严格加以校正，另一方面是把一些仍然带有欧化倾向和学生腔的语言，尽可能地换成富于生活气息和地方色彩的群众语言。属于语言方面的这类修改，许多章节都有，比如，把“放出言语”改为“放出风来”；把“指桑骂槐”换成“指鸡骂狗”；把“开玩笑”改成“闹着玩”；把“躲藏不及，含笑迎上去”，改为“来不及躲，就用笑脸迎上去”，等等。而最见真功夫的一处改动，是上卷第十二节开头关于北满草甸八月风光的描写，这一节，第一稿是这样写的：

> 八月初头，小麦黄了。宽阔无边的绿沉沉的田野，嵌镶着好些金黄色的长方形的花锦块子，这是麦地。屯落东边的泡子里，菱角开着小小的金黄的花朵，星星点点的，漂浮在水面，点缀在青的蒲草和绿的浮萍的中间。远远的望去，这些小的星散的花朵，联成了黄灿灿的一片。远远的南岭，浓烟似的，凝结在淡蓝色的天边上。燕子啾啾地叫着，在天空里翻飞，在水面上寻食，在屋檐下刷羽……

公正地说，这一大段景物描写，语言还是相当优美的，但它们离口语化的要求却有距离，有点文绉绉的。周立波不满意它，力求做到人们嘴里怎么说就怎么写。因此，他改成了如下的样子：

> 八月初头，小麦黄啦。看不到边儿的绿色的庄稼地，有了好些黄灿灿的小块，这是麦地。屯落东边的泡子里，菱角开着小小的金黄的花朵，星星点点的，漂在水面上，夹在确青的蒲草中间。老远地望去，这些小小的花朵，连成了黄乎乎的一片。远远的南岭，像云烟似的，贴在蓝色的天边上。燕子啾啾地叫着，在天空里飞来飞去，寻找着吃的东西，完了又停在屋檐下，用嘴壳刷洗它们的毛羽。

经过修改后的这幅八月草甸风光的写生画，其语言无疑是更为朴实自然，也更加琅琅上口了。它既是富于生活气息和地方风味的群众语言，又是色彩迷人、饱含诗情画意的文学语言。

从以上情况可以看出，精妙的文章确是需要千锤百炼，要经过作家反复加工修改方能问世的。作品在创作过程中的修改，以至走向社会后听取读者意见进行再修改，是文学创作这一异常艰苦和富于独创性的精神劳动的一个重要环节。王世贞的《艺苑卮言》有言："首尾开合，繁简奇正，各极其度，篇法也。抑扬顿挫，长短节奏，各极其致，句法也。点掇关键，金石绮彩，各极其造，字法也。篇有百尺之锦，句有千钧之弩，字有百炼之金。文之与诗，固异象同则……"小说作为一门语言艺术，一种文学体裁，它也需要遵循自己的特殊规律，在篇法、句法、字法上沤心沥血，狠下功夫，精益求精，不惮修改，力求达到思想内容和尽可能完美的艺术形式的高度统一。周立波对《暴风骤雨》书稿的修改，是表现了这种精神的。他在谈到《暴风骤雨》的创作体会时说："文章初稿要一气呵成，但要紧的是要勤于修改。农民都知道，把地种上，要勤于铲蹚，人勤地不赖，庄稼事如此，文章事一样。""文章要写好，得改一遍、二遍以至五六遍。文章不改，就送出去，只图发表，这是对党、对群众、对读者不负责任的态度，到头也害了自己。"① 这是这位革命作家的肺腑之言，也是艺术创造的金玉之声，是很值得我们置诸座右的。

五、主编《松江农民》和《文学战线》

周立波在哈尔滨时，除了创作《暴风骤雨》以外，还写过两篇短篇小说。一篇是《金戒指》，发表在一九四七年六月《东北文艺》第二卷第一期。小说写的是抗日战争中我军一名青年侦察员张海的带有传奇色彩的侦察故事，主人公是一

① 周立波：《〈暴风骤雨〉是怎样写的？》，载1948年5月29日《东北日报》。

个“有胆量，心机又灵”，活泼开朗的“调皮鬼”，他非常爱自己的妻子——一位劳动英雄。她把纺纱的钱积蓄起来，买了一个戒指，在新婚之夜亲手给他戴在左手的无名指上。故事的全部情节也就系于张海对这枚金戒指的钟爱和处置上。为了从一个被击毙的女特务、破鞋的手上取回这只戒指，他差点被另外两个特务打死。但他还是“百分之百的完成了”侦察任务，“总结经验时，张海认识了，他的爱人送给他的金戒指，几乎使他误了事。他把金戒指交给了组织，作了党费”。张海这个有血肉、有感情的侦察英雄，是周立波小说中塑造的第一个“兵”的形象，也是一个令人感到亲切可爱和真实可信的艺术形象。周立波稍后创作的另一个短篇是《营长李云生》，写一位护士和一位八路军干部恋爱和结婚的故事，但他感到还不成熟，一直没有拿出来发表。

在东北时期，周立波除了创作，还花费了许多精力编辑《松江农民》报和《文学战线》月刊；同时，把合江鲁艺文工团的农民组讲述的二十一篇故事，编成《民间故事》一书出版，并为它写了《小引》。

《松江农民》，是中共松江省委办的一张面向农村的四开小报，主要对象是广大的翻身农民和区、屯干部。它于一九四七年五月上旬创刊，到七月七日止，发行了九期。这几期报纸是由周立波和宣传部的其他几位同志合编的。第九期以后，正值农村紧张的夏锄时期，周立波又到周家岗深入生活去了，《松江农民》暂时休刊。十月下旬，周立波返回哈尔滨，《松江农民》于十一月十日复刊出第十期。从这一期起，报纸由周立波带领四个小青年来编，起初仍然是每星期出一期，后来改为一星期出两期。直到一九四八年四月，松江省委决定各县出县报，《松江农民》也就于四月十三日停刊，共出了三十二期。

《松江农民》用大量篇幅宣传了中共中央颁布的《中国土地法大纲》和有关的方针政策，报道了松江省各地开展土地改革的情形和经验，宣扬了人民解放战争的胜利和农民踊跃参军、支援前线的盛况。所有的新闻报道都短小精悍，明白如话。周立波还十分注意报道内容和形式的丰富多彩以及版面的生动活泼，努力做到图文并茂。他除了以编报人的身份，灵活地采用《编者的话》或《三言两语》等形式，对一些重要的时事政策问题发表评论以外，还在报上开辟了

《生产常识》和《问答栏》等小专栏，传播生产知识，解答农民提出的各种问题。特别令人注目的是，报纸上经常刊载一些东北农民喜闻乐见的大鼓、快板、小调、民谣、儿歌以至谜语等多种形式的作品，来宣传、解释党的路线、政策，反映农民斗争地主、恶霸的故事和劳动致富的事迹，周立波自己就带头写了《张丕谟抓坏蛋》的小演唱(可用东北落子唱)。为了更好地帮助农民学政治、学文化，报纸上还先后连载了《农民读本》《识字课本》和《农民文化课本》。其中，以松江省委宣传部的名义发表的《农民文化课本》，是由周立波主持编写的。它先后在《东北日报》和《松江农民》报上连载，共有十五课，包括《东方红》《共产党》《解放军》《民主政府》《农会》《自卫队》《路条》《介绍信》《节令歌》等。这些课文比较系统地介绍了政治、生产方面的常识，文字浅显易懂，读来琅琅上口，并且配有图画，既帮助农民学了文化，又灌输了革命道理，很受农村干部和农民的欢迎。

《松江农民》报停刊后，周立波调东北文协主编《文学战线》。东北文协和《文学战线》编辑部设在哈尔滨市石头道街，和东北书店成斜对角。这是一栋俄国式样的大楼房，周立波住在三楼。

《文学战线》杂志，是根据一九四八年三月东北局宣传部召开的党的文艺工作者会议的决议和读者的要求而创办的。它设有编委会，由周立波主编，文戎是他的主要助手。经过短期的筹备，刊物于一九四八年七月创刊，到年底，出了六期，为第一卷。一九四八年十一月二日沈阳解放之后，东北地区党政机关团体迁往沈阳，周立波于十二月上旬随东北文协到了沈阳。《文学战线》于一九四九年三月在沈阳出版第二卷第一期，这时，周立波已调鲁迅文艺学院任文学研究室主任，主要工作在鲁艺，不再任《文学战线》主编，但仍为编委。《文学战线》第二卷出了五期。

《文学战线》是继《东北文艺》之后，东北解放区的一个重要的文学杂志，十六开本。每期都发表一定数量的小说、诗歌、散文和翻译作品，有时选登若干曲艺作品，同时发表文艺论文和作品评论。当时，我国许多知名的作家到了东北，《文学战线》发表了他们的一些脍炙人口的作品，如丁玲的著名长篇小说

《太阳照在桑干河上》的个别章节，刘白羽的短篇小说《战火纷飞》等。茅盾、白朗、严文井、宋之的、马加、草明、雷加、舒群、金人、戈宝权、井岩盾、周洁夫、华山、陶钝、天蓝、安波、蔡天心、陆地、陈学昭、陈明、胥树人、李尔重、谢挺宇、韶华、白刃等，都曾在《文学战线》发表过作品、论文或译作。美术家古元、华君武、彦涵、沃渣和刘迅等，也都积极热情地为《文学战线》设计封面或供给作品。在推动老作家进行创作的同时，《文学战线》很注意刊登青年作者的作品，鼓励有实际工作经验的同志特别是工农写稿。第一卷从第三期以后，青年作家的作品，占每期发表作品数量的一半以上，第二卷还专门辟有《青年之页》，作为青年作者的一个园地。工农的创作，第一卷发表了一些农民口述的小故事，第二卷刊登了两次《工人创作》特辑。《文学战线》编辑部曾派人到铁西区，帮助沈阳第一机器厂等单位建立三个工人文艺小组，培养了一些工人作者。

《文学战线》对理论批评和文学研究工作给予了应有的重视。这方面的内容，每期都有。杂志以一定的篇幅发表了关于世界著名作家普希金、高尔基、陀思妥耶夫斯基和巴尔扎克及其创作的研究论文(包括译作)，周立波翻译的重要论文《梭罗诃夫(肖洛霍夫)论》(译自一九四八年八月《苏联文学》英文版)，就发表在第二卷第二期。鲁迅先生逝世十二周年纪念，周立波不只在哈尔滨《知识》半月刊和《东北日报》分别发表了《纪念鲁迅先生》和《谈谈鲁迅先生的杂文》两篇论文，还以文学战线社的名义，撰写了《纪念鲁迅先生》的评论，发表在该刊第一卷第四期。后来，他把这些论文连同《〈暴风骤雨〉是怎样写的?》等其他文章共八篇，编成《思想·文学短论》一书，交哈尔滨光华书店，于一九四九年一月出版。

一九四九年六月底，在解放大军挺进江南、大陆接近于全部解放的凯歌声中，周立波随东北文艺工作者代表团赴北平参加中华全国文学艺术工作者代表大会。他是东北代表团由九人组成的团委之一。全国第一次文代会从七月二日到十九日在北平隆重举行，并正式成立了全国文学艺术界联合会。接着，各个协会举行了成立大会。周立波被选为全国文联委员和中华全国文学工作者协会

(中国作家协会前身)委员，和郑振铎同为全国文协研究部的负责人。这次文代会后，周立波调文化部编审处工作，从此离开了东北。

周立波在东北生活和工作的时间虽然不到三年，但给东北人民和文学界留下了深刻的印象。在人民解放战争的艰苦环境下，在翻天覆地的土地改革运动中，他一直保持着我党艰苦奋斗、密切联系群众的优良传统，脚踏实地埋头工作，勤奋努力从事创作。不论是在偏僻的村屯还是在繁华的城市，他都坚持节俭朴素的生活作风，和广大群众同甘共苦。当时，大家过的是供给制生活，每个月只有少量的东北流通券作零花，他不抽烟，不喝酒，更不下馆子。在哈尔滨，除了过年同几个同事一道逛逛“极乐寺”看看孔庙以外，平常日子从来不上街溜达，一心扑在工作和写作上。因此，在不长的时间内，他在文学事业上取得了令人瞩目的成就。周立波后来虽然离开了东北，但他一直深深地怀念着东北的人民，东北的土地。他在许多文章和谈话中，一再提到在东北的这一段难忘的岁月，这是他在文学创作道路上获得突破的重要阶段。直到粉碎“四人帮”以后，他在家乡同亲友谈到自己的创作生涯时，仍无限留恋地说：要是当年不离开东北就好了！由此可见他对东北的眷恋之深。

第七章　和新时代的群众相结合
（1949—1954）

作为人民的代表，我一定要永远地生活在人民中间，和人民呼吸同样的空气，尝味同样的甘苦……

——《永远和人民同甘苦》

工业主题是重要的，但也难写，必须长期深入工厂，深入群众，才能写好。

——《略谈反映工厂》

一、新中国成立初期的文学活动和社会活动

一九四九年十月一日，毛泽东主席在北京天安门城楼庄严宣告伟大的中华人民共和国成立。新中国的建立，开辟了我国革命历史的新阶段，也开辟了无产阶级革命文学的新阶段。周立波以无限欢欣鼓舞的心情，迎接着新中国的诞生，他的文学活动也开始了一个新的战斗里程。

参加拍摄《解放了的中国》

新中国成立不久，中苏决定合作拍摄《解放了的中国》和《中国人民的胜利》两部大型彩色文献记录片。中共中央宣传部调周立波和刘白羽参加影片的摄制工作，分别担任这两部片子的文学顾问。和这同时，周立波还参与了中苏合作

拍摄彩色纪录片《锦绣河山》的工作。为了摄制影片，他和中国的同行们，与苏联电影工作者愉快地相处了整整一年，先在中国，后在莫斯科。

《解放了的中国》的编导，是苏联最高苏维埃代表、几次获得斯大林奖金的著名电影艺术家格拉西莫夫。他到中国后，周立波陪他一道去访问了中央和地方的一些领导同志与工作人员，开了一些座谈会；并同摄制组的人员一起，从北京到了上海、井冈山、南昌、瑞金和延安，还到过湖南韶山，在中国人民的这些革命纪念地拍摄了许多珍贵的材料。据周立波回忆，他和格拉西莫夫在一起时谈得很多："我们谈土地改革，谈延安，谈烈士，谈长征，谈毛主席的故事和著作。"有一次，他们谈到了毛主席的这句话：在中国人民的头上压着两座大山：封建主义和帝国主义。格拉西莫夫热情地笑道："这话多么生动啊！"后来，他把这句话写进了影片的解说词，并把它作为影片整个描写旧中国部分的思想的基础，用艺术的画面巧妙地表现出来了。在上海时，周立波偶然提到他曾经在提篮桥西牢坐过牢。格拉西莫夫欢喜地说："这是重要的材料。"于是他带着摄影师先一天去看好了拍摄的地点、角度和背景，第二天就去拍摄了这座有十层楼房的巨大的监狱，在影片里留下了英美帝国主义侵略中国的遗迹。一九五〇年五月，周立波和摄制组一起到了延安。从一九四四年十一月随南下支队离开延安后，岁月匆匆，五个半年头过去了。今天，他重新回到了这个时刻怀念的革命圣地，心情十分激动。在毛主席住过的枣园的三面石窑里，摄制组拍下了珍贵的镜头。周立波还兴致勃勃地在毛主席故居前摄影留念。

应邀访苏和写作《苏联札记》

一九五〇年六月，周立波和刘白羽应苏联作家协会的邀请，赴苏联访问。他们到达莫斯科以后，下榻民族旅馆。旅馆的对面就是克里姆林宫。从旅馆餐厅的窗口望去，每隔一天，不论天晴或下雨，他们都看到有成千上万穿着各种民族服装的男女，排成长长的行列，从红场起，经过一条短短的街道，到克里姆林宫后面的公园去瞻仰伟大导师列宁的陵墓。

代表苏联作家协会接待周立波他们的，是《文学报》总编辑、作协副总书记西蒙诺夫。他在苏联卫国战争时期创作的著名话剧《俄罗斯人》和长篇小说《日日夜夜》，都是我国读者喜爱的作品。一九四九年十月，他作为副团长，和团长法捷耶夫一起率领苏联文化和科学工作者代表团应邀来华，出席我国保卫世界和平委员会和中苏友协总会成立大会，会后曾到我国各地访问，也到过周立波的家乡湖南，他回国后写了《战斗中的中国》一书。周立波和刘白羽到莫斯科以后，西蒙诺夫以热情友好的态度为中国客人安排了参观活动。他们瞻仰了伟大列宁的遗容，参观了红军博物馆，访问了莫斯科工具工厂和莫斯科州拉明斯基区的台尔曼集体农庄。和这同时，他们先后会见了苏联著名作家巴甫连柯、爱伦堡、波列伏依和著名电影导演乔乌列里；同西蒙诺夫的接触和交谈更多。他们还在七月下旬的一天，驱车去图拉省的雅斯那雅·波利雅那村，参观了俄罗斯伟大作家托尔斯泰的故居，凭吊了他的坟墓，回到莫斯科不久，又观看了《安娜·卡列尼娜》的舞台演出，享受了这位文豪“留给人间的硕大而甘美的精神的果实”。周立波在莫斯科停留三个月，九月回到北京。

经过中苏电影工作者一年的通力合作，《解放了的中国》和《中国人民的胜利》两部彩色文献记录片同时摄制成功。

周立波结束了拍摄影片的工作以后，于一九五〇年十月“霜叶红于二月花”的日子里，从北京回到阔别多年的家乡湖南益阳县探亲，实现了多年的愿望。返京后，继续在中央人民政府文化部编审处工作。他陆续整理访问苏联的笔记，写作了《瞻仰列宁墓》《全世界的人心向着斯大林》《台尔曼集体农庄》《托尔斯泰的故乡》《莫斯科工具工厂》《莫斯科红军博物馆》和《庆祝爱伦堡六十岁寿辰》等七篇散文，除第一篇外，其余各篇都先后在《人民日报》和《人民文学》发表。加上一九五一年秋写作的《从〈解放了的中国〉的摄制工作中所看到的苏联电影工作者》《电影〈锦绣河山〉》，一九五二年秋冬写作的《忆巴甫连柯》《西蒙诺夫会见记》《怀波列伏依》和《回忆莫斯科》，以及一九五三年三月参加中国党政代表团去莫斯科吊唁斯大林回国后写作的《伟大的斯大林同志的丧礼》，共有十四篇散文。周立波把它们编成一个散文集，题名《苏联札记》，由人民文学出版社于一九五三年四月出版。

《苏联札记》是周立波在新中国成立后出版的第一部散文集。他用清新、优美的笔触，向读者介绍了一九五〇年夏天访问苏联的见闻观感，追忆了他同苏联电影艺术家们合作共事，拍摄《解放了的中国》和《锦绣河山》的一些情景。其中几篇作家访问记，不但追述了他跟这几位著名苏联作家会见时的情形，而且记载了彼此之间在探讨中国和苏联的文学问题时发表的一些十分精辟的见解，包括周立波本人对这些作家丰富的创作经验的概括和评价。比如，在《忆巴甫连柯》里，周立波扼要地介绍了这位“作了二十年军官和二十年作家的老共产党员”的创作道路：巴甫连柯从前是赞扬自然主义的，但是后来反对它了，“批判了自然主义，又反对空想，就使巴甫连柯走上了坚定的社会主义现实主义的道路，使得他的艺术成熟了，开花了”。周立波认为，巴甫连柯战后的杰作：长篇小说《幸福》和《草原上的太阳》都有一种简洁、真纯的现实主义的风格。他还拿巴甫连柯同契诃夫作比较，认为这两位作家的风格确有近似之处，巴甫连柯“也有点从生活里提炼出来的轻快的幽默，但契诃夫式的沉郁，他是没有的。他的《幸福》，在读者眼前展开了一幅明洁的克里米亚的图画，那里面有雾色迷濛的大海，太阳照着的草原，青翠的群山和芬芳的花木，而最要紧的是他描写了为着创造自己的和人们的幸福而永远前进的苏维埃男女，他们是勇敢的、聪明的、快乐的，而且有着移山倒海的坚忍不拔的能力和毅力，这些都是在契诃夫的作品里，甚至于在所有的旧时代的文学里所找不到的东西”。在《西蒙诺夫会见记》里，周立波如实地记下了这位苏联作家关于自己在斯大林格勒采访时的观感和写作《日日夜夜》前后的心境的谈话，西蒙诺夫说：“斯大林格勒的战斗是我在战争里所看到的一种最艰苦的工作，而人们却是很平常地看这件工作的。我觉得，在每一部作品中应该有它的浪漫主义。斯大林格勒的浪漫主义在于事件是英雄主义的，而人们对这件事却抱着极其朴实的态度。人生的美就在这里。我想表现这种美，并且我有意识地力求在整个小说中做到这一点。”周立波认为，西蒙诺夫这一段话“是很有意思的”，“他不但清楚地分析了《日日夜夜》的情调和风格产生的环境和条件，而且还指出了在斗争中的群众对于作家的重大的影响。群众是英雄，而这些作为英雄的群众，往往并不觉得自己是英雄，只是踏踏实实地在工作。作家就要在这些地方受到群众的教育，然后才能写出真正反映群众的思想感情的东西”。周立波的这一段话，无疑也是“很有意思的”，这里面不但有西蒙诺夫创作《日日夜夜》的宝贵经验，实际上也包含了他本人的切身体会，可谓“心有灵犀一点通”，彼此之间找到了共同的语言。

《托尔斯泰的故乡》是《苏联札记》中写得十分出色的一篇散文。周立波用他那多彩的画笔，为我们勾勒了托尔斯泰故乡的一幅情景交融、引人入胜的图画。在这一座“除了微风、鸟语，没有任何其他烦杂的声音。空气里飘散着花的香气、草的香气、潮湿的泥土和败叶的气味”的古老的大庄园里，托尔斯泰度过了六十年漫长的岁月，“在这里，他为人类文化添加了丰富的财产”。周立波引导读者和他一起游览了这座著名的庄园，参观了规模宏大的托尔斯泰博物馆，让人们了解了托尔斯泰的家庭、身世、生活风貌、文学生涯和充满矛盾的人生哲学与世界观。特别开人眼界的，是使读者增加了许多有关这位伟大艺术家的传世之作的创作背景的知识：“他的反映了整个时代的特征的博大精深的小说，都完成于这个恬静的庄园里。《战争与和平》的五百五十九个人物的模特儿，大半是这个庄园和它周围的人物，或是和这庄园有关的亲友。”展览室内悬挂着普希金的漂亮的女儿的照片——“这是安娜·卡列尼娜的外貌的模型”，还有另一位女人斯珂基娜的肖像——“这位贵族妇人的悲剧性的生活，托尔斯泰取来作了安娜·卡列尼娜的生活的故事”。周立波就这样告诉人们，托尔斯泰是怎样地把自己所深深熟悉的亲友和周围的人作为原型，来创造他小说中的人物典型的，“安娜·卡列尼娜就是一个女人的外貌和另一个女人的生活故事混合起来的典型”。读着这篇散文，怀念着登上了欧洲批判现实主义文学高峰的文化巨人——托尔斯泰，人们不禁会产生中国古人所说的那种“高山仰止”，油然生敬的感情。

字里行间，充满着作者的真情实感，洋溢着中苏两国人民互相了解、互相尊敬的友好情谊，这正是周立波散文集《苏联札记》的一个鲜明特色。

两次荣获斯大林文艺奖

周立波在文化部工作期间，于一九五一年二月至五月，去北京石景山钢铁厂深入生活，为创作长篇小说《铁水奔流》收集素材。六月初回文化部，从编审处调到文学研究所工作，兼任人民文学出版社副总编辑。他在文研所呆的时间不长，除了在文学讲习所讲讲课，审阅出版社的一部分书稿以外，主要精力用于写作、修改《铁水奔流》。

一九五一年七月，周立波因参与摄制彩色文献纪录片《解放了的中国》而荣获斯大林奖金。这部影片和同时拍摄的另一部影片《中国人民的胜利》，同获苏联颁发的斯大林文艺奖金一等奖。周立波将所获得的一千五百万元奖金（旧币）全部捐献出来，给文艺界做购买“鲁迅号”飞机之用，以支援抗美援朝。

一九五二年二月，他被调到人民文学编辑部，担任执行编委，并参加中国文学工作者协会党组的工作。他在人民文学编辑部工作了八个月。这一段时间，他中断了《铁水奔流》的写作。当时，“三反”“五反”运动正在激烈展开，他除了在《人民日报》发表了揭露资本家的不法行为的散文《记森记木厂》以外，还以严肃认真的态度参加了党内的整风。

一九五二年三月，苏联部长会议决定将一九五一年度斯大林奖金授予中国作家丁玲的《太阳照在桑干河上》、周立波的《暴风骤雨》和贺敬之、丁毅执笔的《白毛女》等三部文艺作品。《太阳照在桑干河上》和《白毛女》获二等奖，《暴风骤雨》获三等奖。我国驻苏大使戈宝权在第一时间向作家们打来电话表示祝贺。六月七日，苏联驻华大使罗申代表斯大林奖金委员会将文学奖金授予丁玲、周立波，授奖典礼在大使馆举行。接着，中国文联为获得斯大林文艺奖的四位中国文艺家举行了庆祝会。

新中国成立初，由于国家的财政经济情况还没有根本好转，干部实行“供给制”。周立波住在北京市东总布胡同中国文协宿舍，过着十分俭朴的生活。早餐常常是“半个隔宿的面包，还有一点果酱”；“他穿的圆口布鞋已经露出脚趾了，后跟也开了口，这简直快要变成一双‘燕尾鞋’，但他却还是和任何时候一样安然”(见陈涌:《我的悼念》)。尽管他的生活是这么清苦，他却将自己获得的斯大林奖金（二万五千卢布，折合人民币旧币一亿六千八百八十五万元），全部献给中国人民志愿军，并给志愿军司令员彭德怀和全体指战员写了一封热情洋溢的信。他在信中说：“你们在朝鲜和英勇的朝鲜人民军一起，打击美国侵略者，保卫世界和平，保卫朝鲜人民，保卫祖国安全的行动，获得全世界人民的尊敬。全中国人民把你们引为祖国的骄傲和光荣。”因此，他决定把获得的奖金献给祖国的这些英雄儿女，作为他们购买书报之用。这封信在六月二十一日《人民日报》披露后，在读者中引起了强烈的反响。中国人民抗美援朝总会收到周立波的捐款，立即买了《普通一兵》《暴风骤雨》等大批书报，送到正在朝鲜前线的志愿军指战员手里。同时获奖的女作家丁玲也将全部奖金(五万卢布)捐给全国妇联儿童福利委员会。

金秋十月，蒙古人民共和国政府决定举办“蒙中友好旬”活动，请我国派代表团参加。周立波被任命为中国文艺代表团团长，率领全体团员到了乌兰巴托。友好旬从十月一日我国国庆日开始。周立波和文艺代表团的司志参加了许多报告会和座谈会，向蒙古人民介绍了我国文化和文艺事业的情况和成就；随去的中国歌舞团还演出了许多富有中国民族色彩的节目，这一切都受到蒙古人民的热烈欢迎。结束这次友好活动归国后，周立波在一九五二年十二月二十一日《人民日报》发表散文《在金色的秋天里》，向广大读者报告了他们在乌兰巴托度过的这些愉快的日子。

从蒙古人民共和国回来后，周立波参加了中国文协机关的整党，于一九五三年初再次去北京石景山钢铁厂深入生活。

一九五三年三月五日，斯大林逝世。周立波参加了以周恩来为团长的中国吊唁代表团，于三月七日乘飞机前往莫斯科。代表团成员包括党、政、军、工、青、妇以及民主党派、人民团体和科技、文化等各界知名人士，是我国派出的一个人数最多，代表面最广的吊唁代表团。他们于三月八日傍晚到达莫斯科后，立即去工会大厦圆柱大厅，在斯大林灵前献了花圈，瞻仰了遗容，并守灵致哀。第二天，莫斯科寒气袭人，酿雪的灰云低垂着，列宁陵墓两旁四季常青的枞树的枝叶间和红场近边许多建筑物的顶上，都积着洁白的冰雪，恰似披上了白色的丧服和挂满了素净的绢花。周立波和中国代表团全体同志怀着对斯大林的崇敬，同苏联党政军领导人、各地人民代表与各国代表团一起，在一片庄严哀伤的气氛中，参加了红场上举行的规模宏大的斯大林追悼大会和葬礼。

归国后，周立波继续去石景山钢铁厂深入生活。这年秋，他和丁玲分别捐献一笔稿费给中国作协机关开办幼儿园，并出席了开园仪式。

一九五四年五月，周立波参加中国人民对外文化协会成立大会，被推选为理事。

一九五四年八月，周立波在湖南选区被选为第一届全国人民代表大会代表，以后连续当选为第二、第三届全国人大代表。

二、创作长篇小说《铁水奔流》

三下石景山钢铁厂

早在新中国成立前夕，周立波听到党的七届二中全会的决议的传达，受了启发，一进城，就想了解和反映工人生活和工业建设。从一九五一年二月到一九五四年，他先后三次去北京石景山钢铁厂深入生活，总共在工厂呆十个月。

石景山钢铁厂是华北一家历史较久的大厂，但当它回到人民手里时，却是一个百孔千疮的烂摊子。周立波曾经这样描述这家工厂的历史和现实面貌：那里有两座炼铁的高炉。其中的一座是北洋军阀徐世昌修的。那是在第一次世界大战期间，据说他是趁着当时欧美的钢铁不能东来的机会，为了赚钱，才修建这座高炉的。修好不久，欧战停了，欧美的货物又源源东至，中国的军阀又开始混战。徐世昌打了一个败仗，下了台。他所主持修建的高炉没有用过一天，冷落地矗立在空旷的露天底下，一搁几十年。在国民党统治之下，也没有人动用过它。日寇利用了一个短时期。等到国民党接收这个工厂的时候，高炉又搁着了，一直到解放。更令人啼笑皆非的是，国民党的“接收大员”到工厂后，有一天，突然心血来潮，想在这座钢铁厂里建立中国的轻工业，因为轻工业是可能赚大钱的。他们在徐世昌时代的高炉的近边，造了一个木头漂粉塔，准备生产漂白粉。但因为设计不当，塔门太小，塔的小楼也太低，机器放不进去，他们十分渴望的漂白粉，始终没有出世。周立波深有所感地写道："这个工厂获得解放的时节，生锈的炼铁炉和奇异的漂粉塔，在静静的旷场上遥遥对峙着。""这是旧中国的重工业的命运的一幅鲜明的图画。我们就是从这样的一个起点开始我们的生产恢复和工业建设的奔驰的(《我们创造了奇迹》)。"这个介绍，对于我们了解《铁水奔流》所描写的故事的时代背景，是很有帮助的。

周立波初次来到石景山钢铁厂时，厂里正在进行一个高炉的大修。他一面参加工会的报纸工作，一面进行调查访问。初下工厂，他就发现了许多新鲜的、从来没有看见和听到过的东西，从高炉、大水池、回水泵、各种车床，到一分钟三千转的送风机，他都感到兴趣，不懂就问，逐渐地领会了许多生产知识。当然，"熟悉机器，只是为着了解人"，他把摸熟工人、技术人员和领导干部的生活和性格，放在第一位。他后来回忆说："在工作中和星期天，我常常跟工人以及比我熟悉工人生活的同志们聊天。那时候，工厂离解放的最初的日子还没有好久，工人们爱说他们过去的悲惨的生活和解放时的兴奋情景。他们的这些回忆，成了我创作《铁水奔流》最初几章的源泉。工人的家庭，我也常去，他们的生活和心理，我逐渐地熟悉了一些。"(《〈铁水奔流〉的创作》)当时，工厂有一个钳工的性格和小报上公布的他的经历，引起了周立波的特别注意，他觉得这就是所谓普通人的典型。周立波说："我主要地根据对他的工作，在厂在家的生活，爱军队、爱国家、爱工厂和帮助别人的热心，创造了李大贵的形象。"

这一次，周立波在石景山呆了四个多月。一九五一年六月离开工厂时，工会党小组曾经给他作了这样一个鉴定："优点：一、思想作风很好，能处处从群众利益出发，作风朴素，态度和蔼，能联系群众，没有一般文艺工作者的自由散漫作风。二、组织观念很强。三、肯帮助人，工作谨慎、认真。缺点：接近工人还不够深入，主要是工作方法的问题。下场工作的同志最好能担任本厂一定的工作，更便于接近工人，体验生活。”

离开工厂回到机关后，周立波立即动手写作《铁水奔流》初稿。他事先拟了一个《主要人物表》，关于主人公李大贵，他是这样构思的：“钳工，二十七岁，性爽直、热情、忠实，愉快，孩子气，勇敢，机警，计算多，文化低，有英雄气，靠近组织，不会讲理。”他从一九五一年六月二十日动手，到七月二十二日，就写出了初稿，其中有八天因事停笔，实际上只花了二十五天。正像他自己说的：“和我过去的作品一样，初稿写得快，差不多是一气呵成。”但改稿却很慢，初稿和两次改稿，一共花了八个月时间。连周立波自己也发觉：“动手得太早了一些。”他的第三遍稿子经中宣部一位同志看了，提了许多意见。周立波深感素材积累不够，决心再深入生活，继续作修改。离开《人民文学》编辑工作岗位后，一九五三年一月，他第二次到了石景山钢铁厂。恰巧又碰到高炉大修，他十分高兴。这次，他以修理部党的宣传工作者的身份参加了大修工作，“了解的人和事都比较深入一些”。一九五三年五月回到中国文协后，他又开始改写。

九月二十三日至十月六日，第二次全国文代会在北京举行。周立波出席了会议，继续当选为全国文联委员。同时，中国文协改组为中国作家协会，周立波仍任理事，并为作协的驻会作家。十月，他完成《铁水奔流》第四稿。中国作协为他开了一个座谈会，许多同志对书稿提了意见。一九五四年初，他第三次去石景山钢铁厂了解技师和工人的生活。同时，他在官厅水库了解了一位“不敢负责任”的总工程师的情况，并研究了另外几位工程师，搜集了较多的素材。在这个基础上，他对原稿再改了两遍，前后一共修改了六遍，到一九五四年八月定稿。

《铁水奔流》全书分二十节，近十八万字。其中第一节至第四节以《最初的几天》为题，先在《人民文学》一九五四年第十二期发表。全书于一九五五年五月由作家出版社出版。

反映重工业恢复建设的有益尝试

《铁水奔流》的故事大致是这样的：华北解放后，规模巨大的骆驼山钢铁厂回到了人民的怀抱。当时整个工厂是一片混乱、荒凉和漆黑。所有车间停工了，焦炉熄火了，烟囱不冒烟，大大小小的马达都停止了运转，机车瘫痪在铁轨上……就像一个垂危的病人，已是奄奄一息。正是在这种情况下，军事代表刘耀先率领着全体接管人员来到了工厂。他们用扎根串连的方式，发现和培养了李大贵等一批积极分子，团结全厂工人群众，斗争了伪工会主任、汉奸特务胡殿文，提高了广大工人群众的阶级觉悟。当混乱情况基本结束后，立即集中精力进行了一号高炉的修复工作。在修复过程中，工人群众和技术人员发挥了高度的积极性和创造性，克服了器材缺乏、技术落后、炉底结铁难以清除等一个又一个困难，并且制止了特务的破坏，一号高炉终于在“七一”党的生日那天流出了火红的铁水。三个月以后，二号高炉也修复开炉。活生生的事实证实了党在七届二中全会决议中的预言：“我们不但善于破坏一个旧世界，我们还将善于建设一个新世界。”

《铁水奔流》出版后，在许多读者——特别是工业战线的读者中曾经引起过热烈的反响。《文艺学习》一九五五年第七期发表的一篇《工人读〈铁水奔流〉》的文章(作者为石景山钢铁厂工会主席谷受民和干部赵焕然)，告诉人们：这部小说出版不久，石景山钢铁厂就销售到六百余册，许多职工还继续登记购买。工人们都为有作家能写出钢铁工人的斗争、生活而高兴。有的工人同志说：以前我们在书店里找不到写钢铁工人的书，只有翻译的苏联小说《钢与渣》是写钢铁工人的，现在终于有了我们自己的《铁水奔流》了。这篇文章的作者认为，“《铁水奔流》真实地反映了解放初期我们如何接管工厂，以及在恢复企业生产过程中党是如何领导工人与各种各样的敌人进行斗争的事实”；它之所以特别受到工人欢迎，是“因为在祖国进入大规模工业建设的今天，作者周立波同志及时地反映了工人阶级在生产建设过程中所表现出来的热情、积极性和克服困难的英雄气概”。在上海《新民报·晚刊》发表的另一篇《对钢铁工人英勇劳动的颂歌》

的评论也指出："接连着人民革命斗争的胜利和祖国建设事业的成就，全国以至世界的文艺工作者、读者都在热切地盼望着表现新中国的辉煌的现实生活的文学作品，《铁水奔流》就是无愧于中国人民的壮丽现实，符合我们的殷切期待而产生的文学作品。"以上这些反映和评论说明，夺取全国胜利以后，由于党的工作重心由农村转到城市，把我们贫穷落后的祖国逐步引向社会主义工业化，成为大家都非常关注的大事情。因此，人们热切地希望我们的作家尽快拿出反映工人生活和工业建设(特别是重工业建设)的好作品来。《铁水奔流》的创作正是周立波在这方面的一次有益的尝试，也是新中国成立初期为数很少的描写重工业建设的小说中较好的一部，因而在当时受到了读者的欢迎。小说写的虽然只是华北一家钢铁厂在新中国成立初期恢复生产的过程，但它却在某种程度上真实地反映了我国经济恢复时期工业建设的基本规律、基本特点，显示了我国工人阶级高度的主人翁责任感和伟大的创造力量。这是《铁水奔流》值得珍视的地方。

这部小说的主人公李大贵，是周立波着力刻画的一位先进工人的艺术形象。李大贵出身贫农家庭，哥哥是八路军的一位营长，在抗日战争中牺牲了。他从小在天津一家私营工厂学手艺，"做的是牛活，吃的是猪食"。进钢铁厂以后，他一家三口住在日本鬼子烧过砖瓦的一座废窑里，他和穷哥们拼死拼活，换来的只是饥饿和寒冷。在旧社会，他们只能用打牌和喝酒，来排遣生活的忧愁和空虚。新中国成立后，李大贵对中国共产党和中国人民解放军表现了一种由衷的热爱，在党的培养教育下，他迅速提高了阶级觉悟，废寝忘食、奋不顾身地保卫工厂、建设工厂，成为了工人们的一面旗帜。李大贵从一个被压在社会底层的奴隶，变为国家和工厂的主人，并成长为工人阶级先进分子的经历，是有一定的典型性的。

小说对李大贵的个性特征，也有一些生动、精彩的描绘。这个粗短身材、浓眉大眼的青年汉子，"顶爱逗乐子，可也能严肃，就是脾气大，性子爆一点。动力部工人说他'象个直炮筒，一点就着'"。小说对李大贵的这些性格特点，没有作静态的勾画，而是把他放在工厂接管、恢复过程中一系列矛盾斗争的漩涡里，使他的工人阶级的优秀品质和高尚人格，在激烈斗争中焕发出光辉。当解放军进攻石头山时，是李大贵自告奋勇当向导，带领战士们从山后的小路爬上去，消灭了山头的敌人；当工人们斗争伪工会主任、汉奸特务胡殿文时，又是他，在关键的时刻跳上讲台，愤怒地控诉了这个无恶不作的大坏蛋的罪行，“一下轰倒一个大碉堡”；当化验室发生火灾时，也是他，带头冲进烈火熊熊的大门，和大伙一起抢出了大批贵重器材；“七一”前夕，当高炉快要修好时，还是他，深夜冒雨巡逻，发现了正在破坏透平机的特务，他立即纵身跳上去，捡起快要爆炸的手榴弹向门边甩出，虽然自己身负重伤，却保住了透平机……小说的这些章节，都写得比较有声有色，颇见笔底功夫。通过人物本身的言语行动，揭示了他那刚直勇敢、嫉恶如仇的“直炮筒”性格和爱厂如家的主人翁精神。

小说不只是写了李大贵在敌人的炮火硝烟前的英雄行为和生产劳动中的忘我精神，同时也写了他的家庭生活，写了他对爱人和孩子的真纯的感情。李大贵的语言也较有特色。他有一次深夜回家，李二嫂因为听信了坏人的挑唆，不给他开门，他只得爬窗户进屋。躺到床上，两口子有一段很有趣味的对话：

> “见天三更半夜才回家，你上哪去了？喝了谁的迷魂汤了？”
>
> 李大贵半睡半醒，迷迷瞪瞪地问道：
>
> “什么米粉汤，你搁在哪？”
>
> 李二嫂只当他存心逗她，伤心又加上窝火，就在他左胳膊上拧了一把。给拧痛了，李大贵才清醒一点，把头从枕头上抬起来，生气地说：
>
> “你怎么了？脑瓜子里什么零件出岔了？”

这段对话，既饶有情趣，又符合人物的身份和个性。只有“爱逗乐子”的钳工师傅李大贵，才有可能“三句话不离本行”，跟老婆吵嘴时也说出后头这种夹杂着钳工习惯用语的气头话。

这些都表明，李大贵这个人物形象还是有它的思想艺术光彩的。这也是这部小说受许多工人读者欢迎的一个重要原因。但毋庸讳言，由于周立波对工业建设这个崭新而又复杂的领域毕竟比较陌生，原来既少有这方面的生活积累，动手写作前深入实际的时间又较短，因此这部小说不可避免地存在着反映生活欠深刻，刻画人物也不够丰满等缺点。由于生活底子不太厚实，有些地方甚至不得不让一些抽象的概念来代替具体生动的形象描绘。这些，都使得作品缺乏一种强烈吸引读者的艺术魅力。周立波本人对《铁水奔流》的创作也是不甚满意的，在小说出版不久，他在中国作协和北京图书馆联合举办的一次讲演会上谈到这部小说时，曾经这样说过："我在这一本书里，虽然写了四十多个人物，但给人的印象都还模糊，这是因为我对于人的观察还不够的原故。"一九六二年冬天，他在长沙接见工人作者萧育轩时，还语重心长地对这位青年作者说："不熟悉生活是写不出好作品的。我试过，可没成功。""我们国家要工业化，我们的文学作者不去学会反映这么广阔的生活面是不行的。"他勉励熟悉工人生活，得天独厚的工人作者"自己拿起笔来写自己"。

新中国成立初，周立波还发表过一篇反映东北农村大生产运动中儿童团的生活的短篇小说《懒蛋牌子》。在创作《铁水奔流》的同时，写作和发表了短篇小说《诸葛亮会》与《砖窑和新屋》。这两篇小说都取材于石景山钢铁厂的工人生活，但无论思想上或艺术上都显得平平。他还写了一篇描写李大贵参加开国大典的短篇小说《李大贵观礼》，一直搁到一九六二年九月经过改写后，才拿出来发表。此前，一九五一年三月，他在《文艺报》第三卷第十期发表了《谈方言问题》一文，参加关于方言问题的讨论。这篇文章，表达了周立波对于方言问题的主要观点，他认为："采用方言，不但不会和'民族的统一的语言'相冲突，而且可以使它语汇丰富，语法改进，更适宜于表现人民的实际的生活。"一九五〇年秋，周立波还为已故小说家王鲁彦编选了一本《鲁彦选集》(收十五篇作品)，并作了序言。

第八章　扎根故乡的沃土（上）
（1955—1966）

文学的园土是在人民生活里。作家必须长期扎根在生活的肥土里边，才会有出息。

——《素材积累及其他》

崇高的思想内容和优美的艺术形式的统一始终是一个作者追求的理想……

——《关于民族化和群众化》

一、在家乡湖南益阳农村落户

《铁水奔流》写出来后，周立波决心回到自己更为熟悉的农村和农民群众中去。

一九五四年初夏，周立波返回家乡湖南。当时，在中共中央《关于发展农业生产合作社的决议》的指引下，半社会主义性质的初级社在农村发展较快。他参加了各级党委召开的一些讨论农业合作化运动的会议，学习了有关的政策。同时，到益阳县谢林港区和老家邓石桥住了一些日子，考察了农业合作社的发展情况。在这些日子里，他同烂木塘一位木匠出身的乡农会主席、互助合作委员会主任黎盖均常常打交道，这位为人正直、办事热心的农民干部，一心奔社会主义，对合作化抓得很紧，一有工夫就跑互助组和农业社，做发动和组织工作。他有两个儿子，都是好劳力，但开始思想不通，不肯入社，父子间因此大吵场火，掀起了激烈的家庭风波。周立波被“盖木匠”的社会主义积极性所感动，便以他为模特儿，创作了一篇短篇小说《盖满爹》，发表在《人民文学》一九五五年六月号。这是他反映湖南农业合作化运动的第一篇作品。

周立波不满足于这种“走马看花”式的联系生活的方式。他后来回忆这段生活说：“我有好多年没回故乡了，一九五四年刚到乡下，觉得样样东西都新鲜。十几年来，日本鬼子和国民党反动派都打跑了，农民又经过镇反、土改等运动，有了好多的变化。我的头脑里充满了印象。但等提起笔来时，却又写不出什么。道理何在呢？这是由于印象虽多，但都很表面，对于人的心理、口吻、习惯、性格和生活细节都不熟悉，提起笔来，能写什么呢？可见光走马看花，得到一些表面的印象，是不能写小说的。”（《谈创作》）于是，他和夫人林蓝商量，带头响应中国作家协会的号召，决心搬回家乡落户。

一九五五年九月，正是会龙山桂子飘香，资江水绿得可爱的深秋季节，周立波夫妇携带快满四岁的爱女百穗，从北京市迁到了湖南省益阳市郊区桃花仑乡的竹山湾。他们借了贫农卢国云的一栋房屋，安下了家。这是一幢坐北朝南、粉墙青瓦的两层楼房，上下五间房子，带一个小阁楼。它原来是一家地主的房子，“土改”时分给了卢国云。周立波夫妇住在楼上。下面一层，除了厨房和保姆的住房以外，中间的堂屋做了农业社的会议室。

竹山湾山清水秀。远远近近的山岭上，山坡里，长满了翠绿的松、杉、楠竹、茶子树和灌木丛，肥沃、平展的田垄里，有一口水平如镜的大池塘。山弯里住着几户农家，晨昏和晌午，一缕缕白色的炊烟飘散在宁静的青空里。从田野和屋场，不时传来鸡鸣狗吠，牛的哞叫和雀鸟的欢噪声。周立波回到了久别的乡亲中间，十分高兴。安家后，他立即去附近的大海塘乡参加建社工作，担任了乡互助合作委员会副主任。为了工作方便，他在乡人民政府所在的葛彬公祠堂的木板房子里开了一个铺，和农村干部与农民群众实行“三同一片”[①]。林蓝留在桃花仑，也担任了小学校的少先队辅导员。

① “三同一片”，即同吃同住同劳动，打成一片。

周立波在大海塘乡工作了两个月。当时，这个乡的旦家村正在办一个初级农业合作社。这里是一个偏僻的山村，富裕户较多，农民群众对参加合作社有各式各样的想法，有的表现积极，也有的犹疑观望，怕入社“吃亏”，想“看两年再说”。针对这些思想情况，周立波和乡互助合作委员会主任陈桂香一起，每天起早睡晚，冒着隆冬的风雨和严寒，不是走村串户，做说服动员工作，就是参加各种会议，同大家一道学习党的有关政策，研究如何合情合理地处理土地入股和耕牛农具作价等各项具体问题，常常忙到深夜才上床。经过一个多月的紧张工作，初级社办起来了，社员们都很高兴，要给它起个好名字。周立波想了想，建议说：“我们这里不是喊凤鹤嘴吗？就叫个‘凤鹤社’如何？”干部、社员听了，都拍手叫好：这社名既合了地名，又很有意思，“凤鹤双飞”，吉祥如意，我们的农业社一定会兴旺发达！这次参加办社，周立波感到收获很大。后来他回忆长篇小说《山乡巨变》的酝酿构思过程时说：“记得在大海塘乡，我住在乡政府，帮助建了一个初级社，这样一来，对各个阶层的农民对于合作化的态度，才有了比较细致的了解。”他还谈道：“有一回，我们到区上开会，听了别的许多乡的工作的做法，和一些典型性质的故事，扩大了眼界。这样，一方面有点的深入，一方面有面的扩充，进行艺术概括的时候，有现实里的好多活生生的事物作为依据。”(《谈创作》)

一九五六年一月，周立波和巴金应邀去柏林，参加了德意志民主共和国第四次作家代表大会。回国后，他立即返回益阳桃花仑，继续参加办社工作。

从一九五五年夏天以来，党中央连续召开了省委、市委、自治区党委书记会议和七届六中全会，集中讨论了农业合作化问题，毛泽东同志作了《关于农业合作化问题》的重要报告，全会通过了《关于农业合作化问题的决议》。这两次会议就农业合作化的指导方针问题展开了一场很大的辩论，错误地批评了所谓“小脚女人”的“右倾”思想，从而大大加快了农业合作化的步子，以致产生了“要求过急，工作过粗，改变过快，形式也过于简单划一”的偏差。一九五五年冬和一九五六年春，益阳的农业合作化运动同全国、全省各地一样，也掀起了高潮，许多刚建立的初级社很快都转为了高级社。周立波参加了桃花仑高级农业生产合作社的建社工作。这个高级社是由邻近的五个初级社合并起来的，拥有社员一百九十二户。周立波原来帮助建立的凤鹤初级社，这时也并入了大海塘高级农业社。

一九五六年二月十四日，春节后的第二天，落了一场雪。这是“桃花雪”，太阳一出，很快就融化了，乡间的道路和田塍，到处是泥浆，屋檐边、树枝上都滴着雪水。就在这一天，桃花仑和大海塘几个高级社在益阳市第一中学的雨操场联合举行成立会。社员们排着队，打着旗子，敲锣打鼓，翻越冰雪覆盖的松林和山坳，汇集到了会场。益阳市的工人和船员，抬着十台装满农具、书画和文体用品的“礼盒”，前来跟农民兄弟道喜和联欢。周立波怀着十分兴奋的心情，参加了这个欢庆农业社会主义改造胜利的大会。大海塘高级社主任陈桂香和桃花仑高级社主任陈德麟，在会上宣布了他们开展生产竞赛的挑战书和应战书，两个社的社员群众都劲头十足，摩拳擦掌，准备大干一场，夺取农业合作化后的第一个丰收。一位社员兴奋地告诉周立波：“等雪一化，就要做田里工夫了。”而在往年，在这旧历的正月里，农村里正是吃春酒、走人家、打花鼓和推牌九，尽情玩乐的时候。大海塘和桃花仑高级社的成立，让周立波感到由衷的高兴，他不但亲眼看到了世世代代都是在一小块私有的土地上耕作和收割的家乡的农民，如今在党的领导下，仅仅经过很短的时间，就走上了集体化的社会主义道路，而且在这两个社的建立过程中，他和乡亲们一道，也洒下了自己的汗水，付出了自己的心血。因此，周立波立即写了一篇《一个意义重大的庆祝会》的散文，发表在一九五六年二月二十六日《新湖南报》。这篇散文描绘了这两个高级社联合举行成立大会的盛况，回顾了建社过程中遇到的许多思想阻力和困难，他这样写道：“斗争是很尖锐、微妙而且深刻的，深入到每一个家庭，甚至深入到某一些人的梦里。可是，尽管这样，经过党、团员和积极分子的辛勤的说服，各种庞杂的思想，还是一一打通了。两个高级社的上千的男女社员们，步调终于一致了。”这篇散文，为我们探索和把握周立波反映农业合作化的长篇小说《山乡巨变》的创作背景与思想倾向，提供了一个重要线索。

在合作化高潮中，周立波对自己的老家益阳邓石桥的合作化运动也很关心。当邓石桥作为全县的试点之一筹办高级社时，他和林蓝到了邓石桥，参加了有关的会议，帮助干部、社员出主意，解决工作中的困难。他鼓励自己的亲友带头转社，并拿出三千多元稿费，支援农业社兴建俱乐部和畜牧场。

周立波夫妇在益阳市郊桃花仑竹山湾住了一年多。后来，林蓝返回北京，周立波继续留下来，并于一九五七年秋天担任了中共桃花仑乡委员会副书记。开始仍住竹山湾，一九五八年初迁居瓦窑村。为了便于他安静地进行写作，当地党委替他找了一幢比较宽敞的楼房，屋前屋后，翠竹成荫，环境十分清幽。周立波住在桃花仑期间，帅孟奇、周扬、严文井都曾来过这里探望他。

一九五八年八月，周立波的幼子小仪在北京出生，他才回到北京香山寓所，同夫人、孩子生活在一起。周立波是一位慈祥的爸爸，他非常喜爱儿女，和他们在一起时，他常常以纯真的童心，怀着极大的兴趣去观察、研究他们天真无邪的心理和独特而有趣的生活，并把它写到作品里。一九五六年夏，他发表在《长江文艺》五月号的散文《灯》，描写的就是他们的爱女小百穗在北京城里和在桃花仑乡下的生活。天真可爱的小百穗，后来不幸夭折。一九六一年九月，他还曾把爱子小仪幼年时的生活片断，写成了一篇情趣盎然的散文《小宜子打电话》，后来作为遗作发表在一九八〇年十月湖南儿童文学丛刊《小溪流》第二期。

在农业合作化高潮中回家乡落户，建立长期的生活和创作基地，这是周立波在新中国成立后继续遵循毛泽东《在延安文艺座谈会上的讲话》指引的方向，深入火热的斗争生活，和人民群众相结合的行动。在桃花仑生活、工作两年多的日子里，他和农民群众建立了鱼水相依、亲密无间的关系。正像他为纪念“讲话”发表十五周年而写的《纪念、回顾和展望》一文中说的：“我和农民，又比邻而居，喝着同一井里的泉水，过着大体相同的生活。但是这一回，我不再象十五年前一样，和农民‘老死不相往来’，而是朝夕相见，共话家常。我出身于乡村，亲友间有好多农民。承他们不弃，都高兴跟我来往。在这频繁的接触当中，他们都跟我讲心里的话，使我对于他们的感情、心理、习惯和脾气等等，有着较为仔细的考察。”“亲不亲，故乡人；美不美，家乡水”，周立波对家乡秀丽的山川景物，淳朴的民情风俗，特别是前进在社会主义道路上的家乡人民意气风发的精神风貌和他们所建树的业绩，怀着一种特殊深厚的感情，平日静观默察，耳濡目染，“取之于心，注之于手”，这些后来都成了他进行小说创作的珍贵素材。

周立波夫妇住在竹山湾时，他们的住房楼下就是农业社的会议室，干部、社员经常来这里开会，不开会时，也常有人来这里串门、聊天。周立波特意备了两副扑克牌，开会之前就拿出来，让先到的人玩扑克，他在一旁观战，常常看得入了迷。他后来在《山乡巨变》正篇的《当夜》一章，把刘雨生、盛清明和邓秀梅、陈大春作对打扑克，李月辉观战的场面，描写得活灵活现、妙趣横生，就因为他对这种生活现象确已体察入微。他到大海塘乡工作时，天天要经过村头的“西牛山土地”庙。这座已显破败、香火冷落的土地庙门前，留着一副字体端丽的楷书对联：“天子入疆先问我　诸侯所保首推吾。”周立波对这个小小的土地庙也引起了浓厚的兴趣，他向许多老人打听“土地菩萨”的有关情况，得到了许多有趣的知识。后来，他在《山乡巨变》正篇开篇，就写了邓秀梅入乡后细细观察土地庙的一个生动细节，把土地菩萨的华诞吉日、家庭人员、掌管范围、受供情况等，写得有根有芽，有枝有叶。他对乡间的红白喜事也很留心，常常按照家乡的传统礼节和风俗，同乡亲们往来。有一次，邻居李玉珍生了个女娃，周立波夫妇带着肉、蛋、手巾和玩具前去“打贺三朝”，主人全家喜饱了。又一回，塅里来了一队迎亲的人马，前面的人敲锣打鼓，吹起喇叭，抬着一顶挂着“金花诰封”门帘的大红绣花彩轿，后面跟着一顶接“送亲娘子”的青呢大轿，和挑着脚盆、围桶，抬着礼盒的人，场面热闹而又壮观。周立波立即从屋里赶出来，兴致勃勃地追着看了好远好远，还向别人仔细打听迎亲的讲究，一直到把这种南方古老的“花轿迎亲”的仪式和掌故闹得一清二楚才罢。这种生动场面，后来他也写进了短篇小说《林冀生》里。当乡亲们遇到困难时，周立波夫妇更是满腔热情地给予关怀。贫农卢国云有九个崽女，生活困难，周立波帮助他买回一头小猪养起来；看到他有时口粮不接，缺少蚊帐、垫席，或者崽女生病、交学费缺钱，都随时给予帮助。有一次，卢国云生病住医院，周立波接连去探望了两次，嘘寒问暖，关怀备至，使这位农民深受感动。

周立波在桃花仑生活和工作期间，律己很严。不论春夏秋冬，也不论风霜雨雪，只要鸡一叫，他就起床打太极拳；平日除开读书、写作以外，尽可能地参加一些体力劳动。每当春耕和抢收抢插的大忙季节，他总是跟社员一样，腰上系一条浅蓝布围巾，扎脚勒手，汗爬水流，坚持参加半天劳动。开始他挑三四十斤都感到腿软肩痛，经过一番磨练，后来居然能挑起七八十斤的担子，且快步如飞。他认为，只有同农民群众生活、劳作在一起，才能真正与群众“巴皮冶肉”，在思想感情上打成一片。有一回，新华社一位记者去瓦窑村访问他，正交谈间，忽然听到窗外有人嚷着一头耕牛跌进水沟里，爬不上来。周立波丢下客人，一口气跑到外面，果然看到一头大水牯四脚朝天，困在又深又窄的水沟里。农民的经验：牛的眼睛一向天，心里一急，就会炸胆、吓死。周立波急得额头上直冒汗，他连忙和赶来的社员一道挖宽水沟，用树条扛着牛身，帮牛使劲，终于使水牯翻转身站起来了。这时，他才松了口气，向着客人发出了会心的微笑(胡坚：《作家周立波在农村》)。

“心是需要用心去换的。”周立波通过共同的生活、劳动和工作，与农村干部和农民群众建立了亲密的友谊，许多人都成了他的知心朋友，甚至两口子吵架也找他公断是非。日子一久，周立波真正熟悉了农村干部和群众的各种各样的性格与各式各样的思想。从一九五五年冬天起，周立波就同贫农邓益庭一家打邻居，相处一年多。这位勤劳俭朴的老倌子，是一位作过四十多年田的“老作家”[①]，特别会养牛、用牛，有一本“牛经”。旧社会几起几落的坎坷命运，新中国成立后搭帮共产党才翻身的切身体验，使他衷心信赖和拥护党；但他又是竹山湾有名的“面糊”，平日爱喝一杯酒，喜欢发躁气，每天劳动回来，总是显出气势汹汹的样子，骂小孩，骂鸡又骂猪。其实他的心地倒是善良的，碰

① 作家，湘中农民把作田能手称为“作家”。

到什么人，他都推心置腹，无所不谈，话一投机，更是云里雾里喷个没完没了。这位老贫农，后来就成了《山乡巨变》中亭面糊那个人物的主要原型。因为周立波“和他们一家人朝夕相处，渐渐成了很好的朋友”，所以“在以他为模特儿进行创作的时候，他的音容笑貌，谈吐举止，甚至于他的性格里的弱点，都自然而然地涌上了笔端”(《深入生活，繁荣创作》)。《山乡巨变》中那个很有个性特点的富裕中农王菊生，模特儿主要是周立波的一位堂弟。这位体魄魁梧的农民，是个上中农，平日勤劳刻苦，很会盘算，人人都说他是个“想得几脚棋出”的精明人，但他也是个“只讨得媳妇嫁不得女”的小气人。周立波住在竹山湾时，这位堂弟常到他家里来。有一次，乡政府封山，他堂弟是单干户，趁封山前一天砍倒了一株大树，后来被乡政府没收了，急忙来找周立波帮他想办法。这位堂弟本来是多年不见的，经过多次接触后，周立波对他的心理、个性也就摸熟了。后来成为《山乡巨变》中农业社长刘雨生的模特儿之一的桃花仑社副主任曾五喜，办社干部邓秀梅的模特儿之一的团县委副书记彭玉霞，以及具有“婆婆子”性格特点的大海塘农业社主任，等等，都是周立波在桃花仑生活和工作时结识的朋友。这些干部、社员的思想性格和行为，为他的小说创作提供了生动、丰富的生活素材。

我国对农业、手工业和资本主义工商业的社会主义改造基本完成以后，一九五七年开展了一场被严重扩大化了的“反右派”斗争。这场斗争在文艺界造成了十分不幸的后果。当时，在我国新文学史上卓有贡献的冯雪峰、丁玲、艾青等一大批老作家、文艺理论家，以及在创作上勇于探索、崭露头角的一批青年作家，都无辜地遭受了错误的批判、斗争和组织处理。在文艺界“反右派”斗争的高潮中，周立波被从家乡益阳叫去北京参加中国作协党组扩大会议，批判所谓“丁玲、陈企霞反党集团”。这次马拉松式的作协党组扩大会议从一九五七年六月开到九月，连续举行了二十七次会议，持续达三个半月之久。在会上，有一百四十多名党内外作家、艺术家和其他人员发了言，周立波也和其他几名作家作了联合发言，并把自己的一份书面发言交《文艺报》发表。同时，他在报刊发表了其他几篇批判文学界所谓“右派”的错误文章，误伤了自己的同志。直到后期整风中，他还作过这样的“检讨”，认为自己最初对“反右派”的意义认识不足，“反应迟缓”，会上发言“说服力不强”，而且对人的处理存在“温情主义”。

周立波在家乡落户的后期，急躁冒进、违背经济发展规律的“大跃进”运动已经开始，接着又来了个“人民公社化”，以高指标、瞎指挥、浮夸风和“共产风”为主要标志的“左”倾错误严重泛滥开来。“大跃进”初期，周立波正在益阳桃花仑乡任党委副书记，他对广大群众迫切要求改变我国经济文化落后状况的愿望和建设社会主义的高度积极性，是深为感动的；但他对瞎指挥、浮夸风等“左”的错误倾向却表示反感。每当上级催报各种指标和产量数字，乡党委书记陈清亮去找他商量时，他总是说：“有多少报多少，我们千万不能搞浮夸。”有周立波“撑腰”，陈清亮也就敢于向上级讲真话，坚持实打实报。一九五八年春耕积肥的热潮中，周立波一条扁担，两个粪箕，亲自上阵。正在这个时候，中共湖南省委书记谭余保到益阳来检查春耕生产。谭老是个讲究实际而又十分严厉的领导者，他先天在长春乡检查，发现田里许多肥氹看上去满满的，翻转来，却尽是砖头、瓦片、屋檐草，他当即把干部找来，狠狠地批评了一顿。第二天到桃花仑乡，谭老叫周立波领着他去检查队上的肥氹，立波把谭老带到自己做的肥氹旁边。谭老接过一把耙头，在氹子里横拖直捣，一连检查了三个氹子，发现个个沤满了优质肥料。谭老满意地说：“好！你这里是真积了肥，不象长春乡那边是个假场合。”立波笑笑说：“我们不搞假的，要来货真价实的！”乡党委书记陈清亮告诉谭老：立波经常参加集体劳动，起了带头作用。谭老关切地叮嘱说：“老周呀，你还是少搞点劳动，多写点小说吧！”

在“大跃进”中，周立波除了埋头创作《山乡巨变》以外，极少写文章鼓吹“大跃进”。正像他一九五八年十月回到北京参加中国作协机关的整风运动时所“检查”的：“我对许多群众运动没有迅速地理解其意义，并在文字上加以积极地反映。比如这次大跃进，我从乡下来，却没有充分地有力地报道，写了几篇短东西，在湖南发表，但渲染的群众的干劲，远不及民歌。”这是老实话。周立波这里提到的几篇短东西，指的是他一九五八年先后发表在《人民日报》和湖南地方报刊的散文《宁乡闻见》《雨里的人们》《曾五喜》《泥湾社今昔》等。这些文章一般地说，没有宣扬什么高指标、浮夸风和瞎指挥。它们从一个侧面反映了周立波当时的头脑还是比较冷静的。但是，在当时的历史条件下，周立波也没能摆脱“左”倾思潮的束缚和影响。这种影响，不仅表现于“反右派”斗争中，也反映在“大跃进”高潮中，他曾经和张天翼、艾芜联名在《人民日报》发出倡议，呼吁作家们学习工农“要红旗，不要钞票”的“共产主义精神”，建议全国报刊普遍“把发表费减去一半，到了条件成熟时，可以根本取消稿费制度”。同时，“左”的东西在他的创作中也有所反映，这一点，后面还要谈到。

二、长篇创作的新的里程碑
——《山乡巨变》的问世

《山乡巨变》是周立波在新中国成立后创作的一部最重要的长篇小说，正篇和续篇合计四十二万多字，描写了从一九五五年初冬到一九五六年上半年间，湖南一个僻静的山村清溪乡在农业合作化运动中所发生的异常深刻的变化。正篇从县委派来的办社干部邓秀梅入乡开始，到常青农业生产合作社成立止，相当完整地反映了初级农业社的建社过程。续篇是正篇中一些人物行动的继续和发展，描画了常青社转为高级社以后的生产、生活面貌，展现了农业社和单干农民之间，干部好坏思想作风之间以及敌我之间的矛盾斗争，最后以欢庆建社后的头季大丰收收束全书。这部小说的正篇从一九五六年六月开始动笔，到一九五七年十二月完成，先在《人民文学》连载，后于一九五八年七月由作家出版社出版。续篇从一九五七年秋天开始构思，到一九五九年十一月定稿，先在上海《收获》刊载，一九六〇年四月仍由作家出版社出版。小说的正篇写出后，原来书名为《茶子花开的时候》，周立波将书稿送给中共湖南省委第一书记周小舟看，请他提意见。周小舟在百忙中抓紧时间看完了书稿。当周立波从北京返回长沙时，周小舟热情地约见了他，以一个读者的身份，谈了自己的感受。

他对立波说：“你的小说写得很好，很吸引人，只是书名《茶子花开的时候》，是不是过于含蓄了一点？而且与人家的《葡萄熟了的时候》也有雷同的地方。”他建议周立波把书名再考虑一下。周立波觉得周小舟的这个意见很好，小说出版时，他将书名改为《山乡巨变》。

《山乡巨变》问世后，在广大读者中和文学界、评论界引起了热烈的反响。据不完全统计，从一九五八年四月到一九六一年二月，中央和地方的报刊、出版社发表的各种评论文章共有四十多篇，《人民日报》《人民文学》《文艺报》《文学评论》《读书》等重要报刊都有评论，人民文学编辑部还编辑出版了《评〈山乡巨变〉》一书。一些著名评论家在自己的文章中，对这部小说，特别是其中正篇的思想意义和艺术成就，作了充分的肯定。有的认为，从作品所反映的社会生活内容和它的历史意义看，《山乡巨变》可以说是《暴风骤雨》的“姊妹篇”，“人物描写上的成功，使作品显出思想的深度”（王西彦：《读〈山乡巨变〉》）。有的认为，《山乡巨变》是作者继《暴风骤雨》之后，“创作进程中达到的一个新高点”（朱寨：《谈〈山乡巨变〉及其他》），并且特别赞赏作品的艺术成就和独特的艺术风格。当然，评论家和读者也对作品的缺点和不足，提出了意见。《山乡巨变》不但在国内赢得了读者，在国外也获得了赞誉。一九六〇年和一九六二年，《山乡巨变》正、续篇先后被译成俄文，分别以《春到山乡》和《溪水清清》作为书名，由苏联莫斯科外国文学出版社出版。译者是苏联研究中国文学的知名学者B．克里夫佐夫，他分别为这部小说的正、续篇撰写了长篇序言，赞扬“小说的字里行间充满着中国农村的乡土气息，散发着山茶花的浓郁芳香”，“是一个积极主动投入生活的作家的精心创作”。东京新日本出版社也很快出版了《山乡巨变》的日译本，西域秀枝译。

“文化大革命”中，周立波的《暴风骤雨》被否定了，他的《山乡巨变》也被诬蔑为“鼓吹在农村复辟资本主义的反动作品”。粉碎“四人帮”以后，这两部小说的思想、艺术价值才重新予以肯定。党的十一届三中全会以后，党中央大胆冲破“左”的思想束缚，改变不适应我国农业生产力发展的体制，重新制订了农村工作的一系列方针政策，全面推行联产承包责任制，使农业面貌很快发生了显著变化，由原来的停滞不前变得欣欣向荣。在这种新的历史条件下，关于新中国成立以来农村题材小说的再认识、再评论问题，也就提到了评论界面前。反映农业合作化运动的三部影响最大的长篇小说——柳青的《创业史》、周立波的《山乡巨变》和赵树理的《三里湾》，是议论最多、褒贬不一的作品。到底怎样评价《山乡巨变》的思想艺术成就才是客观的、公正的，符合作品的实际和作家思想的实际呢？下面，准备从三个方面进行一些探讨。

历史的真实和作家的洞察力
——作品的现实主义成就和不足

《山乡巨变》反映的农业合作化运动，已经成为历史。这一段历史生活的真实情况究竟如何呢？中共中央《关于建国以来党的若干历史问题的决议》作了最好的回答。一方面，“决议”分析了“土改”以后广大贫下中农“确有走互助合作道路的要求”，肯定了我们遵循自愿互利、典型示范和国家帮助的原则，采取从互助组发展到初级社，再发展到高级社的过渡形式，改造个体农业，以及对资本主义工商业和手工业实行改造的方法，是“创造性地开辟了一条适合中国特点的社会主义改造的道路”，这项工作取得了“伟大的历史性胜利”，但另一方面，“决议”也指出了工作中有过缺点和偏差，这就是在一九五五年夏季以后，“农业合作化以及对手工业和个体工商业的改造要求过急，工作过粗，改变过快，形式也过于简单划一，以致在长期间遗留了一些问题”。这就是历史的真相。

高尔基说过：“艺术家首先是自己时代的人，是自己时代的悲喜剧的直接观看者和积极参加者。”（维诺格拉多夫《时代的三色》一书序）实践证明，当现实生活并不像人们所想象的那么单纯、美满，而充满着复杂的矛盾冲突，甚至出现了某些曲折和失误的时候，一个革命作家要写出具有较大的思想深度和意识到的历史内容，能够概括一个时代的优秀作品，不但需要深深扎根于人民生活之中，与群众同呼吸，共命运，而且需要具有马克思主义的洞察力、概括力和艺术家的勇气，他敢于直面生活，正视矛盾，既能够透过那错综复杂、五光十色的社会现象和生活表象，敏锐而又准确地把握住生活的本质，又能够秉笔直书，勇于写出自己所看到的生活真实和真理，深刻地揭示“时代的悲喜剧”中的各种矛盾冲突，塑造出既有鲜明个性又有普遍意义的典型形象，从而使自己的作品真正成为时代的、历史的一面“镜子”。这是很不容易的。

在上世纪五十年代中期农业合作化运动这一场社会大变革的“悲喜剧”中，周立波不但是“直接的观看者”，而且是“积极的参加者”。那么，《山乡巨变》是怎样反映这一段历史生活的呢？或者说，小说反映的社会生活内容，体现在艺术形象和形象体系中的作家对生活的认识、判断和评价，是不是真正符合客观实际，达到了典型的真实和本质的真实呢？从作品的实际出发，我认为，它至少在以下方面真实地再现了历史的本来面貌：

首先，它真实地反映了农民群众走向合作化道路的艰难步伐和曲折复杂的“心灵的历程”，比较深刻地揭示了农民既是劳动者又是小私有者的两重性。

土地改革以后，农民有了土地，发挥了生产积极性。但由于生产资料私有制的问题并没有解决，因此，农村向何处去的问题，也就尖锐地提到了人们的前面。我们党根据马克思列宁主义原理，分析土地改革以后农村的实际状况，及时地向广大农民指出了组织起来，共同富裕的道路。但农业合作化决不是党中央一声号令，所有的农民就都意识到它是一条通向幸福的必由之路而欢天喜地走到一块。实践证明，这是一场比土地改革更为广泛、深刻和复杂的革命。农民群众在由个体所有制向集体所有制的转变过程中，必然要经历外在的和自身的错综复杂的矛盾冲突。像《山乡巨变》所描写的清溪乡这样一个互助合作基础很差的山村，六个互助组有四个“散了板”，剩下两个，也只有一个办得比较好点，没有充分显示出组织起来的优越性，这就必然要使农民对参加合作社产生更多的疑虑、动摇。恩格斯说过：“历史是这样创造的：最终的结果总是从许多单个的意志的相互冲突中产生出来的，而其中每一个意志，又是由于许多特殊的生活条件，才成为它所成为的那样。”（《致约·布洛赫》）《山乡巨变》的现实主义成就的一个重要方面，正在于它集中笔力描绘了“许多单个的意志”——也就是出身于各个不同的阶层，生活经历、个性心理、理想追求各各不同的许多人物，在农业合作化这一场社会大变革中，怎样思考，怎样行动，怎样前进；各个意志之间又怎样互相冲突，互相制约，互相影响；由所有制变革所引起的矛盾冲突，更是怎样“波及每一个家庭，深入每一个人的心底”，以至渗透到人们“最厉害的感情”——爱情中来，从而在这个僻静的山乡，真正引起一场“巨变”。

在这些内心充满了矛盾和不安，展开着复杂而微妙的斗争的人物里面，最有代表性的无疑是陈先晋和王菊生。前者是一位贫农，后者是一位富裕中农。他们的出身经历、经济地位和思想性格大不一样，加入合作社也经历了截然不同的曲折过程。陈先晋辛勤劳动了半辈子，在旧社会，“从来没有伸过眉”，但一天也没有断绝发财的心念。他牢记先人的遗言，想依靠父子三人开出的几块土做“发财的根本”，买田置地起新屋。这个愿望在新中国成立前没有，也不可能实现。新中国成立后不久，他分了田，喜得几夜没有睡。可是，“分了，又有什么用？还没有作热，又要交了。”一方面，他十分留恋靠私有制发财的老路，另方面，几十年的生活经验也使他不敢贸然拿一家人的衣食所本去冒参加合作社的风险。在他的眼里，“么子互助、合作，还不都是乱弹琴”，“龙多旱，人多乱，几十户人家搞到一起，怕出碌戏”。因此，他高低不肯报名。但他的儿女和婆婆都主张入社，甚至扬言要把田土分开，各人带了自己的一份去入社，女婿也劝他“还是入了。一个人单干，这一份田，你作得来？”在孤立无援的情况下，他无可奈何地表示“先进去看看吧”。可是，当他受到王菊生的煽惑时，刚要试探着举步的脚又退了回来，家庭内的矛盾更加尖锐，老倌子的心底也展开了更加剧烈的斗争。他思前想后，鸡叫三回了还睡不着，好不容易才下了入社的决心。天才粉粉亮，他掮起锄头出门了，但不是高高兴兴地去报名入社，却怀着沉重的心情，先到祖传的那一小块土里，哭了一顿——实际上也就是跟世世代代相沿袭的旧的生活道路泣别！小说关于陈先晋入社经过的这些描写，是有很大的历史真实性的。它说明，几千年的私有制在一个贫苦农民的脑子里也留下了多么深刻的影响，尽管摆在他面前的是一条充满阳光的康庄大道，但要他从根深蒂固的私有制观念中挣脱出来，迈上一条崭新的生活道路，该要经历多么复杂、痛苦的“心灵的历程”！王菊生的入社更是一出充满了尖锐的矛盾冲突的“悲喜剧”，这位家境殷实、非常勤劳却又特别尖刻的老上中农，是个“难说话极了”的“咬金”，私心很重。“在他看来，贫农都是懒家伙，他们入社，一心只想占人家的便宜。他自己的一头大黄牯要牵进社里，放足了肥料的上好的陈田也要跟人家的瘦田搞一起，‘这明明是吃亏的路径，我为什么要当黑猪子呢？’”为了“先发制人”，抗拒干部动员他入社，他不惜扯痧装病，当“西洋景”被拆穿以后，他又故意跟堂客相里手骂，把不肯入社的过错推在堂客身上。初级社成立后，他还自恃“田好、肥足，农具、牛力，万事不求人”，带领堂客、女儿跟农业社竞赛，“存心要把农业社比下”，好使自己单干得长久些。一直到把堂客、女儿累病了，生产上遇到很大困难，农业社又真心实意帮助了他，他才“深深感动了，也真正地认识了集体的力量”，这才服输入社。小说对王菊生入社经过的描写，同样是十分真实可信的。

陈先晋和王菊生虽然经济地位不同，个性迥异，对入社的态度和加入合作社的经过也不一样，但异中有同，这就是他们都是个体农民，既是劳动者，又是小私有者，具有两重性。这是农民的一个根本特点。小说通过陈先晋和王菊生这两个典型人物，以及盛佑亭、盛佳秀、张桂秋等其他一些人物，比较深刻地揭示了农民的这种两重性，既描绘了他们在合作化面前的种种彷徨和苦恼、困惑和摇摆，以至抵触和反抗，又表现了他们由于自身的经济地位和客观的历史条件的制约，经过曲折、复杂而又微妙的“心灵的历程”，最后终于迈出了艰难而重大的一步，走上了党所指引的社会主义道路。周立波在《关于〈山乡巨变〉答读者问》中说：“新与旧，集体主义和私有制度的深刻尖锐、但不流血的矛盾，就是贯穿全篇的一个中心的线索。”这是基本符合作品的实际内容的。

其次，小说艺术地再现了一九五五年下半年以来党内在农业合作化的方针问题上所发生的那场大争论，并在一定程度上客观地展现了合作化后期“要求过急，工作过粗，改变过快”的偏差，反映了它带来的“后遗症”。

在我国农业合作化的历史上，一九五五年夏天以后，党内曾经发生过“大发展好还是小发展好”的论争。历史已经证明，当时有些同志主张农业合作化要稳步前进是正确的，把这种意见指责为“小脚女人”“右倾机会主义”，是错误的。当然，这次争论的性质是属于实际工作的具体指导方针之争，是合作化搞快一点好，还是慢一点、稳一点好，而不是根本方针上要不要搞合作化的争论。《山乡巨变》以清溪乡的合作化过程为背景，通过典型人物的性格冲突，艺术地再现了当年的那场争论。在对这部小说进行历史的评价时，意见分歧的一个问题是：周立波对这场争论究竟抱什么态度？他是赞赏那种“左”倾冒进的速度呢，还是批判了那种“左”的偏差？我认为，周立波当年创作《山乡巨变》时，对中国农村那个迅猛发展的“社会主义群众运动的高潮”，存在既感到十分兴奋，同时也有些茫然的状况，因而他对那场关于农业合作化发展速度的争论，并没有表现褒贬分明的态度，似乎只是客观地反映了生活的本来面貌。但是，作家对生活总是有他的认识和评价的，尽管他的思想倾向十分隐蔽，也还是要“从场面和情节中自然而然地流露出来”。《山乡巨变》关于农业合作化指导方针的争论，体现在几个主要人物身上：邓秀梅、李月辉、陈大春，还有朱明。透过这些艺术形象，我们可以看到，周立波对急躁冒进，“只想一抬脚，就进到社会主义社会”的陈大春那种“左得吓人”的倾向和作风，是持明显的批评态度的；对区委书记朱明的盛气凌人、态度生硬和死扣比例数字，用的也是“阳秋贬笔”。那么，对邓秀梅和李月辉呢，他究竟倾向于哪一个？邓秀梅是县委派来的办社干部，她是坚决贯彻执行上级的指示，主张趁热打铁，加快步伐，在年内就基本实现合作化的。这就是说，她虽然不赞成陈大春的“左”，而她自己却是“身在‘左’中不知‘左’”，她的活动，实际上体现了五十年代中期在农业合作化问题上错误地批评了“小脚女人”的“右倾机会主义”以后所执行的那个指导方针，正像朱明所说的：“这次合作化运动，中央和省委都抓得很紧。中央规定省委五天一汇报，省委要地委三天一报告，县里天天催区里，哪一个敢不上紧？”与邓秀梅不同，清溪乡支部书记、农会主席李月辉，恰恰是一位被批评为犯了“小脚女人”错误的人。但他虽然对自己砍掉自发社的“错误”作了检讨，却并未改变自己的主张。在学习毛泽东同志的报告的党员大会上，陈大春“趁火打劫”，得意洋洋地指责他是“小脚女人”，他“放下报纸，半天不做声”。后来，他坦然地对邓秀梅说：“小脚女人还不也是人？”他有个总主意：“社会主义是好路，也是长路，中央规定十五年，急什么呢？还有十二年。从容干好事，性急出岔子。”因此，他理直气壮地主张慢一点、稳一点好。当申请入社的农户超过百分之五十以后，他跟邓秀梅有过一次争论：

“应该停顿一下了。”李主席提议。

“为什么？我们离开区委的指标还很远，怎么好停顿？”邓秀梅问他。

“贪多嚼不烂。况且，饭里还加了谷壳、生米。”

李月辉举出了李盛氏的例子。但邓秀梅不同意他的看法：

“这些都是极其个别的例子。趁高潮时节，我们再辛苦几天，说不定可以超过区委的指标，今年就能基本合作化。”

“切忌太冒，免得又纠偏。”李主席认真地说。

“又是你的不求有功，但求不冒吧？你真是个婆婆子，李月辉同志。”邓秀梅笑着说他。

李主席没有回应，自然也没有发气……

在另一次同去区里开会的路上，李月辉和邓秀梅作过类似的交谈。李月辉说：“干革命不能光凭意气、火爆和冲动。有位北方同志教导过我说：‘小资产阶级的急性病，对革命是害多益少。’革命的路是长远的，只有心宽，才会不怕路途长。”邓秀梅笑着对他说：“也不能过于心宽，毛书记说过，过犹不及。”李月辉毫不含糊地回答：“我觉得我还不算‘过’。”

从这些形象描写来看，我认为，周立波对被批评为“右倾”的李月辉，是给予了满腔同情，并且表示十分赏识的。周立波是一个温和宽厚、脚踏实地的人，他在桃花仑乡担任党委副书记时，就主张办事情要实事求是，不赞成高指标、浮夸风。因此，他在精神上、感情上和李月辉是有共鸣的。实际上，这位乡支书身上，就有着周立波自己的影子。这也就是说，在邓秀梅和李月辉之间，他是更加倾向于李月辉的。但是，在农业合作化的指导方针上，尽管历史证明真理是在李月辉这样的同志一边，而当年的合作化运动执行的却是另一种方针，要求稳步前进的意见反被视为“异端”。这就是生活的复杂性。当然，话又说回来，历史的发展也证明，虽然合作化后期由于党的指导方针的失误，出现了“左”的偏差，但整个农业合作化运动，却仍然取得了伟大的历史性胜利。一个崭新的制度——社会主义集体所有制，毕竟在农村诞生了。正像周立波在同时期写作的短篇小说《禾场上》所隐喻的：难产的落沙婆“要叫七天七夜，才下一个蛋”，但经过临盆时不同寻常的“阵痛”，“蛋”终究是生下来了。这是破天荒的大喜事、大好事。所以，周立波在《山乡巨变》中，也就抱着由衷的高兴的态度来欢呼它，讴歌它。他颂扬了党的领导作用，对在新制度的诞生中扮演了“催生婆”角色的邓秀梅，也满腔热情地给予赞美，把鲜花同时献给了李月辉和邓秀梅这两位“社会主义的播种人”。至于合作化指导方针上究竟是慢点、稳点好还是快点好的争论，作家似乎感到没有必要作“主观的说教”，只是“在艺术上把它们真实地表现出来”，而把答案留给了读者，留给了历史去评论。

正如一些评论指出的，《山乡巨变》在某种程度上客观地再现了农业合作化后期急躁冒进的“左”的偏差。作品刚刚发表时，就有读者指出：“在发动菊咬金和秋丝瓜的问题上，简直有近于变相的强迫命令。”(唐庶宜:《对〈山乡巨变〉的意见》)这与其说是对作品的批评，倒不如说是反映了艺术形象的客观效果。在小说的续篇中，作家同样如实地描写了常青高级农业生产合作社这个“早产婴儿”由于先天不足而带来的若干“后遗症”。清溪乡一个月建成五个初级社，又一个来月统统转为高级社，不可能不出现许多困难和问题。续篇的第一、二、三章（《早起》《社长》《副手》），就生动地描绘了常青高级社这种“乱得要死”的局面，当盛淑君听说邓秀梅和陈大春都要走，直率地说：“你们倒好，都走了，社里乱糟糟，单叫我们背起这面烂鼓子。”李月辉对此倒是早有思想准备的，当社长刘雨生向他汇报社里的混乱情况，并深自引咎时，李月辉从从容容说：“现在不是怪哪一个的问题。这个局面，各社都一样；我早料到了。”同时，毛病很多、威信不高的谢庆元勉强地当选为副社长，以致后来闹出许多乱子，也不能不说是匆匆忙忙实现高级化带来的一种“后遗症”，它至少反映了社的领导骨干的严重缺乏和不得力。

总起来说，《山乡巨变》一书特别是其中的正篇，基本上真实地反映了农业合作化运动的本来面貌。许多生活画面和人物形象，不仅具有细节的真实性，而且真实地再现了典型环境中的典型人物，达到了细节真实和历史真实的统一，显示了作品的现实主义力量。但是，小说对现实生活的反映也存在着缺陷。不少的评论都指出，小说没有充分写出贫苦农民走互助合作道路的强烈愿望和自觉要求，仿佛农业合作化运动这场深刻的社会主义革命只是自上而下、自外而内地带进了这个平静的山乡，而不是这些经历过土地改革的风暴和受到过党的教育和启发的庄稼人从无数痛苦的教训中必然得出的结论和坚决要走的道路。同时，作品也没有完全摆脱“左”倾思潮的影响。正篇对坚决贯彻区委意图，在清溪乡这样的后进地区盲目追求合作化高指标的邓秀梅，同李月辉一样给予了热情的歌颂，说明了这一点。续篇花费不少篇幅写了一个暗藏的反革命分子龚子元的许多破坏活动，也说明了这一点。合作化时期，不是不可能有这种你死我活的敌我矛盾，问题是，作品偏离了从生活出发的现实主义精神，把常青社从动员阶段到社建成后出现的一连串矛盾、纠纷的根子，都归结到龚子元夫妇的阴谋破坏上，最后还编造了龚子元持刀胁迫张桂秋，和去杨泗庙联络同党妄图发动反革命暴动、拉队伍上山这样一些耸人听闻而又显得不大合情理的情节，这就明显地夸大了反革命分子的破坏作用。联系到续篇写作和问世时的具体历史背景，显然，作家这样写意在突出阶级斗争这条“纲”，企图反映现实生活中两类矛盾交错的复杂性，但由于不是从生活的真实出发，而是从概念出发，也就难免要依赖编造离奇的情节，以致走向图解政治的斜路。因此，有的评论公正地指出，“现实主义精神在续篇中有所削弱”。

这里还要提到的是，“文化大革命”以后，周立波对《山乡巨变》作了一些修改，于一九七九年重印。本来，作品问世后，听取各方面的反应进行修改，力求在思想上艺术上更完美一些，是完全应该的。立波对《暴风骤雨》的许多修改就可圈可点。但是，《山乡巨变》的某些修改却值得商榷。比如，原版中农业社社长刘雨生是个“近瞅子”（即近视眼），但他“眼睛不好，心倒蛮好”，因而受到全村人的拥护，眼睛的毛病并不影响他在群众中的威望；而周立波修订此书时，却把他改成了一个眼睛并不近视的人，因此而去掉了一些颇具生活情趣的细节，这就大可不必。更值得商榷的一处修改是：原书正篇《途中》一章，写到李月辉和邓秀梅一道去区委开碰头会，在路上议论办社的事，李月辉提到他曾经被指责为“小脚女人”，接着有这么一段精彩的对话。

“我想你不会生气。”邓秀梅笑道。

“我气什么？我只懒气得。小脚女人还不也是人？有什么气的？”

但在重印时，周立波却将这段话改成了：

“我想你不会生气。”邓秀梅笑道。

“我不气。经过学习，我认识到，毛主席的批评是完全对的。”

这一改，不止冲淡了生活的色彩和情调，而且抹去了李月辉思想性格上一束耀目的光辉：不管来头多大，对于那种他认为不见得正确的批评、指责，他都能不为所动，而坚持自己那个实事求是的“总主意”。

又如，续篇《短见》一章，原书有一个非常生动的场面：副社长谢庆元吃了水莽藤，亭面糊力主按照民间的老方子，灌他几瓢大粪解毒抢救，由此引起了在场的人一番激烈的争执，造成了十分紧张而又有趣的气氛，令读者忍俊不禁。但修订后的这一章，却变成了亭面糊主张“灌他几瓢水，再拿杠子一压，把肚子里的家伙都压出来”。这样一改，就不但不符合益阳农村的民情风俗，脱离了生活的真实，而且使情节变得索然寡味，一些谐趣横生的人物行动和对话都从书页中消失了。

周立波要作这样的修改，也许有种种情由。但其中是不是也包含如下的因素呢，即受“文化大革命”中“四人帮”所宣扬的那一套反现实主义的“左”的文艺谬论的影响，同时，也由于《山乡巨变》横遭挞伐所产生的某种余悸，作家多少偏离了自己所一贯遵循的现实主义，主要出于某种政治上的考虑，从而作出了这种捉襟见肘的修订。

焕发光彩的“这一个”
——小说在典型形象创造上的收获

评价《山乡巨变》的现实主义成就，最重要的还是要看它对典型人物的创造。周立波在《关于〈山乡巨变〉答读者问》中说过，“创作《山乡巨变》时，我着重地考虑了人物的创造，也想把农业合作化的整个过程编织在书里”。这就是说，他在构思这部小说时，是以刻画人物为中心，通过不同性格的人物的矛盾冲突，来揭示农业合作化那个特定历史时期错综复杂的社会关系的。小说共写了邓秀梅、李月辉、刘雨生、盛佑亭、陈先晋、陈大春、谢庆元、王菊生、张桂秋、盛清明、盛淑君、龚子元等三十多个人物，包括十多个家庭。这些人物分属不同的社会阶层，有着不同的出身经历、经济条件、社会地位和思想性格，组成了一个“小社会”。

在清溪乡的“人物谱”里，性格形象最为丰满，刻画最成功的是贫农盛佑亭。这位五十二岁的老倌子，是中国南方农村的一个普普通通的老农民，但他本身特殊的生活经历、心理气质和文化教养等因素，又使他形成了一种与众不同的性格。他外号“亭面糊”，“面糊”这一极其鲜明的个性特征，使这个人物的艺术形象焕发出耀目的光彩。

正篇第一章《入乡》里，这位老倌子就和我们见面了。他听到“竹子都要归公”的谣风，马上砍了三根楠竹，掮到街上去卖，在路上碰到邓秀梅，两人攀谈起来，当邓秀梅含笑问他：“你是贫农吧？”他点了点头，但他又好像怕人看不起自己，混[1]道：“不要看我穷，早些年岁，我也起过好几回水呢。有一年，我到华容去作田，收了一个饱世界，只差一点，要做富农了，又有一回，只争一点，成了地主。”邓秀梅同盛佑亭头一次接触，就感到此老有些“啰嗦”和“糊涂”。他向别人吹嘘自己“起过几回水”的精神状态，更使人想到这位老倌子身上还承袭着某种“阿Q精神”呢！往后，盛佑亭不出场则已，一出场，他的一举一动、一言一行，都显露出他的“面糊”性格，使他成为一位十分可笑而又可爱的喜剧性人物。

“亭面糊”的性格既有它的独特性，又有它的复杂性，是一些互相对立的性格因素的辩证统一。他种了大半辈子田，把劳动看成是自己的本分。他有一手过硬的田里工夫，特别会打点和使唤耕牛，他看人也着重于对方的劳动本领，而不在意有没有思想毛病。新中国成立前，这位老倌子一直没有断过“起水”当财主的念头，但到头来还是“衣无领，裤无裆，三餐光只喝米汤”。一直到新中国成立后，搭帮共产党才翻了身，因此他对新社会、对党和毛主席怀着很深的阶级感情，一有机会就叨念：“爷亲娘亲都不如党亲。”新的思想在他的头脑里不断扩大着地盘，这是一方面。但另一方面，几千年遗留下来的旧的私有制观念和习惯势力，仍然顽固地盘踞在他的脑海里不肯轻易退走。他继承了老一辈的家规，为了保持自己家长的威严，对崽女总是习惯地使用命令的口气，小不顺眼，就要恶声恶气地骂人，兼及他治下的鸡、猪和牛。不过，他厉害的只是一张嘴巴子，实际上他从来不会真的打人，手里的鞭子也从来没有落到牛身上过。

亭面糊虽然在家里爱骂人，但在外边对什么人都有讲有笑，很好亲近。平日，不论碰到男和女，老和少，熟人或生人，只要哪一个愿意用心地，或是装做用心地倾听他的有点啰嗦的谈吐，他就会推心置腹，披肝沥胆。他的话匣子一开了，往往耽误正事。他心地善良，却又十分粗心，不喜欢动脑筋，常常是非不分，是个好心肠的糊涂老汉。龚子元来路不明，阴阳怪气，别人都怀疑他

---

① 混，益阳方言，即聊天，也有吹牛的意思。

不是好人，唯独此老一力担保他是一个“真正的贫农”。他奉邓秀梅的差遣去劝对方入社——实际上是去探听一下虚实，龚子元一瓶镜面酒就把他灌得酩酊大醉，他把正事忘了，回来时还绊倒在白水田里。

亭面糊的“面糊”性格，在入社的问题上表现得最充分，最突出。邓秀梅入乡，向他打听互助组的情况，他直摇头：“依我看，不如不办好，免得淘气。几家人家搞到一起，净扯皮。”第五天夜里，乡政府开群众会，讨论办社的事，亭面糊平素从来不喜欢开会，“十有九回不到场”，总是派崽女和婆婆做“全权代表”。这一回，他碍着邓秀梅的面子，决计亲自出马了。一路上，邓秀梅转弯抹角，探寻他对于合作化的心里的本意。他的答复是：“大家都说好，我也不能另外一条筋，讲一个‘不’字。”邓秀梅晓得此老素来不喜欢用脑筋，追问一句：“你仔细想过没有？”他却回答：“政府作了主，还要我们想？”“将来要是吃了亏，怎么办呢？”邓秀梅故意逗他用心想一想。亭面糊的回答更干脆：“吃得亏的是好人。”可见，这时他对入社还是缺乏认识的。更有味的是，当他听到宣传队号召大家申请入社时，立即对二崽学文“下了一道紧急命令”，要他写一张“禀帖”——申请书。他啰啰嗦嗦，向儿子授了一大篇申请书的内容，吹嘘自己怎样和婆婆“足足扯了一通宵”，拿许多道理开导她，好不容易打通了她的思想，“一家五口，真正做到了口愿、心愿、人人愿、全家愿”，报名申请入社。但那位中学生根本没有把他口授的这段“精彩动人的陈述”写在申请上，只是作了简简单单的几句文章。申请书送到邓秀梅那里，邓秀梅问他会不会反悔，他回答：“做了申请，纸书墨载，反悔还算人？”并且声言：“我如今就算是社里的人了。我去砍几担柴火，送给你们办社的人将来烤火。搞社会主义，不能叫你们挨冻。”

从这一连串行动看，由于清溪乡原来的互助组没办好，亭面糊最初对办社是没有兴趣的。但他有一个基本的信念：共产党要办的事情，对贫苦农民总是大好事，不得让自己吃亏。加上党支部的宣传教育，他逐渐明白了入社的一些好处，所以，后来他的态度变得积极了，坚决了。他在向儿子口授入社申请书和劝老二佐亭入社时，都谈道：单干一世，年年“还是一件破棉袄”；入社后，

"人多力量大"，"人一多，工夫可加细，又有力量多插双季稻"。同时，他相信社里对社员种菜、秧绿豆子的事，也"会一总安排"。这就是他入社的思想基础。亭面糊的入社，不但表现了一位老贫农对党的深厚感情和无限信赖，而且说明了作为一个劳动者，他是完全可能在党的启发、引导下，走上共同富裕的社会主义道路的。因此，有的评论认为亭面糊对合作化问题没有花过任何心思，并不懂得它的积极意义，完全是糊糊涂涂地随大流入社的，这种看法不尽符合这个人物的实际。当然，正因为他是个"面糊"，他在入社过程中也就不像陈先晋那样思前想后，有那么多怀疑、顾虑和思想斗争，并且免不了要闹出一些笑话。这就是说，他加入合作社既有明白的一面，也有糊涂的一面；既有自愿的一面，也有随大流的一面。而作为翻身的贫苦农民，他乐意听党的话，走社会主义道路，则是主导的方面。照周立波自己的说法："这个人，小事糊涂，大事不糊涂。"[①]这才是真正的清溪乡的亭面糊。

亭面糊入社后，表现也很不错，他做到"以社为家"，关心集体利益，特别是在犁耙功夫上显了身手。但他的"老毛病"也时有发作。他帮社里挑一担红薯上街去卖，为那"十分熟悉的醉人的香味"所诱惑，就挪用了八角钱打酒喝。回来被担任会计的二崽学文"将了一军"，爷崽俩吵得不可开交，气得他大骂"混账东西"，最后还是盛妈卖了一只生蛋鸡婆，填补了老倌子亏欠社里的钱。

亭面糊的典型意义在于：中国老一辈贫苦农民的愿望、命运和前途，他们在农业社会主义改造面前所表现出来的既是劳动者又是小私有者的两重性，通过"面糊"这个既有鲜明的个性特征，又有丰富的社会生活内涵的喜剧性格，具体生动地体现出来了，达到了共性和个性的统一。他是周立波继《暴风骤雨》中的老孙头之后又一成功的艺术创造，也是我国当代文学人物画廊中一个闪光的艺术典型。在亭面糊身上，劳动人民的美德和小私有者的根性、新思想的影响和旧意识的烙印，辩证地统一在一起。在社会主义改造的过程中，在外

① 周立波1966年5月5日在益阳市看完花鼓戏《山乡巨变》后对剧团人员的谈话。

界力量的影响、促进下，他正在努力涤荡从旧社会带来的旧思想的灰尘，逐渐地解脱几千年来因袭的沉重的精神负担，虽然缓慢却又坚实地向前迈进。可以看出，周立波是怀着一种无限亲切、真挚的感情，带着微笑的眼神，用他所独有的那种充满农民式的幽默情趣的笔触，来刻画这个人物的。他毫不容情地批评他的缺点，又满腔热情地赞美他的优点，保护他的每一点微小的积极性，鼓励他的每一点微小的进步。只有真正与农民呼吸相通，心心相印的革命作家，才能出以这样的笔致。

在老贫农的形象中，陈先晋可以说是与亭面糊“珠联璧合”、互相辉映的“这一个”。他们都是在苦海里挣扎了大半生的老一代农民，但有着截然不同的性格特点。总的说，亭面糊的性格是外向的，怎么想就怎么说、怎么做，乐观而又饶舌；陈先晋的性格却是内向的，出奇的勤劳刻苦而又出奇的保守执拗，平日沉默寡言，城府很深。他入社的故事前面已经讲过，不赘述。在小说里，这个人物的形象虽没有亭面糊那么丰满，但在某种意义上，却有着更大的思想深度。可惜的是，陈先晋的形象在正篇中树立起来以后，在续篇中却没有得到发展，只给读者一种色彩淡薄的印象。

《山乡巨变》在塑造农村基层干部的形象上，也有重大收获。其中最富于思想艺术光彩的是李月辉。在正篇《支书》一章里，作家就用白描的手法，给清溪乡这位党支书兼农会主席勾勒了一幅朴实无华的肖像画：他是一个中等身材的壮年男子，头上戴一顶浅灰绒帽子，上身穿件半新不旧的青布棉袄。他的脸颊略圆，眉毛细长而整齐，一双眼睛总是含着笑。这位支书出身贫农，年轻时当过槽房司务，也挑过杂货。他心机灵巧，人却厚道，脾气非常好。随便什么惹人生气的事，要叫李月辉主席发个脾气，讲句重活，是不容易的。他有一个难以动摇的信念：根本不愿意人家怕他。他说：“我最怕的是人家怕我。”“党教育我：‘共产党员一时一刻都不能脱离群众。’我一逞性，发气，人家都会躲开我，还做什么工作呢？”因此，乡里的人送了他一个亲昵的小名：“婆婆子。”就是这样一位不急不缓，心气和平的人物，虽说被上头批评犯了“右倾错误”，但在农民群众中却享有崇高的威望。“全乡的人，无论大人和小孩，男的和女的，都喜欢他”。盛淑君说得更干脆：“李主席没讲过的话，我通通不信。”在小说的正篇里，李月辉是作为办社干部邓秀梅的左右手——在某种意义上也是陪衬而出现的，他们之间在合作化的指导方针上有不同的意见，发生过针锋相对却又心平气和的争论，但李月辉坚持“自愿互利”的政策，主张把菊咬金这样顽固抗拒入社的富裕中农先放一放的正确意见，还是被邓秀梅接受了。正是在这场关于农业合作化方针的争论中，李月辉的思想性格迸发出了特有的光辉，使他成为我国当代文学人物画廊中又一个经得起历史检验的典型形象。在小说的续篇，邓秀梅离开了清溪乡，李月辉实际上接替了她的地位，和刘雨生一起，肩负了组织清溪乡农民群众发展集体生产，巩固整顿高级社的任务。在新的环境、新的矛盾斗争中，李月辉的性格形象有了进一步发展。撤区并乡后，他当了大乡的支部书记。作家除了让他继续保持着正篇中已经显露出来的温和宽厚、乐观诙谐，密切联系群众，坚持一切从实际出发等性格特点以外，还给他的性格形象注入了新的因素，使他在政治上、思想上更加成熟起来。他“平素爱看《三国演义》，如今，响应上级的号召，又多少看了一点哲学书，常常开口讲哲理”。常青高级社刚刚建立，刘雨生被那种茫无头绪的混乱局面弄得唉声叹气，李月辉却笑笑劝他：“不要怕乱。一切条理都是从乱里来的。没有混乱，就没有条理，一乱一治，古今常理，这里面包含了哲学。”他具有民主作风，善于听取不同意见，不但能以对立统一的“哲理”指导工作，而且能以“一分为二”的观点，看待有缺点错误的干部和落后的农民。他相信：“只要不是对抗性的，事情有坏必有好，人们是有短必有长。”他明确地告诉刘雨生：农业社和单干户的矛盾“没有你死我活的性质”，“他们今天是单干，明朝就会变成社员的。世界上的事情时时刻刻都在起变化”。菊咬金不肯入社，还存心要在生产上把农业社“比下去”，一些干部、社员都嫌恶他。但李月辉却热情地关怀他、引导他，把单干户和集体的竞赛看成是一种“友谊竞赛”。续篇的《老单》和《竞赛》两章，就十分细腻生动地描写了李月辉帮助菊咬金的情景，终于促使他转变过来，参加了农业社。李月辉对家庭生活困难，工作时冷时热，后来又犯了错误的副社长谢庆元，也是采取这种“哲学的方法”和“经济学的措施”，既从思想上批评帮助，又在生活上给予关怀照顾。他十分耐心、细致地亲自做谢庆元的“转化”工作，多次帮助谢庆元“打退了心里的寒潮，重新积极起来”，后来终于有了明显的进步。

在李月辉的身旁，还有一个刘雨生，常青农业生产合作社的社长。这个单单瘦瘦的青皮后生子，是一个大公无私的现贫农。他担任互助组组长时，亭面糊就夸赞他“是一个好角色”。刘雨生眼睛有一点近视，但正像李月辉向邓秀梅介绍的：“他眼睛近视，思想可不近视，做工作舍得干，又没得私心。”他为人和睦，本真，心地纯良，又吃得亏，村里的人全都拥护他。不过，刘雨生也有一本“难念的经”：他的堂客张桂贞是个长得虽还标致，却只图享福而且寡情薄义的女子，她看见丈夫当了互助组组长，时常误工，就绞着他吵，要他丢开这个“背时壳”。邓秀梅入乡来办合作社时，刘雨生最初是怀着矛盾的心情的，怕自己被选上社主任后，会更耽误家里的工夫，张桂贞说不定会要闹翻。但参加党支部大会回家后，他想了一通宵，打定了主意：“不能落后，只许争先。不能在群众跟前丢党的脸。家庭散板，也顾不得了。”于是，他一心一意参加合作化运动，时常整天不落屋。水性杨花的张桂贞受不了这个“活磨”，终于带着三岁的孩子回娘家去了，跟刘雨生离了婚。小说的正篇，着重地表现了刘雨生怎样以忠厚的态度，委曲求全、仁至义尽地对待那个遗弃了自己的寡情的堂客，又怎样以坚忍不拔的意志，排除心头那一股“冰彻骨髓的寒流”，没日没夜地为办社而四处奔走张罗。续篇进一步丰富、发展了刘雨生的性格。高级社刚刚成立，“旧的皇历看不得，新的日历还没有出来”，到处乱糟糟。刘雨生在李月辉的帮助下，以顽强的毅力，发动和组织社员，把集体生产引上正轨。

像李月辉、刘雨生这样的农村干部，都不是什么叱咤风云的英雄人物，他们只是一些普普通通的基层干部、共产党员。他们来自群众，每日每时生活和工作在群众当中，是人民群众中的普通一员。但他们聪明、能干、公道、积极，勤勤恳恳、全心全意为人民服务，又是群众拥戴的领袖人物。他们“有实事求是之意，无哗众取宠之心”，任劳任怨，脚踏实地，带领群众建设着社会主义。像李月辉这样的乡支书，由于坚持一切从实际出发的原则，反对急躁冒进，不但得不到支持，反被指责为“右倾机会主义”；但他没有因此与党离心离德，也决不随波逐流，去迎合“左”的时俗，而始终坚持自己对人对事的正确主张，因为他有个符合马克思主义实事求是原则的“总主意”，能够以辩证唯物主义和历史唯物主义的“哲学”来指导自己的言行。应该承认，这样的干部，这样的共产党人，正是我们时代的精华的一部分，是建设社会主义的“顶梁柱”。周立波以满腔热情塑造出了这样两个典型性的艺术形象，不能不说是他深入生活当中独具慧眼的发现，也是我国当代文学典型人物创造中一个可喜的收获。

《山乡巨变》中的其他一些人物，如富裕中农王菊生、新上中农张桂秋、团支部书记陈大春、治安主任盛清明、副社长谢庆元、女青年盛淑君、刘雨生的前妻张桂贞和后来的爱人盛佳秀，以至那位开口诗云、闭口子曰的私塾先生李槐卿等，虽然着墨有多有少，但都显示了比较鲜明的个性特点。其中，王菊生、盛清明、谢庆元、张桂贞、盛佳秀等人物的性格形象，在续篇中还继续有所发展和丰富，给读者留下了较深的印象。但也有的人物虽然着墨较多而仍然不免苍白无力，缺乏鲜明个性，最明显的是反革命分子龚子元和他的堂客，这两个人物尽管从正篇到续篇都有他们的行踪，却始终使人感到有些面貌模糊。此外，小说中的重要人物之一盛淑君，性格形象在续篇中没有多少发展，特别是没有继续向她的心灵深处开掘，而青年社员陈孟春又不过是大春性格的翻版，恰如李月辉说的：跟他哥哥“一模一样”。这些都是《山乡巨变》人物塑造上的不足。

三、素净淡雅的茶子花
——民族形式的探求和个人风格的成熟

《山乡巨变》刚问世，有的评论家就指出：“《山乡巨变》的艺术成就，不仅在于它以所创造的艺术形象充实了我们的文学画廊，而且在于它以卓越的艺术经验丰富了我们的文学园地。无论在塑造人物的手法上、驱遣语言的技巧上，以至在民族形式的探求上，它都显示了独特的风格，给我们提供了许多有益的借鉴。”（黄秋耘：《〈山乡巨变〉琐谈》）

这里，我们先来探索一下它的结构艺术。《山乡巨变》的整个情节结构，它的布局谋篇，很好地继承和发展了中国古典小说“故事完整”而又“富于曲折和波澜”的优良传统。它始终以“真实地再现典型环境中的典型人物”为中心，围绕人物性格的刻画和性格的逻辑发展去进行构思，组织安排故事情节。当然，在这方面，他也借鉴了某些外国名著的成功经验。小说的基本结构方法是：在一章数章之内，集中笔墨描写一两个主要人物和一个家庭的生活，而又把全书三十多个人物和十多个家庭的生活故事，作插花式的交错安排，使全部人物和每一个家庭的活动，都环绕农业合作社的建立和发展这个轴心，井然有序地“运转”起来。不过细察正篇与续篇的结构方法，还可以找出它们之间的不同：前者基本上是单线式的，清溪乡各阶层的人的行动，各个家庭的“悲欢离合”，都同“新与旧、集体主义和私有制的深刻尖锐但不流血的矛盾”这条“中心线索”结合在一起；后者却是多线交错式的，在常青社夺取头季大丰收的过程中，展开了集体和单干农民之间、干部好坏思想作风之间，以及敌我之间三种矛盾的复杂冲突。在这种结构艺术里，很明显地看得出《水浒传》《三国演义》和《儒林外史》等中国古典小说对它的影响：故事有头有尾，上下衔接，前后照应，情节发展波澜起伏，跌宕多姿，“常常从一个矛盾跳到另一个矛盾，轮番错落，有条理而又很热闹”（周立波：《论〈三国演义〉》）。同时，从这里面，也可以窥见作家从《安娜·卡列尼娜》等外国古典名著的结构艺术中得到的启迪：把“几个家族的平行的历史”，作出彼此之间互相联系、错综交替的安排，“主要事情很快地展开，主要人物相继登场”，充分地展现“内部和外部的”矛盾冲突，使布局“有一种几何学的匀称，明快和精确的魅力”〔周立波：《名著选读讲授提纲：〈安娜·卡列尼娜〉（第四次报告）》〕。在《山乡巨变》里，最大的一个家族是陈先晋家，他本人和大崽大春（乡团支部书记）、未来的儿媳盛淑君（宣传队长，后来的妇女主任），以及儿女亲家亭面糊，都是作品的主要人物，二崽孟春、女儿雪春和后来担任了常青社会计的女婿盛学文，也是小说中的重要人物。《山乡巨变》在某种意义上也可说是陈先晋这个家族和清溪乡其他农户一道，由小私有者走上社会主义集体化道路的“创业史”。正篇用《父子》《一家》《恋土》《决心》等连续四章，集中笔力写了陈先晋的一家，特别是先晋胡子本人的生活史和加入合作社的“心灵的历程”，又用《淑君》《山里》两章，集中写了大春和淑君以及他俩的恋爱生活——他们的爱情的种子是随着合作化的进展而日益成熟起来的。在续篇开头的《早起》一章里，大春要调到株洲去当工人了，他还把亲手画的一张要将清溪乡建设成为一座“美丽的花园”的草图留给了社长刘雨生；在《竞赛》《女将》两章里，淑君、孟春、雪春都是最活跃的人物。小说中的农业社长刘雨生，是贯穿正、续篇的另一主要人物，他的前后两个家庭的生活故事，同农业社的建立和巩固息息相关。正篇先以《争吵》《离婚》两章，写了刘雨生和妻子张桂贞的婚变，嗣后又以《同心》《捉怪》两章，写了刘雨生和盛佳秀在合作化过程中爱情的萌芽和滋长，续篇中的《社长》《分歧》《雨里》《插田》《涨水》等章，着重描写了刘雨生在生产、工作中的任劳任怨、一心向社和自我牺牲精神，同时穿插他和盛佳秀的爱情故事，描写了他俩的爱情怎样在“公”与“私”的矛盾中经受考验而更加成熟。最后，在《欢庆》一章迎来了“双喜临门”：既欢天喜地庆祝农业社头季大丰收，又热热闹闹祝贺刘雨生和盛佳秀结为夫妻。其他重要人物如李月辉、亭面糊、菊咬金、张桂秋等和他们的家庭生活史，都是这样，既分别以一章数章从不同的横断面集中描写一人一家的故事，又把各人各家的故事互相穿插起来。在许多章节，都是一人或一家人唱主角，有关人物跟着上场，做到主宾分明，调度合理，场面显得井然有序而又热闹非常。像《争吵》《申请》《夫妻》《竞赛》《反目》《短见》等章，都是这样一台接一台的“好戏”。小说的章与章之间，衔接也很自然、巧妙。作家借鉴了中国章回小说的衔接法，但不是照搬“欲知后事如何，且听下回分解”的陈旧套子，而是借鉴此回结尾，引出下回开头，有意造成悬念以吸引读者的艺术手法，常常是故事说到动听处，戛然而止，然后又慢敲檀板，娓娓道来，真个是一波未平、一波又起，使作品具有一种山断云连、开合有致，花明柳暗、转换自如的章法美。

茅盾曾赞扬《山乡巨变》作者常常“在紧锣密鼓之间，以轻松愉快的笔调写一二小事”的艺术手法，认为它颇为“幽默可喜”。这实际上也是一种结构艺术，是周立波借鉴我国传统艺术的经验而创造出来的一种艺术技巧。它使故事情节的发展显得张弛有致，冷热相济，既具有节奏感，又富于感染力。正篇《争吵》一章，写到互助组员符贱庚听了秋丝瓜唆使，在讨论办社的群众会上冷言冷语攻击刘雨生和合作社，陈大春听不下去，跟他大吵起来，双方差点动武。但就在这剑拔弩张的气氛中，忽然“从别的地方，传来了鼾声，大家仔细听，好象就是在近边”。邓秀梅诧异：“思想斗争这样地尖锐，哪一个人还有心思睡觉呢?”她跟大家拥进后房，拧亮手电，往床上一照，原来是亭面糊“脑壳枕在自己手臂上，沉酣安宁地睡了，发出均匀、粗大的鼾声，一根长长的油实竹烟袋搁在床边上”。陈大春在他耳边大吼一声，面糊惊醒了，他一边揉眼睛，一边问道：“天亮了啵?”这个富于喜剧性的场面，不能不令读者哂然！在农业合作社的发动、组织工作正在紧锣密鼓的进行中，作家又巧妙地穿插了刘雨生和盛佳秀恋爱的一段轻松有趣的故事。其中特别吸引读者的是《捉怪》一章，它写整天为办社而奔忙的刘雨生那个上了锁的小茅屋里，近来发生了一件“奇事”：有人天天去他家里帮他烧茶煮饭，洗衣浆衫。刘雨生大惑不解，把事情一五一十去告诉耶娘和兄弟。刘妈生怕儿子给精怪笼了。一家人就世上究竟有没有精怪，发生了一场针锋相对的争执，刘妈口口声声说：“你不信，就没有吗?”“狐狸精见了女的，就变个飘飘逸逸的美貌的少年郎；见了男的，就变个美女。伢子，下次见了烘鱼腊肉什么的，切莫再吃了。那是吃不得的呀，吃了茶，巴了牙，吃了她的肉，她就会来笼你了。”但这时刘雨生心里已猜到一个八开。这天他有意躲在屋里等“精怪”上门，果然捉住了那只“喜欢刘海的狐狸精”——原来是盛佳秀。这个富于民间传奇色彩的“捉怪”的故事，是《山乡巨变》这部农业合作化“交响曲”中一支十分动听的插曲，而刘家关于世上有没有狐狸精的争论，更为这支插曲增添了神奇迷人的音色和旋律。

下面，我们再来赏析一下《山乡巨变》刻画人物的技巧。在这个方面，更显示了周立波的艺术匠心和功力。

周立波从《红楼梦》的创作经验里，得到一个重要启示："性格特征的始终一致是刻画人物、塑造典型的要领之一。"(《读〈红〉琐记》)《山乡巨变》一些主要人物都具有这种始终一致的个性特征。为了突出这个特征，周立波还借鉴中国古典小说的手法，由清溪乡的群众给一些重要人物起了外号，如李月辉叫"婆婆子"，象征他"气性和平，不急不缓"；盛佑亭叫"亭面糊"，表明他那"马马虎虎、面里面糊"的个性；王菊生叫"菊咬金"，形容他蛮攀五经，刁钻尖刻；张桂秋叫"秋丝瓜"，比喻他像秋天的老丝瓜一样干瘪、结筋，煮不烂、嚼不碎；符贱庚则名"竹脑壳"，意思是他头脑空空，没有主见，容易听人弄灰……这些外号，成了这些人物的主要性格特征的标志。由于准确地抓住了每个人物的个性特征，又赋予了这样绘形绘神的外号，这些人物形象也就活起来了，他们各自不同的思想性格通过这个"聚光点"，一个个折射出瑰丽的光彩。

当然，人物的个性不能靠静止的勾画，而要通过人物本身的言语、动作和行动表现出来，要"让活生生的人物的行为风貌的画面一幅一幅在读者面前耀目地展开"(周立波:《关于民族化和群众化》)。这是中国古典小说刻画人物的一条重要经验。《山乡巨变》很好地借鉴和发展了这种手法。

周立波不但善于抓住人物身上的某一突出特征，通过人物自己的行动，从正面"浮雕"人物形象，而且善于通过一些日常生活细节的精心描绘和周围环境气氛的渲染，来揭示人物的内心世界，烘托人物的性格特征。我们看《回心》一章，它写的是刘雨生去做盛佳秀的思想工作，劝她不要退社。刘雨生应约第三次登门，盛佳秀远远望见他来了，连忙打发自己的孩子福儿从后门上山捡柴火去了。刘雨生进屋后，盛佳秀冲了碗姜盐豆子茶，亲手端给他。刘雨生劝她不要再提退社的事。"'都说入社好，我也不退了。"盛佳秀温情脉脉地看刘雨生一眼，意思好像说"看你的分上'。"刘雨生连忙表示欢迎："那好极了。"刘雨生办完了公事，动身要走。盛佳秀送他到阶矶上，却又留他再进屋坐坐，"好象还有话要说，没有出口，脸先红了"。刘雨生"口里拒绝，但两脚不由自主地又进了灶屋"。接着，小说描写盛佳秀向刘雨生转弯抹角地打听他跟张桂贞离异的事，听对方说张桂贞已跟符癞子结婚好久了，她“有些惊讶，也很喜欢”。当刘雨生分辩“离婚是她先提出来的”时，盛佳秀越发喜欢刘雨生，她联想到自己被丈夫遗弃的可怜遭遇，哭泣起来了。刘雨生又告诉她，张桂贞原先怎样一天到黑绞着他吵，不肯劳动，“她挑精选肥，一担水，只准我把前边的那桶，倒进水缸，后臀那一桶，她不肯要，怕我放了屁，你看她这脾气古怪不古怪？”这时，“盛佳秀快乐地笑了。这是一种从嫉妒本能产生出来的，对于情敌的可笑行为的幸灾乐祸的情绪。她一向沉郁的心情，一扫而光”。但当刘雨生讲起过去为了开导张桂贞，也曾“日日夜夜跟她讲”时，盛佳秀“醋意上来了，冷冷地说：‘你再去跟她讲去嘛。’”刘雨生走了，盛佳秀一直送到大门口，“背脊无力地靠在木门框子上，望着刘雨生的渐渐远去的背影，好久好久，她都不想动”。这时，小福拾柴火回家了，嚷着要吃饭，盛佳秀却一反平素溺爱的习惯，恶声恶气地骂他，还捡起一枝竹丫枝要打他。晚上，当她把受委屈的孩子从涧边找回来时，却又把孩子紧紧搂在胸口，一边哭泣，一边伤心地说道：“我的心肝，我的可可怜怜的没耶崽，是妈妈错了，是你的苦命的妈妈错了。”说到最末一句，她放声大哭了。小说的这些描写，把盛佳秀和刘雨生这一对情人晤面交谈时彼此有意而又心照不宣的情态，刻画得惟妙惟肖。从头到尾，虽然听不到双方有一句表示相爱的话，但那爱情的种子在彼此心头萌动、发育、滋长的“信息”，特别是盛佳秀那种由惊讶、欢喜、伤怀、嫉妒到产生醋意等一连串复杂微妙的心理活动和潜意识，通过那些普普通通的家常话，通过双方一些不经意的举止动作以至一个眼神、一种身态，全都揭示出来了。最后盛佳秀无缘无故地骂孩子，而又搂住孩子伤心大哭的反常举动，更把一位遭受丈夫遗弃的不幸的劳动妇女内心深处的无尽哀伤和幽怨，表露得淋漓尽致。从这一点看，周立波正像他自己极为推崇的蒲松龄一样，倒也是“一位研究女性的专家”。

《山乡巨变》运用得十分娴熟和成功的另一种手法，是让不同性格的人物卷入一场彼此关联的矛盾冲突和生活事件中，通过各自不同的“亮相”和“表演”，揭示出每个人物迥然不同的精神风貌和个性特征。正篇的《夫妻》一章，写菊咬金夫妻相里手骂，邓秀梅、李月辉、刘雨生三人都上门了，但对待这一场富于闹剧色彩的家庭风波，三个人却表现出很不相同的态度：邓秀梅一眼就看出了破绽，而且偏生要“寻根究底”，她非常怀疑这两口子是“假戏真做”——表现了这位年轻女干部的机敏。刘雨生却说：“我看是真干，菊咬金还狠狠筑了他堂客几下，感情好，舍得那样？他堂客骂的，也入不得耳。”——表现了这位农业社长的本真。李月辉插言：“是真是假，不要管它了，依我的意思，他这一户，先放一下子看……这样勉勉强强把他拉进来，将来在社里，不是个疤子，也是个瘤子。”——表现了这位乡支书的稳健。续篇《短见》一章，写副社长谢庆元夫妻反目，养护的耕牛又被人砍伤，他觉得没有出路，吃了水莽藤。毒性发作后，一屋人大惊失色，远远近近的人都赶来了。人们七嘴八舌，议论纷纷。亭面糊力主给谢庆元灌几瓢大粪，以解除毒性，说这方子“立服立效”。盛家大翁妈听说老谢吃了水莽藤，颤颤巍巍说：“莫不是碰到水莽藤鬼了？”塾师李槐卿老先生却认定“鬼是断然没有的”，他说：“‘六合之内，存而不论’，‘子不语怪力乱神’，圣人没讲的，可见是没有的了。”他还反对灌大粪，“他想起了背得烂熟的‘四书’，就说：‘孔夫子从来没有讲过，大粪能治病。’”正在这时，社长刘雨生和治安主任盛清明闻讯赶来了，刘雨生问明情况，简截地说：“大粪不行，太不卫生，还怕引起别的病，赶快送医院。”盛清明却“疑心这里边有戏”，并且笑笑说：“可惜我来迟一步，要不，真要灌他一瓢大粪。”在这一场变故中，人们不同的言语、态度和主张，反映了各人不同的出身经历、文化修养、心理气质以至职业特点，实际上，也就是各个人物千差万别的思想性格在这一特定环境、特定事件中的生动具体的表现。

环境是人的活动的舞台。《山乡巨变》对清溪乡的山容水色、四时风光，人们的生活环境、劳动场面，以及各种各样的民情风俗，作了大量的精彩的描写。环境描写的成功，是小说艺术成就的又一个重要方面。周立波把中国文学讲究意境的创造和外国文学注重环境的细描这样两种长处糅合起来，用自己那饱蘸感情的笔，着重采用把景物描写融化在故事情节中的传统手法，在作品中展现了一幅幅既富于地方色彩，又充满着诗情画意的农村风景画、民俗画。

作品通过邓秀梅这个“生长在乡下，从小爱乡村”的年轻女干部的眼睛，和对“小时放牛的地方，捉鱼的溪涧”都非常熟悉的乡支部书记李月辉的指点，把读者带到了一个山清水秀、风光明媚的南国山乡。离城二十来里的清溪乡，“四围净是连绵不断的，黑洞洞的树山和竹山”，“虽说是冬天，普山普岭，还是满眼的青翠。一连开一两个月的白洁的茶子花，好象点缀在青松翠竹间的闪灼的细瘦的残雪”。山里，有“各种各样的鸟啼，间或，也有啄木鸟，用它的硬嘴巴敲得空树干子梆梆地发出悠徐的、间隔均匀的声响”……踏着那初冬的迷离的月色，我们再跟随大春和淑君这一对年轻恋人到山里去走走吧：那“温暖的茶子花香，刺鼻的青草的青气，跟强烈的朽叶的腐味，混合在一起，随着山风阵阵地飘来”。“进了山口，夜色变得越发幽暗了，月光从稠密的树叶间漏下，落在小路上，以及路边的野草上，斑斑点点，随着小风，还轻轻地晃动”……多美的山乡！多美的月夜！读到这些，我们简直要沉醉在大自然的温馨的怀抱里，流连忘返了。还有，那农业社春耕、插秧的劳动场面，又是何等富于诗意：濛濛细雨中，人们披着蓑衣，戴着斗笠，赶着牛，正在耙田。“牛也有蓑衣，但没有斗笠，只有一条，头上的两角之间绑了一顶破草帽。那是亭面糊的牛”——这不是一幅兴味盎然的新的“春牛图”吗？“盛淑君唱了一个《二郎山》，清亮圆润的歌声飘满一塅，直到山边。南边山上树丛里，飞起一只鸟，一路叫着‘割麦插禾’，飞往北边的山里去了”——这又是一曲多么牵动情丝的新的“田园牧歌”！再看“双抢”中的山村：“广阔的田野里现出驳杂斑斓的颜色。没有收割的田里是一片金黄，耙平了的在太阳的照射下闪动着灿烂的水光，插了秧的又一片翡青。”“割了一片黄，又是一片青。”怪不得盛学文要说“农民都是会用颜色的画家”了。全书结尾描写刘雨生和盛佳秀洞房花烛夜的喜气盈盈的场面，又何尝不是一幅令人爽心悦目的社会主义农村新风新俗的“风情画”！

这些风光民俗图画，本身就是一些出色的素描、速写，甚至是散文诗。但作家又决不是为写景而写景，为状物而状物，写景状物终归是为了造成一种独特的环境气氛，来烘托、映衬人物的思想感情以至遭际、命运。

小说几乎对每一个主要人物的家庭环境，都有精细的描写。透过不同人家的不同环境，细心的读者可以从中窥见各户人家不同的经济地位，以至屋主人不同的身世和性格。

亭面糊是土地改革中分了土地和房子的贫农。看看他住的那个屋场吧："一座竹木稀疏的翡青的小山下，有个坐北朝南、六缝五间的瓦舍，左右两翼，有整齐的横屋，还有几间作为杂屋的偏梢子。石灰垛子墙，映在金灿灿的朝阳里，显得格外地耀眼。""这所屋宇的大门的两边，还有两张耳门子，右边耳门的门楣上，题着'竹苞'，左边门楣上是'松茂'二字……"显然，亭面糊住的这个气派轩昂、古色古香的院落，是"土改"中分得地主的房子，他连门楣上象征"风雅"的题字也原封不动地接收下来了。再到他家的禾场上看看：见到有人来，"一群鸡婆吓跑了，只有三只毛色花白的洋鸭，象老太爷一样，慢慢腾腾地，一摇一摆地走开，一路发出嘶哑的噪叫。一头雪白的约克夏纯种架子猪正在用它的粗短的鼻子用劲犁起坪里的泥土，找到一块瓦片子，当作点心吃进嘴里，嚼得咯崩咯崩响"。禾场上这种生机勃勃的景象，也表明屋主人是一户翻身农民。

"王家村的村口，有幢四缝三间的屋宇，正屋盖的是青瓦，横屋盖的是稻草，屋前有口小池塘，屋后是片竹木林。这就是菊咬金的家。"我们也走进去看看吧：内面有杂屋，那里有座吊把牛尾巴铁锁的小谷仓；有柴屋，那里码起好几十担干的和湿的丁块柴；有灰屋，那里除了大堆草木灰以外，还有十担左右白石灰；此外，还有猪栏屋，那竹了搭的、素素净净的猪栏里关着两头一百多斤重的壮猪，还有一头架子猪。猪栏的竹柱子上，贴一张写着"血财兴旺"四个字的褪了色的红字条。看到这殷实的家境，我们也就会明白，为什么这位顽固的"老单"——清溪乡有数的富裕中农，敢于和初建的常青社开展竞赛了。

我们再去看看张桂秋的家。"秋丝瓜的家，也是一座靠近小山的茅屋，跟清溪乡的别家的茅屋子一样，屋檐低矮，偏梢狭窄；楠竹丫枝织的壁糊着掺了糠头的泥巴；兼做住房的堂屋没有亮窗子，只有一张双幅门，光线都从门洞照进去，门一关，屋里就黑了。"看来，这位"土改"以后才上升的新上中农，房舍未免寒伧——这正是他原先的贫农地位的写照。但是，你看看他家屋面前那块小小的地坪里，却喂养了四十来只鸡鸭，其中还有三只大白鹅。主人把“每一寸土地都利用了”，“院子里鸡飞，鸭叫，显得很热闹”；拴在屋端太阳里的那头大黄牯，正在悠然地低头吃草；宽敞的猪栏里，还喂了两头肥壮的大猪。这些，又显示了这位整家庭副业“很有些办法”的农民眼前的上中农地位。虽然同是上中农，但同老上中农王菊生的房多舍广、家底殷实相比，秋丝瓜的家境未免稍有逊色，突出地体现了这位新上中农经济特征上的“新”。

还有一户“假贫农”龚子元。这个暗藏的反革命分子的家在村子的西边，“一座松林山边上，有个巨大的灰褐菌子似的小茅屋，屋端一半隐在松林里，屋场台子是在山坡上，比门前的干田要高两三尺，外边来了人，站在堂屋里，老远望得见”。龚家这个灰褐菌子似的小茅屋”的地形和外貌，又多么吻合屋主人的特殊身份。

总之，《山乡巨变》对合作化时期农村各阶层人们的家庭境况的描写，是有很大的真实性、准确性和典型意义的。从这里，读者不但能得到审美的享受，而且能增长不少的社会知识和经济知识。它们的认识价值也是不宜低估的。

最后，我们来品析一下《山乡巨变》的语言。

任何一部成功的小说，它那光彩照人的艺术形象的殿堂，总是由珠玑般丰富多彩的语言的砖石筑构而成的。作家的艺术匠心，固然也体现在人物、环境的描写和故事情节的结构等方面，但所有这一切都离不开语言。因此，说到底，文学创作最费气力、最见功夫的还是对语言的驱遣。作品的艺术特色、民族风格和个人风格，最鲜明的标志也是它的语言。所以，我们有必要探讨一下《山乡巨变》的语言特色。

从总的艺术风貌看，《山乡巨变》的语言仍然保持着《暴风骤雨》那种朴实、自然、清新、明快并富于幽默感的特点，但又有新的发展。

首先，是对群众语言的运用更加圆熟自如，词汇也更为丰富多彩了。小说的语言总是以群众化、口语化为好。周立波说过：“一个作者使用的语言，首先要读起来叫人听得懂，还要准确、鲜明、简练和生动。为要这样，采用群众的口语是很要紧的。”(《关于民族化和群众化》) 到湖南农村落户以后，他从家乡人民的口语中获取了文学语言的“源头活水”，经过提炼加工，变成了构造《山乡巨变》艺术形象的精金碎玉。无论是作品中人物的语言或者是叙述人的语言，都非常口语化，使人读起来就懂，而且觉得十分生动。它的一个鲜明的特点是谚语、成语、俗语特别丰富，几乎是俯拾即是，作家落笔纵横，不假雕琢，从而使作品的语言显得格外朴实、清新、平易、晓畅。

小说写的是农业合作化。那么，我们就听听各阶层、各种不同性格的人对于办社的种种议论吧！

> “依我看，办社是个软场合。”菊咬金自己抽着烟，又往山里四围张一眼，才往下说……
>
> 陈先晋低下脑壳，不作一声，王菊生又说：
>
> “一娘生九子，九子连娘十条心，二三十户人家扯到一起，不吵场合，有这道理吗?”
>
> ……
>
> “办起社来，人多力量大，柴多火焰高，将来大家都会过舒服日子。”詹继鸣说。
>
> “哪里只只蚂蚁都上得树呢?”先晋老倌看到大崽冲走了，女婿、满女、婆婆都苦口劝他，心也软了，只提了这个勉勉强强的问题。

还有秋丝瓜讲的什么“艄公多了打烂船”，“人多乱，龙多旱”啰；盛佳秀讲的什么“农业社驾的是只没底船”啰；陈先晋讲的什么“树大分杈，人大分家”啰；亭面糊讲的互助组“都是叫化子照火，只往怀里扒”啰……这些，无一不是极富于表现力的群众的口语。里头用的那些丰富、生动的比喻——不管是明喻、隐喻还是借喻，比讲一通大道理更加令人一目了然，自然也更加显得生动有力。不仅如此，《山乡巨变》有时还别出心裁，通过一些新的童谣来讽喻人事，如调皮的李小峰拿菊咬金当骂人的活，编歌谣取笑谢庆元；《区上》一章，当各乡向区委汇报合作化进展情况时，那位白袜子主席还有声有色地讲了一个“黄牯牛开口讲人话”的谣言。构成这些情节和细节的语言，更使作品充溢着稗官野史的情趣。

《山乡巨变》那丰富多彩的群众语言里，有不少是益阳地方的方言土语。这些语言在当地人民的生活中是常用的，其中一些精彩的话，形象贴切，意蕴深厚，说出来就像加了作料一样，其味无穷。周立波很喜欢采用这样的方言土语。正篇第一章《入乡》，邓秀梅在山边路上碰到掮竹子进城卖的盛佑亭，攀谈起来。这位“面糊”老倌子滔滔不绝的话语里，就有不少方言土语，如把发财说成“起水”，叫精光为“罄空”，喊争吵为“扯皮”，唤调皮为“挑精”，形容讲直话叫“劈直话”，等等。连“面糊”这外号也是地道的益阳方言。正像鲁迅所说的，这种意味深长的方言土语，“用起来是很有意思的，恰如文言的用古典，听着也觉得趣味津津”(鲁迅：《且介亭杂文》)。

其次，人物语言的更加个性化，也是《山乡巨变》更胜《暴风骤雨》一筹的地方。亭面糊不开口则已，一开口就妙语连篇，表露出他的面糊性格，往往使读者忍俊不禁。这位老倌子语言个性化的成就，在《暴风骤雨》中只有老孙头尚可媲美。《山乡巨变》其他一些主要人物的语言也各有其个性特点，如李月辉的平和风趣，刘雨生的忠厚本真，菊咬金的精明狡诈，陈大春的刚直鲁莽，盛清明的机灵俏皮等等，无不在他们待人处事的言辞声气中表现出来。连着墨不多的盛家大翁妈和李槐卿老夫子的语言，也都富于个性色彩。正篇《申请》一章，可以说是人物语言个性化的典范。小说描写了许多农民涌到乡政府递送入社申请书的情景。首先，厢房门口出现了一个单瘦微驼的老倌子，他“胡须花白，手指上留着长指甲，身上穿件破旧的青缎子袍子，外套一件藏青哔叽马褂子”，他就是李月辉的发蒙老师李槐卿先生。这位老夫子，不但恭楷书写的申请帖子与众不同，是简古的文言，而且对社会主义的理解也有其独特之处。当李月辉担保“我们再困难，也要养活老人家”时，李槐卿说：“这才真是社会主义了。孟子曰：‘老吾老，以及人之老。’我们的先人早就打算搞社会主义的。”李槐卿刚走，盛家大翁妈接着来了。她右手戳一根龙头拐棍，左手扶在小孙子的肩膀上，还提了一只黑鸡婆，前来报名。这位七十来岁的老婆婆，在邓秀梅、李月辉面前，伤心伤意地诉说自己一连生了八个女儿的痛苦遭遇，话匣子一打开，简直收不得场。先从邓秀梅的一双大脚，讲到自己早年包小脚的艰难；后又从面前这位“细肉白净，脸模子长得也好”的女干部，联想起自己那几个苦命的女儿。下面，我们也耐烦地听听她的倾诉吧！

> 老班子作兴小脚。绣花鞋子放在升子里，要打得滚，才走得起。可怜我从五岁起就包脚，包得两只脚麻辣火烧，象针一样扎，夜里也不许解开。如今的女子真享福……
>
> 有人说我是九女星，要生九个赔钱货。接接连连，又生了四胎，都是女的，有的死了，有的把了。在月里，没得东西吃，还要听家耶的伤言扎语，肚里怄气，吃饭时也不由得伤心，用眼泪淘饭……
>
> 生到第九胎，送子娘娘才送我一个秋崽子……

盛大翁妈眼泪婆娑，从心窝子里掏出来的这一席话，把一位劳动妇女在那不合理的旧社会里，特别是在重男轻女的封建思想的桎梏下，所遭受的无穷痛苦，淋漓尽致地倾吐出来了。她的遭遇很特殊，但有很大的典型性。她的语言质朴、生动，语汇丰富，个性色彩十分鲜明，从言辞、语气到声调，无不切合这位老婆婆的出身、经历、年龄、气质、心理和教养，使读者闻其声，如见其人。

群众语言的大量运用，通篇的“明白如话”，奠定了《山乡巨变》语言的基调，表现了它在群众化、通俗化方面所取得的卓越成就。但我们这样说，并不是认为小说只是以“俗”取胜。不！周立波以经过加工提炼的群众语言为基础，把清新活泼的方言土语、富有生命力的古汉语和晓畅明白的现代书面语熔冶于一炉，发挥了自己的独创性，从而使《山乡巨变》的语言呈现出一种俗中见雅，浑合天成，朴素、自然而又精致、优美的独特风格，字里行间，吐露着清新的泥土芬芳，洋溢着浓郁的生活气息和时代气息，显示出鲜明的地方色彩和民族特色。这里不妨略举一二范例：

李月辉向邓秀梅介绍盛淑君的爸爸和妈妈往日的行状时，是这样说的：

> 作了一点田，也当牛贩子，手里有几个活钱。他一出门，堂客就在家里，走东家，游西家，抽纸烟，打麻将，一身打扮得花花绿绿。高山有好水，平地有好花，不愁缺少游山逛水，拈花惹草的闲人。

《山里》一章，写大春和淑君幽会，又是这样开头的：

> 晚上的月亮非常好，她挂在中天，虽然还只有半边，离团圆还远，但她一样地把柔和清彻的光辉洒遍了人间。清溪乡的山峰、竹木、田塍、屋宇、篱笆和草垛，通通蒙在一望无涯的洁白朦胧的轻纱薄绡里，显得缥缈、神秘而绮丽。这时节，在一个小小的横村里，有个黑幽幽的人影移上了一座小小瓦屋跟前的塘基上，狗叫着。另一个人影从屋里出来。两人接近了，又双双地走下了塘基，转入了横着山树的阴影，又间花地斜映着寒月清辉的山边小路。他们慢慢地走着，踏得路上的枯叶窸窸窣窣地发响。

这两段语言，在《山乡巨变》的语言艺术里，是很有代表性的。如果说，前者是以现代人民的口语为基础，并从民间文学中吸收了某些有表现力的词汇结构而成，因而使李月辉的几句话显得特别平易、隽永、简洁、生动，那么，后者的语汇和句式就更为丰富多样，语言的色彩和情调也更为鲜丽动人了。这里，作家仍然基本上采用群众的口语来叙事写景，但他既从现代书面语中吸取了营养，又从古汉语中采撷了有用的成分，经过千锤百炼，从而铸就了这样一段朴实而不鄙俗、典雅而不绮靡的好文章。这段文字，对初冬月夜的景色，月下情人的行踪，描写得如此细腻入微，鲜明生动，真个是绘形绘影、绘声绘色，借助那精美的语言，造成了一个水一般轻柔、梦一般迷幻，充满诗情画意的独特境界，使读者不由得情动神飞，有如亲临其境。再说，那离团圞尚远的半边月也把清辉洒向人间的景色，不也深蕴着某种象征意义吗？

总之，透过作品的语言，从它的每一行、每一句以至每一个标点符号里，我们都会强烈地感受到周立波对劳动人民、对新的生活以至对大自然之美的由衷热爱，几乎可以听到他那一颗赤子之心的频频搏动，不能不为他那“带着微笑看世界”的独有的幽默情趣所深深感染。这正是周立波小说语言的一种独特的艺术魅力。

当然，《山乡巨变》的语言并不是尽善尽美。整个看来，正篇比续篇精彩，更富于色彩美和情调美。续篇不但某些情节有生造之嫌，某些艺术描绘也使人感到有点笔力不逮，语言上留有斧凿的痕迹。一般评论都指出，《山乡巨变》中有一些方言太冷僻，外地读者很不容易领会其意思，这确是个瑕疵，正如茅盾所说：“作者好用方言，意在加浓地方色彩，但从《山乡巨变》正续篇看来，风土人情、自然环境的描写已经形成了足够的地方色彩，太多的方言反而成了累赘了。”（《反映社会主义跃进的时代，推动社会主义时代的跃进》）同时，小说个别地方的语言还显得有些矫揉造作，如正篇中邓秀梅向盛淑君谈论要控制爱情的那一大段拉腔作势的话，就有这个毛病。又如，大春和淑君在山中谈爱时，当淑君问他“欢喜我吗？”作品接着写道：“他回答了，但没有声音，也没有言语……一种销魂夺魄的，浓浓密密的，狂情泛滥的接触开始了，这种人类传统的接触，我们的天才的古典小说家英明地、冷静地、正确地描写成为，‘做 个吕字’。”这种故作高深的语言，和全书朴素明朗的风格也显得颇不协调。

以上，我们从作品的情节结构、人物塑造、环境描写、语言驱遣等方面，对《山乡巨变》艺术形式上的特色和它的艺术成就，作了一些探讨。艺术形式上的这些特色，正是构成作品艺术风格的重要因素。

从《暴风骤雨》以来，周立波的小说创作一直在民族化、群众化的道路上不断地开拓前进。他以树立一种为中国老百姓所喜闻乐见，具有中国作风中国气派的个人风格，作为艺术追求的崇高目标。新中国成立以后，他更加注意学习和研究中国古典文学的优秀传统。他先后发表的《读书札记》《谈人物创造》《略谈革命的现实主义和革命的浪漫主义》等一系列文章，特别是《论〈三国演义〉》《读“红”琐记》[1]的长篇论文，精辟地分析了我国一些古典名著的艺术特色，总结了其中宝贵的艺术经验。这些论著本身的学术价值是引人注目的，是他在文学理论上的建树；同时，这种研究也大有益于他自己的小说创作。新中国成立后，他还继续留心研究外国的优秀文学作品。他一方面把根子深深扎在现实生活的土壤里，“去读世间的这一部活书”(鲁迅语)，从人民的生活和斗争中采撷智慧的花朵和语言的珠玉；另一方面，他把从中国古典文学那里吸收的丰富营养和从外国名著中学到的长处糅合起来，加以融会贯通，力求使自己的艺术风格随着时代的前进和人民群众审美心理的变化而不断地有所发展，有所提高。到了《山乡巨变》和同时期写作的一批短篇小说，终于形成了一种更加圆熟，更加凝练，更富有民族特色和地方色彩的鲜明独特的艺术风格。正像有的评论家所指出的，《山乡巨变》这部长篇小说“有某些外国古典作品之细致而去其繁冗，有某些中国古典作品之简练而去其粗疏，结合两者之所长，而发挥了新的创造”(黄秋耘：《〈山乡巨变〉琐谈》)。有的评论家还把《山乡巨变》的艺术特色和独特风格，形象地比拟为“作家最喜爱的，也是这部小说中描绘得最多的”家乡的茶子花，“清新、秀美，含露凝香，令人喜爱”(马焯荣:《论〈山乡巨变〉的艺术成就》)。这个比拟，无疑是颇为生动而贴切的。

《山乡巨变》的创作，是周立波小说创作道路上一个新的里程碑，是他的艺术风格臻于成熟的重要标志。茅盾在《反映社会主义跃进的时代，推动社会主义时代的跃进》[2]一文中评论周立波的小说创作时，曾经十分中肯地指出：“从《暴风骤雨》到《山乡巨变》，周立波的创作沿着两条线交错发展，一条是民族形式，一条是个人风格；确切地说，他在追求民族形式的时候逐步地建立起

---

① 这是周立波为纪念曹雪芹逝世二百周年而写的一篇研究《红楼梦》的论文，载1963年《人民文学》11月号。

② 载《人民文学》1960年8月号。

个人风格。”自然，从《暴风骤雨》到《山乡巨变》，周立波的艺术风格也是有所变化的。如果说，前者常常是以那些烈火狂飙式的生活场面，以及为革命前仆后继的农民英雄的动人事迹而引人入胜，那么，后者更多地是以朴素淡雅、诗意盎然的日常生活的画面，以及对农村各阶层人们心灵深处的微妙活动的细致刻画而撼动读者的心灵。也就是说，前者偏重于“阳”和“刚”之美，而后者却偏重于“阴”和“柔”之美。小说风格的这种变化，既与它们所反映的生活内容有关，更与作家审美趣味的追求有关。诚然，从这两部长篇小说的总的艺术成就来看，《山乡巨变》无疑地要比《暴风骤雨》更高一些。不过，原来充沛于《暴风骤雨》中的那种雄浑的气势和刚健的笔力，到了《山乡巨变》却逐渐地减弱了，这又不能不说是得中有失了！

为什么会出现这种变化呢？评论家众说纷纭。有的研究者从创作主体的身份与“精神变异”这一审美维度，去考察其体现在作品中的“情感体验与表达”的差别，作出如下解读：

“下乡参加土改，周立波是工作队队员，代表政治权力的权威。观察认识的视角和重点必然是农民的觉醒即响应过程，包括如何接近农民，如何动员、启发、依靠农民，以及农民最终如何撕破乡村礼俗温情脉脉的面纱，奋臂而起，将地主打翻在地。故事高潮必然结束在轰轰烈烈的觉醒、斗争，以及分土地、劈浮财场面上。而剥夺地主的土地和财产，必定会遭遇激烈的反抗，甚至会有流血、死亡。《暴风骤雨》那种高亢、激越的阶级斗争叙事，正是由此形成的。他乡写作，容易获得客观化立场。”①

与土改不同，农业合作化运动的目的、对象、方式已发生根本性变化。这决定了作家“关注的视角和重点也就必然要从农民的觉醒过程转为觉悟过程”。尤为重要的是：“虽然像土改一样，周立波也是为运动而来，但现在他却有着双重身份，既代表政府，又是重回故土。感受运动必然因此受影响。最明显的

① 杜国景：《知识者还乡的另一种审美维度——合作化时期的周立波及其小说创作》，载邹理主编《周立波评说——周立波研究与文化繁荣学术研讨会论文集》，长江文艺出版社2013年版，第191页，192页，194页。

是，他谙熟‘家乡生活、家乡泥土、家乡人物、家乡语言的芳香和色泽’。”“正是这些熟悉的陌生人，挤占了还乡者全部的情感空间……于是，带着浓浓的乡情，周立波开始不紧不慢、不温不火地讲他们的性格”，“在合作化高潮到来时，恰到好处地把握乡村的人情世态，这就构成了一个自足的世界”。①

这位研究者由衷地赞美：“周立波的合作化小说的确是一个艺术的自律世界”——马尔库塞②将其称为“审美形式”。“有了审美形式，艺术作品就摆脱了现实的无尽的过程，获得了它本身的意味和真理。”③

这种解析是颇具深度，富于新意的。正因为《山乡巨变》写的是作家生于斯、长于斯的故乡的变迁，创作主体那种天然的难以排遣的乡土情愫或曰“乡土情结”，必然化为氤氲在艺术形象和艺术氛围中的色彩、情调、思绪、声波和光流，因而使作品带有浓厚的湖湘地域文化特色，成为浸透着作家乡情—“乡愁”的生活画卷与人生画卷，呈现出与《暴风骤雨》大不一样的审美情趣和风格特色。

---

① 杜国景:《知识者还乡的另一种审美维度——合作化时期的周立波及其小说创作》，载邹理主编《周立波评说——周立波研究与文化繁荣学术研讨会论文集》，长江文艺出版社2013年版，第191页，192页，194页。

② 马尔库塞(1898—1979)，德国哲学家，法兰克福学派的重要代表。

③ 赫伯特·马尔库塞:《审美之维》，李小兵译，广西师范大学出版社2001年版，第196页。

第九章　扎根故乡的沃土(下)
(1955—1966)

假花是打不动人的。人们喜欢的是真正从泥土里生长出来的根深叶茂的，水汪汪的鲜花。

——《略论题材》

作为人民群众的代言人的作家艺术家，应该“先天下之忧而忧，后天下之乐而乐”。

——《素材积累及其他》

一、反映湖南农村生活的短篇小说

周立波在家乡湖南农村落户以后，以旺盛的创作热情，在写作长篇小说《山乡巨变》的同时，发表了不少短篇小说。从一九五五年到一九六五年的十一年间，他以湖南农村生活为题材的短篇，共有二十五个。这些短篇，以其独树一帜的艺术风格，像那摇曳多姿的山花，带着泥土的气息和诱人的芳香，绽开在“芙蓉国”里，为我国的社会主义文苑增添了春色。

色彩斑斓的风情画卷

周立波这个时期的短篇小说，题材所涉及的农村生活内容，范围相当广阔，主题思想也多种多样。

这些作品同《山乡巨变》不一样，不是从正面去描写农业合作化的历程和胜利，而是以农村的社会主义改造和建设作背景，截取日常生活中的一些片断，反映社会主义农村的新人新气象。短篇小说《禾场上》，摄取的就是农业合作化运动中党所进行的宣传教育工作的一个镜头：一个夏天的夜晚，农民们正在禾场上歇凉，县委派来指导合作化的工作组组长邓部长来了，他和大家无拘无束地谈讲，宣传党的政策，帮助那些对办高级社还存在种种猜疑和顾虑的人，扫除了心头的疑云。邓部长要走了，配种员王老二对他说："有空再来吧，我顶喜欢跟上头的人谈讲。上头来的人，京里来的也好，省里县里来的也好，都明白事理，和和气气，有讲有笑的，从来不骂人。邓部长，当了星光，我不讲假话，有得几天看不见你，真有点想。"这些朴素而深情的话，反映了农民群众和我们党血肉相连、呼吸相通的亲密关系。作品开头和结尾，还两次写到对门山边田野里落沙婆幽远的、凄楚的啼叫，并且一再发出感慨："鸟类没有接生员，难产的落沙婆无法减轻她的临盆的痛苦。"应该说，这是作家寓有深意的点染和影射。从作品所描写的生活内容来看，也可以说是农业社"临盆"时的一种情景；就因为有成千上万像邓部长这样密切联系群众，很会做宣传教育工作的党的干部作它的"接生员"，才得以减轻它"临盆的痛苦"。

在农村的社会主义改造和建设中，涌现了许多带领农民群众，坚定不移地走社会主义道路的领袖人物。《盖满爹》写的就是这样一位人物。中共楠木乡的支部书记黎盖平是位土生土长的农村基层干部，他脚踏实地、任劳任怨地为党工作，从来不晓得疲劳，也从来不计较名誉地位。他的两个儿子松森和楠森不肯入社，他去找他们"谈判"，话不投机，吵了起来，一度闹得要分家。但"虽说跟家里闹了一回，盖满爹对互助合作还是不灰心，抓得非常紧。他一有工夫，就跑农业社和互助组"。经过他耐心细致的说服教育，并且按照党的政策处理好各项具体问题，本来退了社的社员又欢欢喜喜地重新入社了。这篇小说的末尾一段，描写了一个十分感人的场面：盖满爹病倒了，附近的县立中学的三十几个少先队员，由女辅导员带领，带着礼物和从山边摘来的野花，前来探望。大家在盖满爹房里扯谈，话题由树木转到社会主义。大人和孩子们你一嘴，我一舌，谈起了拖拉机和抽水机，又讲到志溪河上修建水电站的美妙前景，盖满爹笑得一脸的皱纹，他问辅导员："辅导员，你说我看得到手吗?"辅导员和孩子们都回答他："看得到手的，盖满爹!"这时，由于快活和感动，盖满爹那"放出许多皱纹的辐射线"的眼角上，"停着两朵亮晶晶的泪花"。这个结尾，通过鲜明、生动的形象告诉人们：社会主义，代表了亿万农民的根本利益和共同愿望。正是建设社会主义、共产主义的崇高理想，鼓舞农村干部和农民群众在无限艰辛的不平坦的道路上奋勇前进。

《桐花没有开》反映了农业生产技术改革中两种思想的尖锐斗争。"有一句老话：'穷人不信富人哄，桐树开花才下种。'"说这话的是个五十多岁的老农张三爹。但迷信"老皇历"，习惯于按常规办事的，却决不止是张三爹一个人。社会主义不仅从旧社会解放了劳动者和生产资料，也解放了旧社会所无法利用的广大的自然界，为农业生产技术的改革开拓了最广阔的前景。但是，像张三爹这样的农民，他们虽然已经入了社，而思想仍然被束缚在小私有者和单干的狭隘天地里。他们对于一切违背老祖宗的常规的"时兴事"，总是睁着一双吃惊和怀疑的眼睛。因此，当盛福元、张雁秋这些青年积极分子响应党的号召，带头推广双季稻，推行盐水选种、提早季节播种育秧等先进技术措施时，他们必然要站出来，拼命反对，只有亲眼看到了青年们做出的成绩，有了成功的范例，他们才心服。这几乎是一条规律。同这个短篇相映成趣的，是《飘沙子》。《飘沙子》里面也有个自私、保守的张老倌。当他所在的红星二队的队长王桂香为了支援灾区，也为了加强队上的牛力，买进了受灾社出卖的一头又小又瘦的飘沙子——不能生育的小母牛时，张老倌拼命地表示反对。一有机会他就泼冷水，讲阴浸话，说什么要调教好这头牛是"抓了南瓜做鼓打，哪里打得响?"甚至主张"干脆赏它一刀子"，"队里还落得一张牛皮"。但是，队长王桂香说服了自己的儿子二喜，自愿领了这头牛，父子俩千方百计地精心护养，耐心调教，终于使这头小沙牛变成了一头劲板板的大黄牛，还怀了崽，全队的人都十分欢喜。在铁的事实面前，张老倌也不得不服输。

为坚持走社会主义道路和建设社会主义新农村的先进人物谱写赞歌的短

篇，还有《艾嫂子》《张满贞》《在一个星期天里》《张润生夫妇》《参军的一天》《霜降前后》等许多篇。这些小说从多方面反映了优秀的农村基层领导干部和各方面的先进模范人物怎样在社会主义建设中经风雨，见世面，不断地成长；人们在改造客观世界的同时，怎样努力改造自己的主观世界，跟随着时代的脚步前进。

周立波的另一些短篇涉及了农民的精神生活和文化生活。从《扫盲志异》《下放的一夜》《翻古》到《林冀生》《胡桂花》，以至那些描写农村男女青年的爱情生活的短篇小说，都是写的有关这方面的人物和生活故事。随着农业社会主义改造的进展，农村的扫除文盲活动迅速开展起来。和别的新事物一样，扫盲也不是在风平浪静的情况下进行的。《扫盲志异》反映的，就是群众性的扫盲活动中一场小小的家庭风波。作品中那位封建意识浓厚的何大爷，居然对一位姓邓的年轻教师上门来教他的两个儿媳认字产生了怀疑，生怕“出事”，最后竟闹出请公社党委书记前来“捉奸”的大笑话。但这场风波不过是一支小小的“插曲”，由于公社书记的通情达理，这场纠纷圆满地排解了，扫盲活动得以继续进行。这个短篇题名《志异》，人物形象和故事情节确有其“异常”之处，何大爷的所作所为委实有些荒唐可笑。有的评论曾认为小说所描写的这种人和事在生活中不多见，因而认为它缺乏典型性，没有多大社会意义。这种看法颇值得商榷。在文学艺术中，就艺术形象对现实生活的反映、概括及其所蕴含的社会意义来说，总是通过个别反映一般，寓普遍于特殊之中的，歌德说得好：“艺术的真正生命正在于对个别特殊事物的掌握和描述。”(爱克曼:《歌德谈话录》)封建社会在中国延续了两千多年，封建思想在许多人的头脑里是根深蒂固的。在农村中，一些老年农民由于长期受封建地主阶级宣扬的“男女授受不亲”等封建伦理道德的影响和小生产者的狭隘眼光的束缚，封建意识往往更浓厚一些。何大爷就代表着这样的老农民，他今天虽然已经生活在新社会，却仍然信守着封建“家规”：家爷不进媳妇房，连讲话都要远远地站在媳妇的房门外。因此，他对青年男女们在一起无拘无束地谈笑、识字，产生种种怀疑，以至捕风捉影，庸人自扰，就是完全合乎他的思想性格的逻辑了。正如公社党委书记说的："社会发展了，他还只晓得按照自己的旧的想法，孤立地静止地观察新的事物。"这就是何大爷的"悲剧"所在，也是产生这场喜剧性的家庭风波的根子。《扫盲志异》之所以受读者欢迎，一个重要原因，正在于作家对生活有他的独特的感受、理解和发现，塑造了何大爷这样一个既有鲜明个性，又有一定概括性的落后老倌子的形象，通过这个具有特殊性的生活故事，表达了破除旧的封建意识的主题思想。这就是它的积极的社会意义。作家的另一个短篇《胡桂花》，和《扫盲志异》可以说是姊妹篇。作品以满腔的热情，委婉、细腻的笔触，刻画了一位热爱农村，积极参加业余文艺活动，把优美的艺术献给农民的女知识青年胡桂花的形象；同时，也揭露和批评了残留在人们头脑里的封建意识和习惯势力。整个作品充满着健康、明朗、欢快的色彩和情调，是农村文化生活的一支抒情曲。

周立波的短篇小说中，有一些是描写农村青年男女之间的婚姻和爱情生活的。《民兵》《山那面人家》《卜春秀》《新客》等作品（当然，也包括《胡桂花》），都属于这一类。它们从不同的侧面和角度，描绘和歌颂了青年男女之间纯洁、真挚、健康的爱情、婚姻和家庭生活，反映了在党的教育下青年们共产主义道德品质的成长，赞美了新的人物、新的思想、新的风尚，也鞭挞了封建主义和资产阶级的思想作风与道德风气。《民兵》的故事比较单纯：青年民兵何锦春在一场火灾中，为了避免大火延烧整个屋场殃及十几户邻居，奋不顾身地扑灭了火，自己却受了重伤，"一个眉清目秀的漂亮小伙子变得不成样子了"，何妈和邻舍、干部都担心他婚姻上会出问题。但是，他的未婚妻、共青团员卜玉英却意外地主动上门来探望他，丝毫也没有变心。这使何妈激动得哭了，赞叹"如今的妹子真有义气，真好啊！"这个别致的短篇，反映了在社会主义时代里，人与人之间的关系变了，青年们挑选对象、处理恋爱和婚姻问题的出发点和道德准则也变了，联结青年男女之间的爱情的纽带，已经不只是外貌的美，更可贵的是心灵的美。如果说，《民兵》对玉英忠实于爱情的高尚品德还只作了粗线条的勾画，那么《卜春秀》和《新客》对于卜春秀和吴菊英对待爱情与婚姻问题的崇高的思想境界，就作了更为细致的描写和深入的开掘。《卜春秀》故事的背景是上世纪五十年代末和六十年代初的三年困难时期。卜春秀正是在当时那种特定的环境下，在一场关系自己终身大事的矛盾纠葛中，表现出了一个贫农女儿心灵的纯洁和美丽。她不慕城市的繁华，不忘劳动人民的本色，坚决地抵制了资产阶级思想和习惯势力的诱惑，始终如一地热恋着那个守卫着祖国遥远的边疆的勇士。她对待爱情的思想行为，就像“出淤泥而不染”的莲花那样纯净、无邪，像山间的泉水那样清沏、明亮。《新客》中，回乡知识青年吴菊英和王大喜这一对性格迥异的青年的爱情，则建立在要把珍贵的青春“献给祖国农业现代化”的宏伟事业这一共同的理想上。正因为有着共同的思想基础，所以两个人在实行晚婚的问题上才能不谋而合，有共同的语言。以上的这些短篇，可以说是新社会的青年们不可多得的形象化的“生活教科书”。

此外，周立波的短篇小说中还有几篇是反映农村少年儿童的生活的。无论是《腊妹子》《谷生和伏生》，或者是《调皮角色》，都生动、真实地描绘了少年儿童的日常生活、学校生活以及他们之间纯真的友谊。孩子们在一起学习、玩耍，一起参加“除四害”的有益活动，他们有时候争吵甚至打架，结了“亲家”，但很快又重新和好，成了亲密的朋友，他们也有自己的苦恼和“伤心事”，但更多的是天真无邪的欢乐，和种种新奇、美丽的幻想……作品通过这些，细腻而逼真地刻画了少年儿童特有的心理状态和性格特征，反映了他们在党的关怀和毛泽东思想的哺育下，像向阳的葵花和破土的竹笋一样，正在健康、茁壮地成长。这些作品洋溢着生活气息，又富有赤子之心，可以说每一字每一行都倾注着作家对孩子们的真挚、热烈的爱。它们是献给少年儿童的宝贵礼物。

上面，我们对周立波这个时期的短篇小说，按照题材内容作了一个概述。这些作品，虽然只是时代激流里的一滴水珠或一朵浪花，却反射出了社会主义农村的五光十色。它们不仅给予读者丰富的美感享受，而且使大家得到了许多有关风土人情等方面的知识，唤起人们对于农村新生活的向往和对于建设新生活的热情。

这里，要特别提到的是，周立波这个时期的许多短篇，描写的都是人们日常生产、生活中的一些片断和事件，没有涉及敌我之间的矛盾，也没有反映“急风暴雨式的群众阶级斗争”，因此，有人认为这些作品缺乏强烈的时代气息和鲜明的时代精神。这种批评，显然是从“以阶级斗争为纲”的意愿出发的，现在是很难令人同意了。相反，如果站在历史的高度进行全面的考察和反思，我们倒应当看到，周立波这个时期的短篇创作，虽然为社会主义农村的新人新风尚谱写了一曲曲热情洋溢的赞歌和悠扬动听的牧歌，但他对在狂风激浪中前进的社会主义农村这条航船所遇到的严重波折，却很少触及，未能用艺术家的眼光去透视生活的最深处，揭示“左”的失误给农村带来的重大损失。我们只能从个别作品(如《张润生夫妇》)里，稍稍窥见这种情景：在三年暂时困难的背景下，这个“不大光彩的三类队”在送完派购猪以后，各家各户连过年猪也没有了，“全队的人都眼巴巴地盯着”张润生夫妇那头唯一的肥猪，由于这一对年轻夫妇的慷慨，才使每人分到一斤肉过年。同时，像《北京来客》《“割麦插禾”》这样的作品——尽管为数很少，还错误地赞扬了“大跃进”年代大办公共食堂、“粮食无价供应”、“吃饭不要钱”等“左”的做法，从某种角度宣扬了风靡一时的“共产风”。这说明，周立波未能完全避免“左”倾错误的影响，自觉或不自觉地把它反映到自己的作品中了。

高明圆熟的艺术技巧

周立波是我国以描写农村生活出名的作家之一，不但在长篇中，而且在短篇中，都表明了他高明的艺术技巧，为我们提供了丰富的创作经验。下面，我们从分析他的一些优秀短篇入手，探讨一下他的艺术技巧和表现手法：

(一)集中地突出本质的主要的东西，在复杂之中求得单纯。

周立波的短篇小说，可以说是名副其实的短篇，短的二三千字，长的也不过一万多字，作品的故事一般都不复杂，但这些精致的短篇所包含的生活内容和思想意义却又是相当丰富的。它们通过一些看似平凡的人物活动和日常生活片断，反映了广阔而沸腾的社会生活的风姿雨态，揭示了现实生活的某些本质方面，恰如佛家所言“一沙一世界，一花一天国”，达到了“以小见大，以少胜多”的境界。

现实生活中的具体事件和矛盾冲突，是作品情节的基础。但文学作品的情节结构，决不是把一些生活事件，简单地加以罗列铺陈。在这方面，周立波有自己的深切体会，他说过：“艺术的美，其源出于生活。但是，生活里的美，是要诗人们、作家们去发现，去挖掘的。艺术是生活的反映，是现实的再现，但决不是照抄，更不是单纯的照相。”(《关于小说创作的一些问题》)他在谈到情节结构时，强调“第一件事，不能挂流水帐，要集中地突出它的本质的主要的东西”，“对各项事物着墨宜有浓有淡，要在复杂之中求得单纯”。这些，确是经验之谈。

要在复杂之中求得单纯，首先就要善于选择和提炼典型情节。

且看《胡桂花》：胡桂花是一个初中毕业生，优秀共青团员。她响应党的号召，下乡参加农业劳动，跟高小毕业的农村青年邹伏生结了婚，决心在农村干一辈子。她还是一位出色的业余演员，会唱花鼓戏。作家为了塑造这位新人的艺术形象，表现她热爱农村、热爱生活，活泼开朗而又温柔多情的心灵美、个性美，从丰富的生活素材中，选择和提炼了一个典型情节：胡桂花参加大队的业余文艺活动，扮演花鼓戏《补锅》中的刘兰英，由此展开了一系列的矛盾冲突。《补锅》是上世纪六十年代风靡湖南城乡的一出小喜剧，周立波看过多次，他十分欣赏戏里面的几个人物，其中刘兰英就是一位活泼、标致的回乡女知识青年，她爱上了回乡做补锅匠的知识青年李小聪。选取胡桂花扮演刘兰英这个情节作为结构作品的主要骨架，是既有着来自生活的真情实感，又寄寓了作家自己的审美理想的。围绕这个情节来编排故事，展开矛盾冲突，不但把生活里的胡桂花和舞台上的刘兰英巧妙地、多方面地联系起来了，而且为胡桂花这个人物的活动和表演，提供了最符合她的身份、也最便于展现她的出色才华和优美情怀的“舞台”。作品紧紧抓住这个情节，充分利用它为表现人物性格所提供的一切机会和场合，进行了浓墨重彩的描绘与渲染，甚至连一些细微末节也没有放过。其他有关的情节，都围绕这个主要情节，细针密缕地联缀起来，构成一幅统一、和谐的生活图画。这就使整个故事显得既完整而又集中，既单纯而又丰厚，女主人公胡桂花也给读者留下了鲜明生动的印象。

《胡桂花》的创作告诉我们：一个短篇，只有从纷繁复杂的矛盾冲突和形形色色的生活事件中，选择和提炼出最能揭示社会矛盾的症结，显示人物性格特征的事件——也就是富于典型意义的情节，才能突出生活中主要的本质的东西，在复杂之中求得单纯，创造出真实感人的艺术形象来。从复杂到单纯，绝不是轻而易举的，它需要作家在艺术构思上付出艰苦的劳动。从作品所塑造的人物形象和达到的艺术效果来看，惟其单纯，才更鲜明、更突出，以至于更深厚、更丰满。对短篇小说来说，也才能更好地“以小见大，以少胜多”，真实地、本质地、艺术地再现社会生活的本来面貌。这大概也是艺术创造的一种辩证法吧！

要在复杂之中求得单纯，作家在提炼典型情节时，必须对生活素材进行精心的剪裁。剪裁的功夫是作家艺术创造才能和技巧的重要表现。拿《飘沙子》为例吧！小说以红星二队队长王桂香从受灾区买回一头又小又瘦的栗黄色的“飘沙子”作为开头，这头小牛从进村起，就像一颗石头投进了水塘里，激起了一连串波澜。这头小沙牛要不要留下来饲养？谁来负责护养和调教？围绕这些问题，一场为集体还是为个人的矛盾冲突逐步深入地展开，人物一个个登场，很快形成了以队长王桂香和社员张老倌为代表的两派意见，互不相让。作品围绕这个主要情节，作了匠心独运的布局和剪裁。作家不惜笔墨，细致地描写了社员群众围看小沙牛时七嘴八舌地议论的情景，写了王桂香如何采取“激将法”去动员儿子二喜养牛，父子俩对小沙牛如何进行精心的护养和调教；当小沙牛变成大母牛，并“拦起了草”以后，还用细腻、幽默的笔致写了这父子俩又惊又喜的心情，等等。在这些节骨眼上，作家确是“用墨如泼”，作了充分的描绘和渲染。但是，对于那些属于交代背景和“过门”的地方，却又“惜墨如金”，力求省俭。最后描写张老倌听到沙牛驮了肚以后又喜又愧的心情，更只用寥寥数笔，写了他一个很富于个性特征的行动：“第二天，人们传说，张老倌赶一黑早溜出了村庄，到外乡的亲戚家吃喜酒去了，三天才得回。”“砍却月中桂，清光应更多”。芜杂的东西去掉了，主体自然显得更加突出，人物形象也就更为鲜明。

(二)故事要有曲折，文字贵有波澜。

周立波的一些优秀短篇，大都是以生活内涵见长，而不是以故事情节取胜的。但是，这并不等于说他不重视作品的故事性和结构艺术。相反，他一再强调：小说“要有魅惑力，应该在结构上尽量地避免平铺直叙；不要一直紧到底，通篇都是战斗的高潮；应该有紧有松，有起有落。故事得有曲折，文字贵有波澜”(《关于小说创作的一些问题》)。

短篇小说篇幅有限，自然不可能写许多的矛盾和事件，构成十分错综复杂的故事。因此，周立波主张集中地写好一个矛盾，一个事件。他认为：“写一个矛盾容易成功。而且只要挖得深，一个矛盾也会富于戏剧性。”“把一个矛盾写的曲曲折折，波澜起伏，显出矛盾着的各方面，就会很热闹、很好。”(《几个文学问题》)抓住一个矛盾，写深、写透、写活，这是周立波结构短篇时十分注意的。这里，我们费点笔墨，分析一下他那篇颇具特色的《扫盲志异》。

这个短篇，写的是一个普通农家——何家屋场一个扫盲之夜的故事，正是写的一个矛盾，一个事件。一位热情很高但不大讲究工作方式的年轻群师邓同志，到何家上门教学，一心想尽快教会何家两个媳妇认字，却遇到了何大爷这位满脑壳封建思想的老人，对他们产生了种种怀疑。作品紧紧围绕这个矛盾编排故事，展开冲突，一连串场面和细节的安排，有如从高山之巅奔泻下来的一道泉流，腾挪跳跃，迂回曲折，卷起了一个又一个波澜：

何大爷听到群师邓同志对两个媳妇不经心地问了一句：“你们爱人呢，为什么没有看见?”老倌子“心里一动，随即涌出了一连串疑问”，他干咳一声，把鞋子故意拖得很响，走进堂屋，睡到左边房间的大床上，“假装睡了，眼睛却骨碌碌地盯住灯下的师生”。这是一“起”——第一个波澜。何大爷看了一阵，觉得先生正在作古正经地授业，学生也正在循规蹈矩地习字，就放下心来，闭住眼睛又去养神了——一“落”。但他忽然听见二媳妇在回答群师的话时否认自己姓何，又“吃了一惊，连忙睁开眼，重新观察了”，连二媳妇瞟了年轻的群师一眼“这个平平常常的眼波也被老人注意了。他的心里十分不自在”。这是又一“起”——第二个波澜。矛盾向前发展了。接着，群师对二媳妇说：“学会何字，你认得了婆家，并且可以替你爱人签字了。”这句话很中何大爷的意，他高兴得连忙吩咐媳妇“快把我的烟袋拿去敬客”，看来矛盾有转化的可能，何大爷跟他的小孙子一样，“安详地酣睡”了——又一“落”。但一波刚伏，一波又起：白花猫引起的一阵骚乱把何大爷惊醒。他睁开眼睛，往堂屋里一望，那里没有灯，也没有人了，何大爷吃了一惊：“他们到哪里去了？散学了吗？”他正在想时，从二媳妇房里传来了男女们的笑声。他怀疑了——再一次“起”，这是第三个波澜。何大爷“沉住气，悄悄走到那房间的亮窗子口前，从那皮纸破了的窗格子里想往里瞄；正在这时，他听见里头的男子笑道：‘你睡哪一头？’这一句问话，对于这位老倌子，像是一声落地的炸雷，他的脑门子都给轰开了。”他立即想到的是“捉奸拿双”。矛盾急转直下，引向高潮。何大爷气冲冲、急忙忙地把公社党委书记找来家里，哪里晓得却扑了一场空，根本没有那回事……

就这样，作家用曲折动人的情节和波澜起伏的文笔，把读者一步一步地引入了这场扫盲活动中的小小的家庭风波，关心着局中人的命运和事件的发展。满脑子封建家规的何大爷的荒唐可笑，年轻群师的认真负责而又有点书呆子气，何家二媳妇的热情好学和平白无辜地遭受委屈……所有这些，都牵动着读者的心，引起读者或嗔，或喜，或叹，或笑，或惋惜，或同情，达到了引人入胜的艺术效果。作品写的矛盾冲突很集中，人物也集中；整个故事情节富于戏剧性，几个人物的性格正是通过这种富于戏剧性的曲折多澜的故事情节的演进，使读者获得了鲜明的印象。

弓上的弦本来拉得很紧了，作家却“忙里偷闲”，突然穿插进来一二轻松的小品和诙谐的细节，把紧张的弦放松一下，使读者紧张的神经得到稍稍休息的机会，而作品也更加显得抑扬有致，跌宕多姿。这是周立波很喜欢用并很具特色的又一种艺术手法。长篇小说是这样，短篇创作也是这样。我们看《桐花没有开》：社长邀集几个干部，一齐到大坡生产队来看长得既整齐、又壮实的芽子。多少个日日夜夜的紧张劳动，多少人为之操心的推广先进技术措施的大事，如今终于看到成果了。人们围在扮桶边，七嘴八舌、热气腾腾地议论着打破常规、提早季节泡种的好处。这时，作家的笔锋突然一转：“听说，今年山乡老虎多，老班子说‘虎出太平年’，今年的好收成是靠得住的了。”接着，就来了一小段关于老虎究竟晓不晓得世界好不好、太平不太平的争论，有的说得神乎其神，肯定老虎这家伙比猫还有灵性，他只用鼻子一嗅，就能闻出年成好不好，天气坏不坏。反对者反唇相讥：“照你说的，老虎应该调到气象台去工作了？”本来是议论生产上的事，忽地一下扯到老虎身上去了，而且要把老虎调到气象台去工作，真是妙趣横生！乍看，这好像是闲笔，也许有人会埋怨作家“扯得太远了”。其实不然，这个小小的插曲与作品的情节是有机地结合在一起的，“因为愉快，大家的笑话就多了”；何况，这个笑话还是谈的年成和气象，并没有离题。而穿插了这个笑话，却不但使读者和作品中的人物一起，得到了紧张劳动之余的欢乐和休息，而且使小说的韵味更加醇厚，更增添了笔底的波澜。

“文似看山不喜平”。把一个平平常常的故事写得曲曲折折，热热闹闹，波澜迭起，兴味盎然，使读作品的人，如入名山胜地，令你目不暇接，这确实是一手过硬的功夫。

(三)以动写静，使人物活跃于纸上。

叙事文学作品典型化的中心环节，是人物形象的典型化。作品的艺术魅力，最主要的就表现在人物性格的刻画上，也就是表现在人物“做什么”和“怎样做”上。关于这个问题，周立波有一段精彩的论述，他说：“任何艺术形式都有它的局限性，都有它的长处和短处。例如叙事诗和小说，便于描述人的行动，长于叙述和描写变化着的人和事，短于静止的刻画。静物写生是造型艺术擅长的作业。因此，小说主要地要写人的行动，要以动写静，要选取人物的一个或几个或几十个关键性的行动或动作，来塑造人物的形象。”(《关于小说创作的一些问题》)

周立波运用这种以动写静的艺术手法，可以说到了炉火纯青的地步。看看《卜春秀》：

正在为恋爱苦恼的农村姑娘卜春秀，从山上挑下来一担柴火，走到一眼井跟前，放了担子，打算息息肩。在这芳香的、翡青的草地上，她想起了一年多以前，那个从小在一起玩耍的“冒失鬼”，手脚失措地塞给自己一只黄澄澄的大柚子；而今，他正守卫着祖国遥远的边疆。“人离得越远，越叫人挂牵”。她打听到，那里有的是机灵、周正的姑娘。接着，作品这样写道：

> “也有柚子么？”她担着心事。想到这里，她叹了一口气，起身走到水井边，蹲在踏脚石板上，俯瞰清彻的水面。瞅着映在水里的自己的略圆的脸块，额上的短发，还有那整齐的、洁白的牙齿，她暗暗地欣赏了一阵，随即用双手捧起微温的泉水，正要洗洗脸，忽然从背后的高处飞来一颗不大不小的石头，掉在井肚里，水花四溅，有两股竟毫不客气，亲到她的脸上和嘴上来了。“是哪一个鬼啊？”她生气地问……

这里，周立波一连用了十几个动词，写了一连串动作，组成了一幅色调丰富、层次分明、无比生动的画面。“也有柚子么？”一句内心独白，包含万种情思，既有甜蜜的回忆，也有难言的忧虑，真是“甜在心里，也酸在心里”，怪不得姑娘要“叹了一口气”。蹲在水井边，本来是要洗洗脸的，可是，却瞅着映在水里的自己的标致的面影，“暗暗地欣赏了一阵”。既曰“欣赏”，自然相当满意，但又是“暗暗地”，也就勾画出了一种少女特有的羞涩心理。这个动作是叹气、担心的必然发展。正在这时候，不晓得哪个调皮鬼抛来一颗石头，打断了姑娘的思绪，飞溅的水花竟亲到她的脸上和嘴上来了，这不能不惹得姑娘生气！就这样，作家运用精确、生动的词汇和富有节奏感的语言，把这个充满了矛盾的心事的姑娘此时此地的举止、神态和内心的奥秘，惟妙惟肖地刻画出来了。真是有声有色，绘形绘神，使读者如临其境，如见其人，如闻其声，如扪其心；同时，又给读者留下了想象和回味的余地。实在是精彩的文笔！

“言者心之声”。对话属于人的行动的一部分，往往最能表现人物的心理状态。以动写静，也就要善于通过人物个性化的语言和对话，来刻画不同人物的不同性格。楠木乡农会主席兼互助合作委员会主任黎盖平，回家动员两个儿子入社。谈判当中，大儿子松森说道：

> “我们何解要入社？要说社好，没看见过，我总不信服。屋门前这几丘田，阳光、土质都蛮好，又挨得近，我一个人作了，松松活活……”
>
> “你一个人作了这几丘豆腐干子田，将来好用机器吗?”盖满爹问他。
>
> “机器还是洞庭湖里吹喇叭，哪里哪里。”松森又说。

小儿子楠森年纪轻，不谙事，对父亲更为放肆，也更横一些。谈判一阵，他说出了一堆牛都踩不烂的话：

> “爷爷，你家里百事不探，净想作官，做了主席还不够，又当主任了。你手指头往外边屈，一心想怂我们上当。”
>
> “畜牲，忤逆子!”盖满爹气得咬着牙齿骂。

短短几句话，写了盖满爹父子三人的一场谈判。盖满爹一心奔社会主义，向两个儿子宣传农业合作化的美好前景，原以为老子的话儿子总会听吧。哪里晓得，松森因为劳力强，“怕人占他的便宜”；楠森又听人家说互助合作是“乱弹琴，搞不出名堂”，所以，尽管盖满爹以农会主席和亲老子的身份来作动员，两兄弟还是高低不肯入社。这场谈判，父子三人的对话非常口语化，也非常个性化。由于各人的想法不同，或者虽有共同的想法(松森和楠森)，但所处地位不同，年龄、脾气不一样，所以，不但老子和儿子，就是哥哥和弟弟，各人讲话的言辞、语气以至声调，都大不相同，有力地刻画了人物不同的思想性格。

自然，人的心理、情绪，并不是在任何时候、任何场合都明显地表露在语言和动作上，因此，在必要时还要借助于心理描写。周立波说：“一部小说，一个故事，要是插进一些心理描写，容易显露人物性格，使故事往深处扩展，人物活跃于纸上。”（《民间故事·小引》）这也是以动写静的一种手法，就是把笔锋直接触及人物的心灵深处，剖析其内心世界的活动。

我们看看《胡桂花》里面的一节：青年社员邹伏生在台下看新婚的妻子胡桂花扮演花鼓戏《补锅》中的刘兰英，正在精彩处，忽然听到风言风语，他满脸飞红，挤出人丛，跑回家里，一肚子的火气。团支书老卜是个细心人，跟着来到邹家。胡桂花急急忙忙换了装，也赶回来了。接着，作品写老卜耐心做邹伏生的思想工作，细腻地描写了这个后生子的内心活动：邹伏生听到胡桂花说“他一走，我的心慌了”，心里寻思：“看来，就是在演戏的时候，她心里还是只在想我。”这样一转念，脸上颜色和霁一些了。接着听了老卜的话：“这是在演戏，又不是真的。”心里越发开朗了：“本来嘛，这是演戏，顶什么真呢？要是有个演员扮演了儿子，就真的变成了人家的崽吗？”在老卜的开导下，邹伏生进一步懂得了“我们要用正当的、健康的、高尚的娱乐来革低级趣味的命，革菩萨的命，革牌赌的命”，他心想：“演戏还有这样重大的意义呀？”便十分欢喜，并且偷眼看看这角色——新婚妻子胡桂花。恰在这时，胡桂花也在瞄他。两个人的视线相撞了，胡桂花撇了撇嘴，那意思是说：“看你这个人，想到哪里去了？”小两口和解了。

这一段有关人物心理活动的描写，笔调优美，委婉多姿。有道是：“风乍起，吹皱一池春水。”老卜一番话，配合着胡桂花通情达理、温存体己的表情和动作，在邹伏生的心底，激荡起层层细浪，他由满腹狐疑，一肚子醋意，到疑云消散，回嗔作喜，对胡桂花产生了更加怜爱、更为敬重的感情。所有这些，都描写得十分真切、生动，宛如打开了人物心灵的窗扉，让人们窥见了其深处的回廊曲院。

（四）化静为动，把景物描写融化在故事情节中。

人物的性格是在生活实践中，在人同环境的相互作用中形成和发展起来的。周立波认为，要真实地再现典型环境中的典型人物，除了注意时代背景和社会政治情况这个大的方面以外，“还应该细察人物活动着的具体生活环境”(《关于小说创作的一些问题》)。以动写静，刻画人物，也就要有精彩的环境描写，包括景物描写相配合。

周立波写景状物是很有功力的。像长篇小说《山乡巨变》一样，他的短篇中的农村景象，也处处饱含着诗情画意，散发着浓郁的生活气息，特别是出色地描绘了他的故乡益阳农村的风貌。

周立波从不孤立地、静止地大段大段描写景物，他主张“选取的风景最好是跟人物的行为和心理互相配合”(《几个文学问题》)。下面，我们欣赏一下他在三个短篇中描写的不同的雨景：

> 夜里起风了。天将亮，又落起雨来。横风猛雨，一会儿就动了屋檐水。电光急闪，雷声不绝。有个落地雷，磨地一炸，震得屋里的木格纸窗全都颤动了。
>
> 下一阵猛雨，响一会炸雷，接着是细雨霏霏，凉风习习。过不多久，雨点又大了，这样一直不停地落了五天五夜。大坡队的芽子长得很深了。盛福元满脸愁容。
>
> ——《桐花没有开》

> 天正下着雨。天际灰蒙蒙。远山被雨染得迷迷茫茫的，有些地方，露出了一些黛色。近山淋着雨，青松和楠竹显得更青苍。各个屋场升起了灰白色的炊烟。在这细雨织成的珠光闪闪的巨大帘子里，炊烟被风吹得一缕一缕的，又逐渐展开，象是散在空间的一幅一幅柔软的轻纱。
>
> 大路和田塍，被雨淋湿了。满路是发黄的，远看也象发白的泥浆。两个民兵，抬着轿子，滑滑溜溜到了大塅里。
>
> ——《民兵》

雨落大了。粗重的点子打在三把红油纸伞上，发出热闹的繁重的脆响，跟小溪里、越口里的流水的哗声相应和，从伞下瞭望，雨里的山边，映山红开得正旺。在青翠的茅草里，翠绿的小树边，这一丛丛茂盛的野花红得象火焰。背着北风的秧田里，稠密的秧苗象一铺编织均匀的深绿的绒毯，风一刮，把嫩秧叶子往一边翻倒，秧田又变成了浅绿颜色的颤颤波波的绸子了。

“今年不会烂秧吧?”走在前头的厂长看着秧田这样问。

——《张满贞》

三个场合，三幅雨景，犹如梅萼桃蕊，各具风姿，简直把三场风雨的不同“个性”都写出来了，足见作家对景物观察之细密和描绘之精确。如果说，《桐花没有开》中的雨景，用的是白描的手法，着墨不多，却勾勒出了一幅山乡春雨的写意画，那么，《民兵》和《张满贞》里面的雨景，就接近细描的工笔了。但两者又有不同：前者是鸟瞰式的全景描写，远山迷茫，近山青苍，从天际的炊烟到田间的小路，尽收笔底，很像一幅山村烟雨图。后者则是摄取的近景镜头，从伞下瞭望，灰蒙蒙的雨里，山边火红的野花、翠绿的小树、绒毯似的秧苗，一一映入眼帘，更像一幅色彩鲜艳的水粉画。但不论是白描或工笔，这些山乡雨景，既有景致的描绘，又有风声、雨声、雷声、流水声的衬托，很富于立体感，真叫人看得见，听得到，摸得着，使读者的视觉、听觉、触觉全用上了。

更可贵的是，这些雨景都不是静止地、孤立地存在，而是同故事情节有机地融合在一起，成为情节的血肉。作家不只是写了景，而且写了人——更确切地说，不单纯是写景，归根结底是为了写人。在《桐花没有开》里，春雨连绵，不断纤地落了五天五夜，眼看提前泡种的谷芽子“长得很深了”，这不能不使日夜守护着芽子的生产队长盛福元“满脸愁容”，“他怕芽子渥坏了”，赶紧邀着青年社员张雁秋，把芽子从禾桶里撮出来，细心地摊在晒垫上。《民兵》中那段精彩的雨景描写，也是为了衬托因救火而被烧伤的民兵何锦春的坚强性格：

他被两个民兵抬着，“一路淋着雨”，送去医院治疗。创伤痛得入了心，尤其生雨打着燎泡的时候，但他没有哼一声。何锦春是一条硬汉”。同样，《张满贞》里，紧接雨景之后，作品围绕“今年不会烂秧吧？”这个问题，写了张满贞和武装部长的一段对话，既表现了他们对群众切身利益的关心，同时也点染了这两个人物一柔一刚的不同性格。

由此看来，在塑造人物时要以动写静，在景物描写上也就要善于化静为动。要从人物和情节出发，选取最能烘托人物性格、符合特定情境的景物，并把这种景物描写同人物当时的心理、动作和行动紧密地配合起来，构成一幅统一、和谐、完整的图画，真正做到寓情于景，寓情于物，“象、意并茂”，情景交融。这样，就能有力地衬托人物的性格特征，突出作品的主题思想。

周立波曾盛赞：“用人们的行动和动作，用环境的反映来描绘静态的‘美’和生活的‘真’，以宣扬当时的‘善’，我们祖国的文学宝库里充满了这类珍奇的宝石。”(《关于小说创作的一些问题》)应该说，周立波自己的许多优秀短篇，和他的长篇一起，也为我国当代文学的宝库增添了这类珍宝。

独树一帜的文学风格

独创的艺术风格的树立，是作家成熟的标志。周立波反映湖南农村生活的这批短篇小说，有着十分鲜明的独特的艺术风格。对此，专家们曾经作过不少研究。有的从分析他上世纪五十年代若干有代表性的作品入手，认为“作者是有意识地在尝试着一种新的风格：淳朴、简炼、平实、隽永。从选材上，从表现方法上，从语言的朴素、色彩的淡远、调子的悠徐上，都给人以一种归真返璞、恰似古人说的‘从绚烂到平淡’的感觉。然而，立波同志的风格的特征，却不止于‘平淡’，而是通过平淡的故事，寄托了深厚的感情，字里行间，处处跳跃着发自作者内心的对生活的喜悦”(唐弢:《风格一例——试谈〈山那面人家〉》)。有的又从作品中关于人物形象的创造着眼，指出“歌颂新人，写出新人物的个性，写出这种个性的美和潜在力量，引起人们一种‘言有尽而意无穷’的回味”，这是周立波“在近来的短篇创作中所追求的一种艺术境界”（宋爽:《张满贞》)。后来，还有一些评论把周立波短篇小说的艺术风格概括为具有一种“阴柔之美”，或曰“清俊、明丽、洒脱”的格调，等等。

这些评论，从不同的角度分析了周立波短篇创作的风格特点。“风格就是人”，文学作品的风格美既是由生活美升华的艺术美，又是作家的心灵美和艺术个性美的结晶。每一个作家都有各自不同的独特的生活道路，有自己的世界观和审美理想，有不同的文化教养和创作才能，心理气质、性格爱好更是千差万别。正是这些，影响和决定着他对生活的认识和态度，决定着他对题材的选择和处理，以及采取什么样的创作方法、表现手法和艺术语言，来反映生活，进行艺术创造。因此，那些显示了独特风格的优秀文学作品，不但会要打上时代的、民族的烙印，而且必然地要带上作家个人的鲜明的标记，体现各个作家彼此不同的精神面貌和艺术个性。那么，什么是周立波短篇小说思想艺术风貌的基本特色呢？我认为有如下三点：

(一)“清水出芙蓉”——朴素、自然之美。

周立波说：“人喜欢自然，看文章也欣赏自然的风格。”(《素材积累及其他》)什么是“自然的风格”？我们先来看看他自己的作品。

读周立波的短篇小说，常常使人感到有一种朴素、自然之美，宛如万斛清泉，自书页的林石间泻出。这种美，不只是词藻的质朴，而首先是那充溢在整个作品里的浓郁的生活气息和乡土风味，给人一种无比清新、朴实、秀美的感觉。翻开他那描写湖南农村生活的一系列短篇，我们仿佛来到了“芙蓉之国”那山清水秀、风光明丽、民风古老、淳朴而又充满了时代气息的社会主义山乡，和男女主人公一起，经受着生产工作中胜利的喜悦和失败的懊恼，分享着农村青年们爱情和家庭生活的甜蜜，也分担着他们的家庭细故、婚事纠纷的忧烦。作品中的一些生活故事，哪怕是山那面人家一场简朴而欢乐的婚礼，禾场上歇凉的人们一次热闹的闲谈，或者是清溪河岸平滩上一台花鼓小戏的演出，以至一户普通农家春节前夕杀“过年猪”，或中秋后盛筵接待“新客”——未过门的儿媳等等，所有这些画面，都是如此朴素淡雅，平易隽永，鲜明生动。它们不仅仅是一幅幅栩栩如生的人物画、风景画，更是一帧帧引人入胜的民俗画、风情画；既弥漫着浓郁的生活气息，呈现出明丽的地方色彩，又从不同的侧面和角度反映了社会主义革命和建设的浪潮在农村每一个角落、每一个家庭的激荡，反映了新时代人与人之间关系的深刻变化。

十分可贵的是，周立波不仅是以一种发自内心深处的真挚感情来赞美农村的新人新风，而且是以一种为农民群众所喜闻乐见的艺术表现形式和手法，来抒写自己的真情实感，创造艺术形象。他创造性地运用了我国古典文学和民间文学的传统技巧，充分考虑了人民群众的欣赏习惯，讲故事常常是开门见山，首尾照应，波澜曲折而又层次分明，“在复杂之中求得单纯”。文笔又像流水行云那样舒卷自如，抑扬有致，行乎其所当行，止乎其不可不止，无矫揉做作之态。这些，都使他的短篇小说的朴素、自然之美，达到了内容和形式的高度统一。

让我们来看看《盖满爹》：

> 黎盖平是中共楠木乡的支部书记和农会主席。在这带地方，兄弟当中末尾的一个，通称老满。黎盖平兄弟三人，他是老三。小时候长辈叫他满伢子。如今他有五十五岁了，又担任了令人敬重的职务，大家不提他本名，喊他盖满爹，间或更亲昵一点，叫他满爹。

多么朴实！多么平易！读下去真像是有朋自故乡来，和我们促膝谈心，讲起彼此都很熟悉的亲邻们的故事。

《民兵》却是这样开头的：

> 三月下旬，时晴时雨，桃树上的粉红的花朵和翠青的嫩叶常常滴落着水珠。农村里正是开花的季节，也是农忙的时节。
>
> 订了婚的民兵小伙子何锦春，正象一个作家描写的一样：“从心坎的深处感到幸福和快乐。”到井边挑水，进山里砍柴，他都唱着歌。

这是从时令、景物开篇，点出人物活动的时间、环境。随着故事的演进，经过一番波折，何锦春和卜玉英的婚事定下来了。作品又是这样结尾的：

村里人传说，何锦春的结婚日子看好了，是在冬天，在田里的晚稻收割了，山里的茶子花开的时候。

仍然是以时令、景物结尾。不但首尾呼应，结构严谨，而且情景相生，画外有音：从桃花含笑的早春，到晚稻进仓的初冬，季节转换了，何锦春的爱情之果也要收获了。这种圆满而又自然的结局，是为中国老百姓特别是农村读者所喜闻乐见的。

周立波作品这种朴素、自然之美的形成，在很大程度上得力于他的语言。他历来主张“用农民的语言来写”小说，认为从群众语言中“汲取它的丰富的字汇，精妙的语句，来改进我们的语言”，并且适当地运用一些方言土语，可以大大加强作品的生活气息，增加地方色彩。因此，他在适当吸收古代语言遗产和外国语言中有用的成分的同时，特别注意学习群众的语言。他对农村生活十分熟悉，了解农民群众运用语言的习惯、爱好和特点。他的短篇小说，同长篇一样，成功地吸收和运用了农民群众特别是故乡人民口头上的活的语言，不但人物的语言，而且自己的叙述语言，都非常形象化、口语化。这些，正是形成他的独特的艺术风格的重要因素。所谓朴素、自然之美，也就突出地体现在作品的语言色彩上。当然，他的短篇小说和《山乡巨变》一样，在运用方言土语时，也有个别地方淘洗、提炼不够，保留了一些比较生僻难懂的字句，这是不足取法的。

联系周立波的创作实践，我们不难理解，他在小说美学上所追求的那种“自然的风格”，就是这种朴素、自然之美，平易、淡雅之美；这种风格，也就是唐代著名诗人李白所极为推崇的“清水出芙蓉，天然去雕饰”的美学境界。人们常说的周立波小说的所谓“茶子花”风格，也多是指这种分外朴素、淡雅的艺术特色。

(二)带刺的玫瑰——风趣幽默、婉而多讽的笔致。

富于幽默感，是周立波短篇创作的又一特色，也是构成其独创的艺术风格的重要因素。正像周立波说的："幽默是文学的要素之一，因为它也就是人生的要素之一。"(《民间故事》小引）社会生活是一个无所不包、无奇不有的"万花筒"，真、善、美的东西和假、恶、丑的东西总是相比较而存在、相斗争而发展的，生活本身就交织着各种喜剧性的矛盾冲突，包含着万千幽默、讽刺的因素。一个现实主义的作家，置身于生活的漩涡之中，他有一颗热爱生活的赤诚的心，又有一双敏锐而深刻的马克思主义的艺术慧眼，善于从纷纭复杂的现实生活中捕捉到那些富于幽默、讽刺意味的人和事，把它们艺术地再现出来，就会产生作品的幽默和讽刺。

周立波短篇小说中的幽默，有一个很大的特点，它们不是外加的笑料，不是游离在艺术形象之外的美丽的皂泡，而是人物性格、故事情节的有机组成部分，是从人物的音容笑貌、举止行状中自然而然地流露出来的，也可以说是人物性格的血肉，是不同性格的矛盾冲突迸发出来的绮丽的火花。这种幽默，归根结底，来自作家对各色各样人物的熟悉。独特的艺术形象，往往表达了作家对人生百事或爱或憎、或褒或贬、或是或非的态度，有着鲜明的倾向性。

我们来欣赏一下《山那面人家》。

这个短篇，是一个轻松明快而又包含着婉约的讽刺的抒情小品，也是周立波的艺术风格的一篇代表作。作家选取了山那面一户农家办喜事这样别开生面的题材，又把故事安排在一个茶子花飘香，月色迷离的初冬之夜，通过"我"亲身参加一对青年男女的婚礼的所见、所闻、所感，尽情地渲染了"歌声载道、喜气盈门"的社会主义农村的新气象，刻画了人们新的精神面貌，歌颂了新的道德、风尚的成长，也批评和讽刺了旧的思想、风习及其代表人物。可以说，作家不仅是含着微笑，而且是带着慧眼来看新的农村、新的生活的，他为新事物的成长和旧事物的衰微感到由衷的高兴，情不自禁地为前者而讴歌，而给后者以讥讽。因此，作品的整个调子既是欢畅、明快的，又是风趣、幽默的。

这种风趣、幽默，集中地凝炼在“笑”字上。不仅新郎、新娘在笑，送亲的、闹新房的人都在笑，连那个挺着大肚子的细瓷罗汉也在大笑，而笑得最多、最欢快、最纵情的自然是那一群结伴而来，蜂拥而进，窃窃私语，并且“已经在练习听壁脚”的姑娘了。满屋子的人都笑，唯独一个人不笑，他就是主持婚礼的乡长，但这个不笑的人恰恰是一个最会说笑话的人，也可以说是又一个“快活的源泉”。

这种风趣、幽默，还突出地表现在对兽医这样一个人物的刻画上。这是个脑子里残存着旧意识的人物。他生活在恋爱自由的新社会，却要为包办婚姻唱赞歌——因为他正是包办婚姻的“既得利益者”：“他的漂亮堂客是包办来的，他很满意。他的脸是酒糟脸，红通通的，还有个疤子，要不靠包办，很难讨到这样的堂客。”他又那么饶舌，那么酷爱八股调。旧思想加上“新八股”，这个性格特征必然要引起同周围人的矛盾冲突，惹起人们的嘲笑。作品抓住这点，作了充分的渲染。本来，他那“包办也好，免得自己去操心”的陈腐观点，已经是令人侧目了，后来，当大家鼓掌欢迎新娘子讲话时，人们一看走到桌边准备说话的，不是新娘，而又是这位酒糟脸上有个疤子的兽医。他咬字道白，先从新中国成立前后国内的形势谈起，慢慢吞吞地，带着不少的术语，把辞锋转到了国际形势。他没完没了地“作报告”，乡长听得不耐烦，“抱歉”地先走了，社长也实在坐不住了，就跟旁边一个社干部说：

> “人家结个婚，扯什么国际国内形势啰？”
>
> “你不晓得呀，这叫八股，才讲两股，下面还长呢。”办社干部说。
>
> “将来，应该发明一种机器，安在讲台上，爱讲空话的人一踏上去，就遍身发痒，只顾用手去搔痒，口里就讲不下去了。”社长说。

这个细节，生动而又幽默，特别是社长这个想入非非的“发明”，有一股冲人的辣味，令人哭笑不得，但这是善意的讽刺，是一种“艺术的当头棒喝”

（茅盾语）。在现实生活里，像这位兽医一样爱讲空话，爱唱老的、新的八股调子的人，难道还少吗？对他们难道不应该给予一点点“刺激”吗？

当年向周立波登门约稿并编发这篇作品的《人民文学》副主编崔道怡，后来深有感解地回味说：读这样的小说，一旦“进入其意境，便忘乎所以、别有情趣。可见堪称经典的作品，无不具有超越时空的恒久价值。这才是真正的文学的功能，真正的小说的魅力”①。

周立波的幽默，还有一个特点，就是朴实而又动人，往往流露出农民那种特有的淳朴、天真、单纯、乐观和机敏，很富于生活气息，充满着“人情味”。周立波说：“劳动人民的幽默多少带点土气息、泥滋味，和书本上的幽默有些不同。”（《民间故事》小引）这种幽默常常是质朴的，粗犷的，不卖弄，少做作。

我们看《腊妹子》：小说写到清溪乡召开庆祝大会，奖励各种劳模，为了表扬王腊梅组除“四害”的初步的优秀成绩，大会给了他们一面小小的红绸子奖旗。腊妹子的耶娘，放下手边的工夫，也赶到乡政府来参加庆功会。当记者给劳模拍照，也要给腊妹子留影的时候，“却出了事。这位得意的妈妈无论如何也不肯让女儿照相，怕把孩子的魂魄摄走了”。记者央求乡长再三解释，腊妹子妈妈拗不过乡长的情面，勉强地、担心地答应了，但还是说：“乡长，我这妹姐日后有个三灾八难的，我只晓得找你啊。”庆功会结束了，在回家的路上，腊妹子妈妈沉醉在女儿的荣耀里，听到亲邻们许多赞扬腊妹子的话，她心里觉得极舒畅，嘴里却不停地诉说：“你不晓得她好淘气啊。”接着，这位得意的妈妈又说：“讲起来，她耶耶真正好笑，妹姐得回那张完小的文凭，其实有个么子了不起，他倒喜饱了。她耶耶只爱文凭，我看旗子也体面。并且，文凭是纸做的，旗子是绸子做的。”大家都叹息、敬服和称赞，一致同意锦旗比文凭要体面一些，也同意解放以后，妹子跟伢子一样有出息，一样有人看得起。

腊妹子妈妈的这一连串举动，特别是她这一段从心窝子里掏出来的“娘夸女”，是多么朴实无华而又生动风趣？这位得意的妈妈和乡亲们的议论，既赞

① 崔道怡：《山那面的人家》，载《作家通讯》2016年第9期，第103页。

扬了腊妹子，又歌颂了新社会，可以说是群众发自肺腑的一曲社会主义的赞歌。作家既没有添油加醋，也没有故弄玄虚，只是老老实实地按照生活的本来面貌和人物的思想感情，一一抒写出来，就使读者感到情味盎然，不时地发出会心的微笑。

周立波对于生活深挚的爱和丰富的幽默感还表现于：在他的眼里，他的笔下，那些沉静的山川草木、无知的花鸟虫鱼，几乎都是有灵性、有感情，甚至有个性的。他在描写自己的人物和叙述故事时，常常赋予这些东西以活泼的生命和可爱的性格，并且托物言志，随时随地吐露自己对大千世界的种种看法，抒发着内心深处的炽热的感情。这样，也就使作品文情并茂，平添了许多的风趣。

《张满贞》里，关于公社堂屋里那一双燕子的大段描述和议论，就是很有代表性的一个例子。作品不仅惟妙惟肖地写出了燕子的许多情态：如何“沉静地歇气，悠然地观察”，如何“偏起小脑壳”，“望着窗外，好象是埋怨这多雨的天气”，等等，简直把那对小燕子写活了。作家直抒胸臆：“我是喜欢燕子的，因为每次它们来，都带来了春天的绮丽和温暖，花的香味，草的清新，还有那万事万物的蓬勃的生气。”特别令人击节的是，作品还围绕着燕子衔泥筑窠，写了人们一段妙趣横生的争论。当主人公张满贞凑趣地数落着燕子的缺点，说它们筑窠“建筑材料也太简陋了，除开泥巴，还是泥巴，不用竹子，也没得水泥”时，作家的笔锋轻巧地一转，接上了公社武装部长的这么一句话：

> “也没得玻璃，是么？”脾气很冲的角色接口问一句，笑了。

这一句问得妙！读者们也忍不住笑了，因为它打中了这位“三句不离本行”的玻璃工厂厂长的“要害”。难怪张满贞要说：“你这个人啦，我只懒得跟你讲。”然后收起笑容进屋去了。这里，既表现了脾气很冲的武装部长善于抓人家的“话尾子”的俏皮性格，也表现了作家“信手拈来，涉笔成趣”的幽默才能。

周立波的幽默和讽刺，尽管有时带有戏谑的成分，但它总是与人为善的，并且有着思想上的深刻性。同时，在具体的艺术描绘中，能恰当地掌握分寸，对所描写的对象作出确切的思想分析和美学评价，因而不会使人产生过火的感觉。

正是在这个意义上，周立波一些“婉而多讽”，富于幽默感的优秀短篇，也可以说是一种带刺的玫瑰。当然，周立波的短篇中，也有个别的幽默和讽刺笔触止于戏谑，较少深意。有的作品（如《“割麦插禾”》）为了配合“大跃进”运动，在对话中牵强地套用一些流行的政治术语，迹近说教，成了败笔。

（三）橄榄的芬芳——凝炼、含蓄，意象深远的韵味。

周立波的一些优秀短篇，朴素、自然之美，风趣、幽默的笔调和凝炼、含蓄的韵味，常常是水乳交融地渗透在一起。也就是说，朴实、生动的艺术形象所带给读者的，从来不是那种浅露的、一览无遗的东西，而是有着超出笔墨之外的一片广阔的天地，使读者能够驰骋自己的想象，进行艺术的再创造，引起余味无穷的联想和回味。有人说，读周立波的短篇，“初如食橄榄，真味久愈在”。嚼嚼，再想想，想想，再嚼嚼，一次比一次领悟了更多的东西，一次比一次更加体味到沁人心脾的芳香。这正是作品凝炼、含蓄的深厚功力。

凝炼、含蓄，不只是个文字功夫，而是表现在整个艺术形象和意境的创造上，体现在作品的通篇韵味中。正如周立波说的：一篇小说要“尽可能地使读者们情感高扬，意象深远”（《周立波选集》序言）。而要做到这一点，作家就必须把自己对人物的全部观察和理解、对生活的全部感受和认识，以及对革命理想所倾注的全部激情，都凝炼到艺术形象里，渗透到人物的一颦一笑、一言一行以至整个的性格特征中。通过典型形象本身的思想和艺术力量，感染读者，引导读者沿着作品所开拓的思路去发挥自己的想象力，探索那更深一层的生活内涵和思想意义。

我们看看《在一个星期天里》：

这篇作品描写的是大桥公社党委书记杜清泉一个星期天的生活，它是一页别开生面的“日记”，同影片《今天我休息》可以说是不同艺术样式的“姊妹篇”。杜清泉从天还没有亮被麻雀吵醒起，到太阳落山止，在一个休假日里，办了多少“公事”啊！这个风华正茂的年轻的党委书记，把特意从城里来看他的爱人晾在机关不管，一古脑儿扎在生产队的秧田边，检查研究如何防治鼓泥虫去了。当爱人故意生他的气时，他却怪鼓泥虫“一点道理都不讲，捣乱也不选时辰日子，又不晓得你来了”，令人又好气又好笑。小说着重地刻画了杜清泉公而忘私，脚踏实地、兢兢业业为党工作，和平易近人，密切联系群众的优良作风；而人物的这些特征都集中概括在短短十来个小时的一系列言谈笑貌、举止行动等生活细节里，使读者获得了鲜明的印象。不仅如此，作品还有一个耐人寻味的结尾：杜清泉奔波一整天回机关后，向爱人讲清了原委，取得了谅解，高高兴兴地把她送走了，再返回机关时，已经是掌灯时分。他收拾好自己那幅还没有完成的画稿，吹熄灯，解衣睡觉。一阵油烟子的味儿消逝以后，房间里浸满了肥皂的香味，那是从他爱人帮他新洗的被窝里发散出来的。作品最后以这样一个别致的细节戛然作结：

> “真好啊。”在朦胧里，他这一声好，连自己也不晓得具体指的是什么。
>
> 不久，他做了一个梦，梦见在这浓烈的肥皂香气的包围里，大桥公社所有秧田里的鼓泥虫通通死光了。

这真是一个意味深长的梦，也是一个余音绕梁的结尾。作品创造了一个深远而优美的意境，抒发了一种健康而高尚的情怀，又给读者提供了反复回味、品赏的广阔天地。

凝炼、含蓄，必然要表现在作品的语言上。周立波的一些优秀短篇，语言的朴素、清新、生动、幽默，和凝炼、含蓄常常是结合在一起的，有一种动人心弦、耐人寻味的魅力。这在前面的篇幅里，已经例举不少。这里，想再谈谈作家在小说中的一些议论。

周立波的短篇，和他的长篇一样，从来没有大段大段的议论。只是在一些节骨眼上，在真正有感于怀，非说不可的时候，作家才站出来发几句议论，对人物、事件、生活作出自己的分析、判断、评价。这些议论都是少而精的，语短而情深、幽默而含蓄，并且同作品里关于人物、事件的描写、叙述紧紧地糅合在一起，不但起着一种画龙点睛的作用，而且使作品更加显得清新隽永。且举一例：

卜春秀在井边洗脸，独个儿叹气的时候，王菊香有意地投下一块石头，并且揭她的“老底”说：“你坦白坦白，为么子一个人叹气？是不是想我的哥哥？你偷偷地说给我听，我悄悄地给你写一封信去，好不好？”这女子说完就跑。“是角色莫跑。”卜春秀起身追赶这胡说八道的姑娘。作品紧接着来了一段夹叙夹议：“在人世间，有好多的事，本来是只准当事人心里想想，不许人家说破的。这个斗胆的姑娘，卜春秀的邻舍，也就是她在想念的参军去了的王桂香的妹妹王菊香，竟敢大声嚷出了自己的心事，这还了得？不给她一点厉害是不行的了。她纵步追赶，但被追的角色已经跑远了。”(《卜春秀》)

在这段文字里，作家的议论虽只三言两语，但道破了年轻姑娘的内心的隐秘，也揭示了一种朴素的人生真谛，确实有一种意味深长的艺术魅力。

当然，凝炼、含蓄决不是晦涩、含混、闪烁其词，使人莫测高深。我们看《山那面人家》，作家对姑娘们为什么爱笑，作了一番穷根究底的探索，也就是意蕴深厚而含蓄的评论：“对于姑娘们，我了解不多。问过一位了解姑娘的专家，承他相告：‘她们笑，就是因为想要笑。’我觉得这句话很有学问。但又有人告诉我：‘姑娘们笑，虽说不明白具体的原因，总之，青春，康健，无挂无碍的农业社里的生活，她们劳动过的肥美的、翡青的田野，和男子同工同酬的满意的工分，以及这迷离的月色，清淡的花香，朦胧的或是确实的爱情的感觉，无一不是她们快活的源泉。’我想这话也似乎有理。”

对姑娘们为什么爱笑的这番议论，评论者褒贬不一。有的评论家特别挑出头一种解释来，认为是作家“故意缠弄笔头，读起来趣味不高”(唐弢:《风格一例——试谈〈山那面人家〉》)，但我认为，作家把自己对生活的独到感受和对农家姑娘内心世界的深切理解，用同别人交换意见的方式表达出来，分析和解释既不落俗套，又为读者们开了思路，这种凝炼、含蓄的笔致和夹叙夹议的表现手法，对于烘托环境气氛，刻画人物形象和表达主题思想，还是有好处的。它也是构成作家个人艺术风格的一个重要因素，因此不必过分加以贬抑。

综上所述，周立波这个时期描写湖南农村生活的二十多个短篇，无论在题材的选取和主题的提炼、人物形象的创造和艺术表现的形式(包括情节结构、语言驱遣和艺术技巧的运用)等方面，比起民主革命时期一些描写城市斗争和农村生活的短篇，以至新中国成立初期一些描写工人生活的短篇来，都大大地提高了，可以说有了一个很大的飞跃和突破。这个时期的短篇，和他的长篇《山乡巨变》一样，表现了一种更加淳朴自然、清新隽永、幽默含蓄，更富有民族特色和地方色彩的独特风格，标志着作家在艺术造诣上已进入成熟的境地，其思想上和艺术上的成就是人所公认的。特别是像《山那面人家》这样脍炙人口的佳作，可以说达到了革命的思想内容和完美的艺术形式的统一，其艺术上的精致程度，甚至连他的长篇小说也有所不及。

二、与党和人民风雨同舟

继一九五七年反右派斗争严重扩大化之后，一九五九年党内又错误地开展了反右倾机会主义的斗争。从来都是把自己心中之歌献给“美丽”和“真诚”的周立波，面对这种严峻的现实，变得惶惑和沉默了。在三年暂时困难的日子里，他眼看着祖国社会主义建设的航船，正在急流险礁之间缓慢行进，作为一位忠诚的共产党人，他知道现在最重要的是必须和党与人民“风雨同舟”。同时，对于已经发生的许多问题，他也与党和人民一起，在认真地思索着，力求找到符合历史真实的答案。在这种情况下，从《山乡巨变》问世以后，他再没有写长篇小说。他在鲁艺时的学生、这个时期在人民文学编辑部工作的葛洛回忆说：“过去在延安的时候，他(按：指立波)经常在各种会议上慷慨发言，今天，无论参加党内或党外的会议，他都发言不多，发起言来也不易说到点子上。”“他曾对我说过，他每到一地深入生活，一年以后就可以写长篇。有一次他来北京，我向他提起这话，问他从事写作的习惯规律为什么改变了。他回答说：

‘生活变化太快，我看不准，怎么敢写长篇啊？’”（《悼念周立波同志》）这段时间，周立波连短篇小说也写得很少。

一九六〇年夏天，第三次全国文代会在北京召开，周立波因病未能出席。在这次文代会上，他继续被选为全国文联委员。这年秋天，他去河北省遵化县访问了曾以“穷棒子社”闻名全国的王国藩农业社所在的公社，会见了这位著名的模范人物。

一九六〇年冬天，党中央和毛泽东同志开始纠正农村工作中的“左”倾错误，并且决定对国民经济实行“调整、巩固、充实、提高”的方针，经济形势逐步好转。为了纠正文艺工作中的“左”的错误，促进社会主义文学艺术的繁荣发展，一九六一年六月，由中央宣传部召开了全国文艺工作座谈会，讨论《关于当前文学艺术工作的意见》(即“文艺十条”)初稿；这个文件后定稿为“文艺八条”，经党中央批准下达全国和各文艺团体试行。周恩来、陈毅等同志先后在全国文艺工作座谈会和故事片创作会，全国话剧、歌剧、儿童剧座谈会上，就发扬艺术民主、贯彻执行“双百”方针等问题，作了极为重要的讲话。周立波参加了中宣部召开的文艺工作座谈会(第二阶段)。根据周恩来的指示，这次会议的主题为发扬政治民主和艺术民主，解放思想，畅所欲言。有气可以出气。周扬、齐燕铭等人共同研究了会议时间，与会人员数和各省市单位名额。参加者全是著名文艺工作者，党外人士占半数以上。同时研究了发哪些文件、资料。会上编发的文件、资料是毛泽东、周恩来近几年纠“左”的讲话，《科学十四条》及向中央的报告，陆定一、周扬在文科教材会上的讲话，文艺处一九五八年底编辑的“大跃进”后文化艺术方面“左”的材料，同时印发了“文艺十条”讨论稿。①

夏初的北京，风和日暖，新侨饭店，喜气洋洋。全国著名文学艺术工作者云集这里。周立波在七月十八日会议的一次发言中，表示热烈拥护党中央调整文艺政策；同时，对扩大作品题材、合理安排作家深入生活和改善党政领导与

① 引自黎之：《周扬与“文艺十条”“文艺八条”》，载《忆周扬》，内蒙古人民出版社1998年版，第292页。

文艺工作者的关系等问题，提出了积极的意见和建议。关于创作题材问题，自一九六一年第三期《文艺报》发表《题材问题》的重要专论，号召“广开文路”，彻底破除清规戒律，促进题材多样化的发展以后，在全国文艺界引起了热烈反应。当文艺报编辑访问周立波时，他表示非常赞同专论的观点，并将自己的谈话记录整理成《略论题材》一文，发表在当年第六期《文艺报》。他旗帜鲜明地提出：“社会主义的文艺，应该是社会主义现实生活的一种色彩缤纷的万花筒。无论题材和风格，都不宜加以任何的限制。”在中宣部召开的文艺工作座谈会上，周立波重申了自己的这个主张。关于作家深入生活的问题，他从中外文学史总结出作家从事创作的六种方式：(一)托尔斯泰式的，一会住在彼得堡，一会住在农村；(二)肖洛霍夫式的，住在一个地方不动；(三)曹雪芹式的，生活半辈子，写作半辈子；(四)杜甫式的，不固定一个地方，到处走；(五)蒲松龄式的，幻想的生活方式；(六)历史小说家，主要坐在书斋里。他认为，作家从事精神生产，每个人相当于一个工厂。他们究竟采取哪种生活方式好，不宜管得太死，要给他们以回旋的余地。毛泽东《在延安文艺座谈会上的讲话》也只是号召作家深入生活，同人民群众结合，而没有具体规定生活的方式。他还呼吁改变作家与作家之间，党政领导同志与作家之间那种“老死不相往来”的状况，希望彼此之间多多接触，增进了解，建立一种互相信任的融洽的关系。周立波的这个发言，引起了大家的浓厚兴趣。[①]

一九六二年一月，周立波在广东湛江度假。在一个暖和的日子里，他同老战友、原南下支队政治部副主任李立等一起，乘登陆艇去近海一个美丽、富庶的小海岛群——南三联岛访问，并写了散文《游南三联岛》。一九六二年五月，为了纪念毛泽东《在延安文艺座谈会上的讲话》发表二十周年，《人民日报》发表了《为最广大的人民群众服务》的重要社论，丰富和发展了“讲话”的精神。四月下旬，周立波在湖南省、长沙市文艺界学习“讲话”动员会上作了讲演。五月六日，他又在北京中国文联和北京文联组织的报告会上，作了《谈谈普及与

① 参见《周立波文艺讲稿》，湖南人民出版社 2017 年版，第 74 页、75 页。

提高》的讲话，并在《人民文学》五月号发表散文《二十周年》，生动地追述了他当年参加延安文艺座谈会，聆听毛泽东讲话的愉快情景。

八月二日至十六日，中国作家协会在大连召开农村题材短篇小说创作座谈会。周立波和赵树理、马加、西戎、康濯、李准、侯金镜等八个省市的十六位作家和评论家，参加了座谈。会议由作协副主席、党组书记邵荃麟主持，茅盾、周扬在会上讲了话。这次座谈会着重研究了文艺创作如何反映人民内部矛盾，更好地为社会主义服务的问题。邵荃麟针对前几年文艺创作中存在的"左"的倾向，从人物创造不够多样化的实际出发，以极大的理论勇气，提出了在创造英雄人物、树立典范的同时，"也应该注意写中间状态的人物"的正确主张。他赞扬《创业史》中的梁三老汉比梁生宝写得好，说《山乡巨变》中亭面糊这个人物给他留下很深的印象，还很赏识西戎的短篇小说《赖大嫂》中的赖大嫂这个人物。他高兴地说："最近几年，在成熟的作家中间，风格形成了。让各人发展自己的风格，从平常中见伟大也好，含着微笑看生活也好，皱着眉头看生活也好，我们都不必生气，也不必干涉。"在文艺如何反映生活这个问题上，他提出了"现实主义深化"的理论，称赞赵树理近几年的创作"是现实主义的胜利"。

周立波参加这个座谈会，心情是舒畅的，因为"文艺八条"的贯彻，开始有了艺术民主和学术自由的气氛。因此，他在会上充分地发表了自己的意见。在就当前农村形势交换意见时，他联系自己在湖南的见闻和经历，揭露和批评了瞎指挥、浮夸风和"共产风"的错误。他以惯有的农民式的幽默对大家说："'大跃进'中，我们那里搞什么'集体化'，集体到男的住在一起，女的住在一起。有的新婚夫妻也被分开了，男的偷偷去找女的，还挨了一顿打，这次整风他还在诉苦哩！"他又谈到他和王震一起到浏阳去，看到"到处是'卫星满天'，在山上刻下好多字，浪费了许多劳力"。赵树理插言道："哪里'卫星'多，哪里没有粮！"周立波还谈到有些人根本否定科学，一味蛮干，他深有所感地说："文盲和愚昧是不能歌颂的，有人吹嘘自己'斗大的字不识一箩'，这是不值得称赞的，否定科学是不对的。"但周立波兴奋地告诉大家：由于执行了调整经济的正确方针政策，自己家乡的经济形势已有好转。他说：“我下乡不调查有粮食没有，只看人们的脸色。现在，乡亲们的脸色好了，原来生病的，病也没有了。这是很大的成绩。自留地是农民的‘保健站’，有它的历史作用。”在讨论文艺创作如何反映人民内部矛盾时，周立波认为：“人民内部矛盾是大量的，一定要写，不写就不是现实主义的，除非你满足于表面。”他联系自己的创作实践，强调反映现实、创造人物一定要从实际生活出发，不能凭主观主义的幻想，粉饰现实，回避矛盾，拔高人物。他同意邵荃麟的意见，十分赞赏赵树理那种“朴实无华，言无虚假”的风格。他还认为，作家要反映好人民内部矛盾，必须坚持深入生活，要长期地“泡”在人民群众中，永远“当生活的小学生”，“没有生活，把政策、矛盾理解得再透彻，也解决不了问题”；同时，也要加强自己的马列主义修养，加强政策学习，不断提高自己的认识能力，这样才可能真正洞察现实生活中的各种矛盾。周立波认为，读者是很有识辨能力的。他谈道：《山那面人家》和《张满贞》发表后，不少读者写信鼓励他；但宣传“大办公共食堂好”的《北京来客》发表后，立即就有读者给他写信，说“你写这个东西，将来要检讨的”。周立波说：“事实证明这位读者的批评是对的。”周立波强调：对现实生活中的矛盾看清了，看准了，就要敢于写，从实际出发，写出来了，一定会有人反对，这时又要敢于坚持。他举例说，他在《山乡巨变》中写了一个不够党员标准的党员[①]，在创作时就准备听到“有这样的人吗?”的批评，后来，果然听到了。但他认定自己写的并没有错，把它顶回去了。在讨论人物创造的问题时，周立波谈了自己的体会，他说：“写人物有两个过程，第一是认识过程，第二是表现过程。表现要讲究形式，认识要讲究心理学，一部分是你所描写的人的心理，一部分是读者的心理。”他引用古人画“鬼魅最易”而画“犬马最难”的话，说明作家一定要非常熟悉自己所描写的对象，对人物务必“设身处地，观察入微”，才能表现得惟妙惟肖。他还针对前一个时期有些人只强调作品的“善”(思想和政治意义)，而忽视“真”

① 指《山乡巨变》中的党员、副社长谢庆元，这个人毛病很多，最后闹到吃水莽藤自杀，被救活。

和“美”的倾向，强调说：“文艺究竟是文艺，善、真、美三者应该结合。”文艺作品“一定要写得美，除让读者看到政治思想的意义外，还要得到美的享受”，“艺术之美或是很典雅，很优美，或是很庄严，很悲壮……”，风格尽可多种多样，但作家要尽力使自己的每一个作品“都成为艺术品”。周立波在大连会议上的这些发言，可以说是对自己在社会主义建设时期从事小说创作的成败得失的认真回顾和丰富经验的初步总结。

大连会议后，周立波和赵树理、艾芜、陈白尘等参加了中国作协于八月末至九月末在北京举办的第三期作家轮训班。轮训班实行“三不主义”（不抓辫子，不扣帽子，不打棍子），大家畅所欲言地总结了前几年工作的经验教训。周立波把自己这几年反复思考的一些问题，坦诚地谈出来了，他批评了“大跃进”“公社化”中一些严重违背客观规律的“左”倾错误做法，他说：“高级化”的速度就已经比毛泽东原来估计的时间快，“公社化”更是想不到。“食堂化”，赞成的是少数，实际上是脱离群众，但不敢讲。全民炼钢，把森林都砍光了，“竭泽而渔”，造成水土流失，引起“连锁反应”……他特别指出：“历年来，几次反右之后都搞得过‘左’，神经过敏，扩大化。”“这几年的问题，有的是作风问题，有的是认识问题，破坏了民主集中制，应该认真吸取教训，保证今后不重犯这种大规模的错误。”周立波深有感触地说：“我们党是执政党，每一个党员都不能没有自上而下、自下而上的监督。革命作家是无产阶级和人民群众的代言人，我们一定要坚持真理，如实反映情况。”他对自己一九五九年不但未能及时反映现实生活中存在的问题，还发表过推波助澜的作品，深感内疚，表示“要接受惨痛教训”。他并且主张“应当写一点反官僚主义的作品”。这些“向党交心”的肺腑之言，表现了一位共产党员、“人类灵魂工程师”对党、对人民的无比坦白、忠诚。一九六三年六月，周立波参加中国作协党组扩大会议，讨论《中共中央关于目前农村工作中若干问题的决定（草案）》时，进一步发表了对于阶级斗争问题的看法：不能草木皆兵，什么事情本来不是阶级斗争，也要归结到阶级斗争上去。周立波从一九六一年以来在党内外这些重要会议上的发言，都是颇具胆识，很有见地的。但后来在“文化大革命”中，却被颠倒黑白地当作“修正主义谬论”而横遭批判。

一九六二年十一月二十日至十二月四日，湖南省举行文学艺术工作者第三次代表大会。这是湖南省文艺界一次空前的盛会。全国文联和各协会很重视这次大会，派曹靖华、赵树理、田汉、安娥、郑君里、周贻白、江定仙等前来长沙参加会议，表示祝贺。中共中央中南局第一书记陶铸、候补书记金明，在长沙接见了全体代表。中共湖南省委书记周礼代表省委致祝词，并作了形势报告。周立波受省委委托，在大会上作了《当前的形势和文艺的任务》的报告；大会闭幕时，他又和康濯、柯蓝等十位作家，联名发出《立即行动起来，到工农兵群众中去》的倡议书。在这次文代会上，周立波继续当选为湖南省文联主席，并担任文联党组书记。

一九六二年十二月三十一日，周立波的母校长沙市第一中学(原湖南省立一中)隆重庆祝建校五十周年。中共中央委员、老革命教育家徐特立应邀参加庆祝会，并致词祝贺。周立波回忆当年在母校念书时，正值发生反革命的“马日事变”，他在腥风血雨中被迫离开了学校；而三十多年后的今天，这里已成为一所为祖国社会主义建设培育英才的学府，充满欣欣向荣的景象。他压抑不住心头的激动，挥笔写下一副对联，送给母校：

忆当年课堂内外黑云低压

喜今日讲台上下意气飞扬

从一九六二年冬天起，周立波再度回到老家益阳县邓石桥清溪村，和乡亲们生活在一起。他重回老家后，居住在祖传的一栋已有一百多年历史的木板房子里。当地党委建议为他另盖一栋像样点的新楼房，他婉言谢绝了，只是请人把老屋修缮一番，在卧室装了三扇玻璃窗子，使室内光线充足一些，便于读书写作，就安然地住下了。当时，农村经济形势虽已好转，但农民群众的生活还是比较清苦。周立波的大哥挹梅、嫂子和侄儿都是农民，他同他们在一口锅里吃饭，过着十分俭朴的生活。邓石桥出产红薯，他总是叫哥嫂每餐在饭锅里多蒸点红薯，好省点主粮。哥嫂知道他有胃病，劝他莫吃红薯，他笑笑说：“我是在这里吃红薯长大的呀，怎么吃不得！”原来在桃花仑乡担任党委书记的陈清亮，这时是益阳市委办公室副主任，在邓石桥蹲点。两位“老战友”又相聚一起了，无话不谈。陈清亮告诉他：自从他离开桃花仑后，“大跃进”中浮夸风越刮越大，自己硬起头皮顶着，不愿向上级汇报假数字，差一点被打成了“右倾机会主义”。周立波听了，称赞他顶得对，并且语重心长地说：“在那种时候，讲真话，是得担风险呀！可我们是共产党的干部，心里得有群众。尽吹牛皮，害得老百姓饿肚子，又算什么共产党员?!”周立波回到老家后，看到山林被破坏得很厉害，社员们连烧柴也有困难，他感到十分着急，多次找陈清亮和社队干部商量，要求尽快绿化荒山。后来从县里请来了一位林业技术员，作出了绿化规划。当年冬春，他就和干部、社员们一起，兴高采烈地上山牵线挖坑，整地造林，引种了大批良种梨树和无核蜜橘。从一九六八年开始，每年光梨子就可以收摘一万多斤，给集体增加了一笔收入。一九六三年秋天，村开展“四清”（清思想、清政治、清经济、清组织）运动，周立波一度离开清溪村，到益阳地委的重点公社——迎丰桥公社民主二队，生活和工作了四十天。他后来根据参加“四清”运动积累的素材，写了一部中篇小说《龙虎斗》，但一直没有发表（原稿在“文革”中被造反派抄走，一直下落不明）。一九六四年春节，周立波回到北京和家人团聚。春节后，同文艺界许多同志一道去大庆油田参观和慰问石油工人，访问了著名劳动模范“铁人”王进喜。

周立波这次回益阳老家，和乡亲们生活了一段较长的日子。他亲眼看到前几年饱受瞎指挥、“共产风”和自然灾害磨折的家乡人民，已经从困难中站立起来，继续在社会主义道路上前进。各方面的元气逐渐恢复，工农业生产有了发展，人民生活有所改善。在前几年由地方修筑的那条工矿区专用小铁道上，小火车头每天拖运着大批物资，喷吐着浓烟，呼啸着从邓石桥通过……周立波为家乡的变化感到由衷高兴，曾书写小诗一首赞美清溪村：

说是清溪没有溪，

田塍路上草萋萋。
山边大树迎风啸，
村外机车逐鸟啼。

一九六四年作

（我出生地为益阳清溪村。如今有小铁路过村外。——原注）

在回湖南工作的这段日子里，周立波把自己从一九三八年以来陆续写作的十二篇短篇小说、二十三篇散文特写和九篇文艺论文，编成《周立波选集》，由人民文学出版社于一九五九年一月出版。他把一九四一年至一九五八年发表的二十四篇文学论文编成《文学浅论》，于这年六月由北京出版社出版。他还把新中国成立后发表的十六篇短篇小说，结集成《禾场上》，由上海文艺出版社于一九六〇年一月出版。经过他校改的报告文学《晋察冀边区印象记》《战地日记》和《南下记》汇编成《战场三记》后，于一九六二年九月由湖南人民出版社出版。一九六二年十月，他受人民文学出版社委托，编选了一九五九年至一九六一年的全国《散文特写选》，撰写了序言《战斗和建设的赞歌》。一九六三年春，为南下支队的战友潘世征的革命回忆录《忆陈冬尧》写了序言。接着，在湖南出版了自己三十年代的文学论文集《亭子间里》。

在一九六二年九月党的八届十中全会上，毛泽东把社会主义社会中一定范围内存在的阶级斗争扩大化和绝对化，发展了他在一九五七年反右派斗争以后提出的无产阶级同资产阶级的矛盾仍然是我国社会的主要矛盾的观点。八届十中全会后，林彪、江青、康生这些野心家、阴谋家打着“千万不要忘记阶级斗争”的幌子，极力夸大社会主义时期的阶级斗争，故意混淆两类不同性质的矛盾，开始了篡党夺权的罪恶活动，并选择文艺这个领域作为突破口。从一九六三年十二月到一九六四年六月，江青一伙的活动愈益猖獗，他们到处收集材料，甚至不惜采取造谣的卑劣手段，无端夸大文艺界的某些缺点，全盘否定社会主义文艺的成就，肆意进行欺骗、煽动的阴谋活动。在这种情况下，毛泽东连续就文艺问题作了两个错误的批示。从此，“左”的错误倾向在文艺界又有了恶性发展。一些优秀的文艺作品和正确的、有创见的文艺观点，竟然被当作资产阶级的、修正主义的“毒草”和“黑货”，在全国范围内被一次又一次地批判。

一九六四年下半年，在“左”倾思潮日益泛滥的情况下，大轰大鸣地错误地开展了对所谓“写中间人物论”和“现实主义深化论”的批判。邵荃麟成了被讨伐的主要目标，参加大连会议的一些作家评论家也被牵涉进去，有的还被公开点名。这场批判，采取了断章取义、穿凿歪曲、无限上纲和强加于人的做法，预示着文艺的严冬即将来临。这场批判展开时，中国作协曾连续召开党员大会，贯彻毛泽东关于文艺问题的两个错误“批示”的精神，进行“整风”。周立波由于参加了大连会议，也就成了这次“整风”中检查、批评的对象之一，他发表的主张扩大创作题材的文艺论文《略论题材》和某些写了所谓“中间人物”的短篇小说，遭受了不公正的指责。周立波性格耿直，对自己不同意的一些批评意见，当场据理辩驳，以致引起了争论。周立波在“整风”中病倒了，因胃穿孔被送进了医院。从这以后，到“文化大革命”，他在文学创作上再次变得“沉默”了，不但没有再发表过小说，连其他文章也少写。

三、为培养文学新人、发展文艺事业倾注心血

周立波在新中国成立后，特别是回湖南主持省文联工作以后，除自己勤奋写作以外，对培养文学新人，促进社会主义文艺事业的繁荣发展，一直倾注着满腔热情，付出了大量心血。

一九五六年四月，湖南省在长沙市召开全省青年文学创作会议。周立波正在桃花仑乡深入生活，因事不能出席，就给会议写来了一封热情洋溢的贺信。他从自己的创作经验里，概括出“经、练、阅”三个字，奉赠给大家：“‘经’指经历，就是经历一些生活和斗争。没有经历，任何有才能、有修养的人都将没有办法动笔，这叫做‘巧媳妇难为无米之炊’。”“‘练’是练习，也就是练笔。一个文学工作者要经常练笔，正和一个拳师要经常练拳一样。”“‘阅’就

是阅读。阅读马克思列宁主义理论著作、文学作品和文艺论文。古今中外的成功的作家都爱读书，不读书是不行的。”他劝青年文学创作者学习杜甫那种“不薄今人爱古人，佳辞丽句必为邻”的虚心好学精神。

周立波在一九五八年和一九六二年连任湖南省文联主席后，一直关注着文学新人的成长。一九六五年七月，他参加中共湖南省第二届代表大会第三次会议，作了《大力培养文艺接班人》的发言。直到“文革”前夕召开的最后一次专、市文联工作会议，他仍然强调文联的中心任务是抓创作，要“出新人，出作品”，“人的因素第一，培养新人是最主要的”。多年来，他亲自兼任《湖南文学》主编，也一再指出，刊物的主要任务，是“出作品，出人才”。他要求每期至少发表一至二三位新人的新作。每期刊物的重点作品、目录和清样，他都亲自过目，每当他发现了新人的精彩之作，总忍不住逢人就讲，非常高兴。他常常约请一些青年作家和新作者到自己的家里来，跟他们谈生活、学习和创作。一些文学青年拿着自己的习作找他辅导，他总是热情地接待，细心地指点。许多中青年作家和文学青年，对周立波这样一位有着深湛的文学修养和丰富的创作经验，而又平易近人、循循善诱的老作家，都十分尊敬，把他看作自己的良师益友。

一九六〇年盛暑季节，青年作家谢璞被从洞口县调到湖南省文联文学创作组从事专业创作。同时调来的有未央、刘勇、孙健忠、向秀清等人，除刘勇年纪稍大一点以外，其余都是年轻人，他们住在长沙市司马里王家菜园二号省文联机关内。这些焕发着青春活力的年轻伙伴诙谐地把自己比作“叫鸡公”，他们进“菜园”后，先是兴奋地哼唱，满怀热情地写作，但不久就空虚起来，感到“墨水断源”了。这时，刚刚出版《山乡巨变》续篇的周立波，回到了省文联机关。他关心地询问这几位青年都写了些什么作品，谢璞拿着他写工厂的一篇小说去见他。周立波看了几行之后，问谢璞：“这个工厂，你有亲戚朋友吗？”谢璞说没有。他又问：“你常去那里吗？”一听对方回答“只采访过一次”，周立波幽默地笑了：“狗咬蚊子——瞎碰的！你不熟悉它，写不像的。”他对谢璞说：“你要搞写作，就不要自作聪明显本事；这样写是浪费时间，文字游戏来不得。”后来，他在创作组的小会上和个别交谈中，引导这些青年作家学习毛泽东《在延安文艺座谈会上的讲话》，还拿生动形象的比方，为他们引路：“庄稼人是真正的‘作家’，他们从不搞从无到有的事。播一粒谷种，长出一棵秧，插进田里发禾蔸子，精心培育，又抽出许多狗尾巴稻穗子。你们到生活里去扎根吧！”不久，“叫鸡公”们被“赶出”了“菜园”，纷纷回各自的老家生活去了，孙健忠、向秀清回到了湘西土家苗寨，未央去了洞庭湖滨，刘勇回到湘乡老家，谢璞也重返雪峰山下的洞口农村。他们每年有大半年时间泡在农村沸腾的生活当中，和农民群众打成一片。谢璞回洞口后，生活在自己非常热爱和熟悉的乡亲们中间，如鱼得水，先后发表了短篇小说《玫瑰宴》《二月兰》《五月之夜》《织蓑衣》和中篇小说《这边风雨》等一批作品。未央、孙健忠、刘勇和向秀清等同时期也相当多产，各人的作品都有自己家乡的泥土气息。中国作协湖南分会主席、老作家蒋牧良看到这情景，十分兴奋，称赞周立波“赶叫鸡公下乡”赶得好。周立波为这些青年作家走上了正确而宽广的创作道路而由衷高兴，但担心他们在乡下呆久了读书少，便又跟蒋牧良商量，采取办“读书班”的方式来让他们得到提高。一九六二年十月十五日至十二月三十一日，作协湖南分会在长沙举办了青年作家和业余作者读书会，重点是读三本书:《在延安文艺座谈会上的讲话》《三国演义》和《红楼梦》。周立波和蒋牧良亲自讲课。周立波针对大家提出的一些问题，有的放矢地一一作了详尽解答，其中漫谈创作的一段内容，后来以《素材积累及其他》为题，发表在一九六三年《湖南文学》第一、二期合刊号。参加读书会的青年作家和业余作者听了周立波的讲课以后，都自发地细读了《山乡巨变》和《山那面人家》《禾场上》等作品，一个个被小说中那浓郁的乡土气息和动人的人物形象所迷住。这天谢璞去向周立波请教，问他为什么能把人物写得那么像，那么美。周立波是不大喜欢谈论自己的作品的，他非常谦逊地对谢璞说，他的这些小说是“从泥巴里拱出来的”。长篇和短篇里的人物，大都有原型，不是从无到有空想出来的。他写《山那面人家》前，曾经欢乐地观察过农村“闹新房”的热闹场面，见到过爱笑的姑娘们听壁脚的有趣情景。周立波深有感触地对这位青年作家说：“写作最怕失真。阳雀子生的蛋上有血丝子。作品上如果有作家心上的血丝子就美，就真，就耐读了。……真情实感从生活里来，不信，你试试看。在大自然中，在群众的嬉笑怒骂中，文思一涌动，文章就自然地从笔尖流出来。”周立波这些寓意很深而又无比亲切的教诲，深深铭刻在谢璞的心里。从此，他再也不干那种“狗咬蚊子——瞎碰”的事了，二十多年来，坚持在人民生活的沃土里扎根，在心爱的家乡建立自己的生活和创作基地，从而获得了充沛的源头活水，使自己笔耕的园地不断开放出新鲜、艳丽的花朵。[①]像谢璞这样从周立波的言传身教中得到教益，茁壮成长起来的中年作家，在湖南的作家群中是不少的。

周立波的影响自然不止在湖南。跟他建立了联系的作者，几乎遍及全国各个省市。国内一些知名的青年作家，都把他当作可敬可亲的老师。四川省青年作家高缨，新中国成立后刚踏上文学创作的路，书桌上就摆着周立波的《暴风骤雨》和其他作品。农业合作化不久，他的手里又捧上了《山乡巨变》和周立波的其他许多短篇佳作。他后来深情地回忆说：“我自己就是在立波同志的影响下，带着全家到四川农村安家落户的，而在此前提下，写作上才可能有些微的进步。后来，我有幸几次见到他，听他亲切的教诲。在我们面前，他总是微笑着，轻言细语地说着话，他那颗灼热的心，总是给人以很大的温暖。他像湖水似的平静、恬淡，他是厚道的长者，又是可敬的老师，却又从不以长辈自居，从不以训人的口吻讲话。在他身边，谁都会感到平等、轻松而又谦恭的。”（高缨：《永远留在我的心中》）

青年作家浩然（河北人）在学习写作时，就把周立波当作不曾谋面的老师。一九六一年八月他调到红旗杂志社担任文艺编辑，立即到周立波家拜访组稿。两人第一次见面，就谈得十分融洽，周立波一再劝告浩然：不要脱离自己的故乡，要常去，冀东是个好地方，他也非常喜欢。此后，两人常有交往。一九六二年五月，浩然给周立波写信，就一些创作问题请教。周立波很快就回了信，把自己感触最深的体会告诉他，这就是：“作家经常要读两种书。一种是社会

① 谢璞后来在1984年6月14日《文学报》发表专文，畅谈自己怎样在周立波启迪下找到了创作的“源”。

的书，人生的书；另外一种就是印了出来的思想和生活的本本。”他认为，“生活的书比较难读，作家为了精通它的纵令是极小的一部分，也必须花费莫大的精力，甚至于是毕生的努力”。人海茫茫，从何着手呢？他主张“呆在一个工厂里，或是乡村里，进行长期的深入的体验”，作家除开出生的故乡以外，“也可以建立第二故乡，甚至第三故乡”。关于读第二种书的问题，他也介绍了自己的经验：“弄文学的人面临着一个书籍的海洋”，但“由于生也有涯，而知也无涯，我的读书采取了由博而约，注重在约的战略。涉猎群书的时候，看到了蛮对口味的佳品，就加以精读，一遍又一遍，细细地，慢慢地吟味，务求学取点手法，得到点启发，作为自己创作的‘借鉴’”。他给浩然的这封信以《读好两种书》为题，连同浩然的来信，刊登在一九六二年五月二十六日《中国青年报》。他的宝贵经验，成了文学界的共同财富。

不论是“经、练、阅”三个字，或者是“读好两种书”，都是周立波长期而艰苦的艺术实践经验的结晶。为了建立一个“生活基地”，在他的倡导下，湖南省文联机关在长沙东郊春华山公社武塘大队修了几间房子，作为作家创作和刊物编辑下乡的住处。他第一个下到春华山。当然，他也多次指出：有了生活基地的同志，还要“多到几个地方跑一跑，广广眼界”，旅行、参观，都可以。总之，要点面结合，尽可能地扩大自己的生活圈子，“结交各行各业的朋友”，这样才有利于创作。关于读书的问题，周立波也一贯主张“书要多看”，“古今中外都读点，并不坏事”，“好的和不好的都可看些，看了好的可以学习翰墨，看了坏的就能试着批判”。总之，看书可以“博”一点，不要把眼光局限在狭窄的圈子内；但他同时强调读书“要分清主次”，“以中、今为主，外、古为辅”，尤为要紧的是“看各种书，都要消化，要融会贯通，囫囵个儿吞下去是没有用的”。这就是说，他又坚持“由博而约，注重在约”的战略，主张在“涉猎”的基础上有选择有目的地“精读”。他自己也就是这样做的。他广泛接触过外国文学，而又选择了巴尔扎克、司汤达、莫泊桑、普希金、托尔斯泰、肖洛霍夫等著名作家的一些代表作进行了细心研究。对中国古典文学的阅读，他也是“由博到约，注重在约”。他以浓厚的兴趣，反复吟味过李白、杜甫的诗，柳永、牛希济的词，以至《木兰辞》等诗歌名篇，至于《史记》和《三国演义》《水浒》《红楼梦》《聊斋志异》等著名小说，以及《西厢记》等著名戏曲作品，他更是一遍又一遍地精心研读，细细品味，真正从里面学到了手法，得到了启迪，成为自己创作的“借鉴”。周立波抱着谦虚、谨慎而又“诲人不倦”的态度，一有机会，便同文学青年和青年作家谈深入生活和刻苦读书的重要。在一年一度纪念《在延安文艺座谈会上的讲话》发表的集会上，在一九五九年五月湖南省文学创作座谈会、一九六二年冬天全省青年作家和业余作者读书会、一九六五年三月工农作者读书会、一九六六年三月全省青年业余文学创作积极分子大会和重点专业、业余作者创作会议上，以及音乐、戏剧家协会和报社、图书馆召开的有关学习与创作的各种会议上，周立波每次应邀讲演，谈得最多的也就是深入生活和认真读书的问题。[①] 他苦口婆心地劝导青年作家，“要他们下去，不要又走我们走过的弯路”，他还拿有些人不听忠告的教训，告诫大家：“一霎眼，十二三年过去了，他们还是没有一群熟悉的人，一个熟悉的地区；写起文章来，不是空空洞洞，就是干巴巴的，生活的色泽黯淡极了。”（《纪念一个伟大文献诞生的二十周年》）从五十年代以来，湖南的一批青年作家，在周立波的引导和影响下，走上了深入生活、刻苦读书、努力磨炼艺术技巧的正确道路，他们都在创作上取得了可喜的成绩，成为新时期“文学湘军”的中坚力量和学习的榜样。

六十年代初期，湖南文学界一批新人写出了一些比较好的作品，但文学评论跟不上去。周立波很着急，他一方面呼吁老作家、评论家积极动手写评论，一方面自己带头写文章，向社会推荐新人新作。青年作者胡英的短篇小说《山里人》在《湖南文学》一九六三年一、二月合刊号发表后，他立即写了一篇评论，在《文艺报》第五期发表，赞扬“这篇初作发散着山野的清新的气息”，热情地肯定了作者在描绘山景和雕刻人物方面的一些成就，勉励作者要长期地深入劳动人民丰富多彩的生活，写出更深刻、动人的作品来。在湘南一个电厂当工人

① 参见《周立波文艺讲稿》，湖南人民出版社 2017 年版。

的青年作者萧育轩的处女作《刘兰》在《湖南文学》发表后，参加了作协湖南分会在一九六二年冬天举办的读书会。周立波不但在读书会上赞许了《刘兰》，还把萧育轩请到自己家里，跟他慢言细语地谈了很久，鼓励他大胆创作，使这位在文学上刚刚入门的工人业余作者得到极大的鼓励。不久，他在《人民文学》一九六四年三月号发表了短篇小说《迎冰曲》。周立波看了，十分高兴，马上又写了一篇评论，在《文艺报》本年第四期发表。评论赞美这篇反映电站职工的生活和斗争的小说"题材新颖，内容扎实，而且字里行间有一股革命的战斗的朝气向人们迎面扑来"，并特别称赞作者把主人公鲁炳炎这个人物"写活了"。周立波兴奋地写道：作者"年纪还轻，从事创作的时间不太长。但是，在《迎冰曲》里，大家看得出，他是蛮有前途的。对于电工及其干部的生活、作风和习惯，作者算是熟透了。正是由于熟透了，他用不着故意卖弄一些技术知识"。评论也指出了这篇小说有些地方运笔粗疏，个别情节显得有点失实等缺点，恳切地希望作者"不要满足于眼前的成就，继续踏实地深入工人的生活，并在思想上和艺术上坚持勤学苦练的方针，虚心汲取别的作家的经验，以期写出更多更好的作品，来服务于我们的伟大的时代"。萧育轩从这里得到了很大的鼓励和鞭策，他深深感到这位老作家的心血"不是一点一滴地注入，而是倾泼在文学青年的身上"（《怀念周立波同志》）。一九六五年七月二十二日，周立波还在《羊城晚报》发表一篇《欢迎新歌手》的评论，对解放军战士陈鑫的诗歌《哨所短笛》作了热情而中肯的评介，并殷切地期望作者：在写出了好诗以后，要永不骄傲；不要脱离生活和战斗的岗位，要永远战斗。

周立波对湖南的电影、戏剧创作和艺术事业的发展，也经常给予关心。一九五八年冬天，他正在长沙市北郊麻园岭的一个小院里埋头写作《山乡巨变》的续篇。省军区副司令员、老红军吴自立想把大革命时期亲身参加的平江"二月扑城"的革命斗争事迹，写成电影剧本，苦于文化水平不高，请省文联找个作家协助自己。周立波想到了参加过抗美援朝战争的青年诗人未央，便把他找来商量，请他去完成这个创作任务。未央欣然同意了。第二年春天就写出了剧本初稿。周立波又在紧张的写作中，挤出时间看完了剧本初稿，并详细地谈了自己的意见。后来，这个本子经编剧郑洪修改后，由八一电影制片厂于一九六二年年底摄制成了影片《怒潮》。周立波的长篇小说《山乡巨变》出版后，益阳市花鼓戏剧团和长沙市湘剧团相继把它改编成戏曲，搬上了舞台，很受观众欢迎。周立波多次观看了他们的演出，赞扬他们为改编付出了辛勤劳动，并对剧本和演出提出了一些改进意见。他特别欣赏剧团根据戏曲的特点所作的一些成功的再创造，益阳市花鼓戏《山乡巨变》中有一场戏表演老贫农陈先晋“恋土”，名演员孙阳生设计了一个动作：陈先晋从外面捧了一把泥土回家，恭恭敬敬地放在堂屋的神龛上，然后又向泥土作了一个揖。周立波看了，非常高兴地说：“这个细节，我小说中没有，是你们的一个创造，把农民恋土的思想感情深化了。很生动！很深刻！”湖南省召开第三次文代会期间，花鼓戏《三里湾》在长沙演出；接着又调演了益阳市花鼓戏《山乡巨变》，演出后还举行了座谈会。两部小说的作者——“南周北赵”[①]和两个戏曲的编导、主要演员都参加了。座谈会上，大家开诚相见，谈笑风生，热烈地交换意见，气氛十分融洽。周立波对赵树理说：“老赵，你的《三里湾》写得好，改编成湖南花鼓戏，很受湖南人民欢迎。你是真懂行的，要给《山乡巨变》多提点意见。”赵树理赞扬说：“《山乡巨变》小说和戏我都看了，小说为戏提供了很好的基础，戏很有生活气息，把几个人物演活了，地方色彩也鲜明。”然后，他对戏曲不足之处和怎样进一步改好，提出了中肯的意见和建议。周立波对老赵表示感谢，并勉励益阳市花鼓戏剧团继续对《山乡巨变》进行加工提高。一九六五年秋天，中南地区在广州举行现代戏会演。湖南省各个剧种都积极准备剧目，迎接会演，花鼓戏《补锅》《打铜锣》《烘房飘香》，祁剧《送粮》，湘剧《山花颂》，话剧《在险峰》《电闪雷鸣》……等一批优秀的或比较优秀的剧目，都是这个时期创作出来的。周立波对这次会演十分关心，经常和省委宣传部、省文化局、省文联的领导同志一起，去剧团看彩排，和剧作者一起研究修改剧本。他担任湖南省戏剧代表团副团长，去广州参加了会演活动。八月，会演结束，湖南省代表团在广州

① 中国文学界常把描写农村生活的“圣手”周立波和赵树理相提并论，誉为“南周北赵”。

部队总医院大礼堂举行大会，周立波就戏剧创作的矛盾冲突和结构问题，作了讲演，使大家深受启发。[2]周立波对湖南省筹办电影制片厂的事，也一直非常关注，“潇湘”这个厂名就是他起的。这些，都在湖南文艺界的同志们中间留下了美好的记忆。

① 讲演稿载《周立波文艺讲稿》，湖南人民出版社 2017 年版，第 120—128 页。

第十章 在十年浩劫的日子里
(1966—1976)

我把我的歌，
也献给刚强，
也献给反叛，
记着呵，请牢牢地记着，
是无比的刚强，
是粗蛮的反叛！

——《一个早晨的歌者的希望》

一九六五年冬，江青一伙炮制的《评新编历史剧〈海瑞罢官〉》出笼，揭开了给党和人民带来严重灾难的十年内乱——“文化大革命”的序幕。一九六六年二月，江青、林彪一伙，又炮制了所谓《部队文化工作座谈会纪要》，抛出了“文艺黑线专政”论。这是林彪、江青反革命集团在文艺界大搞法西斯专政，打击迫害革命文艺家的“理论根据”。从三十年代以来就参与了革命文学活动的周立波，成了他们打击的目标之一。

一、《韶山的节日》一文的奇祸

周立波出于对毛泽东同志的热爱和敬仰，多次去韶山，瞻仰毛主席旧居，先后发表过《毛泽东同志的故居》《韶山五日记》等散文。一九六五年除夕，他应广州《羊城晚报》之约，又写了一篇散文《韶山的节日》，记叙了毛泽东于一九五九年六月回到阔别三十二年的故乡韶山，受到农民群众热烈欢迎的情景。散文在一九六六年一月二十一日《羊城晚报》的《花地》副刊发表后，受到广大读者的欢迎，中共中央中南局第一书记陶铸也十分赞赏，他对报社的同志说："'百步之内，必有芳草'，你们副刊一个月能有几篇这样的文章就好了。"可是，因为散文写到了毛泽东的亲密战友、夫人杨开慧烈士，还涉及陪同毛泽东回韶山的罗瑞卿，这就犯了江青、林彪一伙的大忌。江青诬蔑这篇散文是"丑化毛主席的反动作品"，竟然凌驾于党中央之上，要张春桥打电话给中宣部副部长林默涵，"通知全国报刊一律不准转载"。不久，韶山毛主席故居陈列馆有位同志向报社写信，反映散文中若干细节不确，报社经请示陶铸同意，把周立波订正后的《韶山的节日》在四月二十三日《羊城晚报》重登了一次。这就更加触怒了江青、张春桥、康生一伙。他们制造种种借口，打击周立波，并株连到羊城晚报编辑部和中南局负责同志。

在林彪、江青合伙炮制的那个纪要中，就已针对周立波的名作《暴风骤雨》中赵玉林之死，专写了一段黑话："……塑造起一个英雄形象却让他死掉，人为地制造一个悲剧的结局。"给周立波打了一闷棍，预伏着杀机。一九六六年四月，"纪要"作为中央文件批转全国后，周立波被叫到北京，参加中国作协召开的专门会议。会议按照"纪要"的调门，对他三十年代写作的一些文艺论文，某些小说和散文《韶山的节日》，进行"批判"。周立波坚持真理，根本不承认《韶山的节日》有什么错误，以致"批判"进行不下去。但江青一伙对周立波是决不会放过的，江青先后六次点他的名，从政治上、创作上给他扣上各式各样的帽子，把他的作品都诬蔑为"毒草"，并用了"叛徒"的帽子来诬陷他。"文化大革命"中，周立波因此遭受了残酷的打击和迫害。

二、身处逆境，坚强不屈

"文革"开始，由林彪、江青反革命集团煽动的"打倒一切，全面内战"的极"左"狂飙席卷全国。周立波被"造反派"加上"文艺黑线的黑干将""反革命修正主义分子”的罪名，被强迫跪在汽车的车头上，挂起黑牌子，拉到长沙市区内“游斗”；后来还被连续拉到益阳、常德、湘潭、株洲、邵阳、洞口等许多地方去“游斗”。一九六八年，湖南省革委会人保组奉命对周立波实行“监护审查”，把他隔离起来，关在原省公安厅一个小院的房子里，过着“囚徒”式的生活。这座房子阴暗而又潮湿，里面只有一张旧床，一个破桌。屋顶上没有天花板，冬天，冷风夹着雪花往里面吹，早晨起来，床上、地下都是雪。夏天，太阳把屋瓦晒得滚烫，里面闷热异常，房门又整天紧闭着，连上厕所也要经过看守人员同意，才能开门。他实在熬不下去，只得一次又一次敲门，请看守人员把房门打开透透气，日子一久，敲门的中指骨节肿起了血泡。“监护审查”期间，不准他跟亲人见面，只允许他的小孙女仰之间常去看望一下爷爷。一次，从院墙外跑进来一只小猫，他非常高兴，把它捉进房子里，从此有了唯一的“伴侣”，夜晚老鼠也不敢再猖獗了。但连这只小猫后来也被看守人员打死了。眼前发生的这幕“生命的悲剧”，使周立波不禁联想起了三十年代在上海蹲西牢时发生的“麻雀的故事”，他心潮翻滚，禁不住两眼噙满泪花。

在这人妖颠倒的年月，周立波心情是沉重的、痛苦的，他深深地为党、为国家和人民所遭受的这场巨大灾难而痛心，但他坚信我们的党是光荣、正确、伟大的党，是任何力量也摧垮不了的，“黑暗将要过去，光明正在前头”。至于个人的事，他深信自己从青年时代起就跟党走，数十年来忠心耿耿献身无产阶级文学事业，一切言行都经得起历史的检验。因此，他始终没有屈服于林彪、“四人帮”的反革命淫威。每当“审问”和批斗他时，他总是摆事实，讲道理，驳斥对他的种种诬蔑，表现了共产党人坚持真理、不畏强暴的高贵品质。有一次，由“四人帮”控制的专案班子派人到长沙，胁迫周立波写“检举材料”。周立波听他们口口声声把三十年代一些革命文艺家、党员领导干部诬指为“叛徒”“反革命”，不禁怒火中烧，愤然拍案而起，反诘道：“你们把革命者都说成是反革命，难道你们是从台湾来的？”几句话，把那伙人弄得狼狈不堪。

一九六九年七月，周立波被送进湖南省革委“五七”干校的“专政班”。这个班里的成员都是为党和人民工作过多年的老党员、老干部，其中有副省长、部长、厅局长和著名作家，但他们这时却统统被打成“叛徒”“走资派”“反动权威”，成了“专政对象”，住进了“牛棚”。周立波进了“专政班”不久，某些头头就感到他“态度顽抗”，决定“以毒攻毒”，策划召开批判会，“整”他的态度。这天下午，批判会在“牛棚”里进行，主持者强令周立波“交待罪行”。周立波在座位上挺直着身子，环视了一下四周，然后从容不迫地说：“我是个写小说的，要打倒我，就要先打倒我的作品！”

还没有等周立波说完，就有人站起来批判：“周立波，你还这么狂妄、顽固！你知道吗，江青同志在林副主席委托她召开的部队文艺工作座谈会上，就指名批判过你？江青同志说，周立波这个人坏透了，他一写英雄人物，就要把英雄写死。”

周立波淡淡一笑，缓缓地回答：“现实生活中的英雄，有活着的英雄，也有死去的英雄，应该都可以写嘛。”他略微停顿了一下，继续说：“说我把英雄赵玉林写成被土匪打伤后死去，这种事在战争年代多得很嘛，这是什么大逆不道的政治问题?!”

周立波刚住口，另一个批判者站起来，指着他：“……康生同志在一个会上说，周扬有个侄子，叫什么周立波，写了一篇大毒草《韶山的节日》。他批判你造谣生事，写毛主席上坟，丑化了无产阶级伟大领袖的光辉形象。”

周立波不动声色地回答：“说我是周扬的侄子，屈指一算，相隔十几代，三百年前共祖宗。”听他这么个幽默的口吻，参加批判会的一些人也差点笑出声来。接着，他提高声调，显然有些激动地说：“即算我是周扬的亲侄子，也不能算什么罪状嘛！”他还说自己写《韶山的节日》，是经过深入群众作了多次调查的，“毛泽东同志回韶山，上山看父亲的坟，确有其事。我不知毒在哪里。”他望望那位疾言厉色的批判者，又加重语气说：“我们共产党人也不是不要父母的嘛！”

那位不知趣的批判者还是强词夺理：“领袖的个人生活，不能随便乱写！”

周立波偏着头，斜视了一下对方，针锋相对地回答："领袖也是人，也有自己的喜怒哀乐嘛，文艺作品为什么不可以描写？马克思、恩格斯的个人生活，从恋爱、结婚到家庭，不都有人描写过吗？苏联的一些优秀作品，就真实生动地反映过列宁、斯大林的个人生活嘛！"

"牛棚"里的批判会，没能使周立波改变态度，接着的是大会"围剿"。批判会上，一些奉命批判者对他的《山乡巨变》《韶山的节日》《山那面人家》《禾场上》等优秀作品，编排上各种各样莫须有的罪名，滥加挞伐。尽管批判者拍桌打凳，高跳大叫，气势汹汹，但周立波却岿然不动。当批判会结束回到"牛棚"，周立波面对同室的一位副省长、一位老红军和负责看管他却又对他深为同情的青年干部沉痛地说："你们看，我的头发都快脱光了。过去我每写一部小说，几乎都要病一场，真想不到今天会要挨这种批判！"说着，泪珠簌簌地往下掉。①

尽管周立波被揪斗，报刊上还对他进行"点名"批判，但这位无产阶级革命作家的人品和文品却是人所共知。在一些批斗会后，周立波刚被从台上拉下来，有些热爱他和他的作品的青年，马上围了上去，伸出小本和笔，请他签名。周立波一面揩拭脸上的汗水，一面给他们签上一个英文字：Liberty。问他这是什么意思，他微笑地说："我的名字，自由的意思。"他被关在省公安厅的小院实行"隔离审查"时，有一段时间负责看守他的是解放军某警卫连的一个班。班长何先培是一位从小喜爱文学的青年战士。中学阶段，他先后读过周立波的《暴风骤雨》《山乡巨变》《山那面人家》等名作，还看过他翻译的《被开垦的处女地》。他曾经向往着将来也成为周立波这样的作家，为农民写书。但历史却这般嘲弄人，今天，居然由他背着枪来看管周立波。这是何等的荒唐啊！小何不愿背叛自己的信念，他在可能范围内给予周立波较好的照护：每当他执勤时，就把小院的大门关住，让周立波出来自由活动。他陪着这位受难者在小院内散步，欣赏月夜的景色，谈论着苏东坡的诗句；暴风雨到来之前，小何将雨

① 谭冬梅：《雪里青松——回忆周立波同志在"牛棚"》，载《北京文学》1981 年第 4 期。

衣悄悄挂在老作家的窗口外挡雨……被囚禁的作家和看守他的人民战士之间，建立了人世间最纯真的友谊。小何安慰周立波："周老，您是好人还是坏人，人民心里明白，你莫要急。真金不怕火炼！"周立波为这位年轻战士的一片真诚所感动，激动地说："小何，我给你讲句内心话，我想我这几十年是跟党走的，跟毛主席走的，对党对人民没有做过亏心的事，经得起历史的检验。"停一会，他又说："一个人要正直，要有骨气。要是我死了，那就由历史来作证吧！"（何先培:《立波同志在狱中》）

一九七三年十月，周立波被解除"监护审查"，从原省公安厅放了出来，总算恢复了人身自由，在长沙市同长子健明夫妇和孙儿孙女团聚了，祖孙三代特意在烈士公园的烈士塔下合影，留作纪念。不久，他回北京医治眼病，同夫人林蓝、幼子小仪住在二里沟一栋简陋的楼房里，室内连取暖设备也没有，每天早晨，他都得自己起来生炉子。对生活的艰苦，周立波从来都是甘之如饴的。最使他痛苦的，是政治上并没有获得真正"解放"。当时，"文化大革命"已发展到第三阶段。一九七六年一月和九月，周恩来同志和毛泽东同志相继逝世。周立波以无比悲痛的心情，赋诗两首，寄托自己对这两位伟大的无产阶级革命家的哀思：

悼周总理

一

五十多年战斗频，
茹辛历险为斯民。
天安门外人潮涌，
清泪如泉湿路尘。

二

樽前马上趁东风，
武略文韬气似虹。
巨木倾颓群树在，

云旗猎猎万年红。

（一九七六年一月）

悲悼毛主席

（七律）

万里悲风吊巨灵，
神州八亿泪零零。
不闻虎帐新言语，
恸失人间大救星。
铁臂龙韬歼敌寇，
壮心宏志漫沧溟。
雄文已布全球遍，
金玉箴言百代聆。

（一九七六年九月）

在这令人揪心的日子里，周立波深深为党，为国家和人民的前途、命运担忧。夜深人静的时候，他多少次抬着泪眼，切切地盼望着黎明的早些到来！

第十一章　为革命文学事业奋斗到最后一息（1977—1979）

五十年来战斗中，
硝烟烈焰漫长空。
山河抹去原模样，
铁马金戈再建功。

——《歌唱新的长征》（一九七八年六月）

为了共产主义的伟大理想而献出自己的一切是最愉快的事。

——《纪念》中小柳的遗言

一、当文苑重新洒满阳光的时候

一九七六年十月上旬，党中央政治局执行党和人民的意志，毅然粉碎了江青反革命集团，结束了历时十年的“文化大革命”这场灾难。喜讯传开，周立波无比兴奋，他为党中央政治局果断除奸而欢呼雀跃，夜不能寐，欣然命笔，把满怀革命激情化为诗篇：

四害结成帮，
人民饱受殃。
篡权宗吕后，

复辟向沙皇。
白日红旗展，
深宵诡计忙。
除奸钦果断，
妖梦一黄粱。

粉碎江青反革命集团后，全国人民奋起揭发、批判他们的反革命罪行。文艺界冲破“两个凡是”的钳制，向林彪、“四人帮”炮制的“纪要”和“文艺黑线专政”论发起猛攻。周立波积极投入揭批“四人帮”的斗争，参加新时期的文学活动。一九七七年十月，他出席了人民文学编辑部召开的短篇小说创作座谈会，在会上控诉了“四人帮”对自己的迫害，并作了《关于小说创作的几个问题》的发言。这个座谈会开得生动活泼，作家们兴致勃勃，会后游览香山。周立波不顾年老体弱，也兴高采烈地跟大家一起登上香山，欣赏深秋红叶。十二月底，他又参加了人民文学编辑部召开的在京文学工作者座谈会。这是我国文学队伍历尽十年沧桑，受到严重摧残后的第一次重新集结，有一百多位作家、诗人、文学评论家、翻译家和编辑参加。郭沫若给座谈会写来了信，茅盾到会讲了话。周扬、林默涵、夏衍等五十多位同志在座谈会上发言，大家义愤填膺地控诉了林彪、“四人帮”严重破坏我国文艺事业、残酷迫害文艺工作者的滔天罪行，向“文艺黑线专政”论发起了第一次猛烈开火。周立波在发言中，回顾了三十年代有关“两个口号”论争的一些情况，痛斥了“四人帮”对老一辈革命文艺家的无耻中伤。在这同时，他撰写了《〈韶山的节日〉事件的真相》一文，愤怒地揭露、批判了“四人帮”这些“人面东西”采取卑劣手段，打击迫害作者，并利用这个“案件”冲击中南局和湖南省委，妄图借此篡党夺权的罪恶阴谋。他的这篇檄文，连同当年担任羊城晚报副总编辑的秦牧的《〈韶山的节日〉一文的奇祸——从一个典型事例戳穿“文艺黑线专政”论的黑幕》一文，同时刊载于一九七八年《湘江文艺》第一期。一九七八年三月二十三日，《人民日报》接着发表了罗瑞卿关于《韶山的节日》事件写给湘江文艺编辑部的一封信，这封信谈了他当年陪同毛主席回韶山的情况和对这一事件的看法，《人民日报》同时转载了周立波的《韶山的节日》原文，并在“编者按”中指出：“从这一事件中，可以看到林彪、‘四人帮’这伙恶魔利用窃据的权力，滥施淫威，到了何等令人发指的地步！”编辑部特为发表这一组文章，“作为对林彪、‘四人帮’反对毛主席，迫害老一辈无产阶级革命家和革命文艺工作者的罪行的又一次声讨和批判。”《韶山的节日》事件的揭露和平反，在全国文艺界和广大人民中产生了深远的影响。

一九七八年春，周立波被推选为第五届全国政协委员，出席了第一次会议。五月，他又参加了具有重要历史意义的全国文联三届三次扩大会议，作了关于培养青年文学工作者的发言。为纪念毛泽东《在延安文艺座谈会上的讲话》发表三十六周年，他还在《红旗》杂志发表了《深入生活，繁荣创作》的重要文章。

“文艺黑线专政”论被彻底推倒了，周立波和其他许多革命文艺家一样，本人及其作品都得到平反昭雪，恢复了名誉。他的长篇小说《暴风骤雨》和《山乡巨变》经过校改后，相继由人民文学出版社重印。他新编的短篇小说集，也分别由中国青年出版社和湖南人民出版社出版。

在文苑重新洒满阳光的这些激动人心的日子里，年已古稀的周立波同许多历尽风雨沧桑的老一辈革命家和文坛旧友重新聚首了。他们回顾过去革命和战争年代并肩战斗的经历，回首从三十年代以来共同推进无产阶级革命文学运动的光荣而艰辛的历程，展望新时期社会主义建设和文学事业发展的灿烂前景，无不感到心情格外激动。一九七七年十一月，周立波怀着无比亲近和钦佩的感情，书写了一首七言绝句，赠给原南下支队的老司令员王震：

将军少小提长剑，
奋扫妖魔不顾身。
霜鬓如今无憾事，
征途幸自有来人。

同时，周立波给原南下支队的老政委王首道送去一副对联，作为寓所的壁联：

南度岭南学农运
北临陕北雪人冤[①]

沙汀是周立波左联时期的老朋友，交往甚深。历经“文化大革命”的劫难以后，两位老人在北京又会面了。一九七七年冬，沙汀要回四川老家去，临别依依，周立波挥笔书写了七绝二首，以赠挚友：

一

西蜀文章老益雄，
清秋霜叶吐深红。
纵横健笔恣情舞，
瑰丽峨嵋映碧空。

二

燕地嘉陵隔万山，
何时再见故人还？
登高遥望峨嵋秀，
别绪离情漫两间。

（一九七七年十月二十日）

① 据王首道同志 1986 年 2 月 14 日在北京寓所接见笔者时谈，这壁联写的是他革命经历中的两件大事，即 1926 年春从湖南去广州毛泽东同志主持的农民运动讲习所学习，和 1935 年冬随红军长征到达陕北后，受党中央和毛主席的委派，经过认真调查，平反昭雪了刘志丹等同志的冤案。

一九七八年一月十四日，周立波还题七言诗两首，赠知交五十年的周扬及其夫人苏灵扬：

回忆五十年前初到上海赠运宜[①]

五十年前到沪时，
笑谈奔放展英姿。
毕生驰骋文园里，
赢得清芬裕后知。

回忆灵扬二十弃学入“左联”

少小年华旧布装，
倾心革命沐朝阳。
毅然抛却绮罗梦，
换取清贫稻菽香。

二月十五日，又书七绝一首赠胡乔木：

劳动人民选俊才，
全心只为百花开。
寒梅送得残冬尽，
桃李芳菲次第开。

一九七八年六月，郭沫若病逝。周立波含泪书写了长诗《巍巍郭老，一代诗宗》，赞颂这位“文章司令，革命元勋”的显赫功绩。

“老骥伏枥，志在千里”。新的征途开始了，周立波重新焕发了创作的青春

---

① 运宜，即周扬。

活力。每当文学界的老友新交聚首一块，他总是兴致勃勃地说：“现在形势大好，心情舒畅，我们还不努力写作，更待何时？”他除了把当年跟随三五九旅南征的一部分日记，初步整理成报告文学《万里征尘》，在一九七八年的《湘江文艺》连载以外，还写了纪念老一辈无产阶级革命家的散文《毛主席的青少年时代》《长沙大火前后》《悼念周恩来》和《朱总司令事迹片断》。周立波还有个雄心勃勃的计划，就是要在晚年继续创作两部长篇小说，一部以三五九旅南征抗日的英雄事迹为题材。作为试笔，他于一九七八年先写出了一个短篇《湘江一夜》，发表于《人民文学》本年第七期，后被评选为全国二十五篇优秀短篇小说之一，获一等奖。第二个短篇《风雪汾河》也已构思成熟。另一部长篇小说，计划以农业现代化为题材，他想把它和《暴风骤雨》《山乡巨变》连起来，组成中国农村伟大历史性变革和发展的“三部曲”。他多次向人表示，要在春暖花开的日子，继续回湖南农村去深入生活，收集材料，以有生之年，完成这两部小说的创作。但终因生病住院，未能如愿。

二、小说创作上的最后一座高峰
——《湘江一夜》的成就

短篇小说《湘江一夜》，是周立波在粉碎江青反革命集团以后怀着极大的喜悦，以饱满的革命热情创作的最后一个短篇，也是他留给人们的又一篇传世之作。

《湘江一夜》描写的是抗日战争后期——一九四五年夏天，我八路军一支部队南下抗日，途经湖南，夜渡湘江的一段战斗生活。它取材于周立波亲身经历的三五九旅南征抗日的动人心魄的英雄事迹。早在一九四六年二月，周立波在北平“军调部”工作时，曾经写过一篇《夜渡湘江》，《湘江一夜》即脱胎于此。小说中司令员董千的原型，是他素来敬爱的王震将军。他根据自己所熟悉的将军的性格和事迹，运用艺术典型化的方法，创造了我军高级将领董千的英雄形象。

周立波立足于时代的、历史的高峰，把董千放在风云变幻的抗日战争年代一个十分典型的环境里，来展现他的英雄性格；同时，把他杰出的军事指挥才能，提到了无产阶级军事家的高度进行概括。当董千根据中央军委的新的部署，率领部队，不远万里，南下抗日，到达湖南以后，发现敌人在湘东和湘中布置了重兵，堵住了他们的去路。当时，不但前阻湘江，后有追兵，而且城里的大股敌兵也出动了，左翼又添了重大的压力。在这种情势下，司令部的会议决定立即横渡湘江，甩开敌人，避实就虚，通过湘江以西空虚的山地，向南挺进。但关于渡过湘江的路线，却发生了争论。董千和政委最后选取了新康和靖港之间的这条路。董千认为："这一带确实有危险，离长沙太近，但是我想，危险地带，在一定的时间以内，是不危险的。"参谋小张说得好："又危险，又不危险，这里边有点哲学。"董千从战场的实际情况出发，灵活地运用辩证唯物主义的观点和毛泽东军事思想的原则，运筹于戎马倥偬之际，决胜于敌强我弱的环境之中，大胆、果决地选取了"又危险，又不危险"的渡江路线，表现了一位无产阶级军事家的智慧与才能。董千"向来是哪里危险，到哪里察看和指挥。行军作战，他从不作空想，也不满足于第二手材料"。借着迷茫的月色，他在离驻扎敌军的村子不远的一个田塍边，设立了前沿指挥所。从敌军派出飞机侦察和南边前沿敌军挖掘掩体的铁锹、沙石响声里，他准确地判断"鬼崽子们还没有摸清我们的企图"，"是采取守势"。于是，他当机立断，派二大队长带一个连去攻击东边公路的碉堡，造成敌军以为我军要进攻长沙的错觉，把敌人的火力吸引过去，而我军却趁机摆渡，一夜之间，五千人马从"敌人的鼻尖底下"，全部安全地渡过湘江。这就难怪河西的老倌子要惊叹这支队伍是从湘江"飞过来的"了！

作为一个高级将领的艺术典型，作品没有满足于让董千在关键时刻出现，解决关键性的问题，而是在人民军队的战斗生活中，充分地展现他的内心世界，揭示他的思想性格特征。董千对干部、战士、下属，怀着无比深厚的无产阶级感情。他爱他的侦察队长、参谋、警卫员、炊事员，在他们面前，他既是一位令人钦敬的首长，又是肝胆相照的战友。他把自己看成革命队伍里的普通一员，平易近人，谦虚而又爽直，热情而又幽默。部队打了胜仗，他高兴地存心跟年轻的侦察队长门虎开玩笑；看到部队顺利地渡过湘江，“将一路滔滔，按照中央的部署，直趋粤境”，他兴高采烈地去帮助炊事员老伍烧鱼，大谈其烹调技术。但是，“司令员有个脾气，一动性子，人们都怕他”。这又是一个什么样的“脾气”呢？敌机在他附近俯冲轰炸了。听到敌机下蛋的不祥的刺耳的噪音，警卫员宝古佬“猛地一下子把董千推倒在坳底下的荞麦田里，自己扑在他身上”。董千却“暴怒”地把宝古佬掀开，爬上高坳，对战士们挥手叫道：“散开，躺倒，不要惊慌，不要乱跑。轻重机枪向天空瞄准。”当宝古佬和战士李大个子拉他下坳时，他又大叫“走开”，“双方都非常固执”，“不可开交”。这种“暴怒”所表现出来的性格特征，生动有力地揭示出了董千无私无畏，临危不惧，挺身而出指挥战斗的英雄气概，和关心别人比关心自己为重，爱护战士达到忘我程度的高贵品质。这种“脾气”是董千“这个”司令员独具的个性特征，但它又鲜明地体现了我军许多高级指挥员所共有的那种无产阶级的英雄本色。

作家的笔锋还触及了人物的心灵深处，展示了他的生活理想和革命情操。在前沿指挥所，董千为战斗的胜利所鼓舞，兴致勃勃地和年轻参谋们一起谈“梦”：“我爱做热闹的梦，爱做社会主义和共产主义的梦。”“梦，就是理想。一个人没有理想，不会做梦……”在横渡湘江的帆船上，他看看倒映了月亮和星星摇漾的光亮的水波，怀念着爱写点诗的郭秘书，并且同年轻人谈论着“将来”——人民当权的时候，他微笑着说：“将来，等到太平了，我要再到这里来，看看这河水，这月亮和星光的倒影。”这一些充满诗情画意的场面和富于哲理性的语言，生动地表现了董千性格的另一个方面，也是本质的方面：他既是一个切切实实，足踏在地上的人，又是一个“着迷”于远大理想的人，为了人民当家作主的将来，为了把社会主义、共产主义的美妙的“梦”变成活生生的现实，他可以经受任何艰难困苦的考验，可以牺牲自己的一切，以至宝贵的生命。

红花绿叶，相映益妍。《湘江一夜》对围绕在董千身边的一些干部、战士的性格特征，如侦察队长门虎的憨厚骁勇、胆大心细，作战参谋小张的机智、诙谐、自信，炊事员老随的乐观、自豪等等，也都刻画得活灵活现，令人难忘。

《湘江一夜》的主要人物形象，作为艺术上的典型，是具有不容低估的美学价值和思想意义的。从董千和他的战友们身上，我们可以清楚地看到在抗日战争的艰难岁月里，我军指战员那种无限忠于党、忠于人民，为实现革命理想而奋不顾身，勇往直前的革命英雄主义气概和革命乐观主义精神，看到我军上下级和同志之间那种生死与共、坦荡无私，真挚亲切、团结战斗的革命友谊和阶级深情。特别是像董千这样的高级将领，在我国过去反映抗日战争的短篇小说中，是很少见过的，而《湘江一夜》仅仅通过一个战役，就塑造出了这样一个有血肉、有感情、有个性，令人可敬、可爱、可信的高级将领的典型形象，就更加难能可贵。

《湘江一夜》的艺术构思很有特色。作家对这段战斗生活进行艺术概括时，既没有描写大量的战例，也没有铺陈冗繁的战绩，而是采取高度凝炼、集中的方法，仅仅写了一个战役，就把整个故事情节、矛盾冲突都凝缩在夜渡湘江这样一个横断面上。在结构上，作品根据司令员董千的性格发展线索，并以他为中心，来安排全部人物、事件和环境。敌我双方之间的矛盾斗争，我军作战参谋、侦察队长、警卫员、通讯员、炊事员等人物的活动，一系列战斗场景、生活画面和自然景物，都像众星拱月一样，环绕着董千这个主要人物和巧渡湘江这个主要事件，巧妙地组织起来，保持着有机的联系。作品调动了多种艺术手段，把一个晚上的战役写得热热闹闹，曲曲折折，波澜起伏，跌宕多姿。小说写的是战场上的事，但又不光是行军、侦察、打仗，还穿插着部队生活的其他方面，使读者听到的，不仅仅是敌人汽艇的吼叫、飞机的尖啸和枪炮的轰鸣，还有我军上下级和战友之间诙谐的笑语、亲切的交谈，和年轻参谋发自内心深处的充满豪情壮志的歌声；看到的，不只是刀枪的寒影、弹道的流光和爆炸的红焰，还有迷离的月色、星光摇漾的水波，以及那从渔船上刚刚提来的欢蹦乱跳的湘江鲤鱼……总之，通过曲折多澜的故事情节，充满战斗气氛、生活情趣以至诗情画意的种种场景和细节，读者面前展现出了一幅抗日战争时期我军艰苦卓绝而又丰富多彩的部队生活的图画。

《湘江一夜》的语言，保持和发扬了周立波固有的朴实、明快、清新、幽默的语言艺术特色。无论是叙述语言，或者是人物的自白和对话，都非常口语化、形象化，充满了生活气息，并有着鲜明的地方色彩和时代特色。

总之，《湘江一夜》既保持了周立波小说创作原有的那种清新隽永、细腻明快、凝炼含蓄的风格特点，又根据表现革命战争题材的需要而有所发展。令人十分欣喜的是，他在写景抒情、刻画人物时，灵活自如地运用了刚柔相济的两种不同的笔墨：描写战争年代的风云变幻，表现人民军队指战员壮怀激烈的英雄行为和思想感情，用的是雄健、遒劲的笔墨，显示出一种昂扬、奔放的情调，宛如长风出谷，响彻着铜琶铁板之声；描绘那些充满诗情画意的生活场面，再现上下级和战友之间那种坦诚、亲切的关系，用的又是明快、细腻的笔墨，呈现出一种委婉、清悠的格调，有如微风拂煦，回荡着轻箫短笛之音。换句话说，在整个艺术描绘里，他把金戈铁马之声和明月清风之曲巧妙、和谐地结合起来了，达到了"阳刚"之美和"阴柔"之美的统一。没有深厚的艺术修养，不经过惨淡的经营，是决计达不到这种美学境界的。《湘江一夜》的创作，标志着周立波晚年的文学风格和艺术造诣，已臻于更加成熟的境界，登上了最后一座高峰。

三、鞠躬尽瘁，风范长存

由于遭受林彪、江青反革命集团长期的残酷迫害，周立波的身体健康受到极大损害，染上了不治之症。一九七八年夏天，他病倒了。党和国家领导人对他十分关怀，安排他在中国人民解放军总医院治疗。住进医院后，不断有文艺界的领导同志和亲友前去探望他，他虽然身卧病床，却仍然时时关心着国家的"四化"建设，系念着家乡的生产和人民的生活，并为新时期社会主义文苑的欣欣向荣而感到快慰。我党历史上具有深远意义的十一届三中全会的召开，更使他欣喜不已。他多么希望继续为党和人民写作啊！在病榻上，他还草拟了计划中的反映我军南征抗日英雄事迹的长篇小说的章目，同时写下了一束读中国旧诗的随笔——《诗歌片语》①。一九七九年一月二十三日，他在医院七病室度过了他在人间的最后一个春节联欢会，即席朗诵了一首短诗：“‘四化’歌声亮，长征步伐齐。愚公都跃进，科技大山低。”诗行里，倾注着的仍然是关怀祖国现代化建设的一片真情。他知道自己的病不容易好了，但依然表现出一种非常乐观、开朗的情绪。他对夫人和前来探望的亲友们说：“我参加革命，早就把生死置之度外了。死倒没什么，我没有什么感到遗憾的，唯一的遗憾是那两部长篇还没有写出来。”

虽经医院长期治疗，周立波的病情还是不断恶化。一九七九年八月二十九日，他得知全国第四次文代会即将召开，而自己是不能出席了，于是静静地躺在病榻上，用低微而安详的益阳口音，吐出了自己最后的心声。

因病不能出席盛会，是为憾事，赋此小诗一首，敬献大会，以代发言：

艺术群英集一堂，
放谈国庆好时光。
扬眉奋笔歌“四化”，
万里文苑百艳香。

一九七九年九月二十五日凌晨，周立波在中国人民解放军总医院逝世，终年七十一岁。

全国第四次文代会闭幕第二天，十一月十八日上午，周立波追悼会在北京八宝山革命公墓礼堂举行。叶剑英、胡耀邦、邓颖超、王震、王首道、茅盾、胡愈之、王昆仑等送了花圈。中央组织部、宣传部，中国文联及各协会，中共湖南省委、省革委、省文联以及中共益阳地、市、县委等，也送了花圈。

---

① 这些随笔，于作者逝世后发表在1980年《诗刊》4月号，改题为《读诗杂拾》。

胡耀邦、王震、王首道、宋任穷、胡愈之、夏衍等和文学艺术界人士五百多人，参加了追悼会。

中国文联副主席巴金主持追悼会。中国文联主席周扬致悼词。悼词指出，中国共产党的忠诚的党员，中国人民的杰出的革命作家，第一、二、三届全国人大代表、第五届全国政协委员周立波的逝世，是我国文艺界的重大损失。悼词介绍了周立波数十年如一日，把毕生精力贡献给无产阶级革命文学事业的经历和创作上的卓越成就，并作出了这样的崇高的评价：

“立波同志的一生，是一个革命战士的一生，他胸怀坦荡，光明磊落，生活艰苦朴素，作风平易近人，对党对革命忠心耿耿……”

“立波同志坚决实践毛泽东文艺思想和党的文艺路线，使文艺创作为无产阶级和劳动人民服务，为我国的文学事业作出了优异的成绩。立波同志的作品，已经成为我国文学的宝贵财富，将被载入我国革命文学的史册中。”

周立波的骨灰，被安放在八宝山革命公墓。

红叶落尘埃，莫谓红绝矣！在周立波长逝以后的这些日子里，人们的耳际，仿佛又回响起了三十八年前这位“早晨的歌者”的歌声。那是一九四一年秋天，他站在阳光灿烂的延安黄土山岗上，向普天下大声地、坦诚地宣告：他的歌是歌唱美丽的，歌唱真诚的，同时，也献给刚强，献给反叛。他这样直率地告诉那些懂得他的歌的不幸者和幸福的人：

要是有一天我死了，
我希望我的朋友们，
不用眼泪，却用他们所献身的事业的任何一个纵令是
　最小的胜利做花环，
不用石头，不用铁，不用水门汀，
却把我自己拟好的这墓志，
刻镂在清风：
　　“死者是一个普普通通的男子，

一个洞庭湖边的乡野的居民，
在生前，
他唱过歌，
他晒过太阳，
他碰到过几次危险，
在娘子关前，在九华山下，
他爱过人，他也和人打过架，
在这盈满了忧郁的酸辛的泪水，也迸发着庄严的
  战斗的火花的时代里。
留在人间的他的记忆会很快的消亡，
正和他的歌会很快的消亡一样。
但是，他所歌唱的刚强和反叛，
会更加壮旺，
他所歌唱的美丽和真诚，
会永远生存。”①

重温这诗句，吟味这歌声，我们的脑际会巍然升起一位革命作家的伟岸身影。

如果以中国人民的革命斗争历史作背景，结合周立波的生活经历，考察他的文学创作，追踪他在革命现实主义的道路上不断开拓前进的足迹的话，我认为，可以把他的文学活动划分为以下四个时期。

(一)登上文坛之前：这不但是指他一九二八年从家乡到上海后，至一九三四年冬参加左联以前的革命活动和学习写作的活动，而且包括他的农家少年生活和学生时代的读书生活。这些，都是他从事革命文学创作的重要准备和基础。

① 周立波:《一个早晨的歌者的希望》，载1941年10月28日延安《解放日报》。

（二）从上海亭子间到陕北抗日根据地：从一九三四年冬加入左联以后，到一九四二年参加延安文艺整风前后，约有十年时间。这是他从事革命文学创作活动的早期。标志着他这个时期文学成就的作品，除一批文学理论批评文章和译作以外，从创作上看，主要是报告文学集《晋察冀边区印象记》《战地日记》和反映上海西牢斗争生活的短篇小说《麻雀》等作品。

（三）参加延安文艺座谈会以后，从二十世纪四十年代中期到六十年代中期，共二十年左右的时间。这是他的革命文学创作活动的中期，也就是发展期，成熟期，高峰期。在这个时期内，他遵循毛泽东文艺思想指引的方向，投身于火热的斗争中，实现了同工农兵群众的结合，并在艺术上进行了勇敢的探索和执着的追求，逐步地形成了鲜明独特的个人风格。标志着他这个时期文学成就的重要作品，或者说带有里程碑性质的作品，是长篇小说《暴风骤雨》《山乡巨变》，以及《山那面人家》等有代表性的短篇佳作。

（四）粉碎林彪、江青反革命集团以后重返文坛，直到长辞人间前的三年时间，是他革命文学创作活动的晚期。如果把“文革”十年浩劫算在一起，则是十三年。这个时期，他身经劫难而斗志弥坚，以劫后的余生，仍然奋笔创作，为社会主义的文学事业战斗到最后一息，短篇小说《湘江一夜》是其近半个世纪的漫长文学生涯中最后一个里程碑式的作品。

作为一位忠诚的无产阶级战士，杰出的革命作家，周立波努力学习马列主义文艺理论、毛泽东文艺思想，自觉地执行党的文艺路线。他坚持投身于伟大时代的激流，扎根于人民生活的沃土。他到过部队，下过工厂，更多的时间是泡在农村里。他不止一次说过，终生的一件憾事是没能参加和反映伟大的抗美援朝战争。他以能够成为人民群众的忠实代言人为无上的光荣。正因为周立波时刻不离开哺育自己的母亲——人民群众，不断地在人民的生活和斗争中汲取题材、主题、情节、语言、诗情和画意，才能够创作出《暴风骤雨》《山乡巨变》这样脍炙人口的长篇巨制和一系列优秀短篇和报告文学作品，为我国现代和当代文学画廊增添了珍贵的内容和鲜艳的色彩。在《暴风骤雨》和《山乡巨变》中，周立波以充沛的革命热情，高超的艺术笔触，真实、生动地描绘了我国农村在民主革命和社会主义革命两个历史阶段所进行的两次伟大的历史性社会变革，塑造了一系列性格鲜明的典型形象，从而在某种程度上艺术地概括了我国亿万农民在中国共产党领导下，从解放战争年代到社会主义革命年代所走过的主要战斗历程。这在我国现代和当代作家中，是少见的。这是他对我国社会主义文学的重要贡献。

周立波的作品不但在国内拥有广大读者，在国外也有广泛的影响。他的长篇小说《暴风骤雨》《铁水奔流》和《山乡巨变》在上世纪五十年代和六十年代初都被译成俄文，还分别译成白俄罗斯、哈萨克、乌兹别克、塔吉克、摩尔达维亚以及乌克兰等少数民族文字，在苏联出版。其他如《游击队的母亲》《灯》《懒蛋牌子》《山那面人家》等作品也都被译成俄文，后者还译成拉脱维亚文。《暴风骤雨》《山乡巨变》和《山那面人家》等，还分别由我国或国外出版部门译成日、英、德、捷、匈、法、越等多种文字出版，受到国外读者的欢迎。这表明，立足于马克思主义“世界文学”的理念和视角来观察评定周立波的文学成就，也应当承认：他在世界无产阶级社会主义文学和人民文学的“大观园”中，当仁不让地占有不容忽视的一席地位。这是中国文学家的骄傲！

作为一位人民作家，周立波一生勤奋努力，好学深思。他博览群书，认真学习和吸收中外文化思想和文学艺术中一切进步的优秀的东西，用来丰富、提高自己。他不但在文学创作上成就卓著，而且在文学理论、翻译和教学等领域都有重要建树。因此，人们赞誉他不但是一位杰出的作家，而且是一位优秀的学者，他那广博深蕴的中外文化素养，给他的文学创作以很大的影响。

第十二章　立波(Liberty)论

他所歌唱的刚强和反叛，会更加壮旺；

他所歌唱的美丽和真诚，会永远生存。

——《一个早晨的歌者的希望》

一、谈谈周立波的文化性格与湖湘文化(“湖南精神”)

一九七九年秋周立波逝世后，翌年夏天，我们去北京走访他生前的知交舒群、严文井等老一辈作家。

先到团结湖南区舒群寓所。得知来意，他非常高兴地接待我们。一会儿，端出两杯散发着清香的茉莉花茶，并且含笑告诉我们：刚才他的女儿问他：“爸爸，您怎么对这两个湖南人这么热情？”他回答说：“你知不知道，老一辈革命家里面有多少湖南人？我跟许多湖南人是老朋友，周立波就是一个。我们从三十年代在上海就认识，可谓一见如故，以后半辈子来往不断。在华北抗日前线，我俩都是八路军总部的随军记者，出生入死，共同度过了两个多月的战斗生活。我们可以推心置腹，无话不谈，为什么？因为湖南人和我们东北人(舒群是黑龙江人，满族)性格上是相通的，都那么爽直，强悍，谈得来！”

当我们的访问快结束时，住在附近的萧军前来串门。这位《八月的乡村》的作者，其名声对我们来说，真是“如雷贯耳”。舒群把我们介绍给他，并说：“他们想了解周立波，你也谈谈吧。”萧军却毫不客气地一口回绝：“我不谈，一谈，准没有好话讲。”我始则愕然，继而释然，知道中国文坛恩怨的人都晓得：一九四八年发生在东北，曾给萧军带来灾难的那起冤案——《文化报》事件中，身为《文学战线》主编的周立波，也参加过对萧军的“围攻”。这位被毛泽东视为“极坦白豪爽”、引为知己的东北汉子(萧军是辽宁人)同湖南人一样，直进直出，是从不掩饰自己的内心世界的。(《文化报》事件到一九八〇年才平反。)

接着，我们去东总布胡同访问严文井。这位老作家和我们足足谈了两个大半天，他对立波的评价是“一个真正的人、真正的作家”，中肯而又深刻。他还告诉我们：他是湖北人，但母亲是湖南宁乡人，所以也算是半个湖南人。他爸常对他说：“你呀，脾气犟，像你妈，是个湖南蛮子的性格！”

这两个小故事，有个共同的“主题”，都涉及湖南人的脾气和性格。

现在“言归正传”，探讨一下周立波的文化性格。

何为文化性格？它和一个人的脾气有关，但又不等同于脾气，而是一个人的文化心理、精神气质和学识涵养的总体呈现，是其行为与思维方式、道德与审美方式的基调，人品和文品的主要特征。总之，文化性格体现了一个文化精英特有的禀赋、教养、品性、理想、气度和风格，是马克思所说的一种“精神个体性”的外在形态，其内核则是他的价值观。

如果此说可以成立，那么，什么是周立波的文化性格呢？

我们先听听两位对立波知之最深、最具权威性的人的评说：

> 立波首先是一个忠诚的无产阶级战士，然后才是一个作家。立波从来没有把这个地位颠倒过……他不务虚名，不追求名位，扎扎实实地深入生活，勤勤恳恳地埋头写作。他有书生气，而又天真得可爱。他没有半点虚假，从不隐瞒自己的观点和弱点，总是把自己孩子似的坦率纯真表露在别人面前，这是立波最宝贵的品格。立波在他的作品中，曾经一再用亲切的目光去观察并描写过牛，在党和人民面前，立波确实有着俯首甘为孺子牛的精神，他把毕生精力无私地奉献给了革命事业。
>
> ——周扬《怀念立波》

接触过立波同志的人，都深感他的朴素、真诚和平易近人。交往多的人，更会窥见他那单纯至于天真，老实近于迂呆的赤子之心……

作为共产党员的周立波，在每个革命历史时期，都怀着要到斗争第一线的强烈愿望与要求，并付诸行为和再现于艺术创作之中……这就是周立波这个人的最主要的特点和本质。

他是一个为革命奉献自己的一切，而自己一无所求的人。他首先是革命战士，从而才是人民作家。

——林蓝《战士与作家——〈周立波选集〉编后记》

鲁迅说："倘要论文，最好是顾及全篇，并且顾及作者的全人，以及他所处的社会状态，这才较为确凿。要不然，是很容易近乎说梦的。"(《且介亭杂文二集·"题未定"草(七)》)这就是"知人论世"的科学态度和科学方法。论"文"如此，论"人(文学家)"更应如此。

周扬和林蓝的话，无疑代表了"历史和人民"对周立波的一种客观评价。

一九八六年冬，第一届周立波学术讨论会在益阳、长沙召开。讨论会结束后，我们编了一本论文选，几经推敲，最后把书名定为《战士·作家·学者》，其意也就是力求比较准确、鲜明地概括、彰显周立波的文化性格和总体形象。

对周立波其人作出上述认定，无疑是抓住了他的本质特点，但似乎仍未能尽其丰采。我们再来听听文学界其他前辈和学术界专家对他的评说吧！

立波是一位在国内外有重要影响的文学家，对他的著作，可以作出各种评价。但无论怎样评价，都得承认他是一个真正的作家。这因为，他首先是一个真正的人……作为人，立波是朴实的，他从不掩饰自己的缺点，因此反而容易使人看到他的优点和长处……立波为人很坦率，年轻时尤其如此。他赞成什么，反对什么，都表露无遗，从不加以掩饰。他是个热情的，因而也是个容易爆炸的性格。十年浩劫之后，他显得有点瞻前顾后，不多言多语，这也是可以理解的。即使他少说话，不说话，他也是通体透明的……总之，我觉得立波是一个真正的人。他不是一个完美无缺的圣人，而是一个天真纯朴、心地善良的人，一位忠诚于党、忠诚于革命文学事业的好同志。他留下了许多优秀的文学作品，其思想、艺术上的成就和在文学史上的地位，是不能否定的。象他这样的作家，真正的作家，在中国并不很多。

——严文井《我所认识的周立波》

周立波不是一般的革命者，他的个性、修养、人格，极具文人性情或知识分子本色。不仅慷慨激昂，热情充沛，而且也沉静敏锐、耽于幻想。在他身上，有很多人所感觉到的“诗人的气质”。冲动、亢奋中，有他的细腻、敏感；迂直、狷介中，也不乏单纯、真挚；热情奔放的率性，还带点温文儒雅的书生意气。惟其如此，他才会一面赞赏捷克作家基希是一位有“激越的正义感”的“激烈的报告文学家(Rasende Reporter)”，一面又为其作品中“抒情诗的幻想”击节。在鲁艺教西方名著时，才会成为“上层阶级的文学俘虏”。[①] 据葛洛回忆，当年在鲁艺就曾有人认为周立波讲授的课程“尚未完全摆脱资产阶级的美学观点，有时也使大家受到一些消极的影响”。在陈涌的印象中，周立波“有精致的艺术口味。他欣赏法国梅里美这样雍容、优雅的作家，他讲究文体”，对《西班牙书简》中强盗在贵妇人面前彬彬有礼“津津乐道、赞叹备至”。“这和他的性格的某些方面和他的整个文化修养大约是分不开的。”虽然陈涌没有明说周立波“性格的某些方面”究竟指什么，这些方面与他的文化修养究竟又有怎样的关系，但艺术趣味本身已经能够说明问题了。参加延安文艺座谈会后，周立波曾真诚地检讨，说自己在乡下间或“还感到过寂寞”。大约以为与

① 周立波:《后悔与前瞻》。

旧文人的多愁善感、孤独忧郁有些关联吧，周立波把寂寞看成是十足的旧知识分子的“坏脾气”，是“病态的感觉”。不过，检讨归检讨，要甩掉文人的这点“坏脾气”又还真不容易。直到晚年，在艾芜面前，他还坦白地说自己喜欢《魂断蓝桥》，喜欢柳永的词。而此时距“文革”结束才不过两年。

——杜国景《知识者还乡的另一种审美维度》

我之所以不厌其烦地引述以上这些不同身份的论者从不同角度对周立波的评说，是为了让人们更准确、全面、深刻地认识一个具有鲜明、独特的文化性格和人格魅力的活生生的周立波。

如果要更具体、深入分析一下，那么立波的文化性格是不是可以解读为由如下几种精神因素组合而成：

(一)忠诚。周立波出身于湘中的农家。二十世纪二十代末从大革命的烈火狂飚中走出去，登上以鲁迅为旗手的左翼文坛。到七十年代末长辞人间，在整整半个世纪的革命和文学生涯中，他一直自觉地拿手中的笔作武器，为党和人民的利益而奋斗。他热切地向往自由，渴求真理，追求国家、民族和人民的解放，以至当他刚刚步入文坛之际，便把英语“自由(Liberty)”的译音“立波”作为自己的笔名，以后一直取代自己的真名。这种对自由和理想的强烈向往和追求，内化为一种意志，一种坚不可摧的精神力量。他是在国民党对革命文化实行反革命“文化围剿”的一片白色恐怖中，加入中国共产党的。在他接受和信仰马克思主义之后，他的革命意志更加坚定，在任何情况下，都没有动摇过对党、祖国和人民深沉的爱和革命必胜的信念。就像习近平同志所说的那样：自觉地“把艺术理想融入党和人民事业之中”，真正做到了“胸中有大义、心里有人民、肩头有责任、笔下有乾坤”(《在中国文联十大、中国作协九大开幕式上的讲话》)。这正是一位无产阶级战士、人民作家最宝贵的品格。作为湖南人，立波这种品格，实际上是自屈原、贾谊以来，无数湖湘志士仁人以普天下的苍生和黎民为念，“先天下之忧而忧，后天下之乐而乐”的忧乐观，以及为真理、为祖国和人民的解放与幸福，前赴后继，“虽九死其犹未悔”的爱国主义精神和情操，在一位当代文化精英身上的传承和发扬。它是立波的文化性格中，与中华文化、湖湘文化的优秀传统有着血缘关系的一种“遗传基因”和精神因素，很值得我们学习和发扬光大。

(二)单纯、质朴而又倔强。立波在生前拟好的、将要“刻镂在清风”的墓志中，称自己只是“一个普普通通的男子，一个洞庭湖边的乡野的居民”。他从小纯朴、善良而又倔强，做什么都舍得干，真正是“吃得苦，霸得蛮”，连跟小伙伴们打架都从不示弱，有一股子牛劲，大人们笑着喊他“凤蛮子”(他名凤翔)。这正是农家子弟的本色。他是怀着某种单纯的理想参加革命的，革命大熔炉的长期考验和锻炼，更培养、强化和铸就了他那“横眉冷对千夫指，俯首甘为孺子牛”的爱憎分明的感情，以及“明知山有虎，偏向虎山行”的顽强意志。在“文革”十年浩劫中，他沦为“四人帮”的阶下囚，却能以昂扬的斗志和幽默的智慧，同这伙丑类进行不屈的斗争，正是这种刚强性格的突出表现。

文品出自人品，文品和人品的统一是一切杰出的、伟大的文学家的本色。从立波的审美情趣来看，他十分崇尚“清水出芙蓉，天然去雕饰”的朴素、自然之美，平易、淡雅之美。单纯、朴实，是评论家对立波艺术风格的一个基本特征的共识。陈涌对《暴风骤雨》的评论，就抓住了它的人物塑造、情节和结构都“比较单纯”，因而“比较易于为一般读者所把握”这一艺术风格上的特点(见陈涌:《论〈暴风骤雨〉》)。以后发展到《山乡巨变》和《山那面人家》等一批短篇杰作，许多评论家更赞美其风格的朴素、淡雅，有如南国山乡素净美丽的茶子花和青葱秀丽的楠竹。评论家公认，立波小说的幽默是中国现当代小说的一绝，而渗透在艺术形象中的立波式的幽默也是单纯、朴实的，有着“土气息、泥滋味”，流露出农民特有的淳朴、天真、乐观、机智乃至戏谑。这大概也是艾芜之所以称立波为“一个优秀的农民诗人”的原因吧!

就一个文化战士、作家而言，单纯而又倔强无疑是一种美好的品格。但在特定的历史时期，在“左”的政治、文化氛围笼罩一切的特殊环境中，它也有可能走向反面，变成头脑简单，方式粗暴。立波就有过这方面的教训。我读过他在一些重大政治运动和文坛风波过后所写的“反省笔记”之类的文字，他不止一次地承认和检查自己犯过“过左的幼稚的毛病”。如在三十年代的“两个口号”论争中，由于存在“争正统”的宗派主义情绪，以致对鲁迅尊重不够。到延安后，在一次欢迎茅盾的茶话会上，因为对一位演唱《跳蚤歌》的歌唱家不满，他一下子激怒起来，竟然拿起一把茶壶甩了过去，还扬言：“如果要干架，舒群会帮我！”可舒群事后说：“立波不对嘛，我怎么会帮他！”周扬也责备他“怎么能只有匹夫之勇！”立波为这件事，多次作过自我批评。在延安整风运动中，立波积极地参加抢救“失足者”，当自己的鲁艺学生、新婚妻子被审查时，他便申请与之离婚……正如严文井说的：“立波同志赞成什么，反对什么，都表露无遗，他是个热情的，因而也是容易爆炸的性格，刚直而又有些简单！”“他不会钩心斗角，有时免不了要吃一些亏，他也不计较。正是因为这样，他的精神专注，能以全力从事创作，留下许多优秀的作品。”(《我所认识的周立波》)

(三)务实求真。脚踏实地，不尚空谈，知行合一，这一历来为人们所称道的湖湘文化传统中的优秀人文品格，在立波身上也留下深深的烙印。他把对党、人民和文学事业的热爱，化为终生不悔的实际行动。青年立波曾神往瑞金，神往红军，当他神往的民主、自由和解放的旗帜——中国共产党和工农红军到了陕北，他立即奔赴那里。从延安随三五九旅南下抗日，他冒着枪林弹雨，同战士们一起，用两条腿走过七个省一万五千多里的征程，被旅首长称赞为“钢铁的文艺战士”。

集湖湘文化之大成的先哲王船山，也是美学家，同黑格尔堪称中西古代美学史上的“双子星座”。他的《姜斋诗话》里有一句闪烁着朴素唯物主义的格言：“身之所历，目之所见，是铁门限。”拿今天的话来说，就是社会生活是文学艺术的唯一源泉，艺术美的创造离不开社会实践。周立波的文学创作，走的也是这样一条务实求真的道路。正如鲁迅所言：“可以宝贵的文字，是用生命的一部分，或全部换来的东西，非身经战斗的战士，不能写出。”(《〈毁灭〉第二部一至三章译后附记》)从革命战争年代到和平建设时期，立波都自觉地投身人民群众改天换地的火热斗争，亲身参与，亲身体验，从人民生活中汲取题材、主题、情节、语言、诗情和画意。其主要作品中所展现的每一个环境，都曾留下他的足迹，流下他的汗水。诗人贺敬之由衷地赞美自己这位鲁艺师长“成功地运用并发展了革命现实主义的创作方法”，认为他是“继承了鲁迅并在创作上作出鲁迅所希望的真正‘实绩’来的代表作家之一”(《致首届周立波学术讨论会》)。

(四)敢为人先。继往开来，敢为人先，是湖湘文化优秀人文精神中一个辉耀古今的巨大的亮点。这种精神体现在现代文化精英特别是文艺家身上，就是他们在审美创造上都具有一种勇于探索和独创，敢于兀立时代潮头，不息地开拓创新的艺术追求精神。周立波就是其中的一位。且不说《暴风骤雨》和《山乡巨变》是中国现当代文学史上反映土地改革和农业合作化运动最早、也最成功的长篇小说之一，即使是《铁水奔流》，也是新中国成立后，最先反映重工业恢复建设和工人生活的不可多得的作品。在这个意义上，立波确是敢于“吃第一只螃蟹”的文学领域的可贵的开拓者。

立波博览群书，学贯中西。他不但具有深厚的中国传统文化和语言文学方面的修养，还十分注意兼收并蓄，从外国进步文化和一切优秀文学作品吸取思想、艺术上的营养。因此，他能与时俱进，在中西文化的碰撞和交融中不断优化自己的知识结构，扩展自己的艺术视野，提高自己的艺术表现能力。正如茅盾所言，他“在追求民族形式的时候逐步地建立起他的个人风格”。个人风格的成熟和发展，正是这位杰出作家敢为人先、敢于探索的创新精神与美学造诣的集中表现。

文学界同仁公认，周立波很讲究文体。文体说到底，既是个语言风格问题，也是个审美追求问题。他曾经不无幽默地说：“中国大作家不少。但真正建立起自己的文体者不多。现在很多作品内容好，但写得粗糙，很不讲章法。看这样的作品，像从王府井大街到八面槽散步，坎坎洼洼太多，让人不愉快。”[①]因

① 《周立波文艺讲稿》第74页。

此，立波信守鲁迅对现代小说提出的自律性要求，他说“要写小说，我以为必须遵从这种形式的规律”，“有一句老话：‘言之无文，则行之不远。’……这是我给自己树立的努力的目标”（《周立波选集·序言》）。一些专家和读者从审美阅读效果出发，把周立波那些写得有意境有情致有诗意，从内容到形式都富于美感吸引力的作品称之为“有唯美倾向”，“体现了一种独特的文学精神”，赞扬他“为社会主义时代留下作家想像人性、感觉生活的文学经典”。[①]这是不无根据的。

上面，我们对周立波的文化性格作了一番探讨，粗线条地勾画了一下他的精神个性。我认为，在中国二十世纪的左翼知识分子和文学家中，立波是颇具代表性的；在湖南的现代文化精英中，立波也是有典型性的。

二〇一二年，三湘大地掀起了一个征集提炼“湖南精神”的热潮，社会各界以前所未有的热情踊跃参加。经有关部门和专家、学者研究、归纳，得出两条最精粹的候选表述语。其一是忠诚、担当、求实、图强；其二是心忧天下、明德致远、坚忍务实、敢为人先。最终选定更为精练的第一条八个字作为“湖南精神”的表述语。这八个字，既彰显了中华优秀传统的共性，又突出了湖湘文化的特色，体现着湖南人民共同的价值观和精神追求。它是千百年来，湖南在发展变迁中，通过积淀孕育而成的特有的地域人文品质，是中华优秀文化和社会主义核心价值观在湖南的具体表现。湖南精神中一些最基本、最优秀的东西，鲜明地体现在古代、近现代以来迄今一些有突出代表性的人物身上，成为建设和发展湖南的一种弥足珍贵的精神资源。“立波（Liberty）精神”深深植根于湖湘文化和无产阶级革命文化之中，也是“湖南人精神”的一种体现。在今天的新的历史条件下，我们理当继承和弘扬包括周立波在内的众多先哲前贤留给我们的极其宝贵的精神遗产，更好地为繁荣社会主义文学艺术，为建设文化强国、文化强省服务。

---

① 董之林：《周立波小说的唯美倾向》，载《文学评论丛刊》2006年第9卷第2期。

二、“中国的肖洛霍夫”

在中俄两国文学界和读者中，周立波素有“中国的肖洛霍夫”之美誉。为什么？我想，这大概是因为立波的文学生涯和肖氏有着某种不解之缘，这两位作家的文学精神、文学道路、创作实践及其成就又有某些相似或相近之处吧。

肖洛霍夫(1905—1984)是苏联一位在国际上享有很高声誉的大作家。他出生在顿河罗斯托夫州维辛斯卡亚镇的一个哥萨克村庄里。青少年时代，他在顿河地区工作和流浪，曾参加过革命部队与白匪作战。十八岁去莫斯科，做过码头工人、泥水匠和会计，一九二三年开始写作，翌年加入“俄罗斯无产阶级作家联盟”(“拉普”)，一九三二年加入苏联共产党。从早期的创作开始，他就一直怀着极大的热情着重描写自己最熟悉的故乡——顿河哥萨克的风土人情和动荡生活，取材于国内战争和建立苏维埃政权的斗争等重大历史事件。一九二六年出版短篇小说集《顿河故事》；一九二八年至一九四〇年，他花了十四年时间，创作、出版了史诗性的长篇小说《静静的顿河》(共四卷)，荣获一九四一年度斯大林奖金和一九六五年诺贝尔文学奖。他的另一部反映苏联农村集体化过程的杰作《被开垦的处女地》上卷(一九三二)和下卷(一九六〇)，也获得列宁奖金。以上两部长篇小说真实、生动地描写了顿河哥萨克地方波澜壮阔的历史发展进程中的两个不同阶段，互相补充，而其总的主题则是哥萨克怎样在旧世界的废墟上开创新的世界，走上新的生活道路。二十世纪四十年代苏联卫国战争时期，肖洛霍夫在前线任军事记者，写了许多特写和通讯，并发表了未完成的长篇小说《他们为祖国而战》的部分章节。一九五七年，他还发表了表现战争给人的命运造成的悲剧的短篇小说《一个人的遭遇》。肖氏在苏联享有崇高的地位，人们赞扬他的艺术是“社会主义时代文学的民间性质和现实主义的典范”，其毕生著作“给了我们一种关于苏维埃生活的艺术编年史”。他的作品大都已有中译本。

周立波(1908—1979)和肖洛霍夫是同时代人，也是一位享有国际声誉的大作家。他出生在洞庭湖边资水之畔的益阳县邓石桥清溪村的一个普通农民家庭。学生时代就被卷入大革命的狂飙，二十岁时被迫出走上海，当过出版社校对，蹲过帝国主义和国民党反动政府的监狱。一九三四年出狱后，参加了以鲁迅为旗手的中国左翼作家联盟，并加入中国共产党。他于一九二九年发表处女作，早期主要从事文学理论批评和文学翻译工作，到延安后开始写作短篇小说。在抗日战争的硝烟烽火中，他参加过战斗部队，当过军事记者，写下了脍炙人口的报告文学《战场三记》。二十世纪四十年代，他参加东北的土地改革运动，创作了第一部长篇小说《暴风骤雨》，后荣获一九五一年度斯大林文学奖金。中华人民共和国成立后，他创作了反映中国重工业恢复建设的艰巨历程的长篇小说《铁水奔流》。随后即举家从北京市迁居湖南益阳市桃花仑，深深扎根故乡的沃土，长达十年之久。在家乡，他创作了反映农业合作化运动的长篇小说《山乡巨变》(正、续篇)和《山那面人家》等二十多篇短篇小说。中国文学界盛赞他是一位“真正属于人民的大作家”，“他的创作步伐始终是和中国革命同一步调的”。《暴风骤雨》和《山乡巨变》是“成功地反映了民主革命和社会主义革命两个历史时期巨大社会变革和人的命运变化的艺术丰碑”。经历“文革”十年浩劫后，作为反映三五九旅南征抗日英雄事迹的新的长篇小说(未完成)的“试笔”，他创作了短篇小说《湘江一夜》，荣获一九七八年全国优秀短篇小说一等奖。

中俄文化交流源远流长，早在十八世纪中国文学就已传入俄国。进入二十世纪后，由于“十月革命”的成功，各国人民“听着俄国旧社会崩裂的声浪”，无不把目光投向苏联，苏联俄罗斯文学更成为中国现代作家尤其是左翼作家关注的目标。鲁迅那一代人就是怀着某种追求革命真理的心态翻译、介绍和接受苏俄文学的。周立波作为“左联”的一位后起之秀，早在一九三六年就从英译本转译了肖洛霍夫的《被开垦的处女地》(上卷)，当年十一月在上海出版后，二十世纪四十至五十年代又在延安、大连、北京再版发行，在国内产生很大影响。一九四九年春，周立波在沈阳“鲁艺”工作时，又从《苏联文学》英文版翻译了列兹内夫的长篇论文《梭罗诃夫论》，发表在《文学战线》杂志第二卷第二期，向国内读者全面地介绍了肖洛霍夫的生平及其主要作品。新中国成立后，他在《人民文学》创刊号发表《我们珍爱苏联的文学》一文，把肖氏同高尔基、马雅可夫斯基、法捷耶夫等并列为中国读者十分熟悉和喜爱的作家。

当然，周立波对苏俄文学的译介不只是肖氏的作品。在上海亭子间，他还翻译了俄罗斯伟大诗人普希金的中篇小说《杜布罗夫斯基》(又名《复仇艳遇》，一九三七年在上海出版)，并翻译过苏联早期的小说《北极光》(载一九三〇年上海《摩登月刊》第一期)和《大学生私生活》(原名《狗胡同》，与周扬合译，一九三二年出版)。后来，他又翻译了高尔基等人的报告文学集《白海运河》，全书约四十万字，在桂林译校完毕准备出版时，不幸毁于日寇的炸弹，未能问世。同时，他在上海从事文学评论工作和在延安鲁艺讲授“名著选读”时，还向读者和学员系统地介绍过普希金、果戈理、托尔斯泰、屠格涅夫、陀思妥耶夫斯基、高尔基、涅维洛夫、法捷耶夫、班台莱耶夫等一大批著名苏俄文学家及其代表作品。中华人民共和国成立后，他还满怀热情地参加了中苏合拍彩色纪录片《解放了的中国》(任文学顾问)和《锦绣河山》的摄制工作，并因此获得斯大林文艺奖金一等奖。

在苏联，周立波是文学界和读者最熟悉和喜爱的中国现当代作家之一。他最早被译介到苏联的作品是战地通讯《游击队的母亲》(载苏联杂志《国际灯塔》一九三八年第十期)。他长期以来热心翻译、传播苏俄文学的成就，受到苏联人民和文学界的敬重。一九五〇年夏，他曾应苏联作家协会的邀请赴苏联访问，在莫斯科停留三个月，同苏联文艺界有着广泛的接触，还专程去图拉省访问了托尔斯泰的故乡。回国后，他出版了散文集《苏联札记》。他以东北的土地改革为题材创作的第一部长篇小说《暴风骤雨》，荣获一九五一年度斯大林奖金后，苏联文学界和出版界还出现过“周立波热”。莫斯科外国文学出版社于一九五一年出版了这部小说的俄译本，一九五二年又再版，从二十世纪五十年代到六十年代初，周立波的三部长篇小说(另两部是《铁水奔流》和《山乡巨变》正篇、续篇)都被译成俄文，还分别译成白俄罗斯、哈萨克、乌兹别克、塔吉克、摩尔达维亚以及乌克兰等民族文字出版。他的《山那面人家》等优秀短篇小说也被译介到了苏联。苏联文学界、学术界对《暴风骤雨》和《山乡巨变》给予很高的评价，赞扬作者“创作了思想性与艺术性高度结合的作品，描写了当代从未发生过的历史变革”，并“以其永不改变的幽默感，创造了众多难忘的典型人物形象”。苏联汉学家还从文学影响学的角度，运用比较文学研究的方法，分析肖洛霍夫的作品对周立波的影响。他们认为周译苏联优秀作品“对其后来的所有文学创作产生了巨大影响”。而“最鲜明的例子就是赶车人老孙头(《暴风骤雨》中的人物)，周立波非常喜欢这个形象，以至使他贯穿于全书。这个滑稽鬼和快活的打诨者，是出身于格列米亚奇山谷的舒卡尔老爷爷（《被开垦的处女地》中的人物)的亲兄弟”。当然，这绝不是照搬，周立波小说中的人物典型“完全是独立创作和真实的，正像孕育他们的环境是独具风格和无法摹仿的一样”(B. 鲁德曼:《暴风骤雨》俄译本第一版序言)。苏联学者的这种评价无疑是十分中肯和公正的。

正因为周立波在俄罗斯人民和文学界中享有盛誉，所以，当周立波于一九七九年九月逝世以后，苏联《文学报》于当年十二月五日发表苏联科学院远东研究所著名汉学家B. 索罗金的题为《爱国主义者，国际主义者》的文章，表达对他的深切怀念和沉痛追悼。作者深情地写道:“周立波那低沉的声音，安详、坚定的目光，他那谦逊、庄重的面容，一位作家、革命家，一位爱国主义者和国际主义者的形象永远留在有幸会见他的苏联人——作家和学者的记忆中。”

文学无国界。早在十九世纪初，歌德就认为文学本来是人类的共同财富，预言“世界文学的时代已快到来”。马克思、恩格斯在《共产党宣言》中，更彰明较著地指出：文学正日益突破“民族的片面性和局限性”，“于是由许多种民族的和地方的文学形成了一种世界的文学”。尽管不同国度、不同民族的文学家拥有不同的文明传统，具备千差万别的文化性格，操持着各自不同的语言，但各国人民却能通过文学这个心灵的纽带和桥梁紧密地联系在一起，在精神和文化领域形成“人类命运共同体”。

二十一世纪是更加开放的时代，也是“交流意味着一切”的时代。交流已成为生活的同义词。世界范围内的人与人、民族与民族之间在各个领域，以各种方式所进行的交流，不断扩大，不断走向深入。一切在交流中生成，在交流中存在，在交流中发展，自我封闭就意味着被时代潮流所淘汰。不言而喻，任何民族的、地方的文学只有置于世界性的文化交流之中，才能得以更好地发展和繁荣，才可能与时俱进，以不断创新、不断丰富的民族特性和地方特色，巍然屹立于当今世界民族文化之林。所以，我觉得，二十一世纪的文学研究（包括作家研究）应当有一种更加强烈而清醒的“世界文学”意识，要自觉地把本民族一切伟大的、杰出的文学家及其传世之作，放在“世界文学”的背景和天平上，审慎观察和科学评断其价值，并在国际文化交流中彰显其世界意义和世界地位。对周立波的研究更应如此——因为他的文学生涯和创作活动，从一开始就建立在世界文学潮流的基础之上。

在纪念周立波诞辰一百一十周年之际，缅怀立波长期来为加强中俄文化交流所作出的重要贡献，为了谱写新时代中俄文化交流的新篇章，我愿重申如下建议：

立足于国际文化交流的新的高度，以“世界文学”的新的视野来研究周立波，深入开掘这个不可多得的湖湘文化资源的学术价值和文化价值，采取走出去和请进来的方式，通过有关渠道搭建国际文化交流平台，并积极推动周立波故乡与肖洛霍夫故乡之间的人文合作和社会交流。在这一基础上，促成两位文化名人的故乡结成友好城市。

三、伟大时代的赤子和一代作家的“悲剧”

周立波生前常常说：“我是‘看破红尘’了的，名呀利呀，有什么意思？我不想当官，也不图享受，只想多为人民写点东西，做他们的代言人。”老作家严文井曾经这样深情地向笔者说：“我总觉得，像立波这样一位有理想，有抱负而又有深厚的文学修养的作家，似乎还未能充分舒展他的才华。他敏于观察、富有幽默感和表现力，他完全应该而且可能写出更多的有更高文学价值的，反映我们这个伟大时代的多侧面和多种人物的传世之作。他去世是太早了一点，我总感觉到他还有一些发人深省的话没有说出来，还有一些叫人一唱三叹的作品没有写出来！”[1]这简短而又恳切的言辞里，该包含着对立波多少尊敬、热爱、同情、惋惜之情啊！这里面，难道没有十分深刻的历史教训可资汲取吗？

周立波生活在一个“盈满了忧郁的酸辛的泪水，也迸发着庄严的战斗的火花”的时代。这是中国人民在中国共产党领导下，前仆后继，一往无前，把旧世界打个落花流水，又用双手和智慧，在旧社会的废墟上艰苦而英勇地建设着新生活的时代。周立波就是由这样伟大的时代、伟大的人民造就的作家，他毕生的文学活动有一个非常鲜明的特点，正像周扬所说的：“在各个历史阶段中，都可以看出他的创作步伐始终是和中国革命同一步调的。他的作品在一定程度上表现了中国革命发展道路的巨大规模及其所具有的宏伟气势。如果说他的作品还有某些粗犷之处，精雕细刻不够，但整个作品的气势和热情就足以补偿这一切。他的作品中仍然不缺少生动精致、引人入胜的描绘。作者和革命本身在情感和精神上好像就是合为一体的。”(《怀念立波》)

在旧中国，周立波是看到了社会的黑暗和人间的疾苦的，他激情满怀地歌唱刚强，歌唱反叛。到了人民当家作主的新中国，周立波对社会主义的神州大地将要遍开美丽的玫瑰是想到了，也看到了的，并且是极力加以歌颂的，但他对前进的道路上还会布满蒺藜却是估计不足的。面对严酷的现实，他不能不感到有些惶惑、茫然，由于对生活“看不准”以至不得不保持某种沉默——就是“看准了”，又何能畅所欲言？！总之，在一个不算太短的时间内，在当时那种特定的历史条件下，由于“左”的社会思潮和“左”的文学“戒律”的重重羁绊，党的“双百”方针得不到真正贯彻，作家本身也不能不受到它的某些影响，更不用说，“文革”十年浩劫吞噬了他最宝贵的年华，摧残了他的身体健康，完全剥夺了他为人民写作的权利！这些，也许就是这位杰出的作家尚未能充分舒展其才华，留下更多叫人一唱三叹的传世之作的原因吧？其实，这种情

① 严文井1980年7月27日在北京寓所接见笔者时的谈话。

况又何止出现在周立波身上！因此，与其说这是某一位作家的遗憾，倒不如说是他们这一代作家的某种“悲剧”。

文艺评论家卢那察尔斯基说过：“一个过于具体地配合自己的时代和环境写作的人，一旦事过境迁，常常可能再也引不起大家多大的兴趣。可是，另一方面，席勒说得也对：‘一个忠于自己时代的人，比别人更容易获得不朽的地位。’”作为一位广泛涉猎过工、农、兵题材内容的多面手，特别是与柳青、赵树理齐名的描写中国农村生活和农民命运的“圣手”，立波的主要作品都是配合时代和环境而写的。随着时光的推移，对他的某些作品不可避免地会出现不同的评价。但正如严文井所言：“不管对立波的作品有什么不同评价，其思想艺术上的成就和在中国现当代文学史上的地位是不能否定的。”立波正是席勒所称赞的那种忠于伟大时代，在文学史上具有不朽地位的大作家。

中国现代、当代文坛的一颗明亮的星虽然陨落了，但他的光辉却永远留在人间。周立波留给人们的，不仅有他半个世纪的心血和智慧的结晶——两百多万字的文学创作和理论评论成果、近百万字的翻译作品，以及大量文艺讲稿和亲友书简，而且有他为无产阶级文学事业奋斗终身的丰富的艺术经验，和贯穿一生的崇高的共产主义精神。让我们很好地总结、学习和借鉴他的文学经验，继承和发扬他的共产主义精神，像他生前所期待于我们的那样，用我们所献身的中国特色社会主义现代化建设特别是社会主义文学事业的新的胜利做花环，来祭奠和纪念这位无产阶级的忠诚战士、杰出的革命作家和学者。

周立波是属于人民的！

附录

周立波文学道路的当代价值
——《周立波文艺讲稿》校编手记

《周立波文艺讲稿》即将付梓，作为编校者和最早的读者之一，我有一些话想说。

这个集子收录人民作家周立波生前三十多篇讲话，包括他从一九四八年五月到一九七八年六月在省内外各种会议上的讲演、发言，接见记者、编辑、读者和文艺工作者的谈话等作品，涵盖了他去世前三十年关于文艺问题的大部分讲话。其中有十三篇从未发表过，把它们和作家已经发表过的讲话汇编在一起，这部书稿可算是一部相对完整的周立波关于文艺问题的讲话全集(不包括论文)。它是研究周立波文学创作和文艺美学思想的一份重要资料，也开拓了一个新的窗口。

那还是二〇一五年初夏，周立波的长子健明夫妇从北京回到长沙寓所，我捧着一卷宗文稿送给他们(其中大部分文稿是“文革”浩劫过去后，我从“大批判”专案组即将付之一炬的火炉旁抢救过来的)，并面陈一函：

健明、裕豪同志：

这是我历年搜集的立波同志于新中国成立后至去世前，在各种会议、讲座上的发言、讲演、报告和接见读者、文艺工作者的谈话，共二十件。其中，关于通讯报道的两件和在省作协读书会上的讲话一部分已经发表并收入其文集，其余各件均为记录稿或根据录音整理，迄今没有发表过。它们是立波生前十分重要的口述作品(佚作，未刊稿)，都是联系本人创作实践和当时的文艺现实，讨论有关社会主义文艺的方方面面的问题，其主要观点与毛泽东同志、习近平同志在文艺座谈会上的重要讲话精神基本一致。许多讲话，充满真知灼见，内容非常丰富。如：他在大连会议上的发言，在湖南文学作者读书会上的讲话，在中南地区现代戏会演湖南代表团全体会议上关于戏剧创作问题的讲话，以及全省业余作者会议的总结报告等，都很有学术价值、文献价值和现实意义，是湖南当代文艺遗产中的瑰宝，弥足珍贵！

徐守盛同志[①]前不久亲自主持召开湖南省文艺工作者座谈会暨调研成果汇报会，深入贯彻落实习近平总书记在文艺工作座谈会上的重要讲话精神。他极力推崇立波同志，称赞他和柳青等老一辈革命作家是值得文艺家永远学习的标杆和高峰。

我认为，立波同志这批佚作很有价值，不能让它们湮没在历史的灰尘中，应当力争公诸文艺界、学术界，公诸广大读者和全社会，在深入贯彻落实习近平总书记在文艺工作座谈会上的重要讲话精神，促进社会主义文艺大发展大繁荣中，发挥其作用。

如何处理为好，盼示知。

胡光凡

二〇一五年五月八日于湖南省社科院

健明同志很快便将文稿转交前来看望他的省文联党组副书记、副主席兼秘书长夏义生同志，建议由省文联整理出版。义生同志非常重视，经过党组讨论，把它列为二〇一六年的重点课题，立即组织力量加以整理编辑。由省评论家协会副主席、秘书长陈善君同志主持其事，邀请邹理、龙永干两位研究周立波的青年学者参加，我也忝列其中。大家通力合作，对照原件（包括录音记录），仔细加以校订、整理、注释，我们的原则是力求其“真”，即还立波讲话

① 时任中共湖南省委书记、湖南省人大常委会主任。

的本来面目。不但保存其内容的真实性和时代特征，而且尽最大可能保留其语言、语气表达上的个人色彩(立波是一位耿直、热情而又富于幽默感的文学大师)。当然，由于原件大都是记录稿，整理者只能从字里行间领会其内涵的真谛，不可能原汁原味原面貌，而且有的地方难免有误，敬希读者、专家予以谅解、包容和指正。

周立波和柳青、赵树理，被誉为描写中国农村和农民的铁笔和圣手。他们忠实践行毛泽东《在延安文艺座谈会上的讲话》精神，长期地无条件地全心全意地到工农兵群众中去，到火热的斗争中去，用手中的笔为人民大众服务，并都留下了无愧于时代的不朽之作。他们是一个文学时代的杰出代表人物。周立波文学道路和文学精神一言以蔽之，就是毕生扎根人民中，为人民写作。他的挚友严文井、陈荒煤曾以同样的语言赞美他是“一个大写的人，真正的作家”。贾平凹赞扬柳青的话，同样是周立波的写照：他怀着一颗赤子之心去写土地和人民，而写作中他把自己变成了土地和人民的儿子。在今天，以习近平同志为核心的党中央继承发扬马克思主义文艺理论和毛泽东文艺思想的优秀传统，坚持以人民为中心的创作导向，重提并强调文艺家要扎根人民、扎根生活，柳青、周立波、赵树理这些前辈的榜样凸显出异样的光彩，他们的文学精神具有超越时空的价值，他们的文学道路至今给我们以重要启示。周立波说得好：“文学的园土是在人民生活里。作家必须长期扎根在生活的肥土里边，才会有出息。”(《素材积累及其他》)他深入生活从来不是“走马看花、蜻蜓点水”，而是真正做到了习近平同志所要求的那样：“不仅要‘身入’，更要‘心入’‘情入’。”他“自觉与人民同呼吸、共命运、心连心，欢乐着人民的欢乐，忧患着人民的忧患，做人民的孺子牛。”早在解放战争时期，他就投身东北的土地改革，在北满村屯的日日夜夜，和贫苦农民打成一片，写下了具有史诗价值的长篇小说《暴风骤雨》。新中国成立后，在农业合作化运动的高潮中，他举家从北京迁回湖南益阳农村，在故乡的沃土里扎根长达十年之久，创作了长篇小说《山乡巨变》和短篇小说《山那面人家》等大批脍炙人口的作品。《山乡巨变》和柳青的《创业史》一样，是中国当代文学的一部经典，重要的不只是小说真实地反映了中国农业合作化运动这一历史进程的本身，而且生动地揭示了农民群众作为创造历史、推动历史前进的主体和动力，他们在这场社会大变革的“悲喜剧”中的心路历程和伟大力量。历史实践启示我们：怎样看待既是劳动者又是小私有者的农民，怎样正确对待他们的要求和愿望，引领他们走上共同富裕的社会主义金光大道，柳青和周立波在小说中思考和揭示的这个问题，既是历史唯物主义的一个根本问题，也是我们党治国理政必须解决的一个重大课题，至今仍不失其意义。正如一位评论家所言，从文学创作角度来说，周立波的故乡生活小说为我们提供了“关注农业、关心农村、关爱农民，深入生活，把握农民历史命运，运用农民语言，塑造农村新人的形象”[①]的成功经验。还应指出的是，正是周立波，通过其长篇巨制《暴风骤雨》和《山乡巨变》，真实、生动地描绘了土地改革和农业合作化两次大规模的群众运动和社会变革，在一定程度上艺术地概括了我国农民在中国共产党领导下，从民主革命到社会主义革命的历史阶段所走过的主要战斗历程。这是周立波对我国社会主义文学的重要贡献。同时，新中国成立以后湖南一代又一代文艺家也正是在周立波等老一辈作家的言传身教和正确引领下，坚持与时代同步，与人民同心，不断开拓创新，从而创造了文艺湘军的一度和再度辉煌。

毋庸讳言，当前，文艺界也有一些同志对周立波的文学成就、文学道路及其在文学史上的地位，并没有充分的认识并给予正确的评价，甚至有“边缘化”周立波的倾向。换句话说，在他们的心目中，在中国现当代文学史的版图上，周立波的成就和地位似乎是无足轻重的。这不能不让读过周立波作品的广大读者产生困惑，更让今天的青年文学爱好者无所适从：当今时代还需要周立波这样的作家吗？周立波文学道路和文学精神的当代价值在哪里？

为了回答这个问题，我愿抄录贺敬之同志致“周立波创作与当代中国乡土小说学术研讨会”的贺信（二〇〇六年七月）中的一席话，与大家共同学习：

---

① 绍雄：《论周立波故乡小说的文学地位》，载《百年周立波》（邹理、姚时珍编著），湖南教育出版社2008年版。

“在我心目中，周立波同志在我国现当代文学史上占有无可置疑的重要地位。他是二十世纪三十年代到六十年代革命文学和社会主义文学的杰出代表之一。他始终不渝地继承鲁迅传统，实践毛泽东文艺思想，走与人民结合的道路，取得了堪称革命经典的丰硕的创作成果，因之成为当之无愧的卓越的人民作家。

近些年来，在‘告别革命’‘消解主流意识形态’浪潮的影响下，歪曲、贬损以致根本否定革命文艺传统的言论甚为风行，在某些时候和某些范围中甚至成为强势话语。

在这种情势下，坚持用马克思主义的观点总结历史经验，正确地对待革命文艺理论、革命文艺作品和革命作家，是极为重要的。在重视分析其某种历史局限性和反思其某些失误的同时，理应同样重视其成绩和主流，重视其经由人民鉴定和历史检验了的优秀作品，重视其体现了与旧时代文艺不同的新的人民文艺（即革命文艺和社会主义文艺)发展规律的成功经验；把这与改革开放后新生力量所创造的新成就和新经验结合起来。这是新时期社会主义文艺健康发展和取得更大成就的重要条件之一。

为此，进一步开展对周立波等许多前辈革命作家和革命文艺发展史的深入研究，对曾经出于偏见而做过的歪曲的‘再认识’和‘重写’，今天重新进行科学地、公正地又一次再认识和重写，是具有重要意义的。”

在《周立波文艺讲稿》出版之际，重温贺敬之这些充满热情、真诚、极有见地和指导意义的意见，对于我们正确理解和评价周立波的文艺思想和创作实践，从中获取教益，无疑有着重要的作用。

二〇一六年十一月二十日

修订后记

周立波是我深为敬爱的一位文学家。他和我是同乡。

新中国成立后，我在省报工作，对他在家乡的活动比较熟悉，对其作品也作过一些研究。到省社科院，又跟其长子周健明同在一个研究所，可以说晨昏相见，他夫妇俩跟我谈了不少有关立波的情况，使我对这位革命作家有了更深一层的了解，决心为他写一部评传。在时任副院长的李楚凡同志的帮助下，我从有关部门即将付之一炬的“文革”遗留的专案材料中，抢救了关于周立波的六个卷宗的文献资料，其中还有立波的手迹，弥足珍贵。

1979 年 2 月，我代表省社科院文学室去昆明参加全国文学学科规划会议。周立波研究被列为“1978—1985 年全国文学学科重点项目”之一。我回来汇报后，院党组经过慎重研究，同意承担这个项目，指定我为负责人。

资料的收集、积累、整理是从事科研的基础工程。我们在这方面作出了最大的努力。从 1980 年夏天到 1982 年的两年多时间内，我和李华盛同志沿着周立波生前进行文学活动和革命活动的足迹，从益阳农村开始，经武汉、上海、北京一直到东北，连续进行了五次较为集中的科研调查，共计 130 天左右，我还去过西安、延安、桂林等地。我们从各地 15 家图书馆、档案馆、纪念馆查阅、收集了大批资料。在黑龙江省的哈尔滨、尚志县和元宝屯，寻访周立波当年的战友、农会干部和《暴风骤雨》中的人物原型及其亲友，详细了解周立波在东北参加土地改革和创作这部长篇小说的经过；并从山洞里（尚志县战备档案馆)找到了一批珍贵的原始资料。在调查过程中，我们先后访问了与周立波有过交往的中央和地方党政军文各界领导同志、立波亲友和其主要作品中的人物原型，共100多人次。那时，科研经费很少，除了一架相机，我们没有任何录音、录像设备，除复印部分资料以外，主要靠手抄笔记，我抄录了大量档案资料，摘录的卡片约400多张，还记下五个本子的访谈笔记。为了尽可能搜集到第一手资料，可谓煞费苦心。1980年4月，听说周扬同志到了长沙，我们立即给他写了一封信，附上一个访问提纲，周扬同志在百忙中热情地接待了我们，谈到了不少有关周立波在上海左联时期鲜为人知的重要情况。1980年7月，我和周健明同志去长春参加全国毛泽东文艺思想研究会筹备会议，利用会议空隙，想方设法访问了时任中共吉林省委书记的王恩茂同志。王恩茂同志是当年三五九旅南下支队的副政委，他向我们回顾了周立波从延安随军南下，冒着枪林弹雨，参加我军军史上“第二次长征”的许多感人事迹，赞扬周立波是“钢铁的文艺战士”。这对集战士、作家、学者于一身的周立波，是一个十分生动而中肯的评价。

科研调查中的每一次新的发现、新的收获，都给我们带来极大的惊喜和欣慰！通过调查，我们不但掌握了极为丰富的第一手资料，而且发现和考证了周立波自己也遗忘了的两个笔名和他早期的一批佚文，找到了他的处女作。这些成果集中地体现在我和李华盛同志编著的《周立波传略》《周立波在东北》和《周立波研究资料》等著作中。学界都认为，我们做的是一项开创性工作，一些重要的发现填补了立波研究的空白。他们认为：“湖南是立波的故乡，也是他创作的基地，完全应当成为全国周立波研究的中心。”这使我受到很大的鼓舞和鞭策。在深入进行科研调查的基础上，经过几度寒暑的潜心研究和写作，三易其稿，于1986年10月由湖南文艺出版社出版了《周立波评传》。出版社当时的老社长黄起衰和资深编辑黄仁沛同志给予我很大的帮助。时任全国人大常委会副委员长的周谷城老先生在酷暑中挥毫，为评传题写书名；原中顾委常委王首道同志欣然同意以他发表在《人民日报》的文章《毕生扎根人民中——怀念周立波同志》经过修改后，作为评传的代序。我为老一辈革命家和学术界前辈对后辈的厚爱和支持而深受感动！1986年春，我陪同我院院长王驰同志去北京，曾登二老的府第，当面表示衷心的感谢。

《周立波评传》出版后，先后有《人民日报》《中国社会科学》《文艺理论与批评》《文艺报》《湖南日报》《求索》《湖南师范大学学报》和《社会科学报》(上海)等十多家报刊发表书讯和评论文章，从多方面评析了它的文学价值和学术价值。著名文学家陈荒煤还在《理论与创作》刊物上撰文，向广大文学青年推荐这本著作。本书曾先后获得中国当代文学研究第二届优秀成果表彰奖、首届全国解放区文学研究优秀成果奖、中国新文学学会“云冈杯”文学奖，并获湖南省首届社会科学优秀成果二等奖。日本著名汉学家阿赖耶·顺宏教授也是一位研究周立波的专家，曾多次来华进行学术交流。据接待过他的我院科研处原负责同志言，他对拙著也给予很高评价，并誉作者为“周立波词典”，令我深感惭愧！

庄子兴叹：“人生天地之间，若白驹之过隙。”距拙著《周立波评传》的撰写、问世，转眼已三十多年。给予我亲切关怀、帮助和鼓励的党政军领导与文艺界、学术界前辈如今大都已经作古，我只能向他们在天之灵遥致最衷心的感谢！而我自己呢，也从壮年迈入两鬓如霜的老年——今年 87 岁。令人高兴的是，晚年欣逢盛世，又适逢周立波诞辰 110 周年纪念，我回应一些好心的读者和学术界朋友出于厚爱的期盼，不顾力薄才谫，对“评传”进行了修订，作为献给立波冥诞的一个小小的花环。修订版除对原有章节从内容到文字作了若干正误和补遗，并在第六章增加了一节《从手稿到版本追踪〈暴风骤雨〉的修改》之外，还在书末增写了一章《立波(Liberty)论》，附录了一篇《周立波文学道路的当代价值——〈周立波文艺讲稿〉校编手记》。

《周立波评传》的修订再版，得到中共湖南省委宣传部、湖南省社科院领导和省委宣传部出版处、文艺处的热情关注和支持。湖南文艺出版社社长曾赛丰同志欣然同意再版此书，责任编辑徐小芳同志作了精心编辑，使版式和整体质量较原著更上一层楼，特在这里一一表示衷心感谢！

作家评传应力求其权威性，但它毕竟只是一家之言。这个修订版仍然会存在这样那样的问题和不足，伏望读者和专家不吝批评指教。

作者　二〇一八年六月二十日于湖南省社会科学院

图书在版编目（CIP）数据

周立波评传 / 胡光凡著. —— 修订本.
——长沙：湖南文艺出版社，2018.9（2022.4重印）

ISBN 978－7－5404－8810－9

Ⅰ. ①周… Ⅱ. ①胡… Ⅲ. ①周立波（1908–1979）－评传
Ⅳ. ①K825.6

中国版本图书馆 CIP 数据核字（2018）第 169481 号

周立波评传（修订本）
ZHOULIBO PINGZHUAN

作　　者：胡光凡
出 版 人：陈新文
责任编辑：徐小芳
封面设计：汪　勇
内文版式：刘晓霞　谭　哲　杨群英　陈　益　雷　杰　李松辉
出版发行：湖南文艺出版社
（长沙市雨花区东二环一段 508 号　邮编：410014）
网　　址：www.hnwy.net
印　　刷：长沙超峰印刷有限公司
经　　销：全国新华书店
开　　本：710mm × 970mm　1/16
字　　数：345 千字
印　　张：23.5
版　　次：2018 年 9 月第 1 版
印　　次：2022 年 4 月第 2 次印刷
书　　号：ISBN 978－7－5404－8810－9
定　　价：68.00 元